WEITERE 50 TIPS & TRICKS FÜR DYNAMICS AX 2012

VON MURRAY FIFE

(Autor)

UND

KURT MEKELBURG

(Übersetzer)

ISBN: 1502934264

ISBN-13: 978-1502934260

Vorwort

Voraussetzungen

Alle in diesem Ratgeber dargestellten Beispiele wurden erstellt mit dem Microsoft Dynamics AX 2012 VM Image, welches von Microsoft CustomerSource oder PartnerSource heruntergeladen werden kann. Falls Sie nicht über eine eigene Installation von Microsoft Dynamics AX 2012 verfügen, können Sie sich auch in der Microsoft Cloud über das Lifecycle Services Azure Deployment Portal eine Demoversion von Dynamics AX 2012 R3 bereitstellen lassen.

Für diesen Ratgeber wurde folgende Software als Grundlage verwendet:

- Microsoft Dynamics AX 2012 R3

Die "Rezepturen" in diesem Buch sollten auch auf früheren Versionen von Dynamics AX 2012 mit kleinen Korrekturen und Anpassungen lauffähig sein sowie auch auf späteren Versionen von Dynamics AX ohne Änderungen funktionieren.

Errata

Obwohl wir mit großer Sorgfalt arbeiten, um die Richtigkeit unserer Inhalte zu gewährleisten, Fehler passieren immer wieder. Wenn Sie einen Fehler in einem unserer Bücher finden - vielleicht im Text oder im Code -, wären wir Ihnen dankbar, wenn Sie uns dies melden würden. Damit können Sie anderen Lesern Frustration ersparen und uns helfen, die nachfolgenden Versionen dieses Buches zu verbessern. Wenn Sie einen Druckfehler finden, melden Sie diesen bitte per E-Mail an murray@murrayfife.me.

Piraterie

Piraterie von urheberrechtlich geschütztem Material im Internet ist ein ständiges Problem für alle Medien. Wenn Sie auf illegale Kopien unserer Werke stoßen - im Internet oder in anderer Form -, teilen Sie uns bitte die Standort-Adresse oder den Website-Namen sofort mit, damit wir eine Gegenmaßnahme einleiten können. Bitte kontaktieren Sie uns unter murray@murrayfife.me mit einem Link zu der vermuteten Raubkopie. Wir bedanken uns für Ihre Hilfe beim Schutz unserer Autoren und unseren Bemühungen, Sie mit wertvollen Inhalten zu versorgen.

Fragen

Sie können uns über murray@murrayfife.me kontaktieren, wenn Sie mit irgendeinem Aspekt des Buches ein Problem haben sollten, und wir werden unser Bestes tun, um es abzustellen

Inhaltsverzeichnis

EINFÜHRUNG

Dynamics AX ist ein hervorragendes Produkt, weil jeder in der Lage ist, die Grundlagen mit nur ein wenig Übung zu meistern. Wenn Sie es häufiger verwenden, werden Sie wahrscheinlich auf Features stoßen, die nirgendwo vermerkt sind, die jedoch Dynamics AX noch besser machen, und Sie legen sie erstmal beiseite, um sie eventuell später zu verwenden. Je mehr Sie das System nutzen, desto mehr von diesen Funktionen werden Sie finden, und nach einer gewissen Zeit wandeln Sie sich von einem normalen User zu einem Power-User.

Nach der Veröffentlichung der ersten Ausgabe von Tips & Tricks habe ich festgestellt, dass ich noch genug zusätzliche Tipps für ein zweites Buch mit weiteren 50 Tricks & Tipps besitze, die Sie innerhalb von Dynamics AX nutzen können. Sie erstrecken sich von Tipps für die Feinabstimmung des Dynamics AX-Client über einige versteckte Funktionen innerhalb Dynamics AX , von denen viele Anwender nicht wissen, dass sie vorhanden sind. Dazu gehören auch Tipps, wie andere Tools aus dem System heraus für das Reporting zu verwenden sind, und wie Sie die Office-Suite einbinden können, um Dynamics AX das volle Potential zu entlocken.

Sie werden mit Hilfe dieses Buches mit Sicherheit einige zusätzliche und nützliche Tipps kennenlernen.

DESKTOP CLIENT TIPS

Sie müssen sich gar nicht so sehr in Dynamics AX vertiefen, um Funktionen zu finden, die Ihre Arbeit etwas einfacher machen. Schon der Desktop Client selbst ist bestens gefüllt mit Funktionen. Sie können am Client Feineinstellungen vornehmen, so dass Sie nur die Informationen sehen, die Sie gerne sehen möchten. Sie können auch eingebaute Tastaturbefehle verwenden, um das Auffinden von Informationen innerhalb des Systems zu erleichtern.

Automatische Aktualisierung der Homepage (Role Center)

Die Homepage (Role Center) innerhalb Dynamics AX ist eine der nützlichsten Seiten überhaupt, weil sie Ihnen an einer Stelle alle Informationen bündelt, die für Sie von Interesse sein könnten. Sie können das Role Center noch nützlicher gestalten, wenn Sie die Seite automatisch periodisch auffrischen lassen, so dass Sie nicht die F5-Taste zwecks manueller Auffrischung der Seite klicken müssen.

Dadurch sind Sie immer Up-To-Date.

Automatische Aktualisierung der Homepage (Role Center)

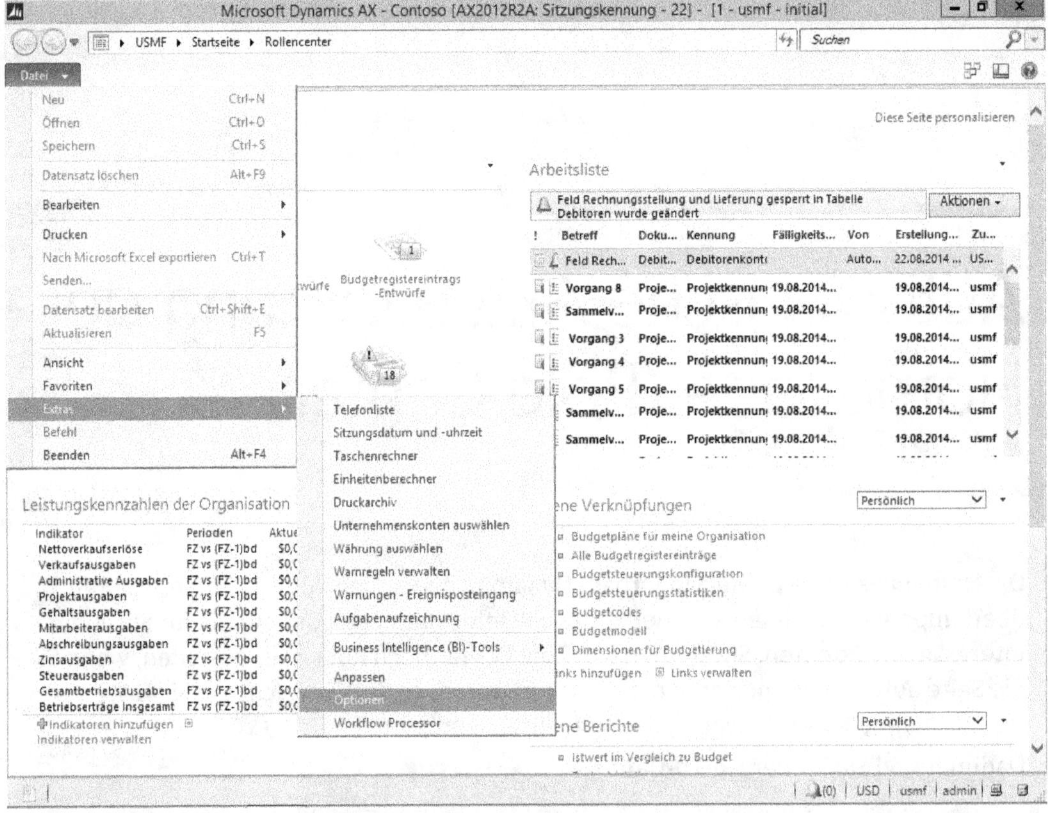

Vom Dateimenü wählen Sie das Untermneü Extras und klicken anschließend auf dem Menüpunkt Optionen.

Automatische Aktualisierung der Homepage (Role Center)

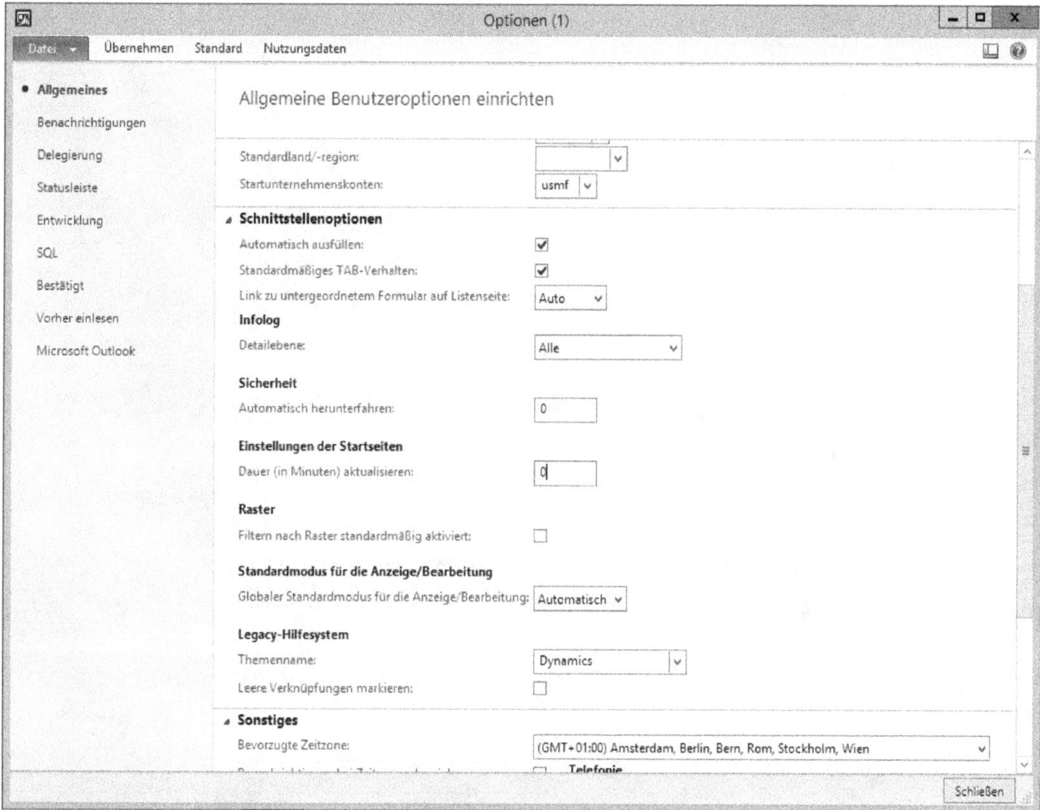

Wenn die Optionenmaske angezeigt wird, ändern Sie den Wert im Feld Dauer (in Minuten) aktualisieren innerhalb der Gruppe Einstellungen der Startseiten von 0 zum Intervall in Minuten, innerhalb dessen Ihre Startseite (Rollen Center) aktualisiert werden soll, und klicken anschließend den Schaltknopf Schließen.

Automatische Aktualisierung der Homepage (Role Center)

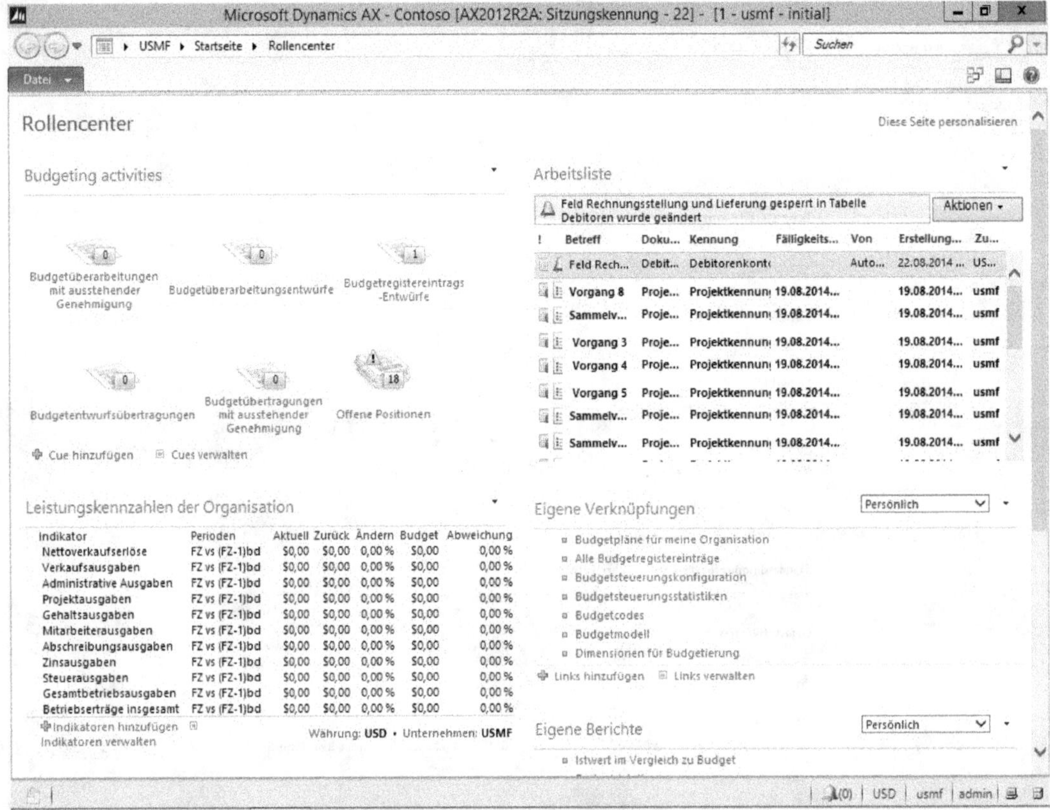

Warten Sie etwas, und die Startseite wird automatisch aktualisiert.

Wechsle den Mandanten mit Hilfe der Statuszeile

Sie wissen wahrscheinlich, wie man einen Mandanten wechseln kann mit Hilfe der Breadcrumb-Leiste, aber Sie können auch über die Statusleiste den Mandanten wechseln. Diese Option bietet zudem die Möglichkeit, einen neuen Arbeitsbereich für den neuen Mandanten zu erstellen, falls Sie beide gleichzeitig in bestimmten Situationen geöffnet haben möchten.

Sie können nun einen Mandanten schneller wechseln als ein Chamäleon seine Farbe.

Wechsle den Mandanten mit Hilfe der Statuszeile

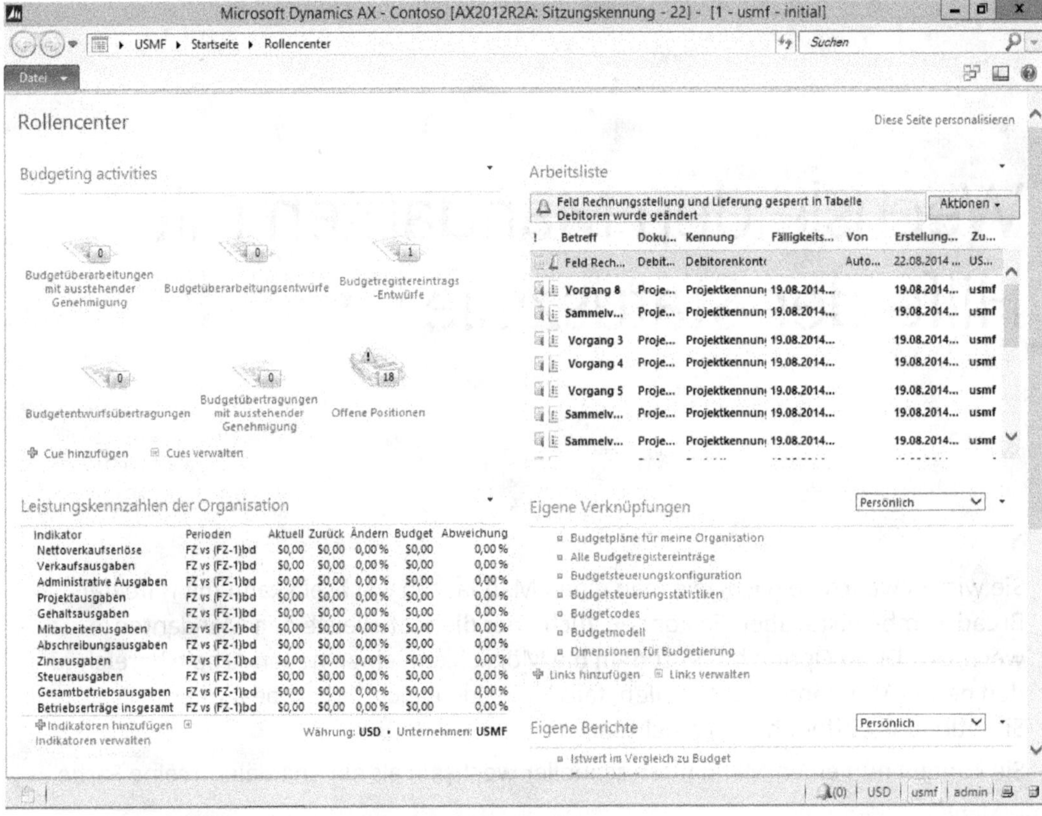

Wenn Sie auf die Statuszeile am rechten unteren Rand des Dynamics AX Client sehen, dann werden Sie bemerken, dass der augenblickliche Mandant angezeigt wird. Klicken Sie auf das Symbol.

Wechsle den Mandanten mit Hilfe der Statuszeile

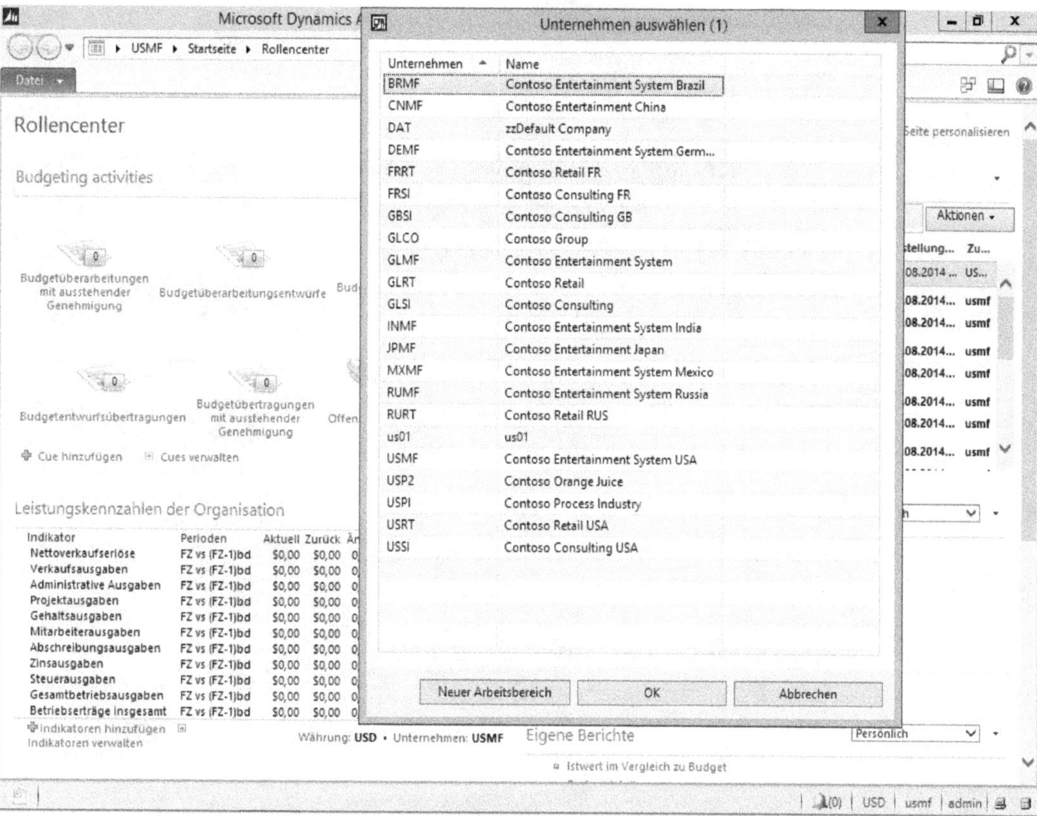

Wenn die Dialogbox Unternehmen auswählen angezeigt wird, können Sie sämtliche Mandanten sehen, auf die Sie Zugriff haben, und Sie können nun einen neuen Mandanten auswählen und auf den Schaltknopf OK klicken, um innerhalb Ihres derzeitigen Arbeitsbereichs zu wechseln.

Alternativ können Sie auch auf den Schaltknopf Neuer Arbeitsbereich klicken, falls Sie für den von Ihnen ausgewählten Mandanten einen neuen Arbeitsbereich öffnen möchten und gleichzeitig den Arbeitsbereich für Ihren gegenwärtigen Mandanten geöffnet lassen wollen.

Wechsle den Mandanten mit Hilfe der Statuszeile

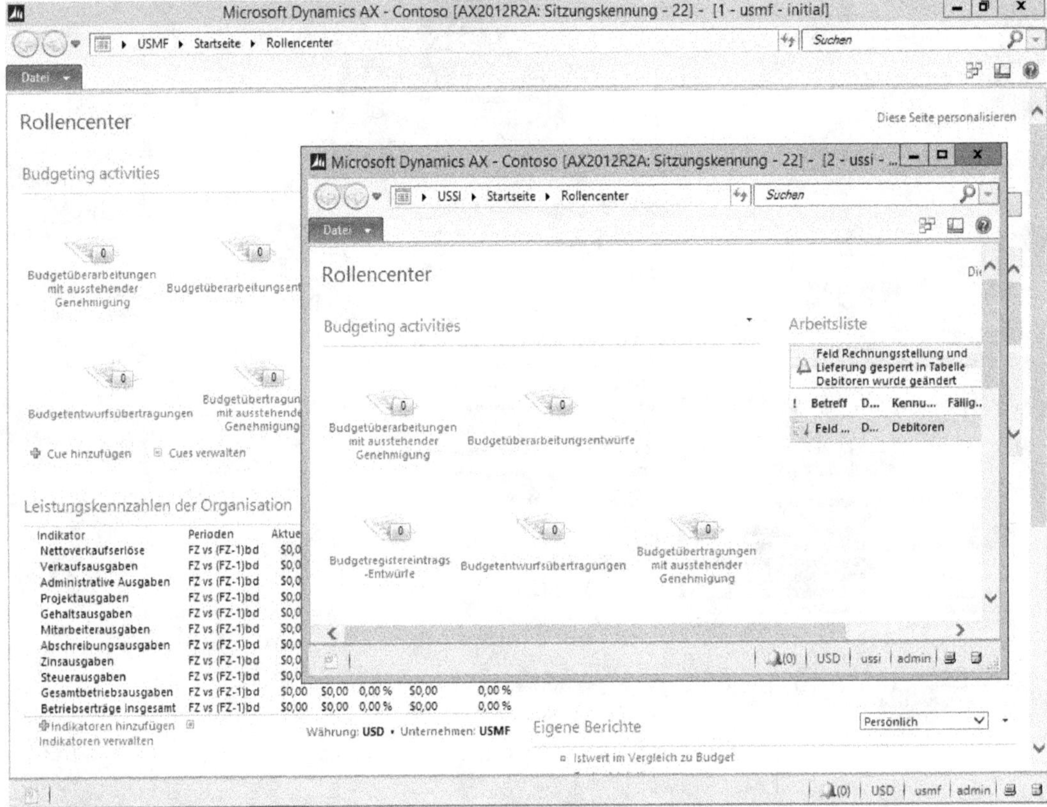

Wie einfach ist das.

Öffne einen neuen Arbeits-bereich, um gleichzeitig auf verschiedene Inhalte zuzugreifen

Manchmal ist es nicht ausreichend, wenn nur eine Version von Dynamics AX auf Ihrer Arbeitsstation läuft. Anstatt über das Arbeitsplatz-Symbol eine weitere Instanz der Applikation zu starten, ist es sinnvoller, einen neuen Arbeitsbereich zu erstellen. Das geht sehr viel schneller.

Öffne einen neuen Arbeitsbereich, um gleichzeitig auf verschiedene Inhalte zuzugreifen

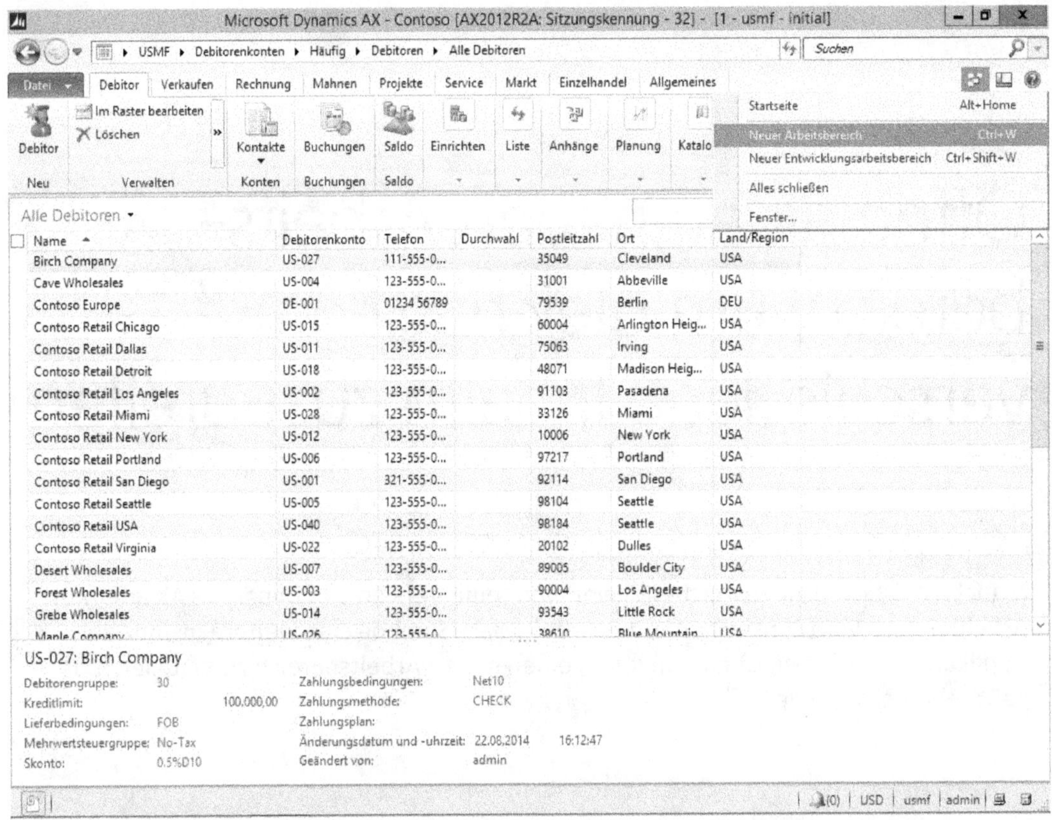

Klicken Sie auf das Fenster-Symbol rechts oben im Dynamics AX Client, und wählen Sie den Menüpunkt Neuer Arbeitsbereich aus (oder drücken CTRL+W).

Öffne einen neuen Arbeitsbereich, um gleichzeitig auf verschiedene Inhalte zuzugreifen

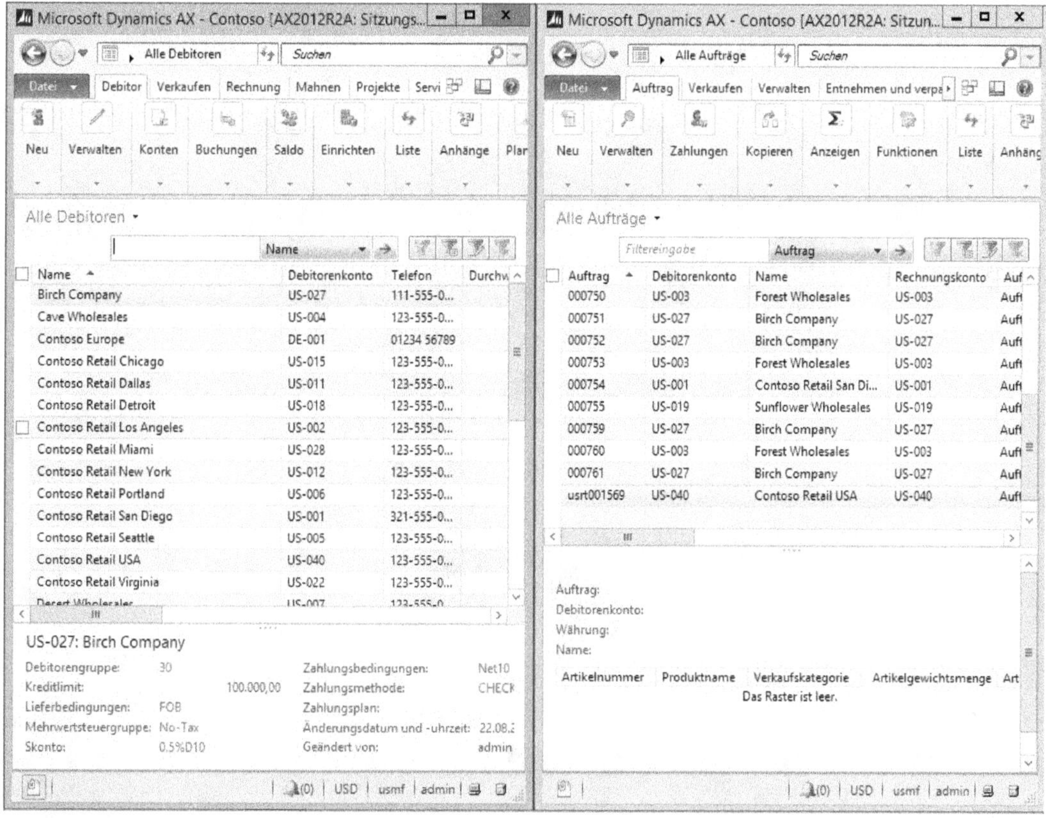

Daraufhin wird ein neuer unabhängiger Arbeitsbereich geöffnet, mit dem Sie zusätzlich zu Ihrem Ursprungs-Arbeitsbereich arbeiten können.

Öffne einen neuen Arbeitsbereich, um gleichzeitig auf verschiedene Inhalte zuzugreifen

Daraufhin wird ein [illegible]

Säubere die Navigationsleiste, damit nur die benötigten Module angezeigt werden

Das Gute an Dynamics AX ist, dass alle verfügbaren Module automatisch zur Verfügung gestellt werden. Die Kehrseite ist, dass Ihnen sämtliche Module immer automatisch vorgelegt werden. Sie möchten aber das Hauptbuch- oder das Beschaffungsmodul nicht sehen, da für Sie nur das Distributionsmodul von Interesse ist.

Sie können schnell Ihren Arbeitsbereich weniger überfrachtet gestalten, indem Sie die Navigationsleiste editieren und alle Module verbergen, die Sie nicht benötigen. Sie können Funktionen schneller erreichen, ohne dass Sie durch die anderen Module ´waten´ müssen, um Menüpunkte aufrufen zu können, die Sie jeden Tag verwenden.

Säubere die Navigationsleiste, damit nur die benötigten Module angezeigt werden

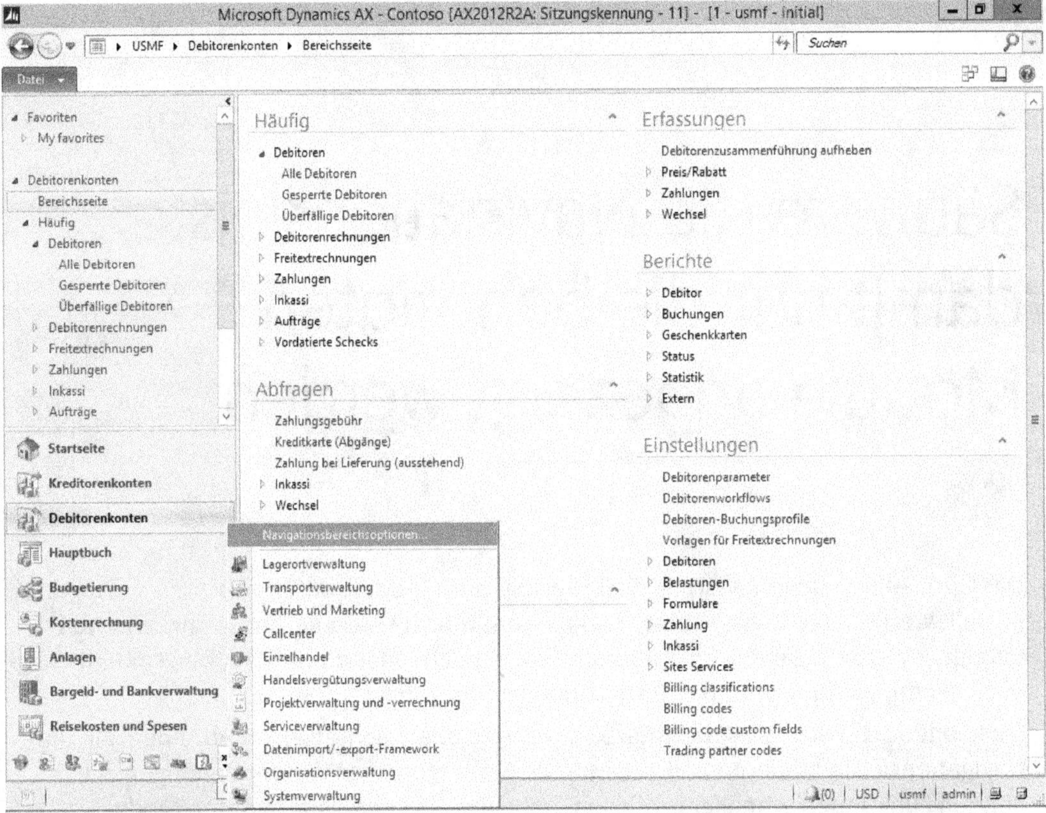

Klicken Sie auf den >> Schaltknopf im Fuß der Navigationsleiste, um sämtliche Module angezeigt zu bekommen, und dann klicken Sie auf den Menüpunkt Navigationsbereichsoptionen.

Säubere die Navigationsleiste, damit nur die benötigten Module angezeigt werden

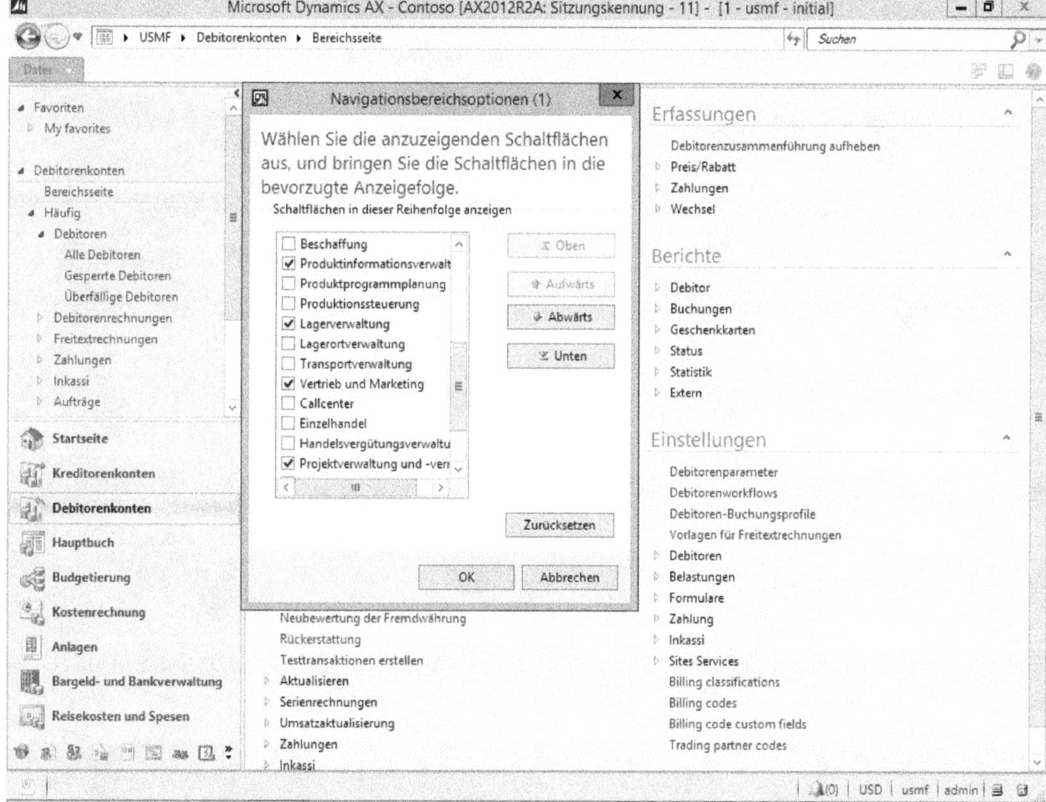

Wenn das Fenster Navigationsbereichsoptionen angezeigt wird, können Sie sämtliche Module sehen, auf die Sie Zugriff haben, und durch Deaktivieren können Sie die einzelnen Module aus der Navigationsleiste entfernen.

Anschließend klicken Sie auf den OK Schaltknopf.

Säubere die Navigationsleiste, damit nur die benötigten Module angezeigt werden

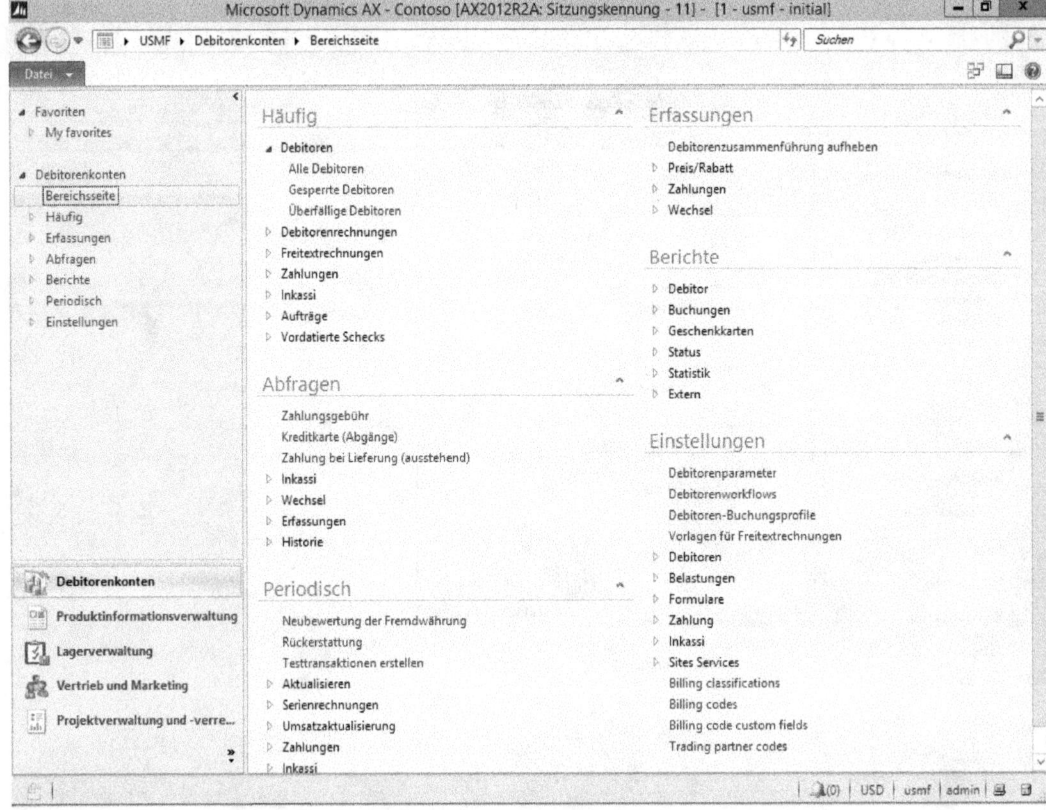

Ihre Navigationsleiste ist nun sehr viel schlanker, und Sie haben jetzt einen schnellen Zugriff auf die Menüpunkte, die für Sie von Interesse sind.

Säubere die Navigationsleiste, damit nur die benötigten Module angezeigt werden

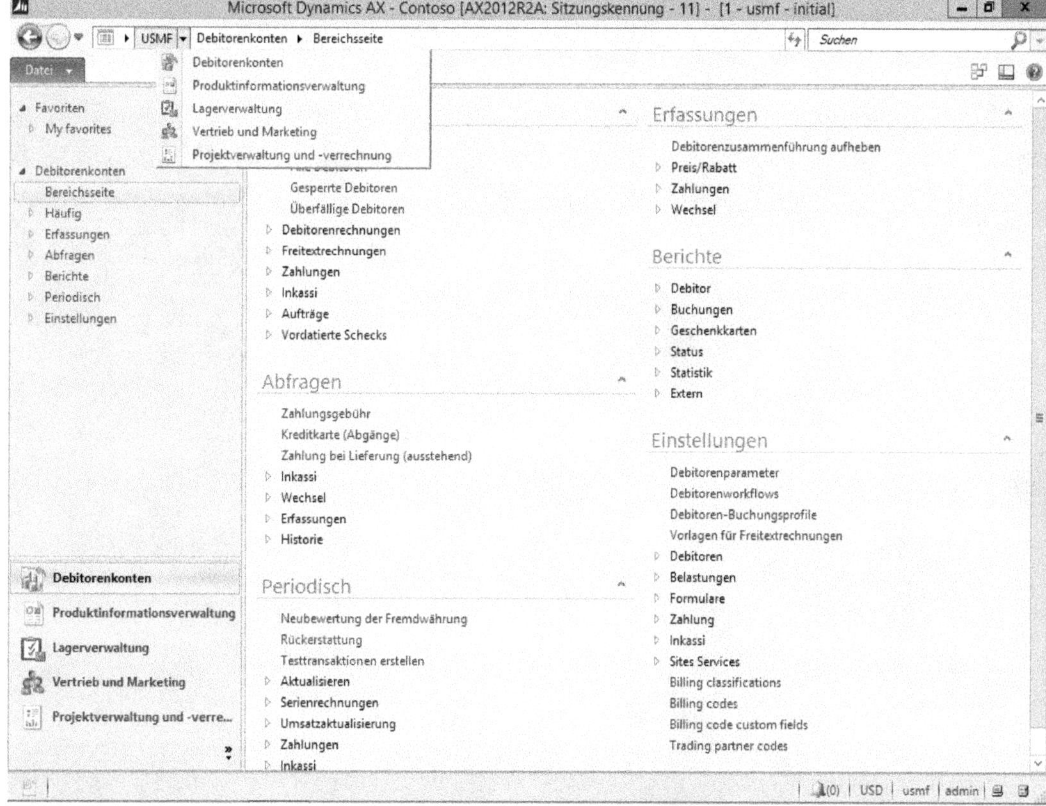

Dasselbe gilt auch für das Pull-Down-Menü in der Adressleiste.

Ergänze Menügruppen im Handumdrehen dem Menü Favoriten

Jeder ist vermutlich vertraut mit dem Favoritenmenü, und viele wissen, dass man mit einem Mausklick jeden Menüpunkt hinzufügen kann. Wissen Sie auch, dass Sie ebenso ganze Gruppen von Menüpunkten ergänzen können, und dass die Gliederung der Menügruppe von der Bereichsseite ebenso Ihren Favoriten hinzugefügt wird.

Wenn Sie so vorgehen, können Sie sehr viel Arbeit durch das Erstellen eigener Menügruppen in den Favoriten vermeiden, da sie bereits innerhalb der Bereichsseite für Sie gruppiert wurden.

Ergänze Menügruppen im Handumdrehen dem Menü Favoriten

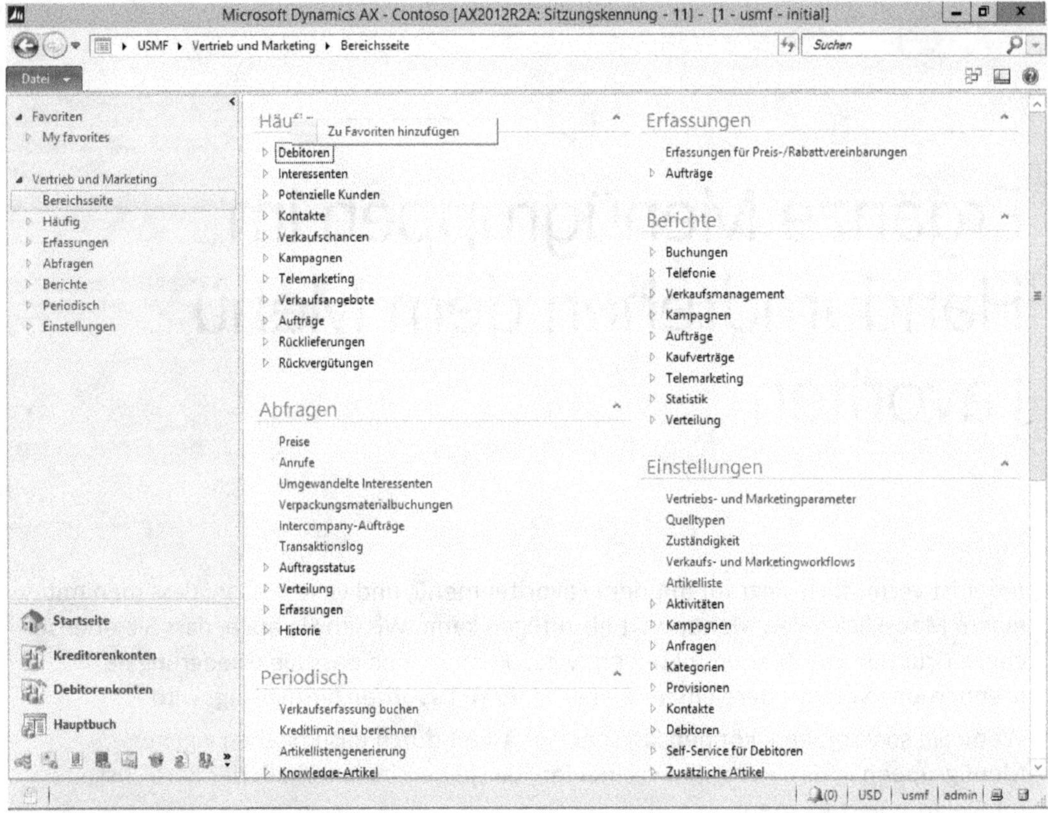

Klicken Sie auf der Menü-Überschrift, die Sie Ihren Favoriten hinzufügen möchten, die rechte Maustaste, und wählen Sie die Option Zu Favoriten hinzufügen. In diesem Fall wähle ich die Gruppe Häufig im Modul Vertrieb und Marketing.

Ergänze Menügruppen im Handumdrehen dem Menü Favoriten

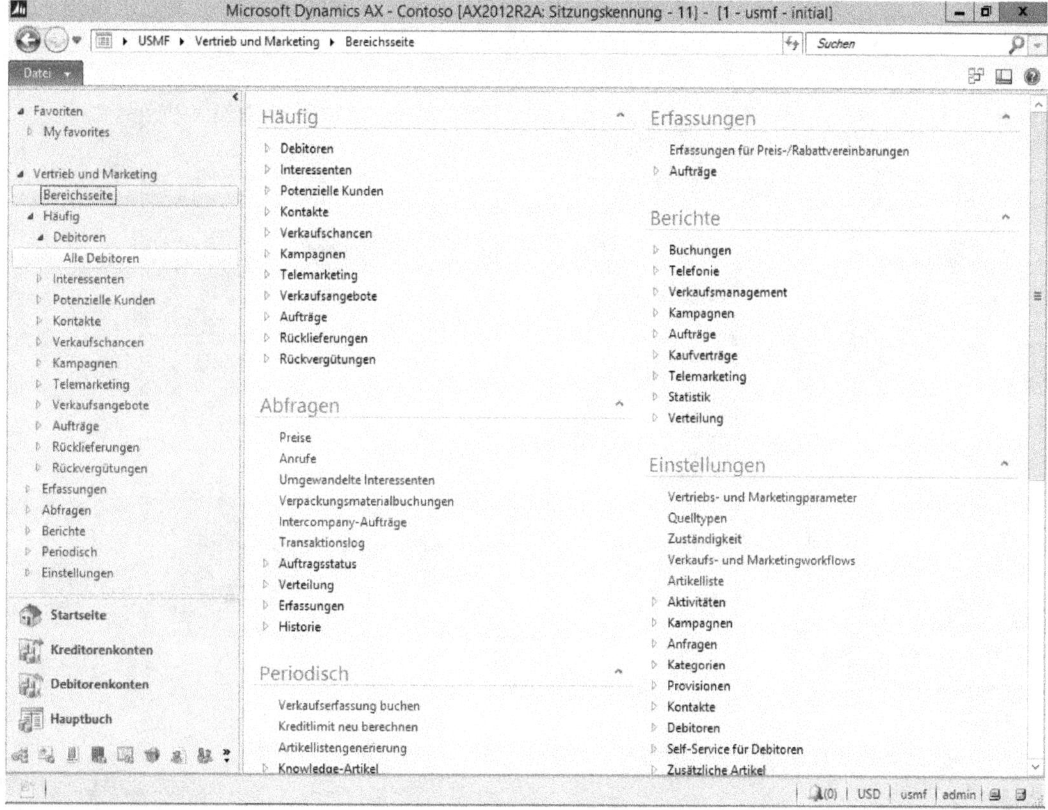

Wenn Sie jetzt Ihre Favoriten öffnen, sehen Sie die vollständige Menügruppe, einschließlich der Unter-Menüpunkte.

Ergänze Menügruppen im Handumdrehen dem Menü Favoriten

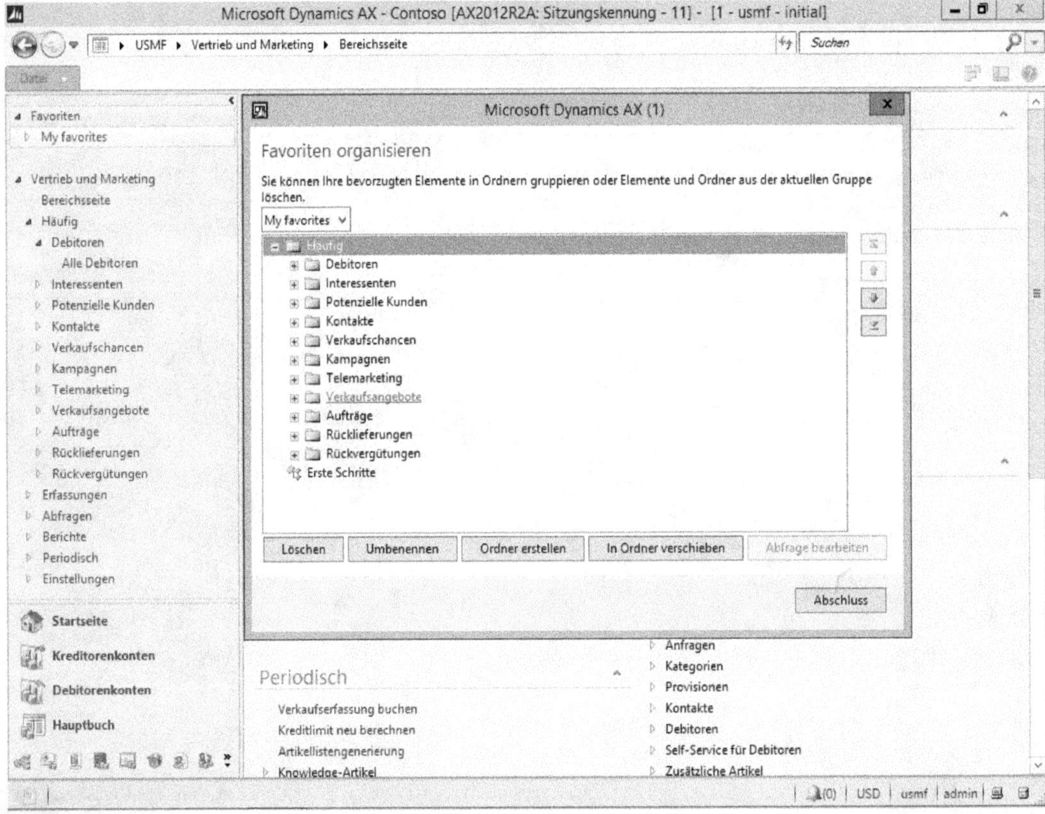

Falls Sie einige Untermenüs hinwegräumen möchten, können Sie mit der rechten Maustaste auf die Menügruppe My Favorites klicken, und die Option Favoriten organisieren auswählen, worauf Ihnen die Maske Favoriten organisieren angezeigt wird.

Ergänze Menügruppen im Handumdrehen dem Menü Favoriten

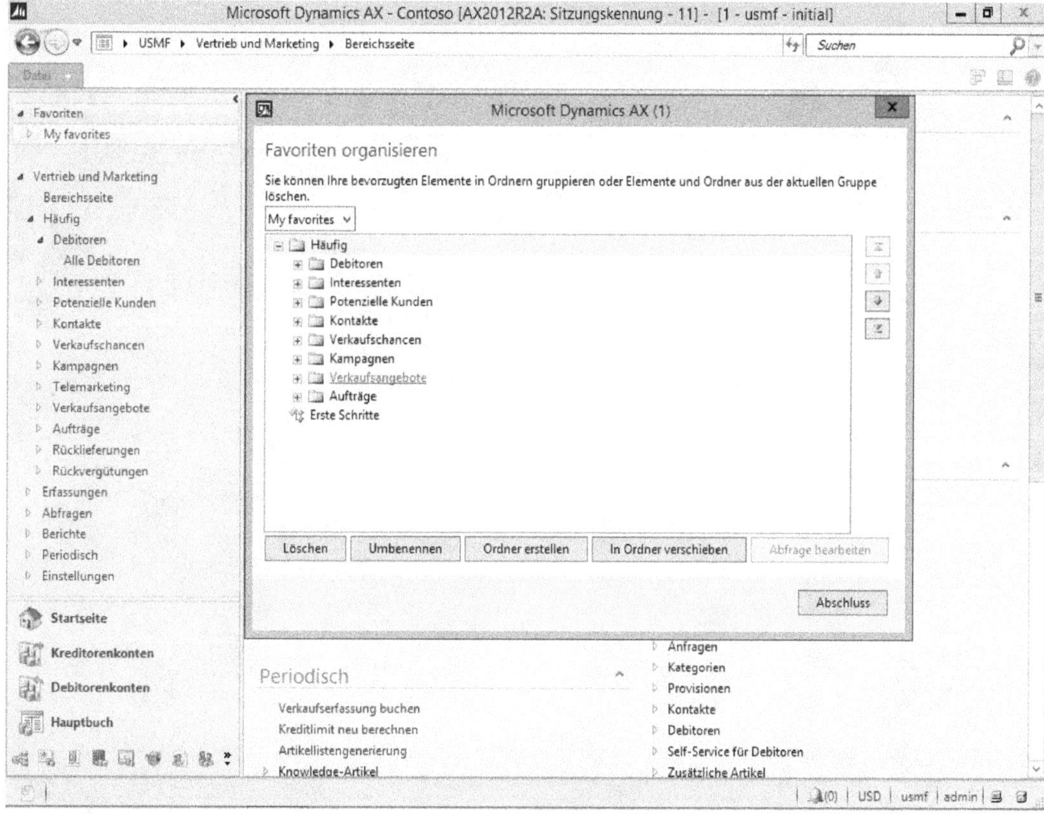

Wenn Sie die Menüstruktur dahingehend optimiert haben, dass nur noch die Informationen angezeigt werden, die Sie benötigen, dann klicken Sie auf den Schaltknopf Abschluss, um die Änderungen zu speichern.

Ergänze Menügruppen im Handumdrehen dem Menü Favoriten

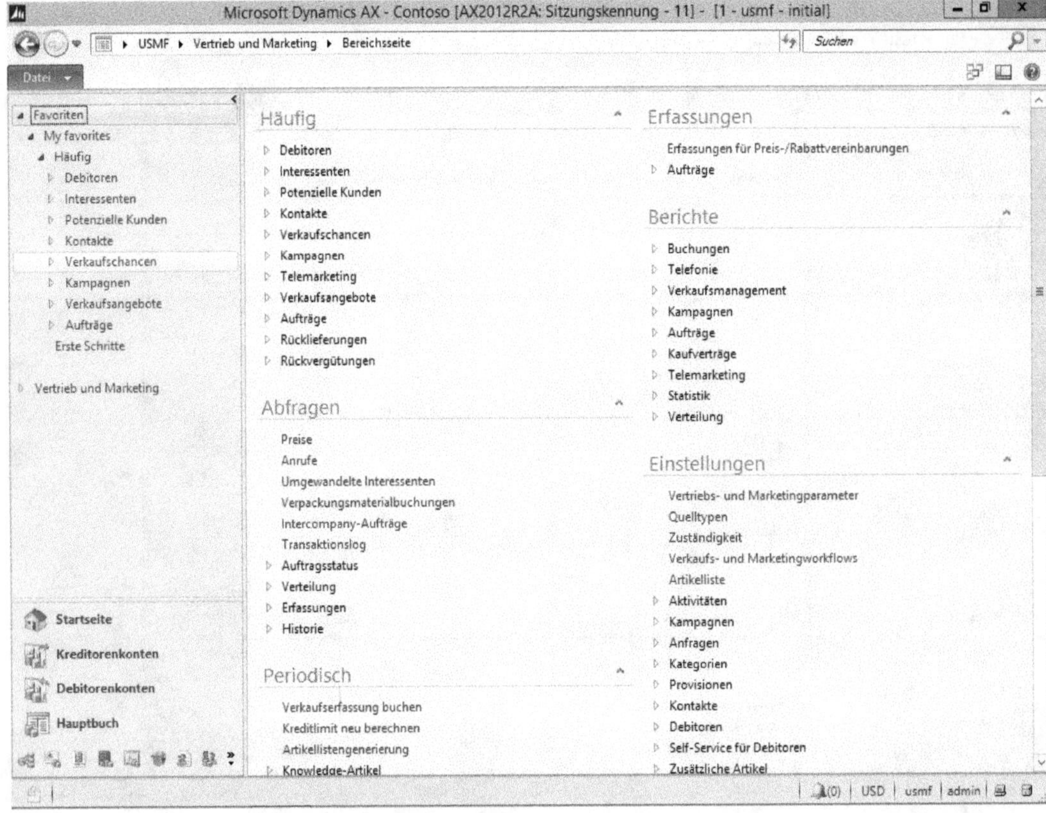

Jetzt haben Sie alle Menüpunkte der Bereichsseitengruppe, die Sie benötigen, ohne dass Sie die einzelnen Menüpunkte manuell hinzufügen mußten.

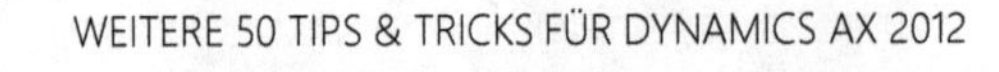

Verberge Navigationsleiste und Infobox zwecks Vergrößerung des Arbeitsbereichs

Wenngleich es von Vorteil ist, die Navigationsleiste und Infobox innerhalb Dynamics AX zu sehen, so benötigt man manchmal dennoch mehr Raum, um all die Informationen darstellen zu können, an denen man gerade arbeitet. Das ist OK, da Sie diese Leisten an- und ausschalten können mit Hilfe der Ansichtsoptionen innerhalb des Dynamics AX Client.

Jeder von Ihnen, der gerufen hat "Zeige mir die Daten" kann jetzt zu seiner Arbeit zurückkehren.

Verberge Navigationsleiste und Infobox zwecks Vergrößerung des Arbeitsbereichs

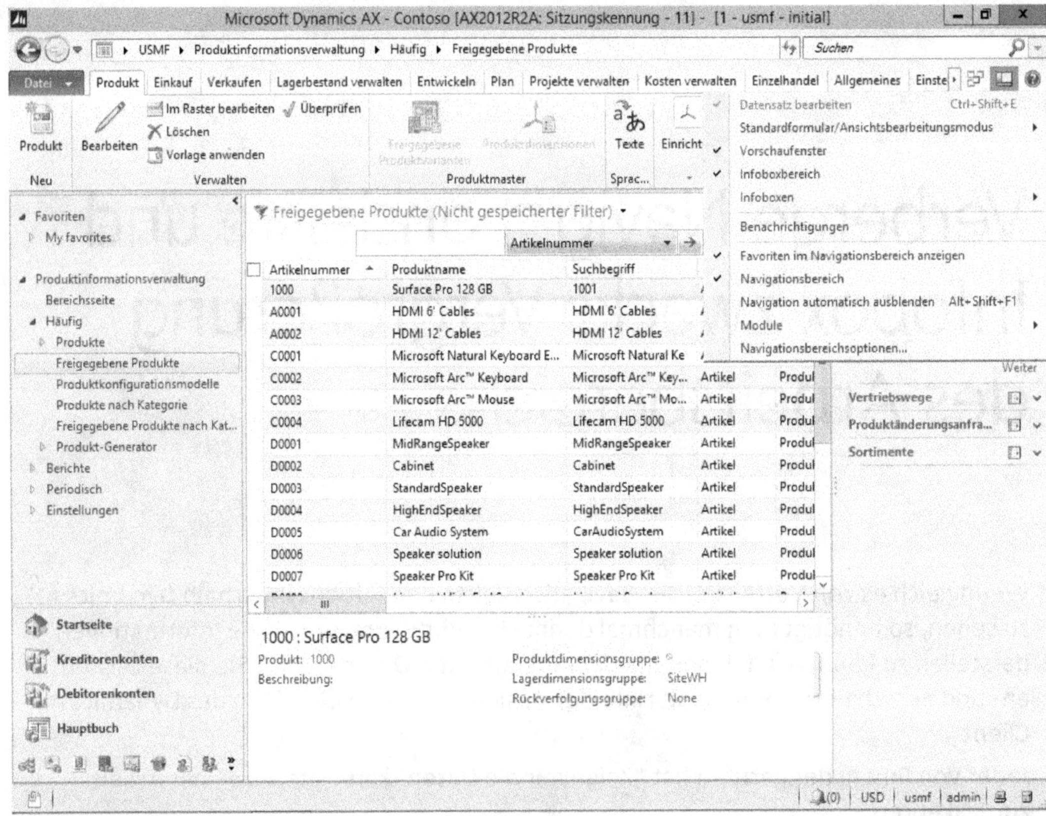

Öffnen Sie die Ansichtsoptionen entweder durch Klicken in der rechten oberen Ecke des Dynamics AX Client oder durch Drücken von ALT+V. Von hier können Sie den Infoboxbereich und den Navigationsbereich durch Auswahl wegschalten.

Verberge Navigationsleiste und Infobox zwecks Vergrößerung des Arbeitsbereichs

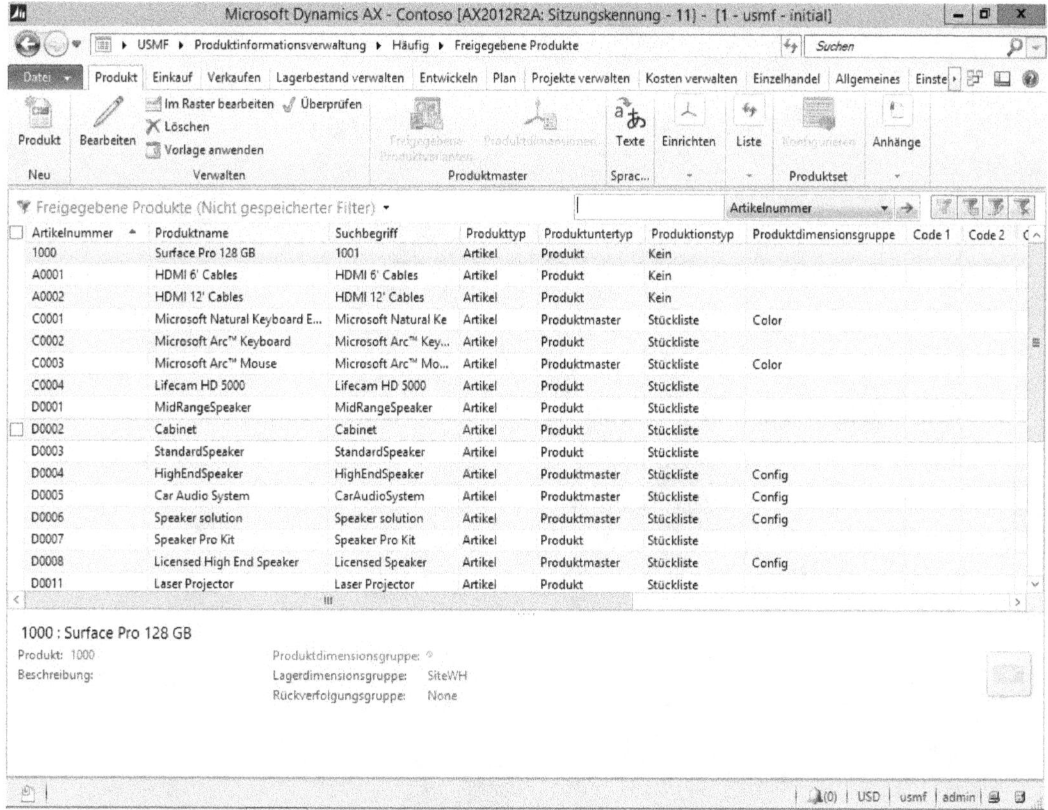

Von nun an haben Sie mehr Platz auf Ihrem Bildschirm.

Filter die Favoriten Menüpunkte

Wahrscheinlich wissen Sie, dass Sie jeden Menüpunkt Ihrem persönlichen Favoritenmenü hinzufügen können – aber es ist noch viel mehr möglich. Sie können diese Favoriten soweit personalisieren, dass automatisch ein Filter angehängt wird, damit Sie nur die Datensätze zurückgemeldet bekommen, die sie benötigen.

Es ist sogar möglich, mehrere Favoriten-Verknüpfungen für denselben Menüpunkt zu erstellen, so dass Ihnen verschiedene Sets von Daten rückgemeldet werden – abhängig davon, an was Sie gerade arbeiten. Sie vermeiden dadurch zusätzliche Arbeitsschritte.

Filter die Favoriten Menüpunkte

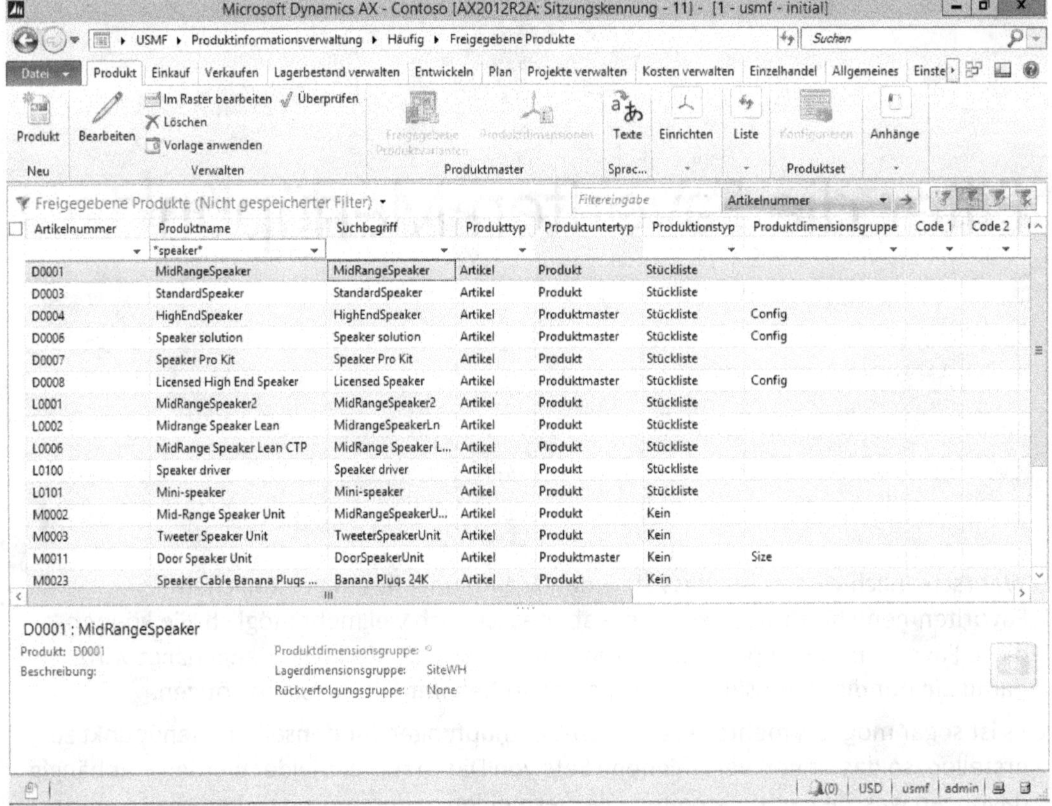

Öffnen Sie das Formular, für das Sie eine Favoriten-Verknüpfung erstellen wollen, und filtern Sie das Formular mit jenen Datensätzen, die Sie selektieren möchten.

Filter die Favoriten Menüpunkte

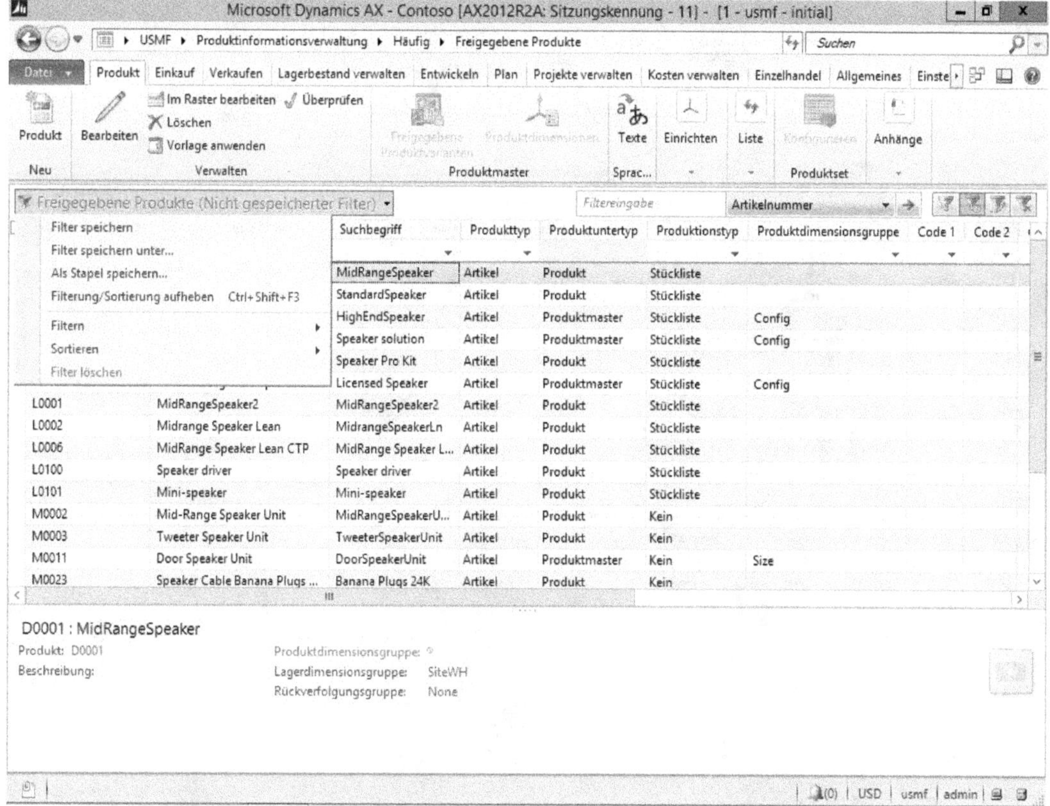

Im Filtermenü wählen Sie den Menüpunkt Filter speichern unter aus.

Filter die Favoriten Menüpunkte

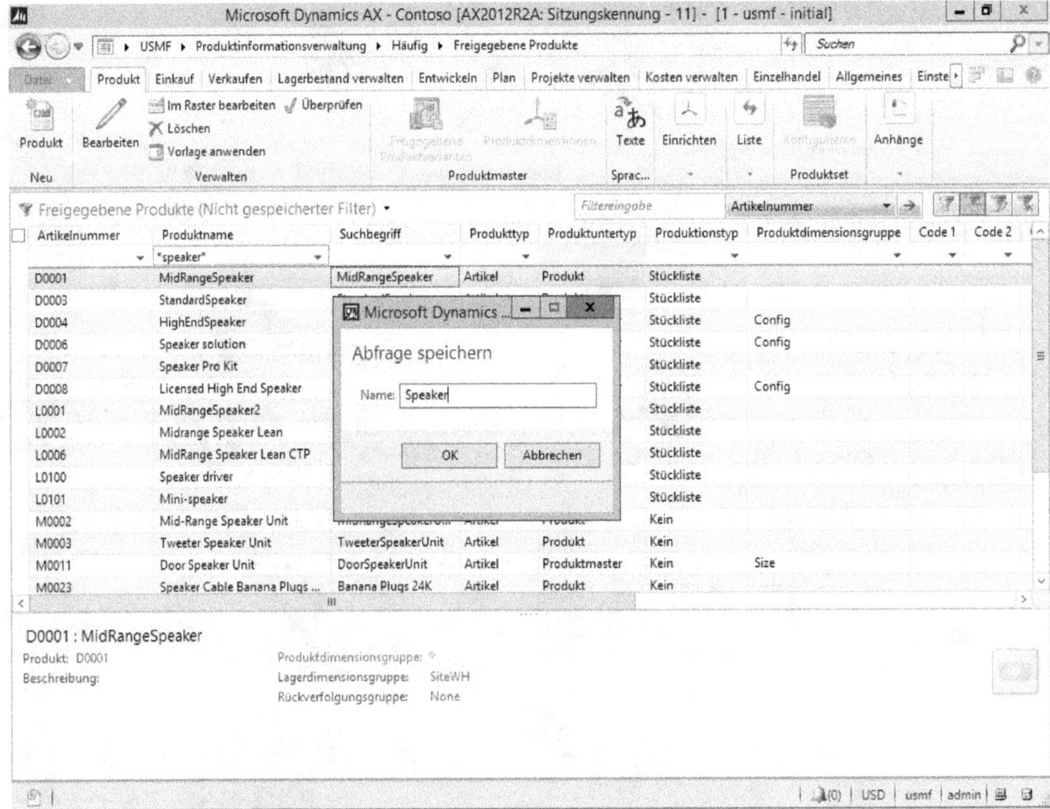

Dann geben Sie Ihrem Filter einen Namen und klicken OK.

Filter die Favoriten Menüpunkte

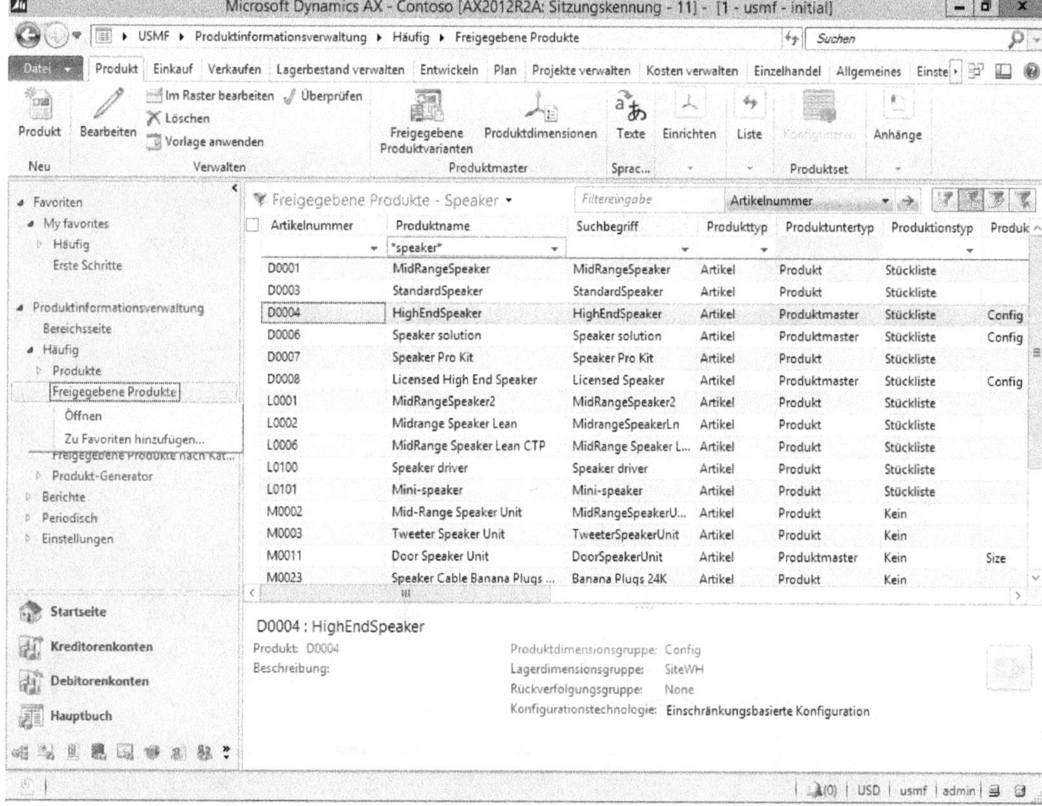

Klicken Sie die rechte Maustaste im Hauptformular, wählen Sie Zu Favoriten hinzufügen aus.

Filter die Favoriten Menüpunkte

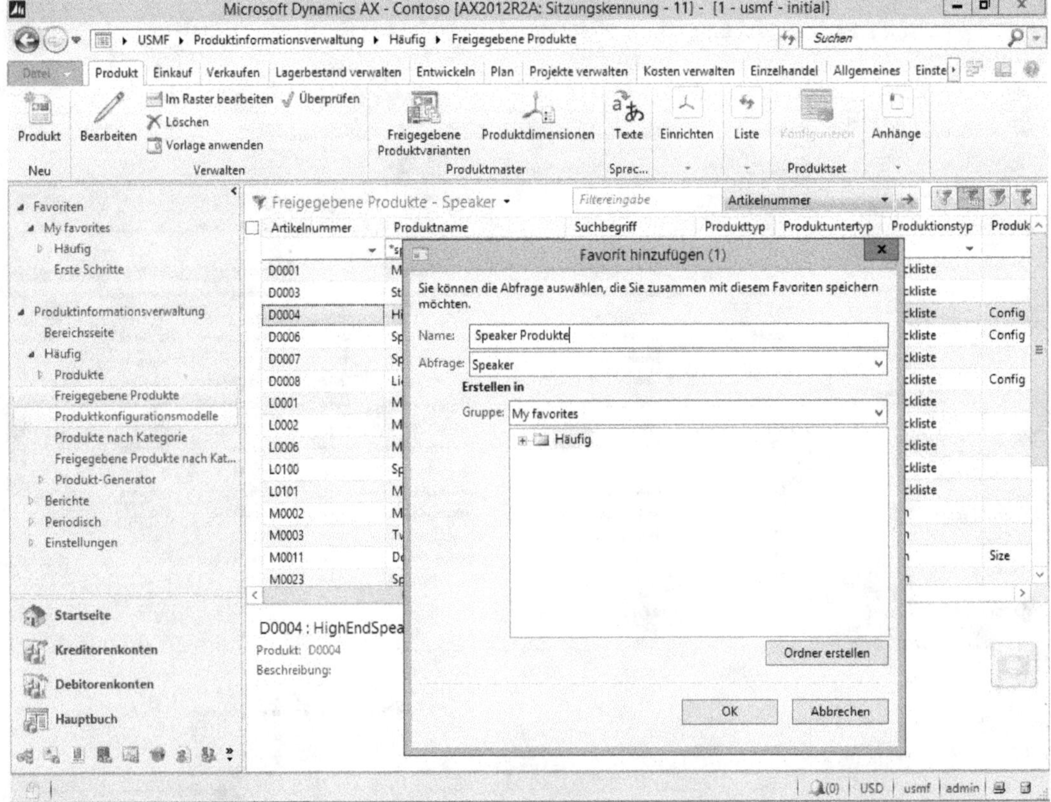

Wenn die Dialogbox Favoriten hinzufügen angezeigt wird, geben Sie Ihrer neuen Favoriten-Verknüpfung einen Namen, und dann wählen Sie aus der Auswahlliste die Abfrage aus, die Sie soeben erstellt haben.

Filter die Favoriten Menüpunkte

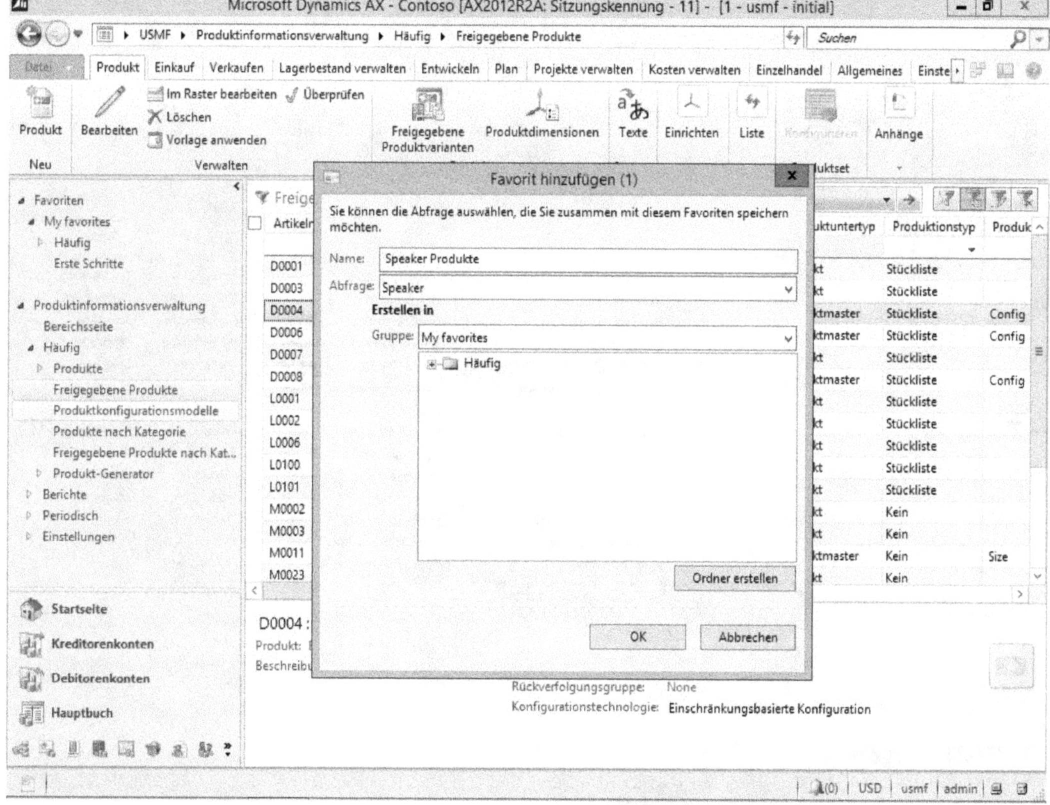

Wenn Sie das getan haben, klicken Sie OK, um den Favoriten zu speichern.

Filter die Favoriten Menüpunkte

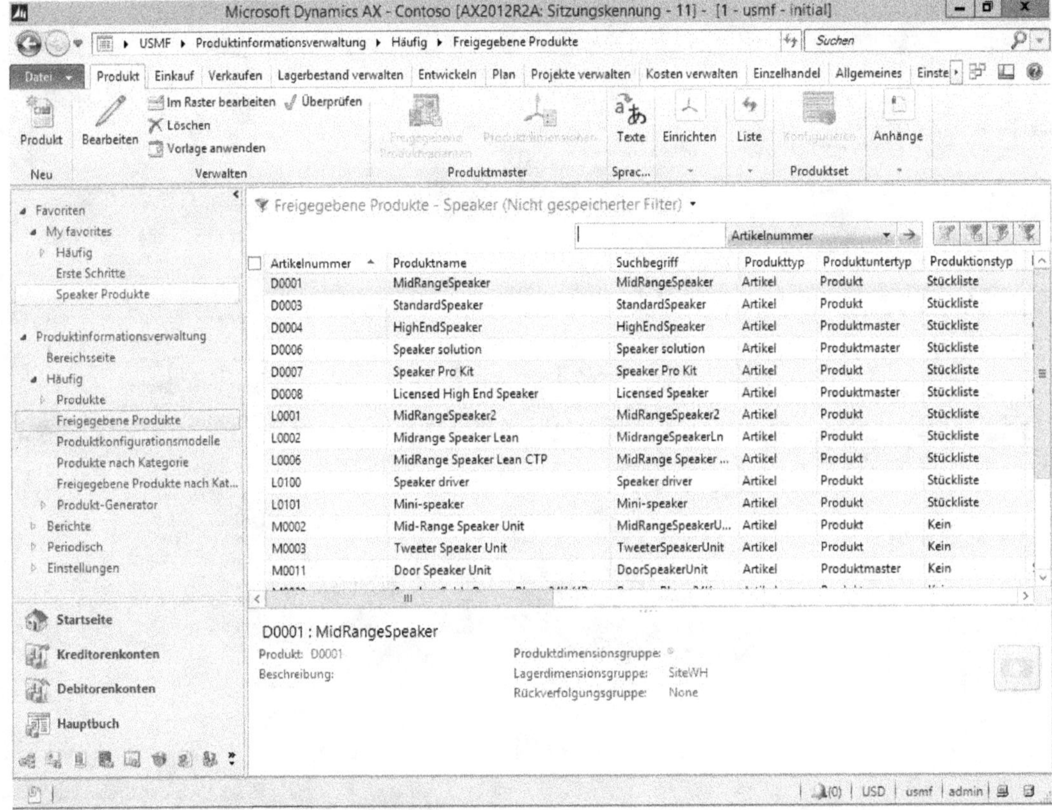

Sie können mehrere Verknüpfungen für dasselbe Formular erstellen, jede mit eigenen Filter, so dass Sie sehr schnell die von Ihnen gewünschten Datensätze aufrufen können.

Navigiere in der Funktionsleiste wie ein Street Fighter mit Hilfe von Tastaturkürzel

Es gibt zwei Typen von Benutzern in der Welt. Die einen hängen an Ihrer Maus und wollen sich durch die Applikation klicken, die anderen favorisieren die Tastatur und wollen alles über Tastaturkürzel erledigen. Die letztgenannte Gruppe – seien Sie unbesorgt – kann mit der Tastatur genauso schnell durch Dynamics AX navigieren.

Mit den zur Verfügung stehenden Kombinationstasten werden Sie so schnell sein wie mit der Maus.

Navigiere in der Funktionsleiste wie ein Street Fighter mit Hilfe von Tastaturkürzel

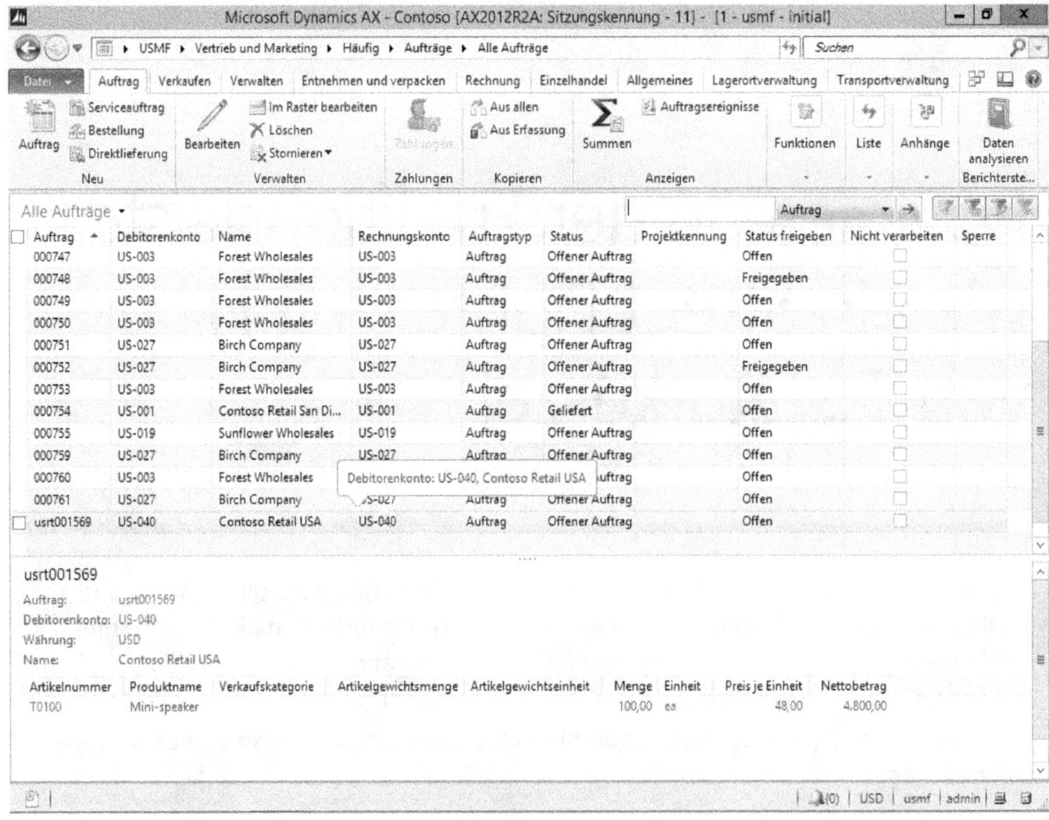

Öffnen Sie die Maske, innerhalb der Sie navigieren möchten. In diesem Beispiel wollen wir Tastaturkürzel zwecks Erstellung eines neuen Auftrags verwenden.

Navigiere in der Funktionsleiste wie ein Street Fighter mit Hilfe von Tastaturkürzel

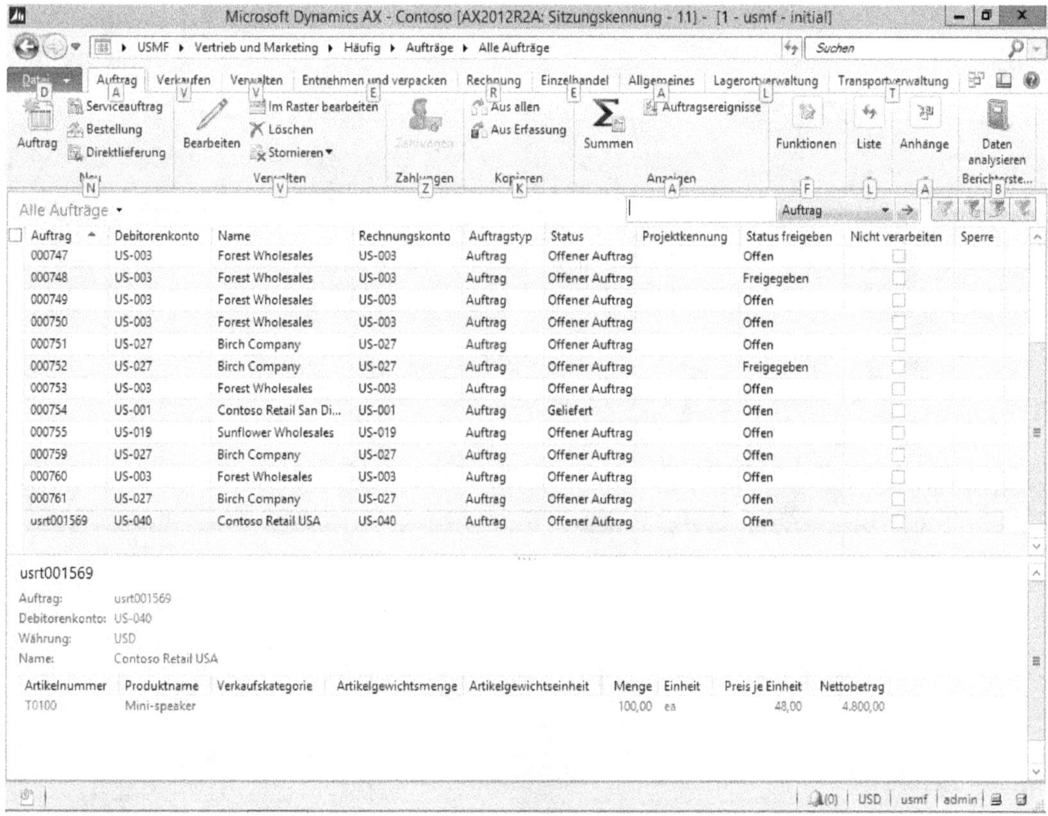

Auftrag	Debitorenkonto	Name	Rechnungskonto	Auftragstyp	Status	Projektkennung	Status freigeben	Nicht verarbeiten	Sperre
000747	US-003	Forest Wholesales	US-003	Auftrag	Offener Auftrag		Offen	☐	
000748	US-003	Forest Wholesales	US-003	Auftrag	Offener Auftrag		Freigegeben	☐	
000749	US-003	Forest Wholesales	US-003	Auftrag	Offener Auftrag		Offen	☐	
000750	US-003	Forest Wholesales	US-003	Auftrag	Offener Auftrag		Offen	☐	
000751	US-027	Birch Company	US-027	Auftrag	Offener Auftrag		Offen	☐	
000752	US-027	Birch Company	US-027	Auftrag	Offener Auftrag		Freigegeben	☐	
000753	US-003	Forest Wholesales	US-003	Auftrag	Offener Auftrag		Offen	☐	
000754	US-001	Contoso Retail San Di...	US-001	Auftrag	Geliefert		Offen	☐	
000755	US-019	Sunflower Wholesales	US-019	Auftrag	Offener Auftrag		Offen	☐	
000759	US-027	Birch Company	US-027	Auftrag	Offener Auftrag		Offen	☐	
000760	US-003	Forest Wholesales	US-003	Auftrag	Offener Auftrag		Offen	☐	
000761	US-027	Birch Company	US-027	Auftrag	Offener Auftrag		Offen	☐	
usrt001569	US-040	Contoso Retail USA	US-040	Auftrag	Offener Auftrag		Offen	☐	

Drücken Sie die ALT-Taste und alle Kürzeloptionen werden auf dem Bildschirm angezeigt. Das erste Set an Kürzeln steht für die einzelnen Register und für die Hauptgruppen innerhalb der gewählten Funktionsleiste.

Drücken Sie N zwecks Auswahl der Gruppe Neu in der Funktionsleiste Auftrag.

Navigiere in der Funktionsleiste wie ein Street Fighter mit Hilfe von Tastaturkürzel

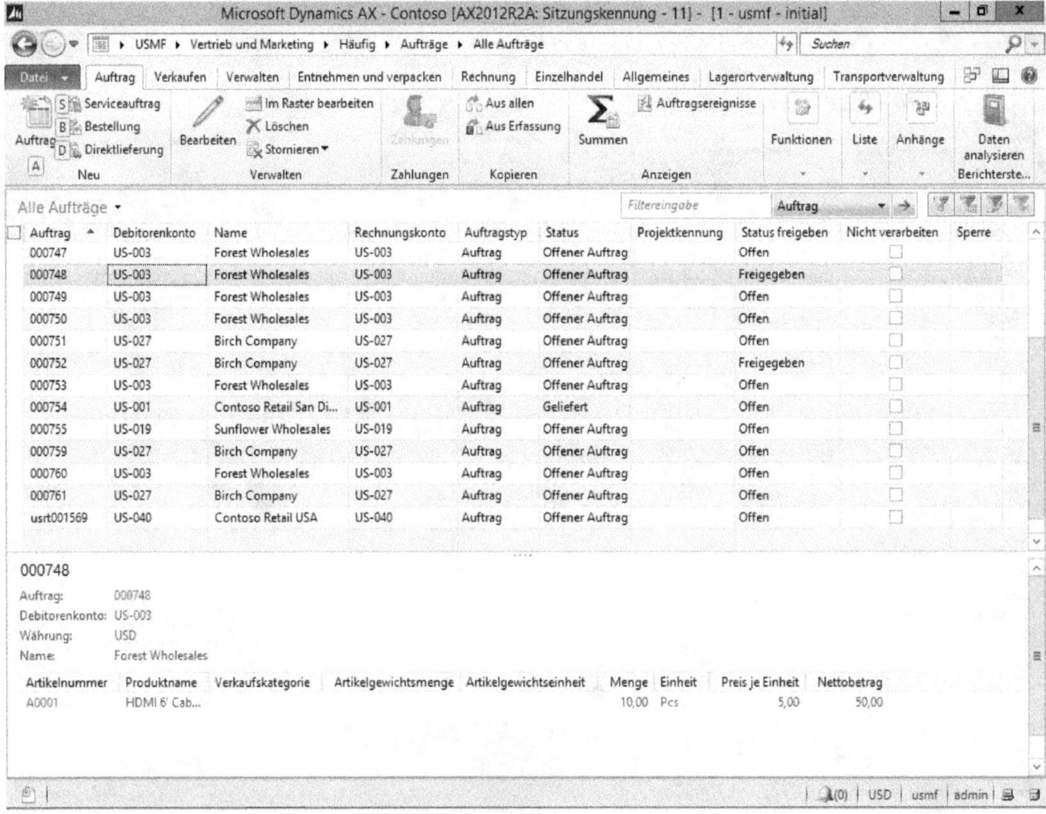

Die Kürzeloptionen ändern sich und zeigen nur noch die Punkte innerhalb der von Ihnen gewählten Gruppe.

Drücken Sie A.

Navigiere in der Funktionsleiste wie ein Street Fighter mit Hilfe von Tastaturkürzel

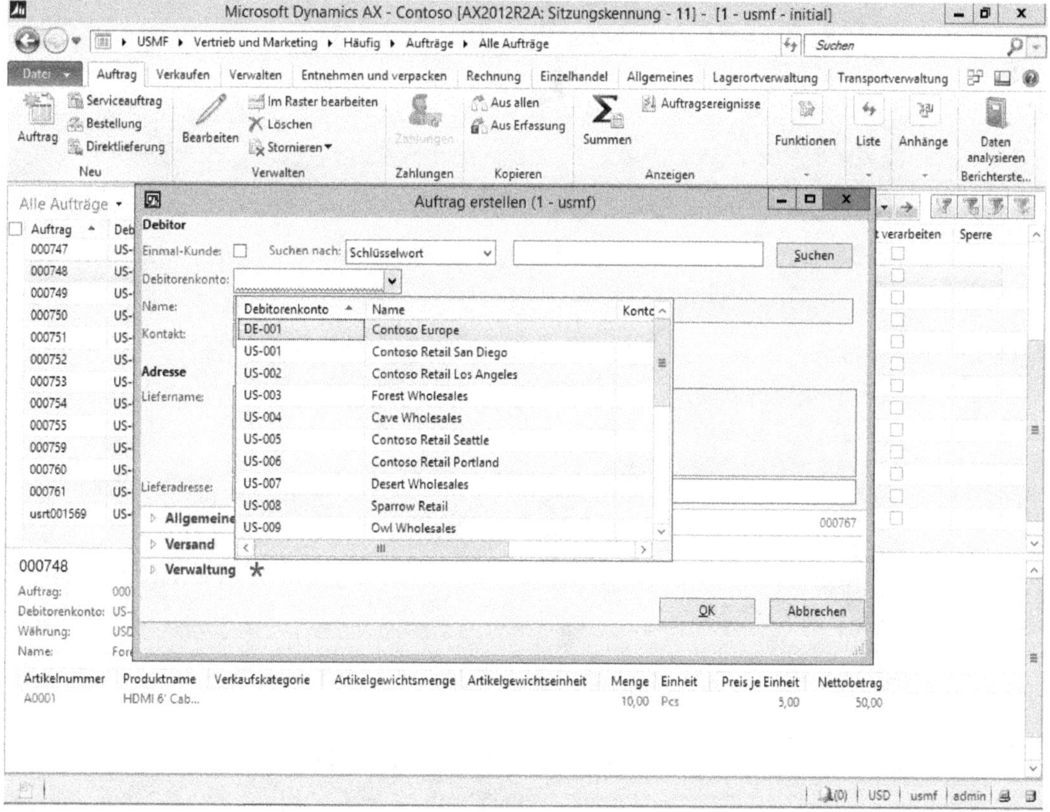

Daraufhin wird die Dialogbox Auftrag erstellen geöffnet. Wenn Sie wieder einen neuen Auftrag erstellen wollen, müssen Sie sich das nächste Mal nur an folgendes erinnern:

ALT, N, A

How Easy is that!

Eingabe von Formular Auswahlkriterien zwecks Massenaktualisierung

Sie werden heute oder morgen in die Situation kommen, eine Aktualisierung durchführen zu müssen, die so gestaltet wurde, dass sie nur für einen Datensatz ausgeführt werden kann – Sie haben aber 10, 100 oder vielleicht sogar 1000 Datensätze, die gleichzeitig aktualisiert werden sollen. Wenngleich es so aussieht, dass jede Hoffnung verloren ging, und dass Sie wegen der vielen Mausklicks mit einem Karpaltunnelsyndrom enden werden, ist es nicht so trostlos wie Sie vielleicht denken.

Es gibt eine Möglichkeit, die Auswahlabfrage , die standardmäßig für das Formular verwendet wird, aufzubrechen, um die Anzahl der Datensätze auszuweiten, die gleichzeitig aktualisiert werden sollen. Und es ist noch dazu herrlich einfach.

Eingabe von Formular Auswahlkriterien zwecks Massenaktualisierung

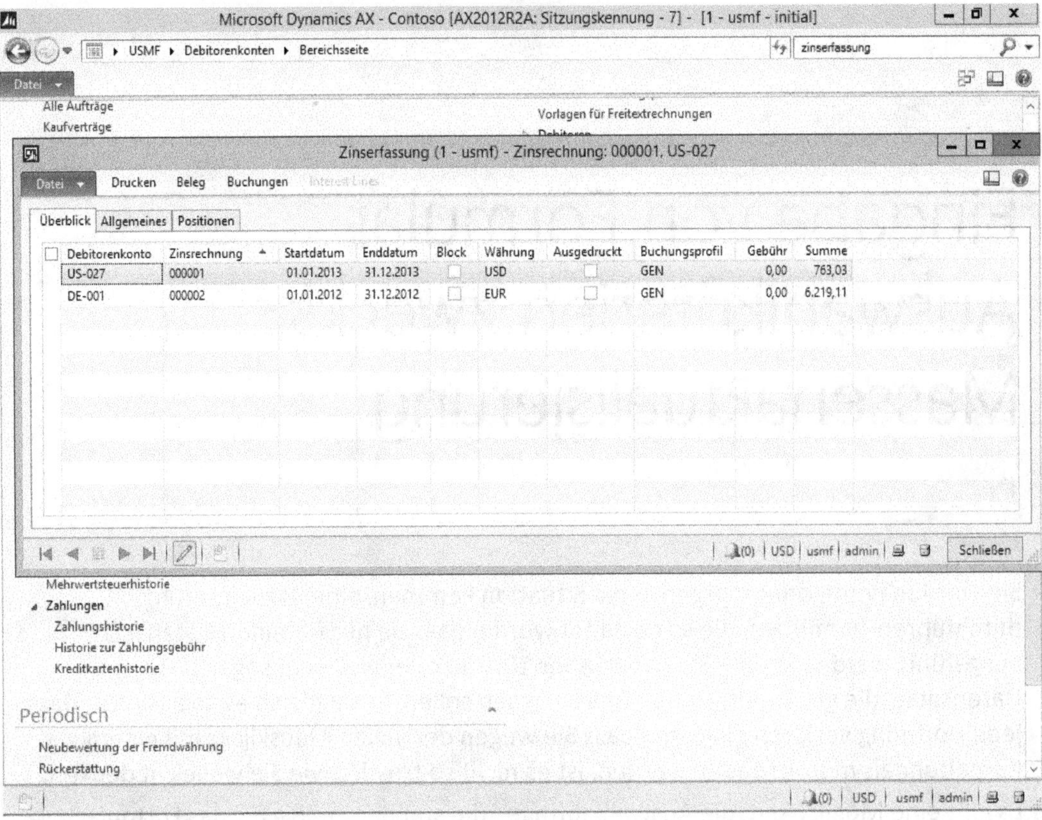

Wenn Sie in einigen Formularen einen Datensatz auswählen, sind Sie in der Lage, die Menüpunkte zu nutzen.

Eingabe von Formular Auswahlkriterien zwecks Massenaktualisierung

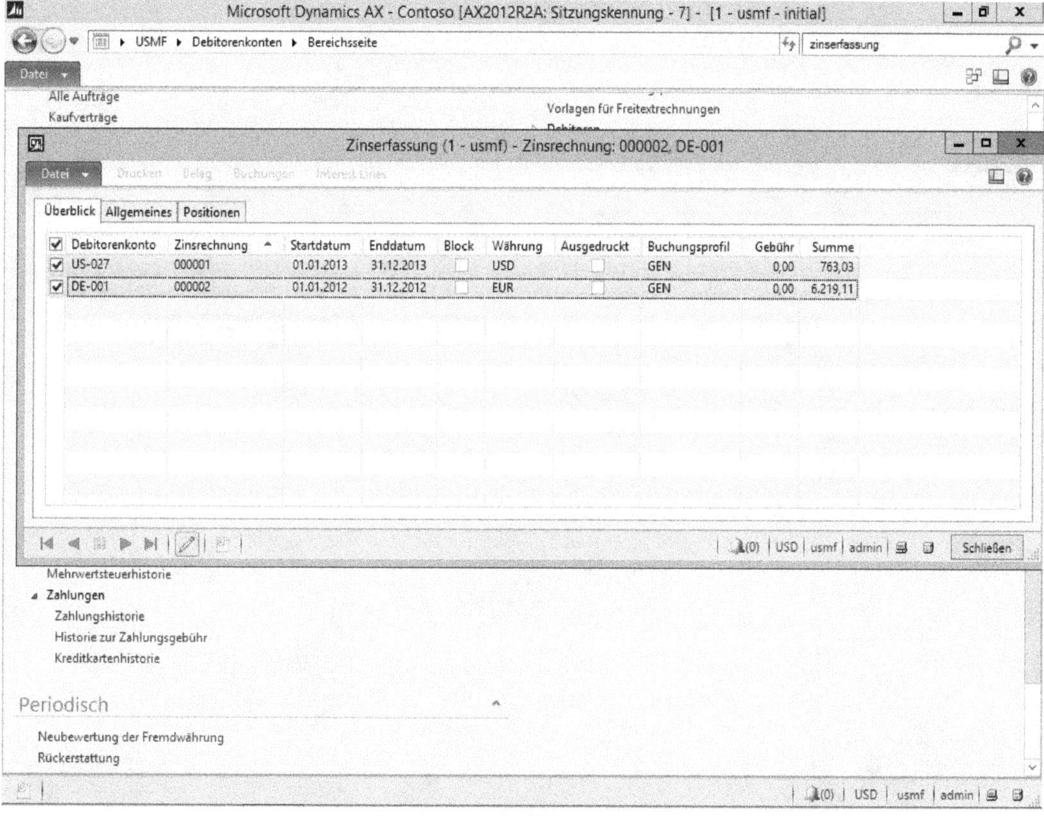

Aber wenn Sie mehrere Datensätze auswählen, dann sind die Menüs deaktiviert.

Eingabe von Formular Auswahlkriterien zwecks Massenaktualisierung

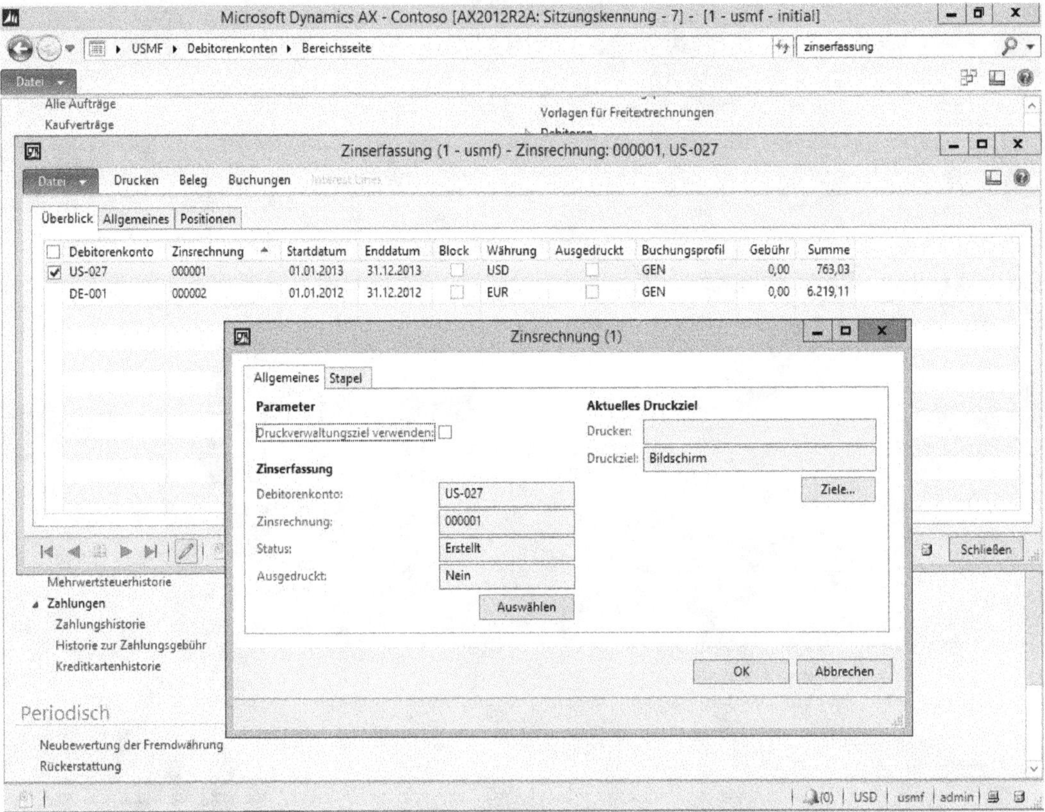

Wählen Sie einen Datensatz, und klicken Sie auf den Menüpunkt, den Sie für alle Datensätze anwenden wollen – in diesem Fall die Option Drucken der Zinsrechnung. Beachten Sie die Auswahlkriterien in der Dialogmaske. Es wird der Datensatz angezeigt, der für die Aktualisierung verwendet wird.

Klicken Sie auf den Schaltknopf Auswählen, um die Selektionskriterien zu ändern.

Eingabe von Formular Auswahlkriterien zwecks Massenaktualisierung

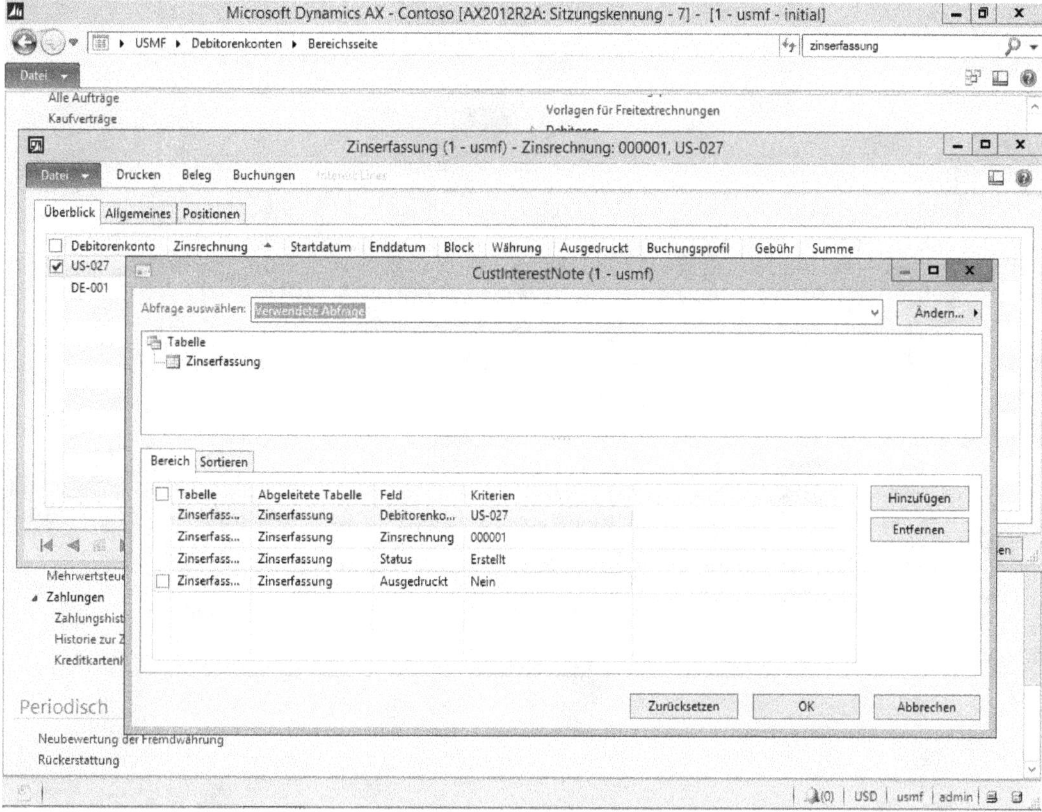

Wenn der Abfrage-Editor angezeigt wird, sind Sie in der Lage, die Datensatz-Auswahlkriterien zu sehen.

Eingabe von Formular Auswahlkriterien zwecks Massenaktualisierung

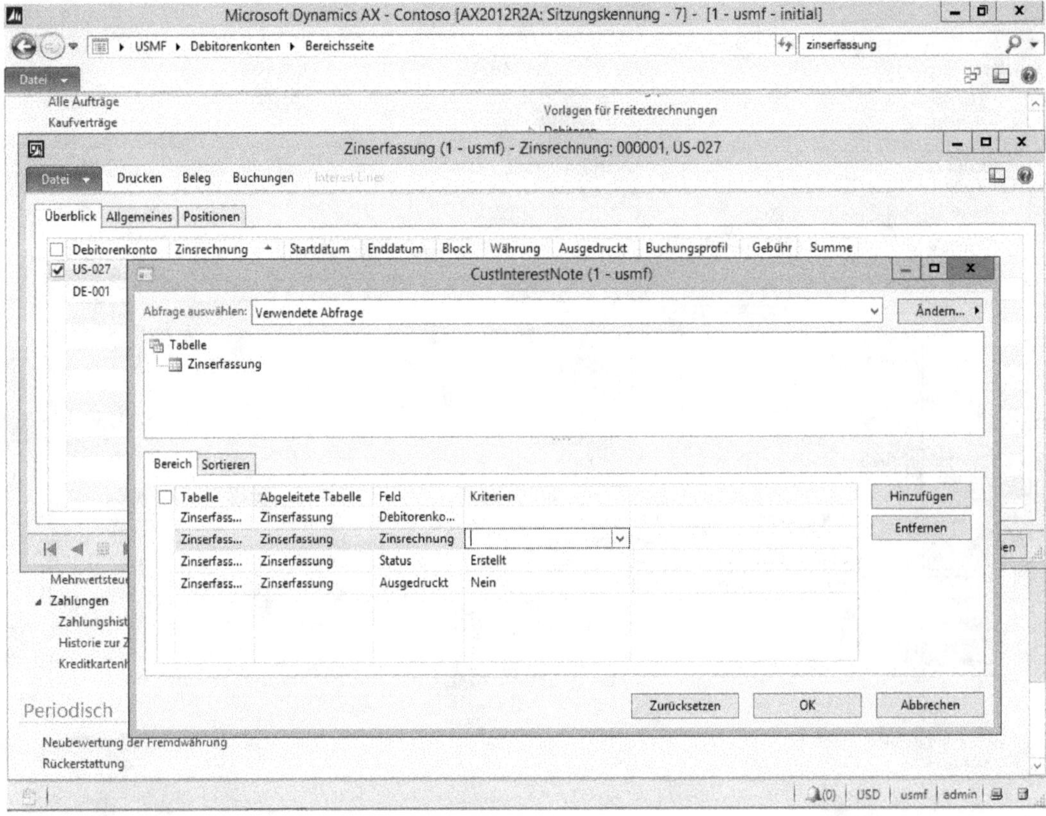

Blenden Sie die Felder aus, nach denen Sie nicht filtern möchten, um einen größeren Bereich von Datensätzen abzugreifen und klicken dann die OK Taste.

Eingabe von Formular Auswahlkriterien zwecks Massenaktualisierung

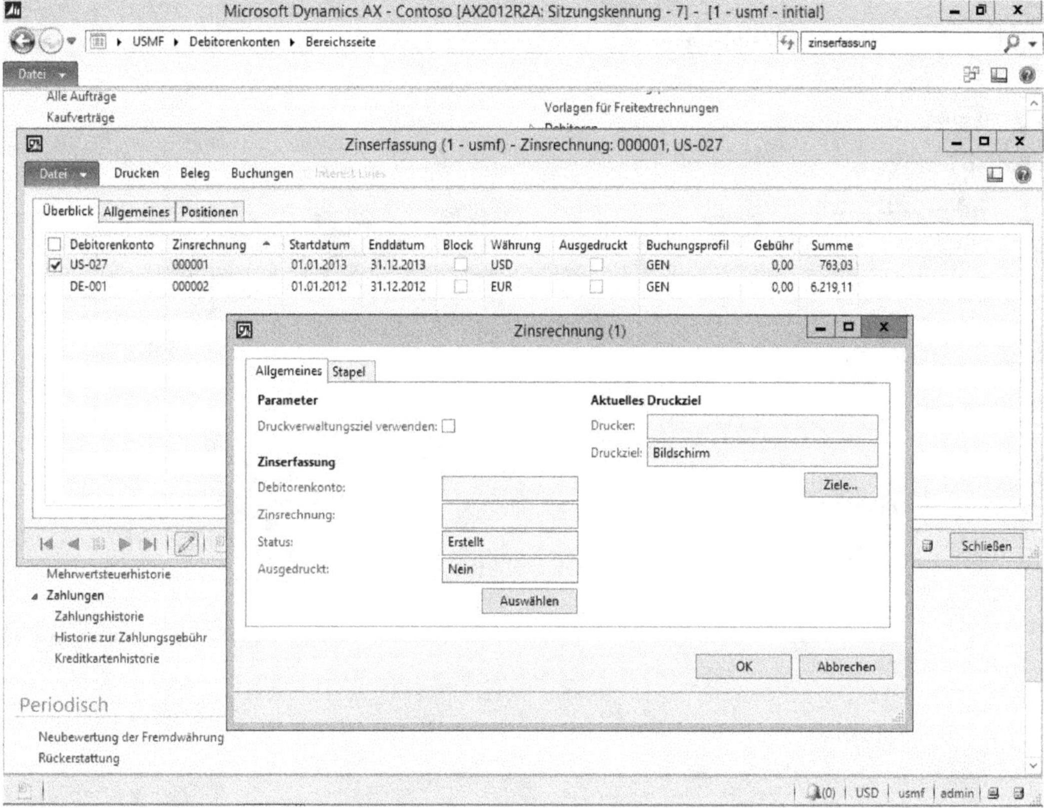

Nach Rückkehr zur Auswahl-Dialogmaske können Sie erkennen, dass beide Auswahl-Felder leer sind. Klicken Sie die Schaltfläche OK um fortzufahren.

Eingabe von Formular Auswahlkriterien zwecks Massenaktualisierung

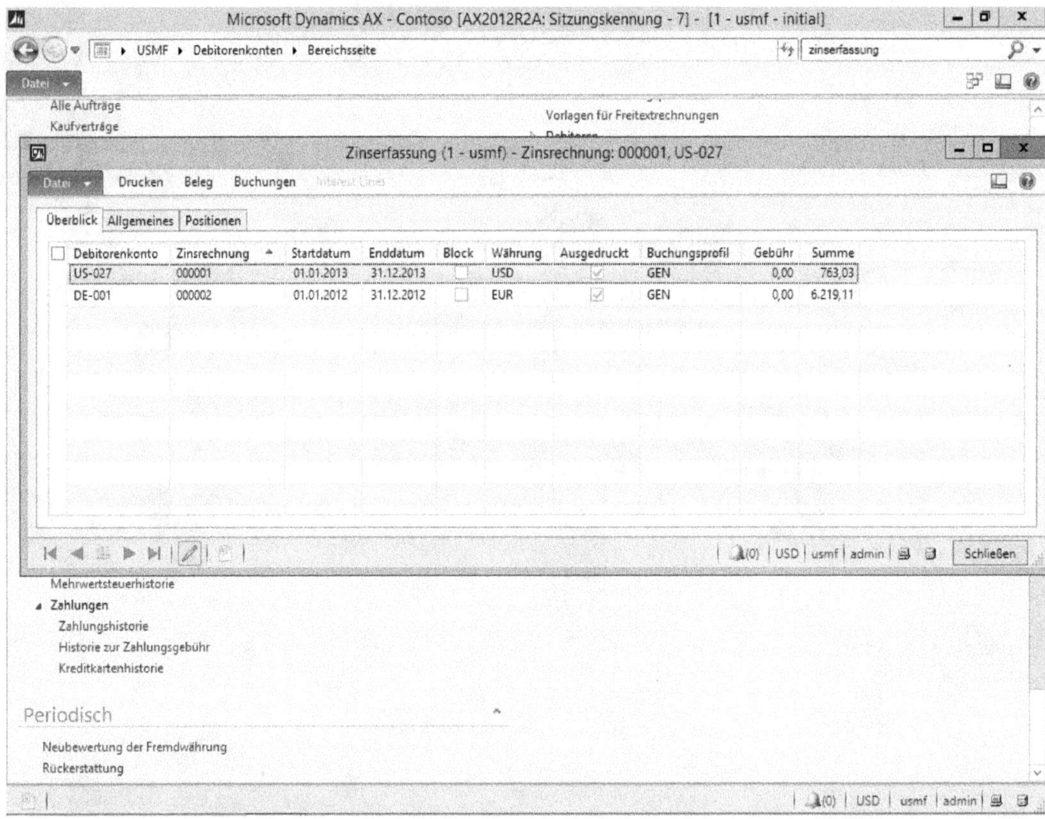

Jetzt wird der Vorgang für alle Datensätze ausgeführt, die dem Suchbereich entsprechen, und nicht nur für den von Ihnen ausgewählten einzelnen Datensatz.

Kopiere Dokumentanhänge von einem Datensatz zu einem oder mehreren anderen Datensätzen

Dokumentanhänge sind eine hervorragende Funktion innerhalb Dynamics AX, da es Ihnen gestattet, Notizen und Dateien an beinahe jede Art von Daten innerhalb des Systems anzuhängen. Aber lassen Sie es sein, dasselbe Dokument immer und immer wieder anzufügen, falls es mehreren Datensätzen angehängt werden soll. Benutzen Sie stattdessen die Kopieren und Einfügen Option, die in die Dokumentmanagement-Funktion eingebaut ist.

Diese Vorgehensweise ist sehr viel effizienter.

Kopiere Dokumentanhänge von einem Datensatz zu einem oder mehreren anderen Datensätzen

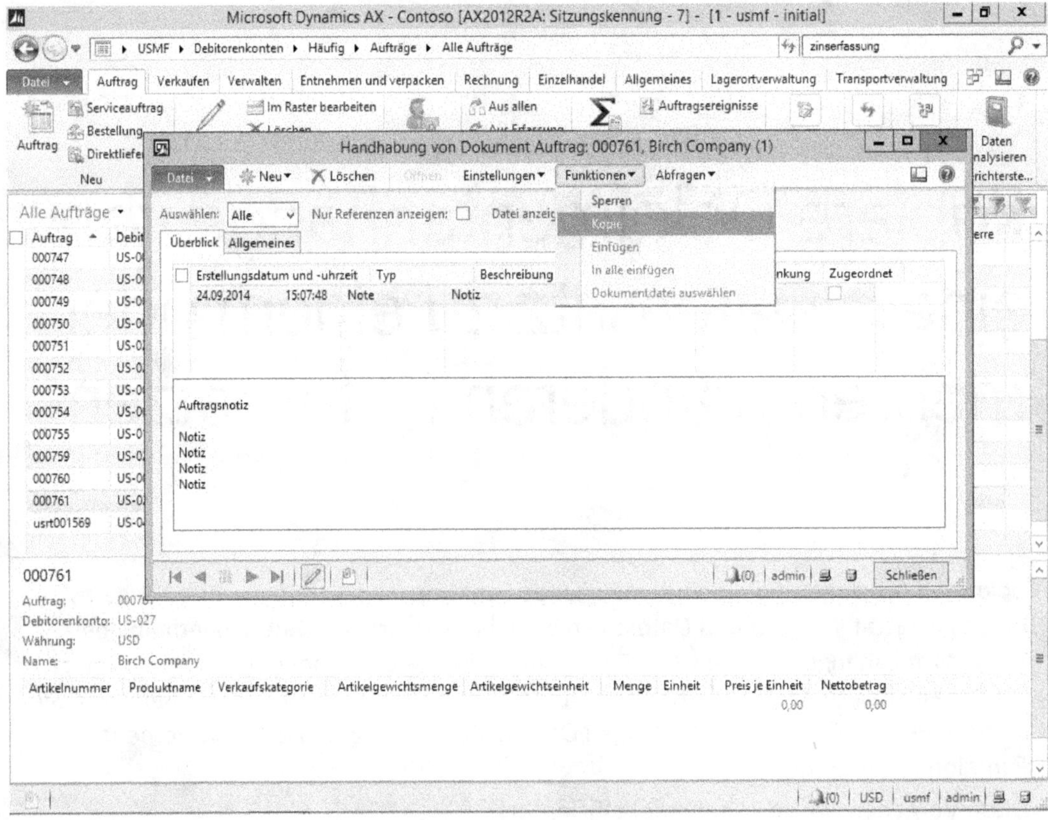

Um einen Anhang von einem Datensatz zu einem anderen zu kopieren, öffnen Sie Handhabung von Dokumenten, wählen den Anhang, und wählen im Funktionsmenü die Option Kopie.

Kopiere Dokumentanhänge von einem Datensatz zu einem oder mehreren anderen Datensätzen

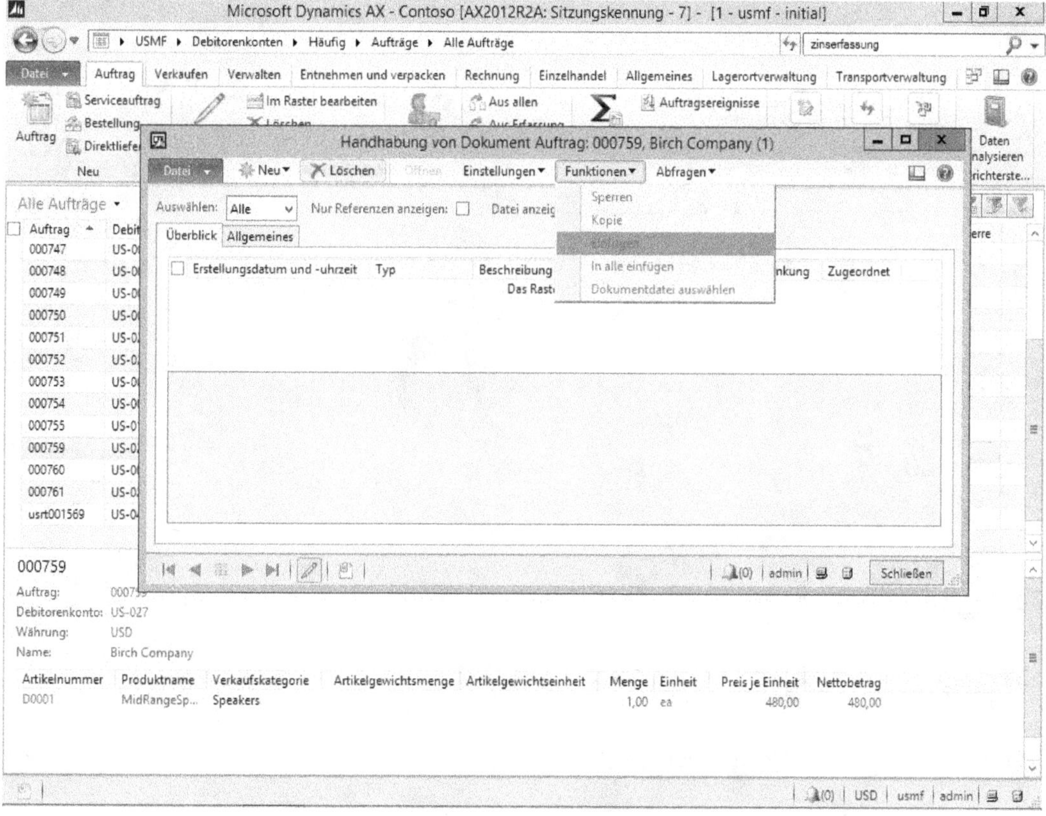

Dann öffnen Sie die Dokumentanhang-Maske für den Datensatz, dem Sie das Dokument anhängen möchten, und wählen im Funktionsmenü die Option Einfügen.

Kopiere Dokumentanhänge von einem Datensatz zu einem oder mehreren anderen Datensätzen

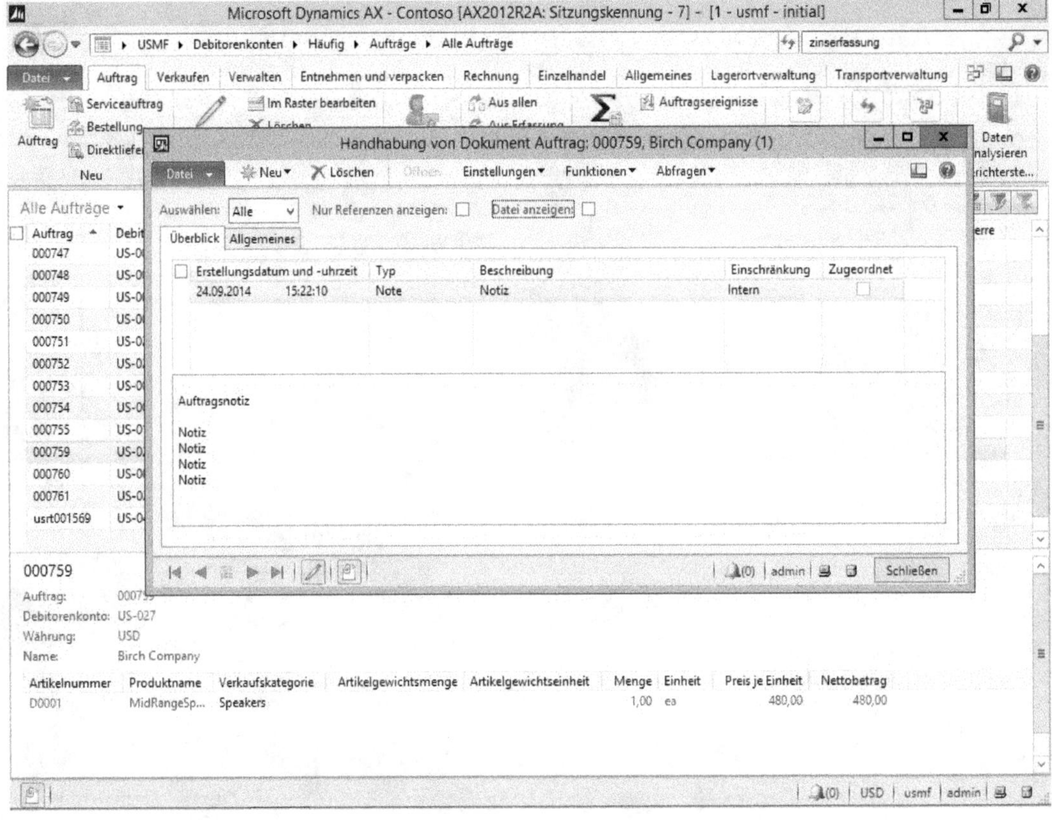

Das Dokument sollte nun mit dem Zieldatensatz assoziiert sein.

Kopiere Dokumentanhänge von einem Datensatz zu einem oder mehreren anderen Datensätzen

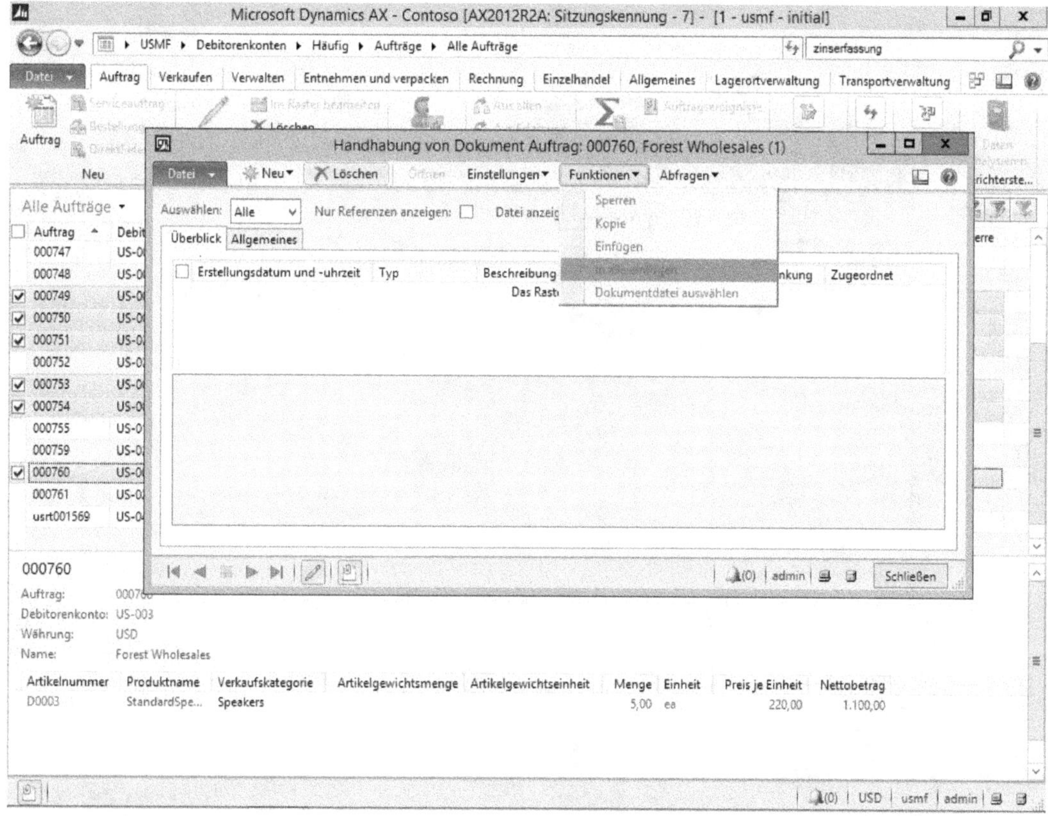

Wenn Sie den Anhang gleichzeitig mehreren Datensätzen hinzufügen möchten, wählen Sie die betreffenden Datensätze aus, öffnen die Dokumentanhangmaske, und wählen Sie im Funktionen-Menü die Option In alle einfügen aus.

Kopiere Dokumentanhänge von einem Datensatz zu einem oder mehreren anderen Datensätzen

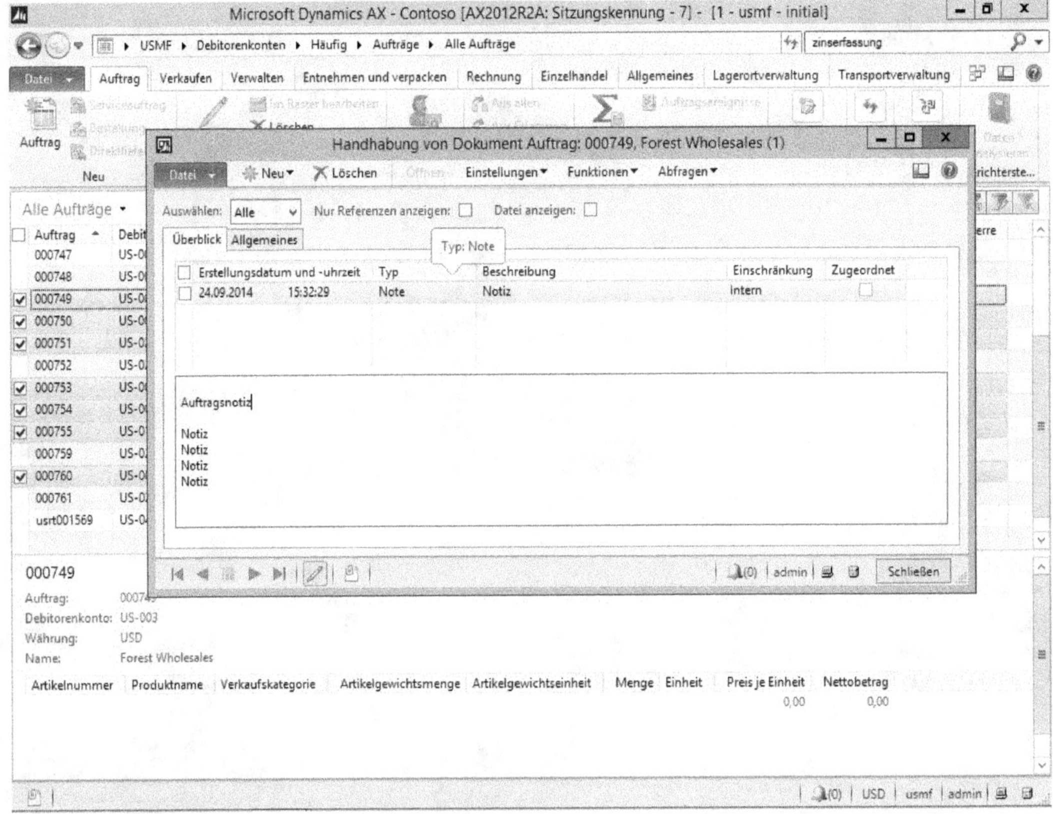

Das Dokument wird daraufhin allen ausgewählten Datensätzen angehängt.

How easy is that.

Verarbeite mehrere Datensätze gleichzeitig mit Hilfe der Option Mehrfachauswahl

Sehr oft arbeiten Sie nicht nur an einem Datensatz, Sie verarbeiten vielmehr einen Stapel von Datensätzen. Zum Beispiel: Sie geben mehrere Aufträge zur Kommissionierung frei, bestätigen mehrere Bestellungen oder drucken mehrere Auftragsbestätigungen. Mit Dynamics AX ist das kinderleicht, da Sie oftmals die Mehrfachauswahl-Option verwenden können, um die Datensätze auszuwählen, für die dieselbe Aktion gleichzeitig ausgeführt und abgearbeitet werden soll.

Sagen Sie der Verarbeitung von Einzeldatensätzen Goodbye.

Verarbeite mehrere Datensätze gleichzeitig mit Hilfe der Option Mehrfachauswahl

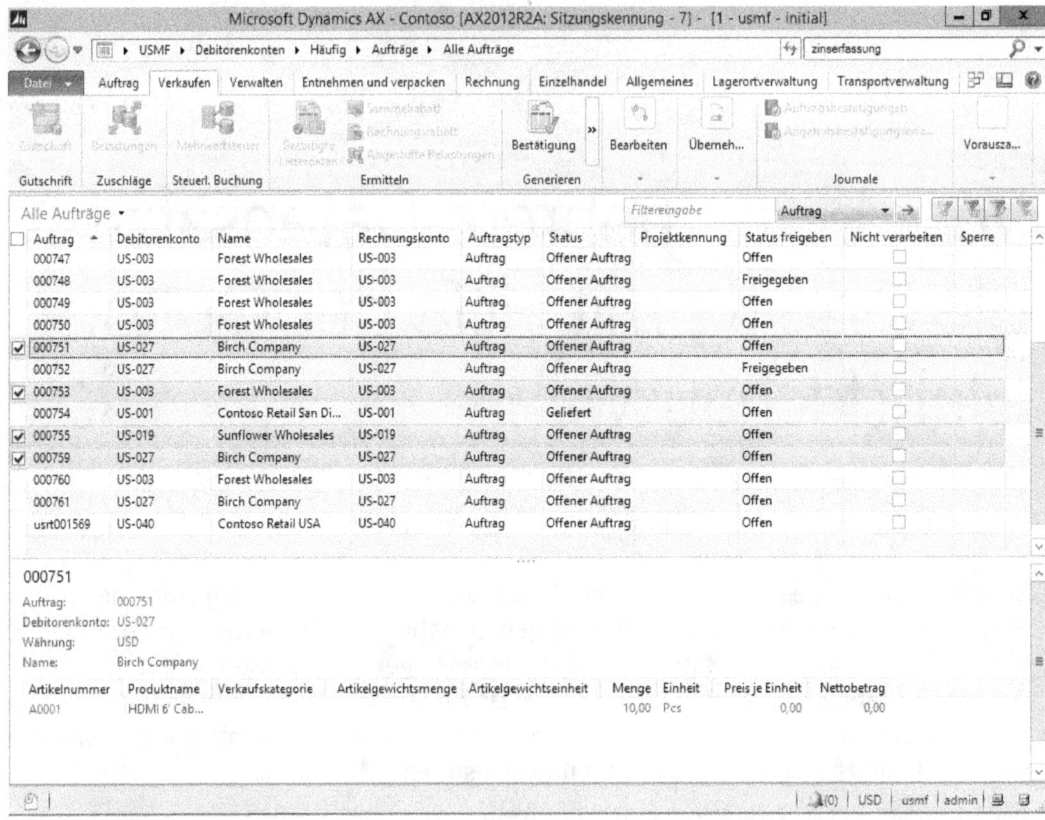

In diesem Beispiel werden wir Ihnen zeigen, wie Sie mit nur einem Klick mehrere Auftragsbestätigungen erzeugen können.

Wählen Sie sämtliche Aufträge, die Sie drucken wollen, und anschließend klicken Sie auf Bestätigung in der Funktionsleiste Verkaufen.

Verarbeite mehrere Datensätze gleichzeitig mit Hilfe der Option Mehrfachauswahl

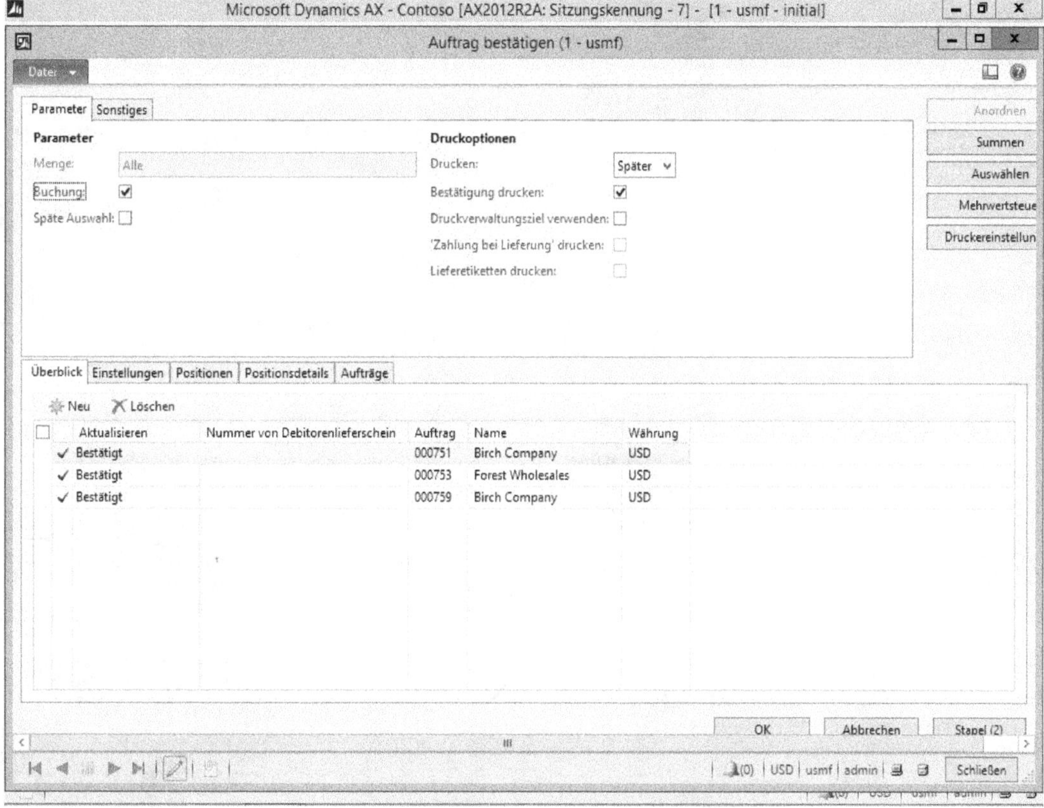

Wenn die Dialogbox Auftrag bestätigen angezeigt wird, werden im Detailabschnitt die einzelnen Aufträge angezeigt. Sie brauchen nur noch OK zu klicken.

Verarbeite mehrere Datensätze gleichzeitig mit Hilfe der Option Mehrfachauswahl

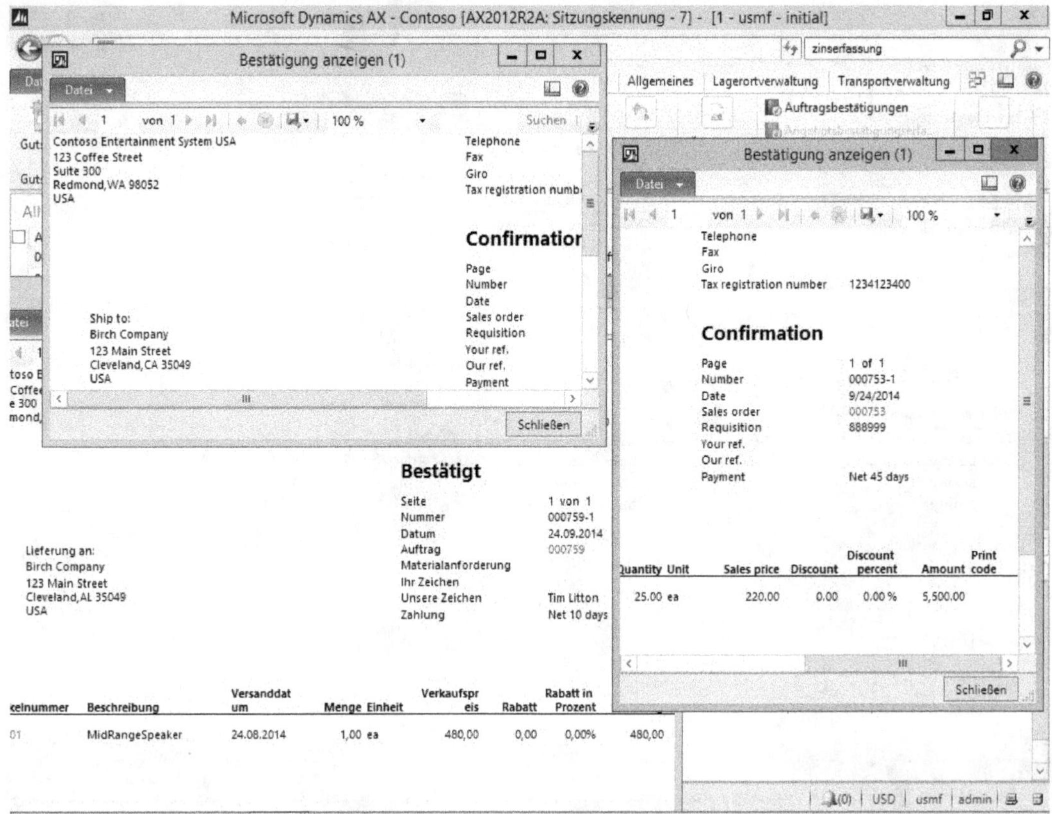

Die Auftragsbestätigungen werden daraufhin erstellt.

Wenn Sie die Email oder automatische Druckoption nutzen, schaut dieser Vorgang weniger überladen aus ☺

Filtere Datensätze zügig mit Hilfe des Typs in der Filtereingabebox

Wenn Sie schnell Listenseiten filtern möchten, um die Datensätze sehen zu können, an denen Sie interessiert sind, dann stellt Ihnen Dynamics AX die Option Filtereingabe in nahezu allen Listenseiten zur Verfügung. Sie müssen nur eingeben, nach was Sie suchen wollen, und Dynamics AX erledigt für Sie den Rest.

Noch nie war es so einfach, sich von allen Daten zu befreien, an denen Sie kein Interesse haben.

Filtere Datensätze zügig mit Hilfe des Typs in der Filtereingabebox

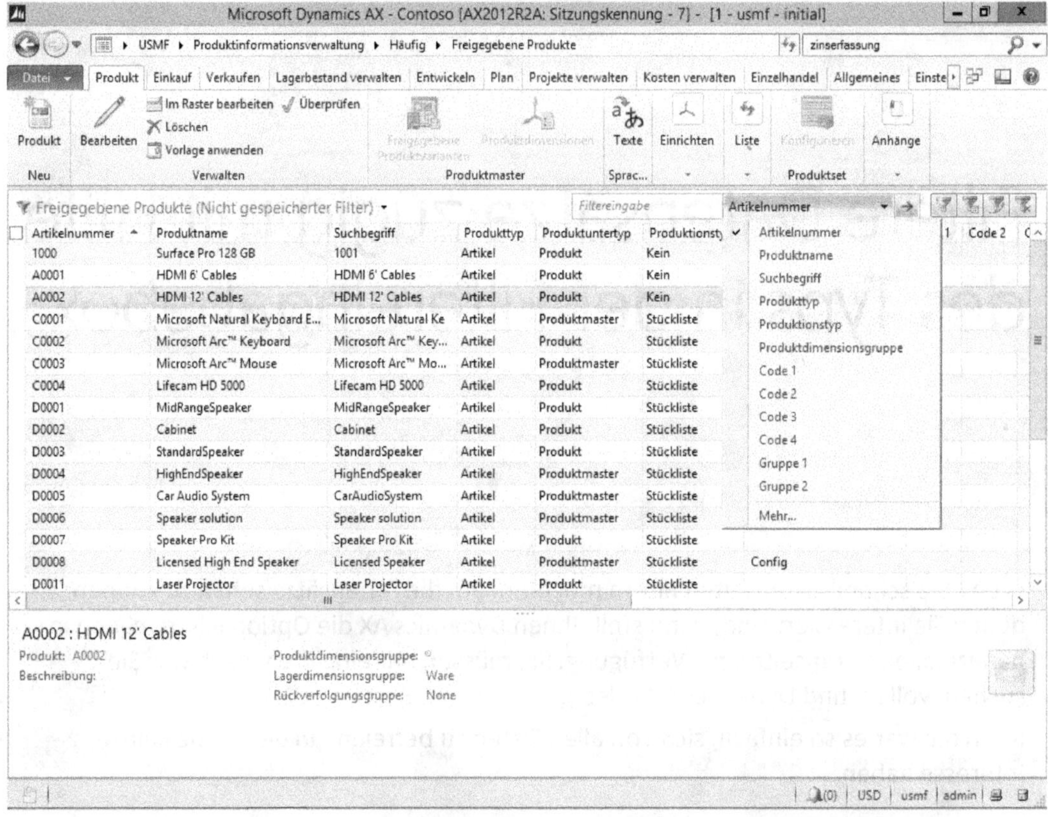

Um Daten zu filtern, klicken Sie auf die Auswahlbox rechts vom Feld Filtereingabe, und wählen Sie das Feld, nach dem Sie filtern möchten. Alle Felder, die in der Listenseite angezeigt werden, werden hier aufgelistet.

Filtere Datensätze zügig mit Hilfe des Typs in der Filtereingabebox

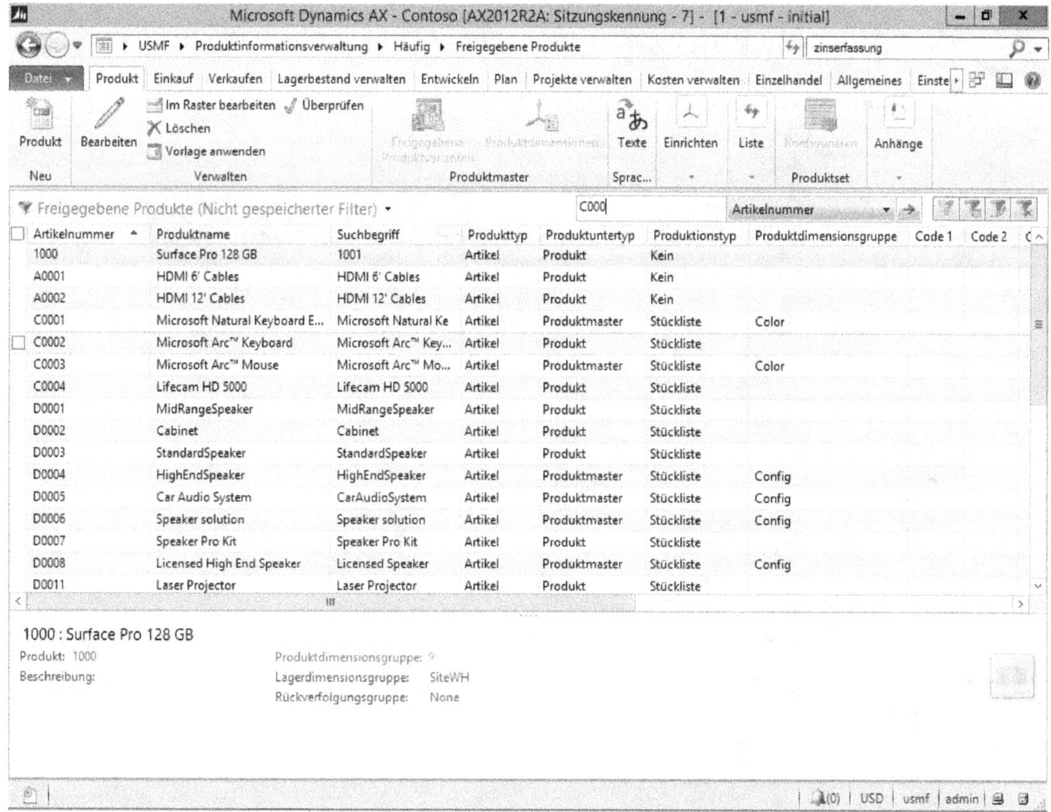

Dann wählen Sie das Filtereingabe-Feld entweder durch Klicken der Maus oder durch Verwendung des Tastaturkürzels SHIFT+F3, und anschließend geben Sie die Schlüsselwörter ein, nach denen Sie in der Listenseite filtern möchten.

Filtere Datensätze zügig mit Hilfe des Typs in der Filtereingabebox

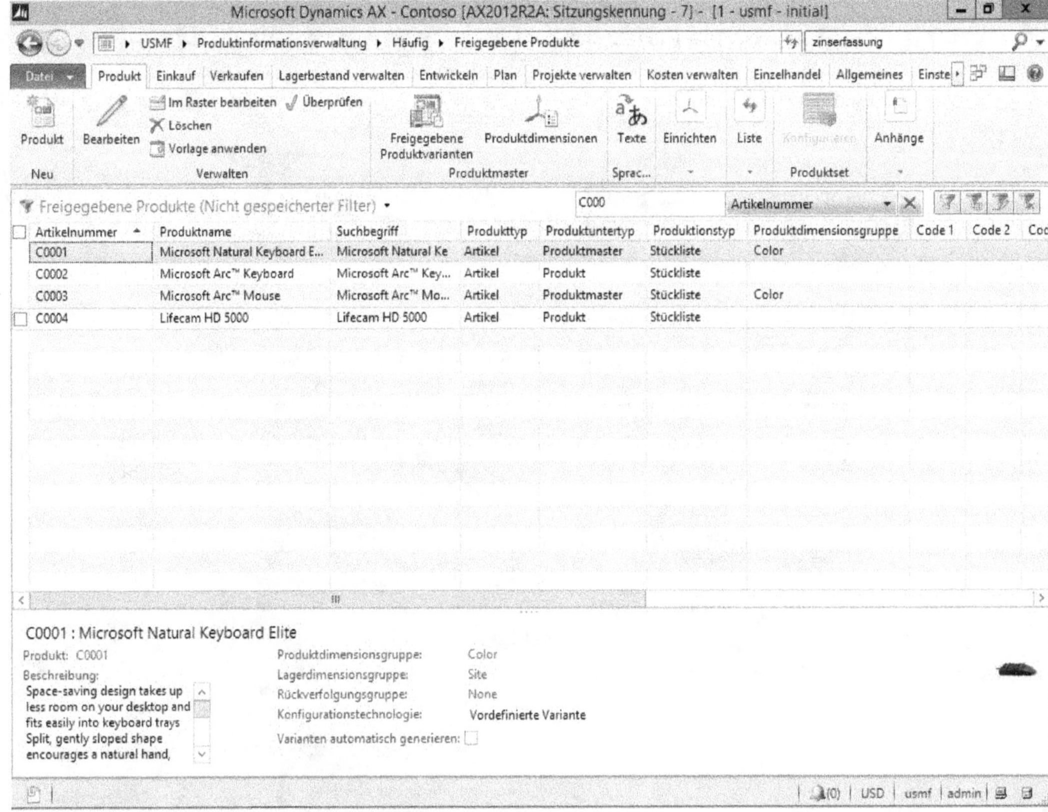

Sobald Sie die Enter-Taste betätigen, wird Ihre Ansicht gefiltert, und es werden alle Datensätze zurückgemeldet, wo das betreffende Feld Ihren Filterausdruck beinhaltet.

Beachte: Sie müssen in die Suche keine Platzhalter oder Jokerzeichen eingeben.

How simple is that?

Ergänze neue Felder als Typ, um auch verdeckte Daten im Formular herauszufiltern

Die Suchoption Typ nach Filter ist super nützlich, aber Sie sind nicht limitiert auf die Standardfelder, die in der Listenseite angezeigt werden. Wenn Sie nach zusätzlichen Feldern suchen möchten, dann müssen Sie sie nur den Suchkriterien hinzufügen und die Suche erneut starten.

Keine Daten können sich ab jetzt vor Ihnen verstecken.

Ergänze neue Felder als Typ, um auch verdeckte Daten im Formular herauszufiltern

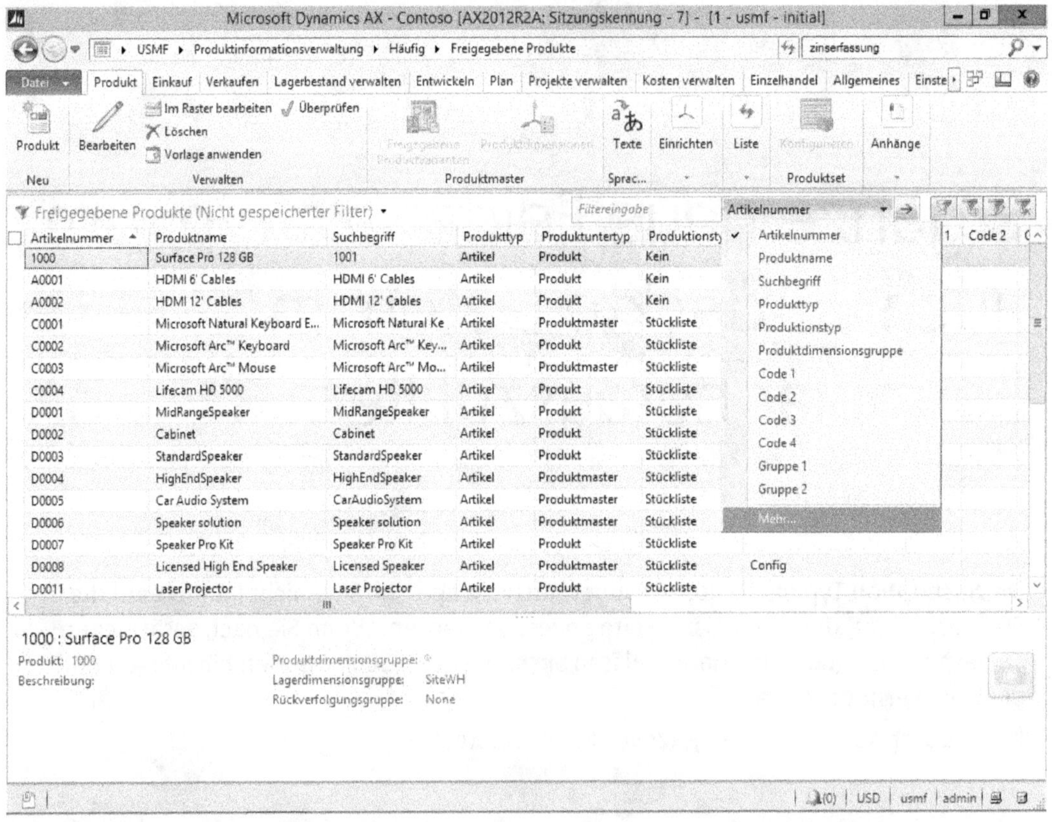

Wenn Sie nach einem Feld filtern möchten, das nicht standardmäßig in der Auswahlbox rechts vom Feld Filtereingabe angezeigt wird, dann klicken Sie auf die Option Mehr am Ende der Liste.

Ergänze neue Felder als Typ, um auch verdeckte Daten im Formular herauszufiltern

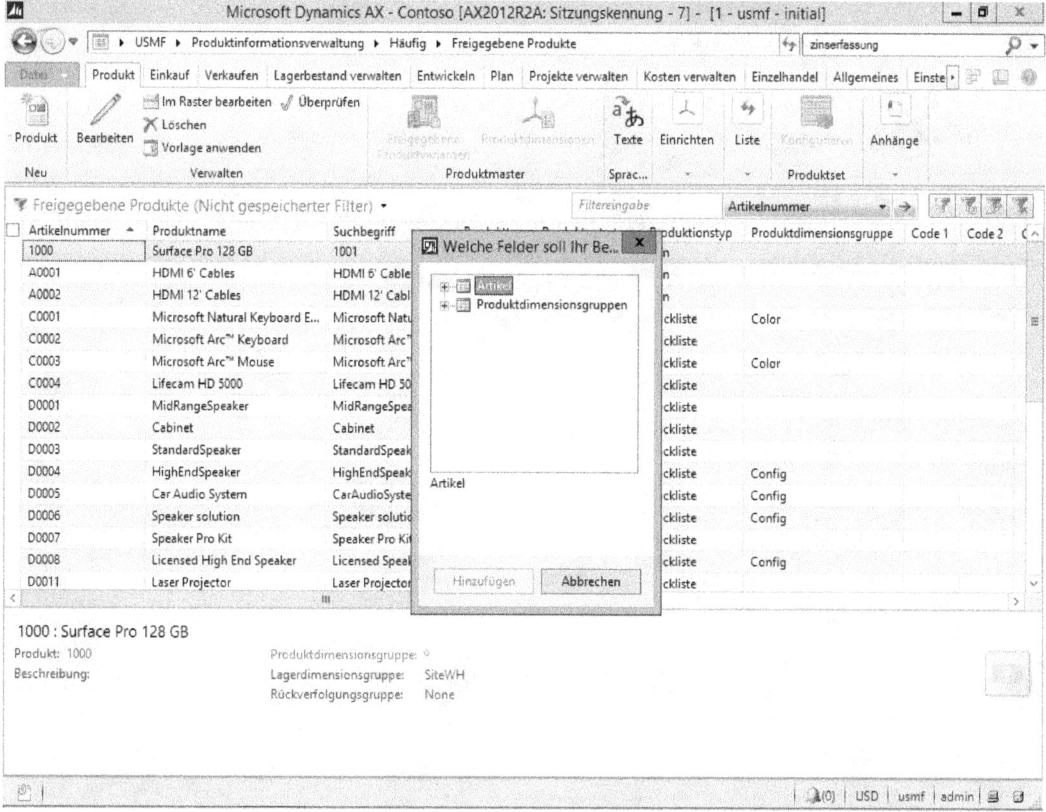

Daraufhin wird die Feldauswahl-Dialogbox geöffnet, die Ihnen alle Tabellen anzeigt, die mit der aktuellen Listenseite in Beziehung stehen.

Ergänze neue Felder als Typ, um auch verdeckte Daten im Formular herauszufiltern

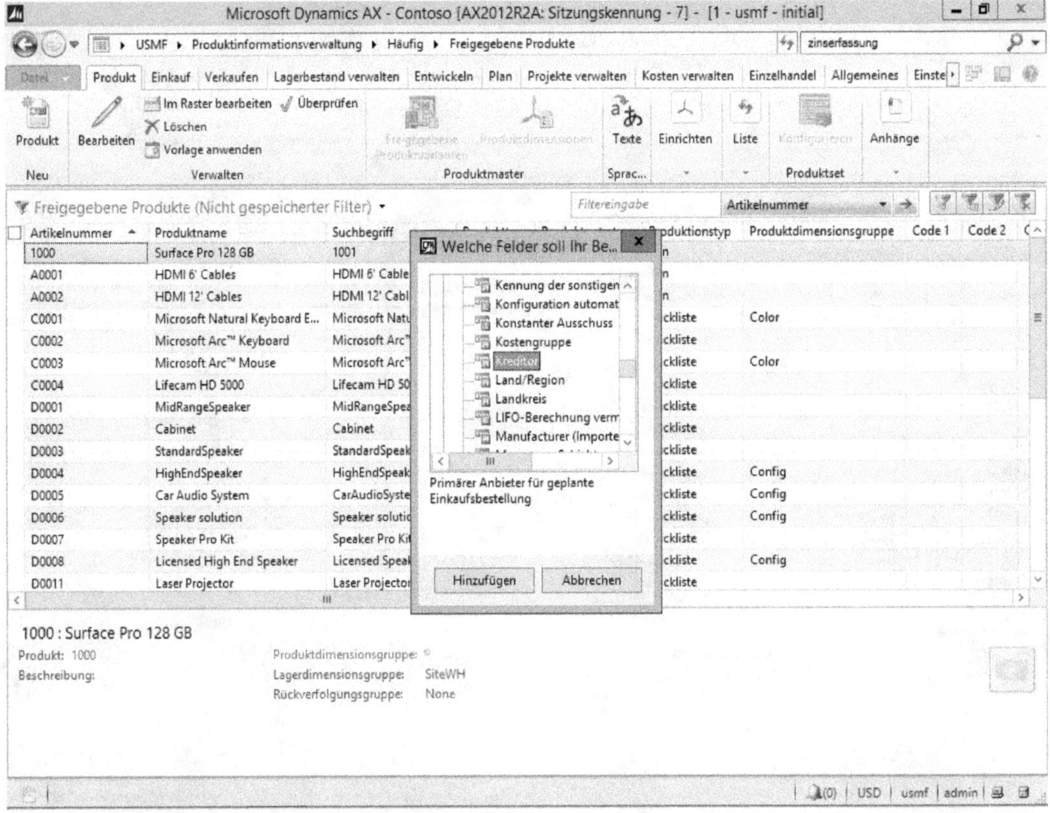

Wenn Sie in der Feldauswahl-Dialogbox die Tabellen erweitern, können Sie zusätzliche Felder auswählen. Anschließend klicken Sie Hinzufügen.

Nach dem Ergänzen der zusätzlichen Suchfelder schließen Sie die Maske.

Ergänze neue Felder als Typ, um auch verdeckte Daten im Formular herauszufiltern

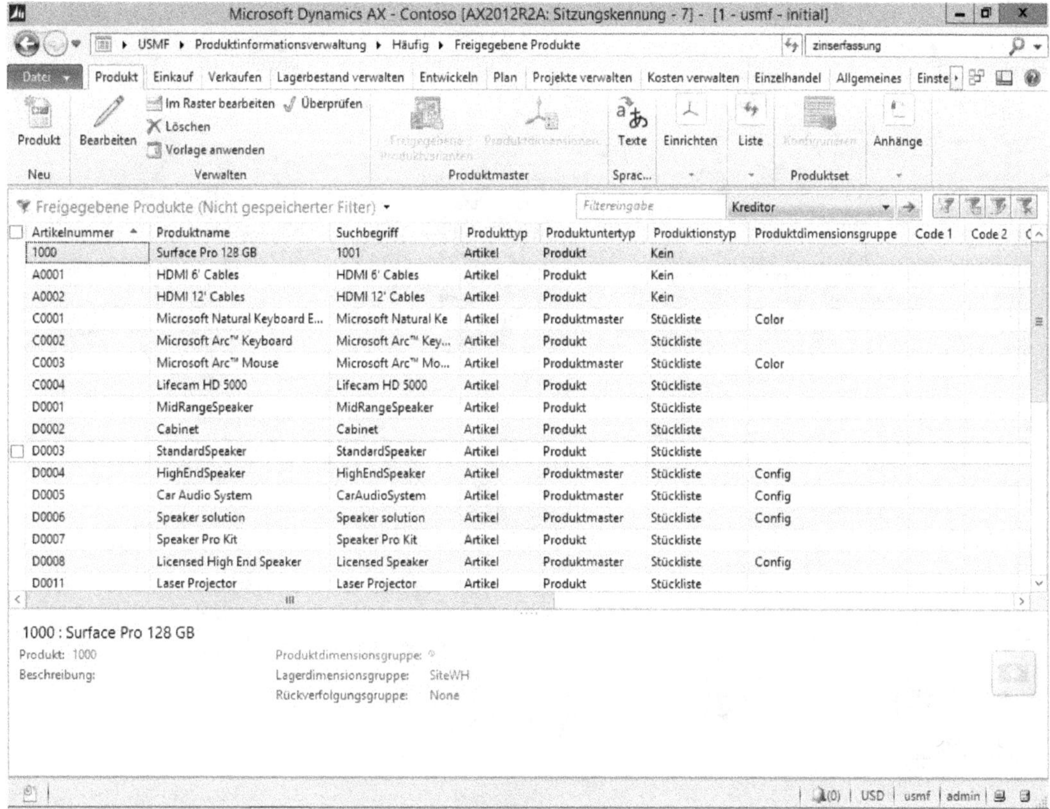

Wenn Sie zur Listenseite zurückkehren, können Sie erkennen, dass alle zusätzlichen Suchfelder der Listenseite hinzugefügt wurden, und können jetzt ebenfalls über die Auswahlbox ausgewählt werden.

Ergänze neue Felder als Typ, um auch verdeckte Daten im Formular herauszufiltern

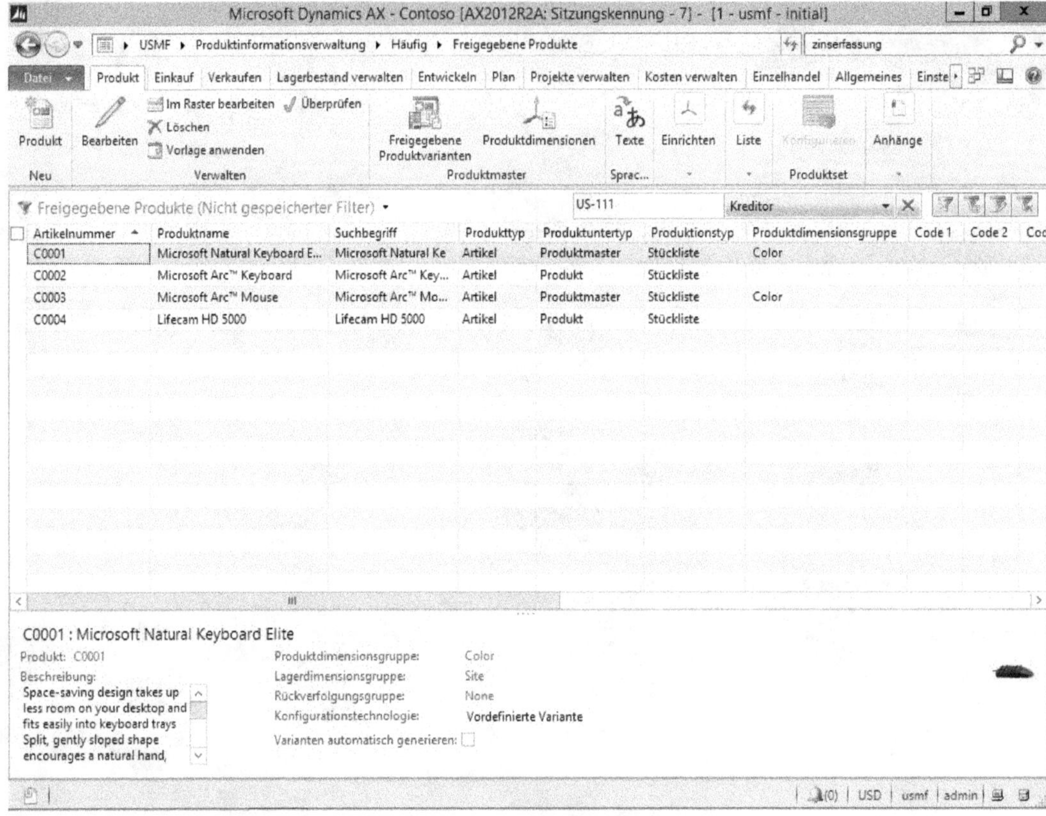

Alles was Sie jetzt zu tun haben, um nach dem neuen Feld zu filtern, ist die Eingabe Ihres Suchkriteriums, und die Listenseite wird gefiltert.

Isn't that too cool?

Nutze Filterauswahl, um schnell gemeinsame Datensätze zu finden

Das Filtern Ihrer Listenseiten war noch nie so einfach, wenn Sie bereits einen Beispieldatensatz auf der Seite haben, der dem entspricht, nach was Sie suchen. Sie können diesen Datensatz als Vorlage für Ihre Suche verwenden und die Filter nach Selektion-Funktion nutzen, um all die anderen Datensätze zu finden, die dem entsprechen. Sie ersparen sich dadurch einige zusätzliche Tastaturanschläge.

Dieses Feature verwandelt Sie in ein datenfilterndes Ninja.

Nutze Filterauswahl, um schnell gemeinsame Datensätze zu finden

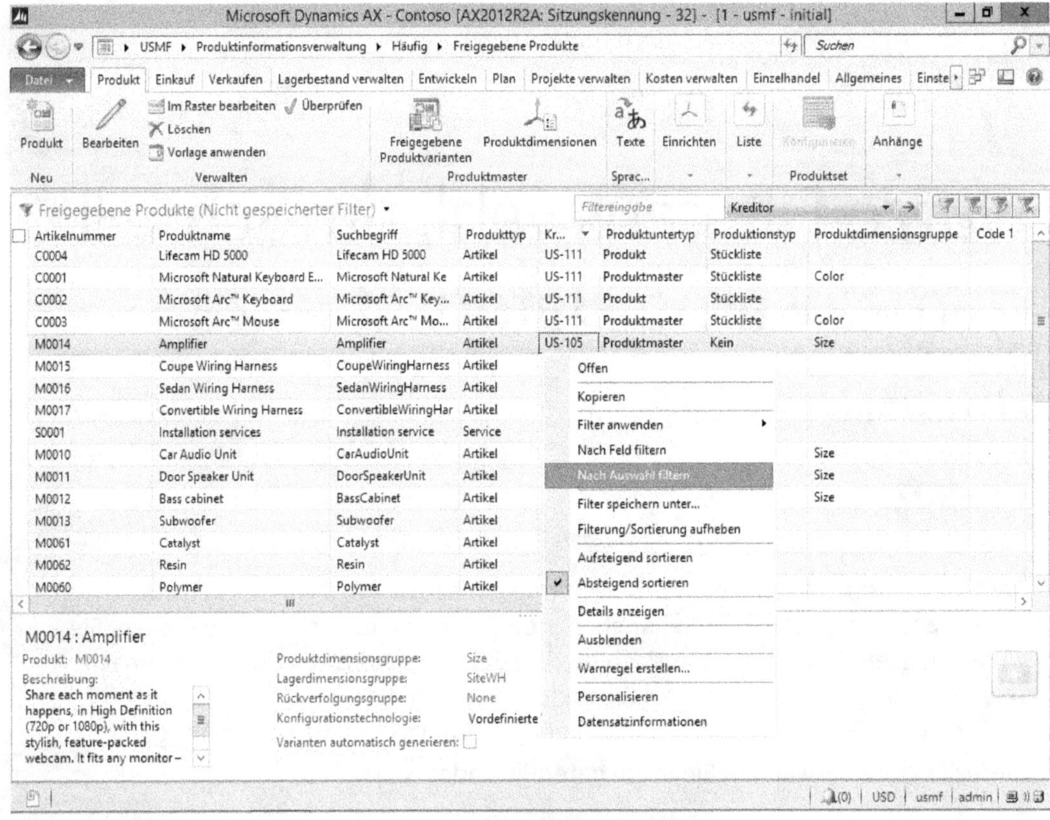

Klicken Sie mit der rechten Maustaste auf den Feldinhalt, der als Grundlage Ihres Filters dienen soll, und anschließend wählen Sie im Kontextmenü die Option Nach Auswahl filtern aus.

Nutze Filterauswahl, um schnell gemeinsame Datensätze zu finden

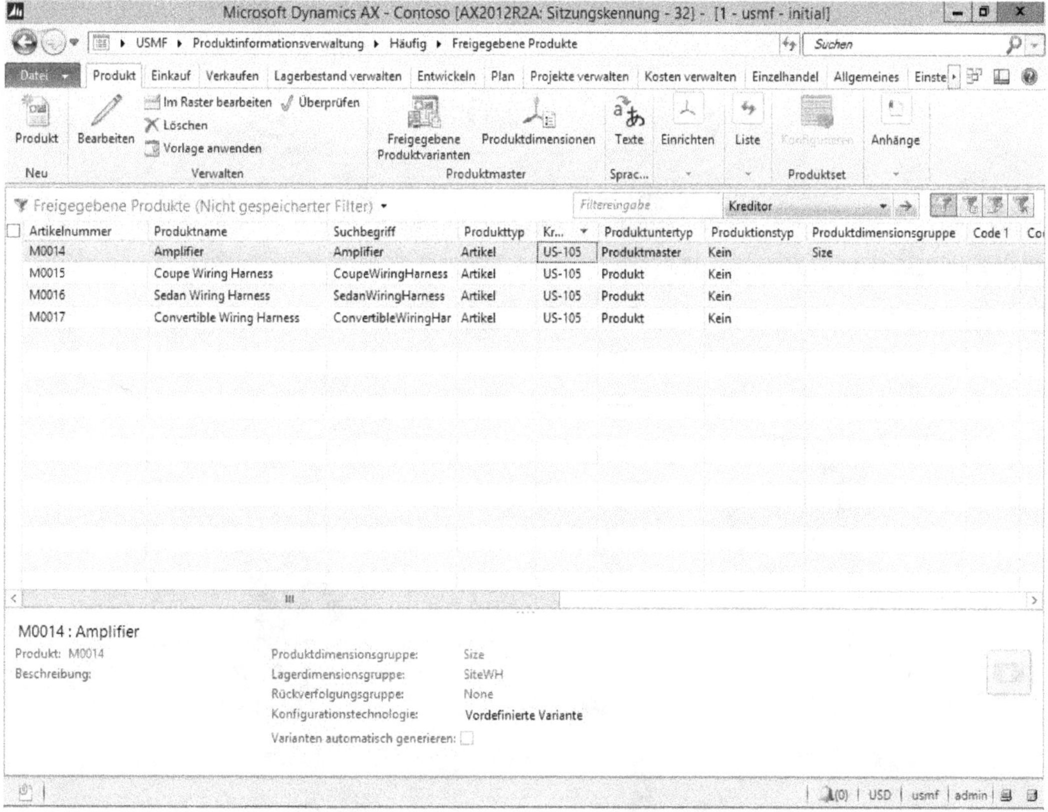

Die Listenseite filtert sodann genau die Datensätze, die dem Feldinhalt entsprechen.

How easy was that!

Verwende Filter nach Feld, um nach Daten-Teilmengen innerhalb einer Spalte zu suchen

Manchmal möchten Sie sicherlich nach allen Datensätzen einer Listenseite suchen, die bestimmten Kriterien entsprechen. Wenn es der gesamte Wert eines Feldes ist, dann können Sie die Filter nach Auswahl Funktion nutzen, aber wenn Sie etwas flexibler sein wollen, und vielleicht nach Daten-Teilmengen eines Feldes suchen möchten, dann ist die Suche mit dem Feature Filter nach Feld auf jeden Fall der bessere Weg.

Jetzt können Sie die Daten extrahieren wie ein Chirurg und nicht wie ein Metzger.

Verwende Filter nach Feld, um nach Daten-Teilmengen innerhalb einer Spalte zu suchen

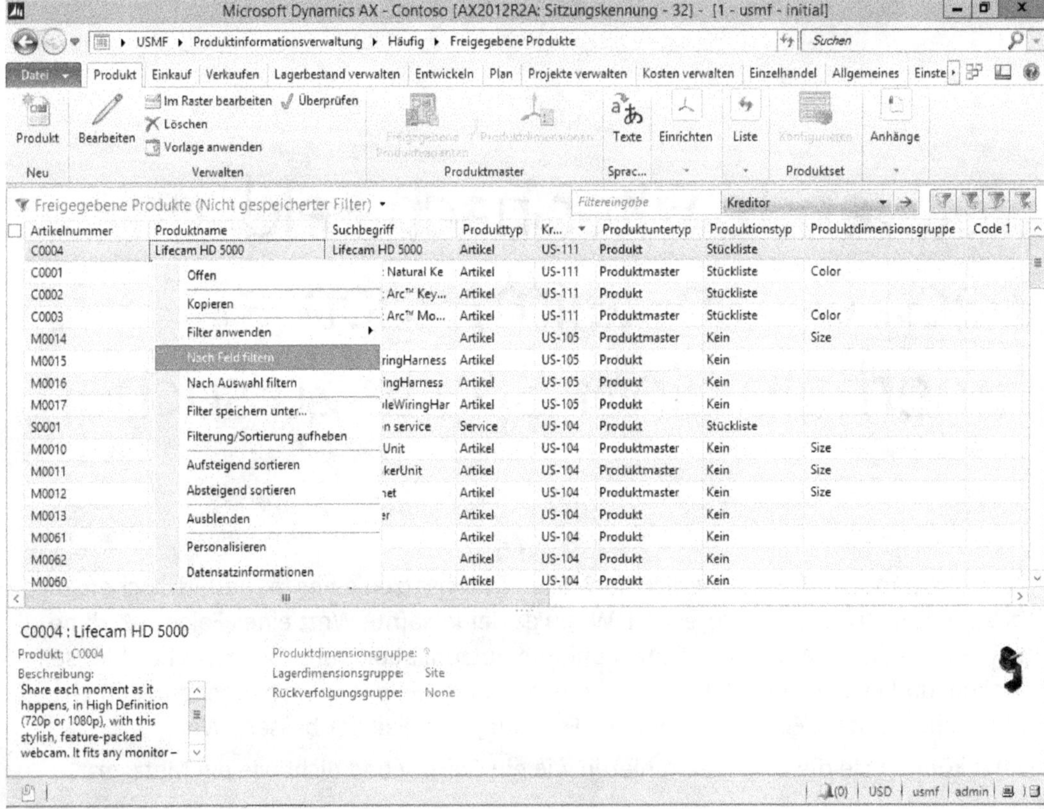

Um schnell eine Datenspalte in der Listenseite zu filtern, klicken Sie mit der rechten Maustaste in dem Feld, nach dem Sie filtern möchten, und wählen anschließend die Option Nach Feld filtern aus.

Alternativ können Sie auch CTRL+F drücken.

Verwende Filter nach Feld, um nach Daten-Teilmengen innerhalb einer Spalte zu suchen

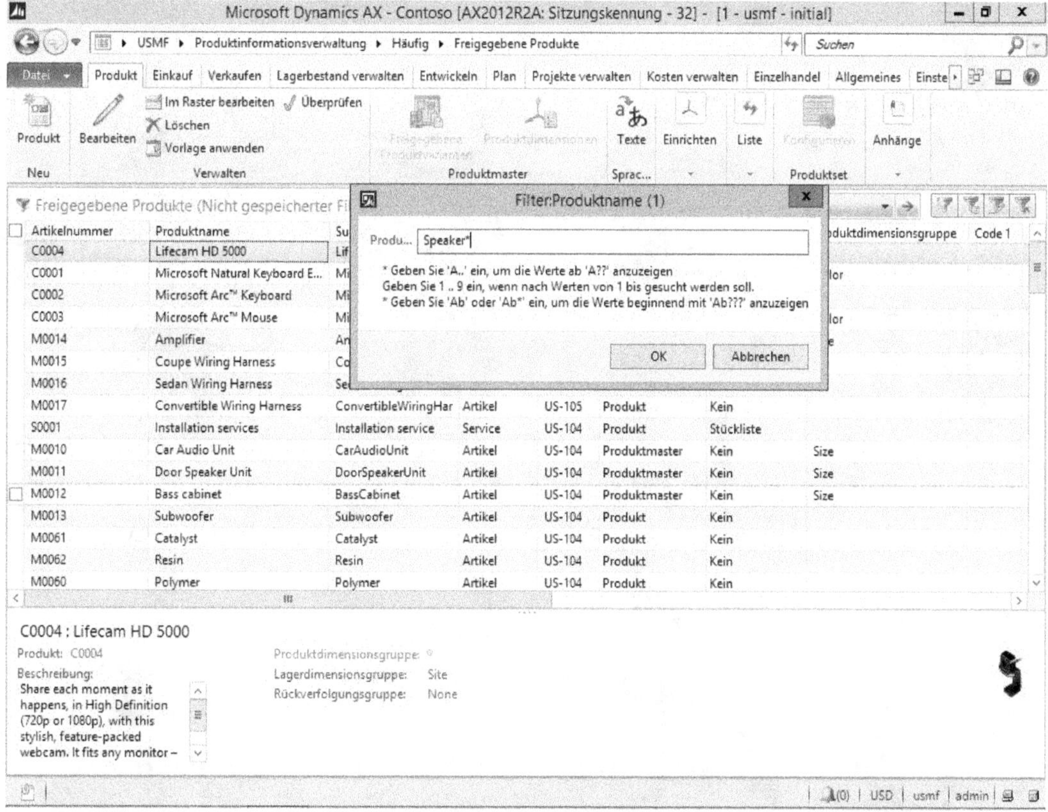

Wenn die Filter-Dialogbox angezeigt wird, geben Sie den Suchausdruck ein, nach dem Sie filtern wollen, und klicken dann OK.

Verwende Filter nach Feld, um nach Daten-Teilmengen innerhalb einer Spalte zu suchen

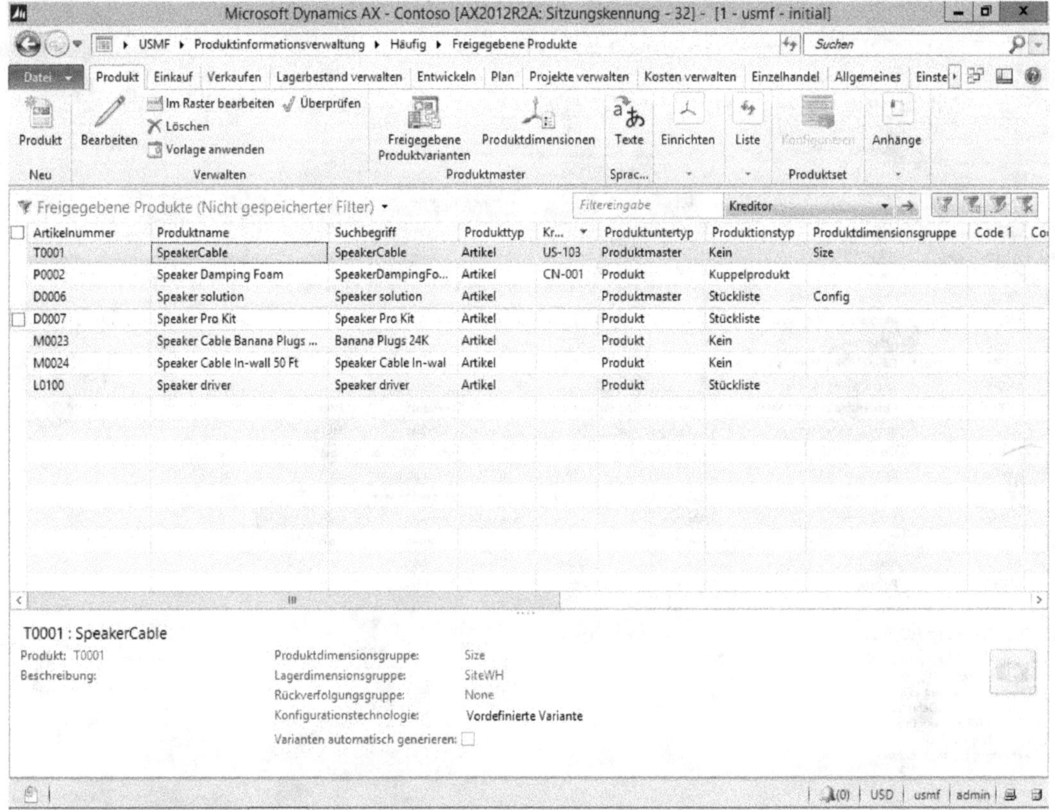

Daraufhin wird die Listenseite aktualisiert, und die Datensätze gemäß Ihres Auswahlkriteriums gefiltert.

That is too easy.

Nutze das Filtergitter und Platzhalter, um komplexere Abfragen zu erzeugen

Das Suchen und Filtern von Datensätzen basierend auf einem Feld ist ziemlich cool, aber um auf genau die richtigen Daten, die Sie benötigen, zu stoßen, wollen Sie mit Sicherheit etwas kreativer mit Ihren Abfragen sein, indem Sie kombiniert suchen, nach Reihen , Feldformate und Wertebereiche filtern. Sie werden sicherlich auch gleichzeitig über mehrere Felder hinweg filtern wollen. In allen Listenseiten ist eine Funktion eingebaut mit Namen Filter nach Gitter, das Ihnen exakt dies gestattet.

Nutze das Filtergitter und Platzhalter, um komplexere Abfragen zu erzeugen

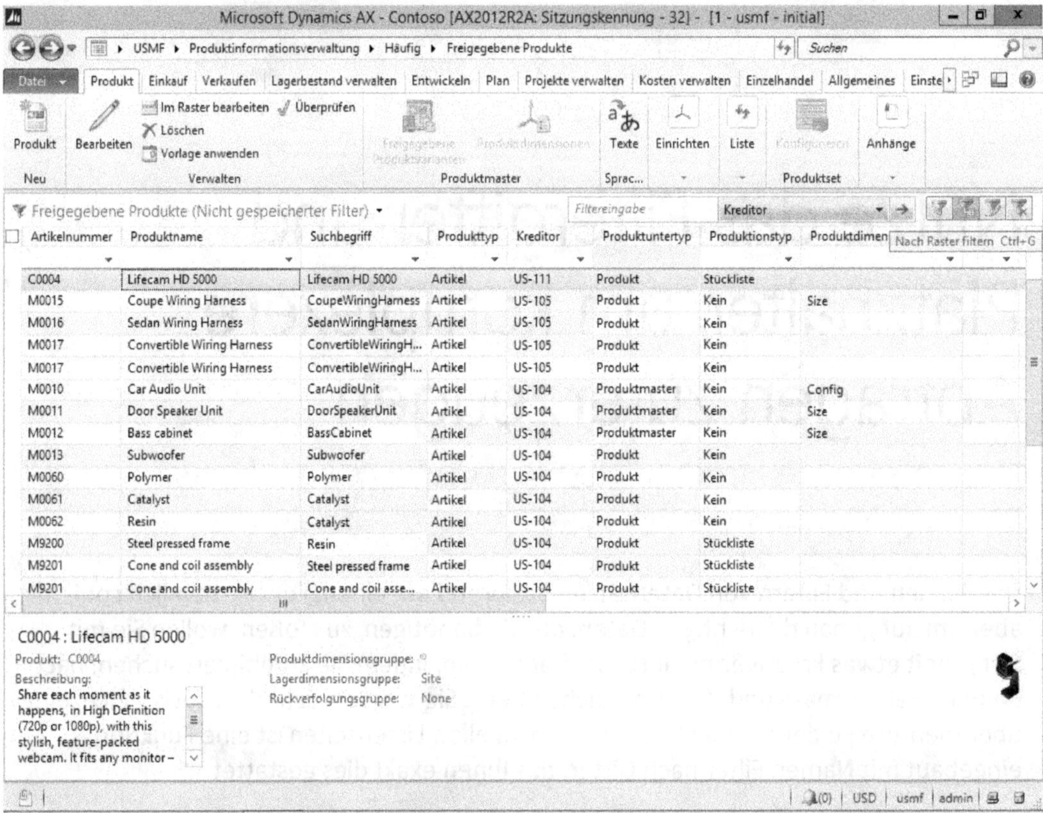

Um in der Lístenseite auf das Feature Filter nach Raster zugreifen zu können, klicken Sie entweder in der Titelzeile auf das Symbol Nach Raster filtern oder drücken CTRL+G.

Daraufhin wird eine Reihe im Kopf der Listenseite eingefügt, wo Sie Filter für jedes sichtbare Feld hinzufügen können. Sie müssen jetzt nur noch spezifizieren, nach was Sie suchen möchten.

Nutze das Filtergitter und Platzhalter, um komplexere Abfragen zu erzeugen

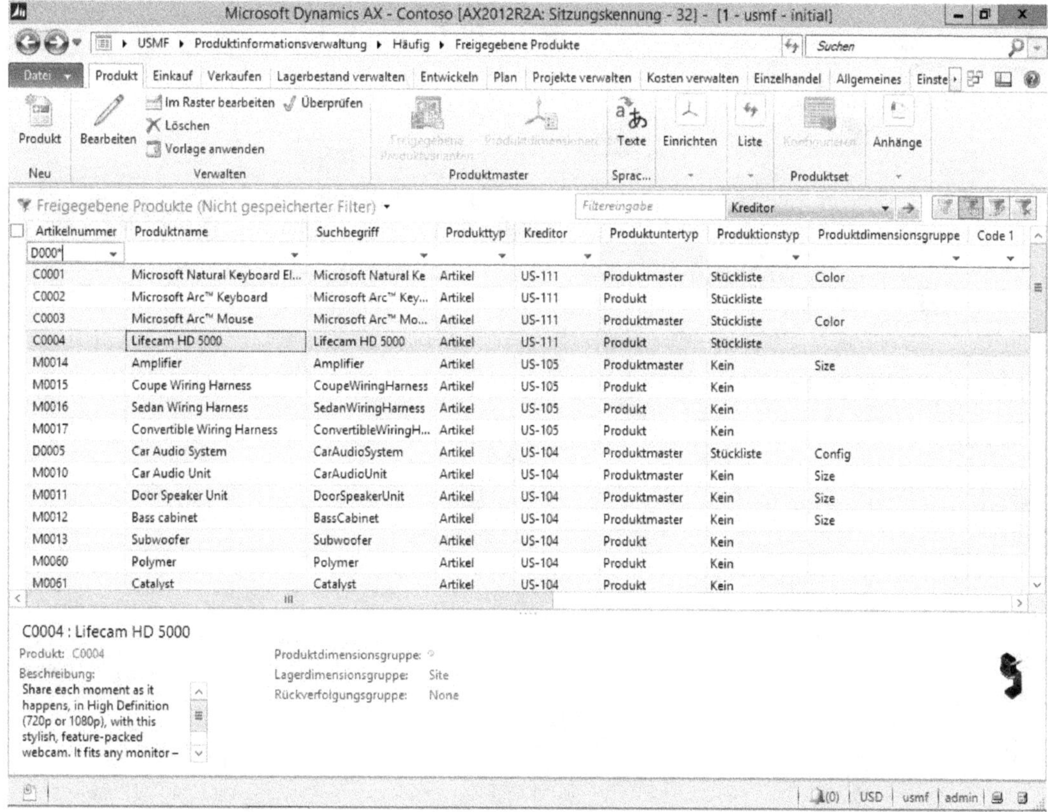

Sie können den * Qualifier nutzen, um anzuzeigen, dass jeder Wert vor oder nach dieser Stelle gültig ist, was hervorragend ist für die Suche von Datensätzen, die alle am Anfang, am Ende oder irgendwo innerhalb des Feldes dieselbe Zeichenfolge besitzen.

Nutze das Filtergitter und Platzhalter, um komplexere Abfragen zu erzeugen

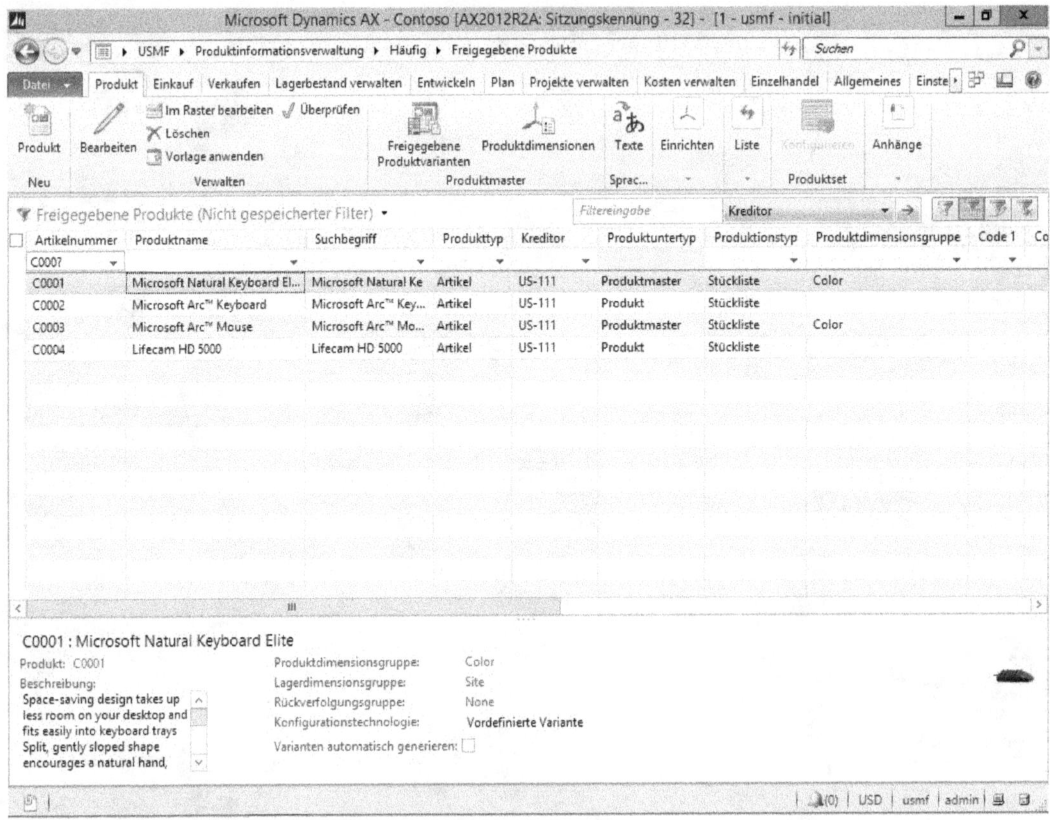

Sie können auch den ? Ausdruck nutzen, um anzudeuten, dass an diesem Platz ein Zeichen stehen sollte – aber Sie sind sich nicht sicher, welches Zeichen es ist. Das ist eine hervorragende Möglichkeit, nach Datensätzen zu filter, die eine bestimmte Länge haben.

Nutze das Filtergitter und Platzhalter, um komplexere Abfragen zu erzeugen

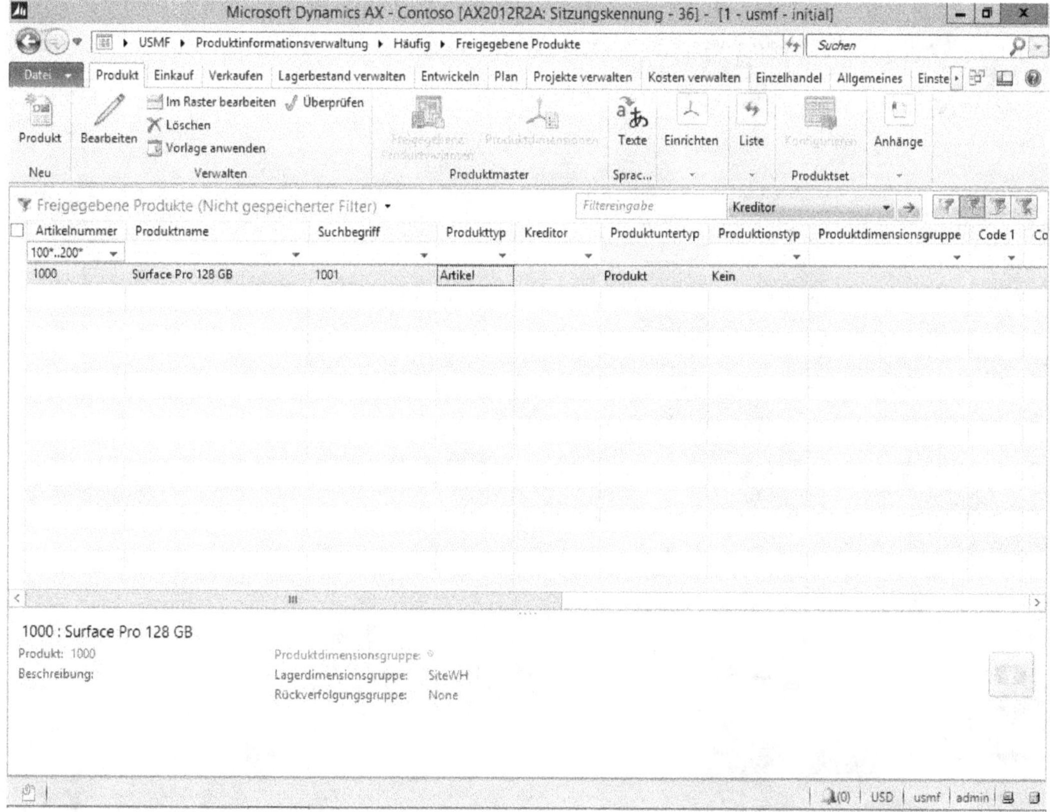

Wenn Sie eine Gruppe von Datensätzen innerhalb einer Datenreihe selektieren wollen, dann können Sie den .. Ausdruck in der Mitte des niedrigen und hohen Filters verwenden.

Beachte: die niedrigen und hohen Werte können ebenfalls Platzhalter beinhalten.

Nutze das Filtergitter und Platzhalter, um komplexere Abfragen zu erzeugen

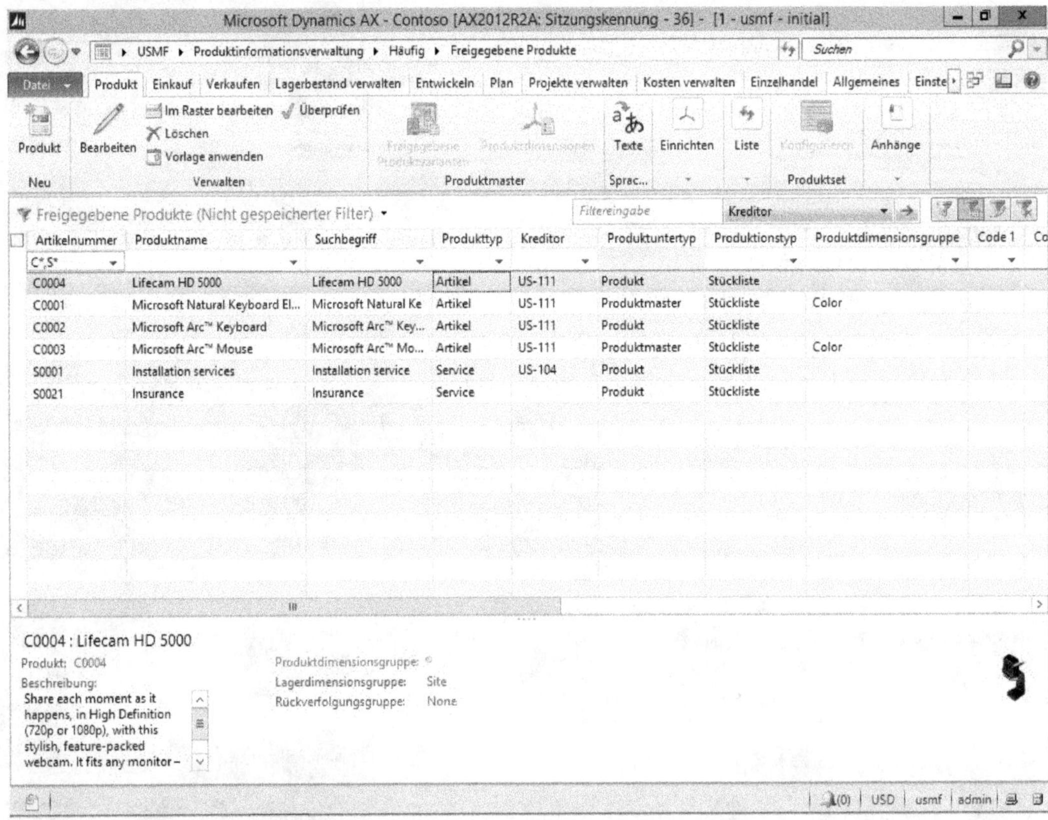

Wenn Sie mehrere Filter kombinieren möchten, ohne die Werte in der Mitte einzuschließen, dann können Sie diese zusammenfügen, indem Sie zwischen diesen Werten ein , (Komma) setzen. Sie können innerhalb eines Feldes soviele Abfragen zusammenhängen wie Sie möchten.

Nutze das Filtergitter und Platzhalter, um komplexere Abfragen zu erzeugen

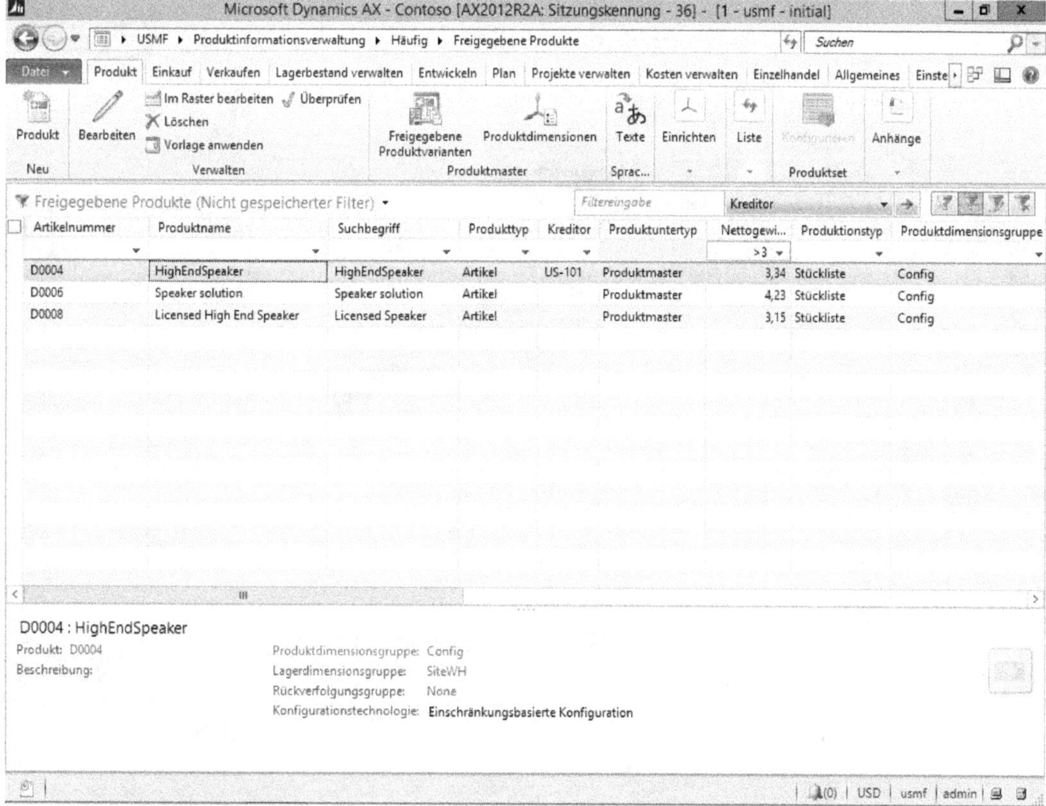

Bei einem numerischen Feld können Sie die < und > Ausdrucke verwenden, um alle Daten zu selektieren, die kleiner oder größer als der eingegebene Wert sind.

Nutze das Filtergitter und Platzhalter, um komplexere Abfragen zu erzeugen

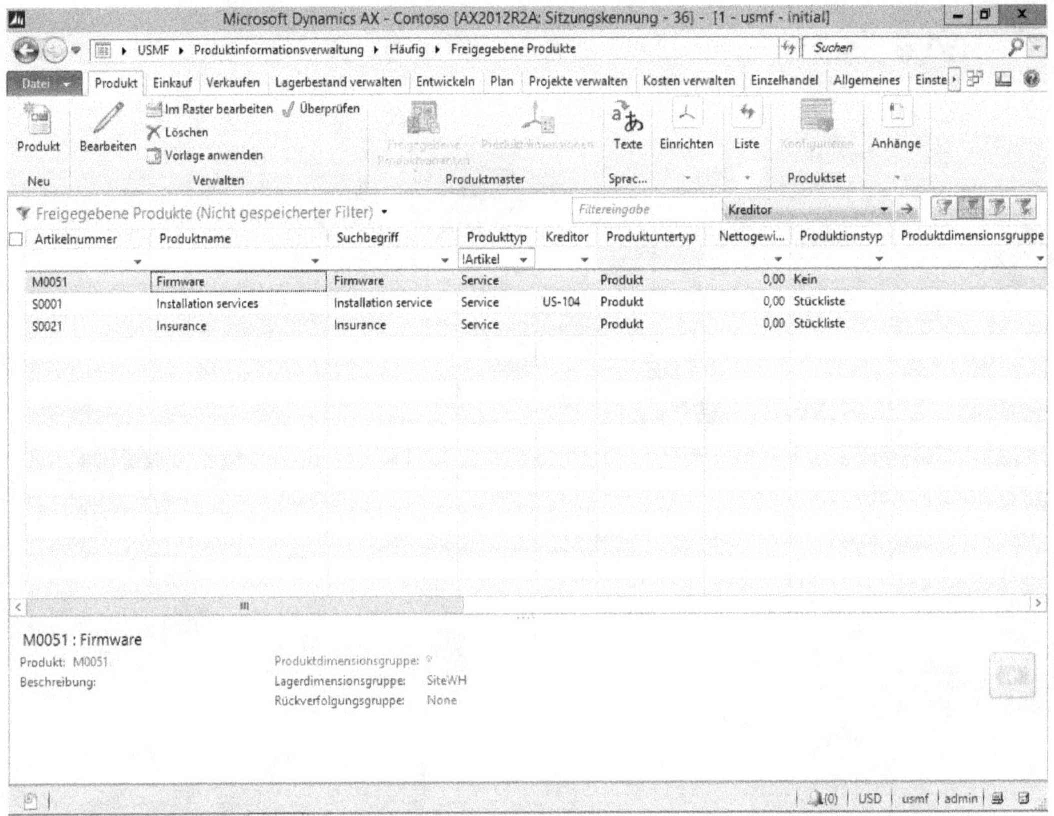

Wenn Sie bestimmte Daten herausfiltern möchten, dann ergänzen Sie das Zeichen ! am Anfang des Filters, womit Sie zum Ausdruck bringen, dass Sie diesen Wert nicht selektieren wollen. Das ist eine gute Methode, um Datensätze aus einem Filter auszuschließen.

Nutze das Filtergitter und Platzhalter, um komplexere Abfragen zu erzeugen

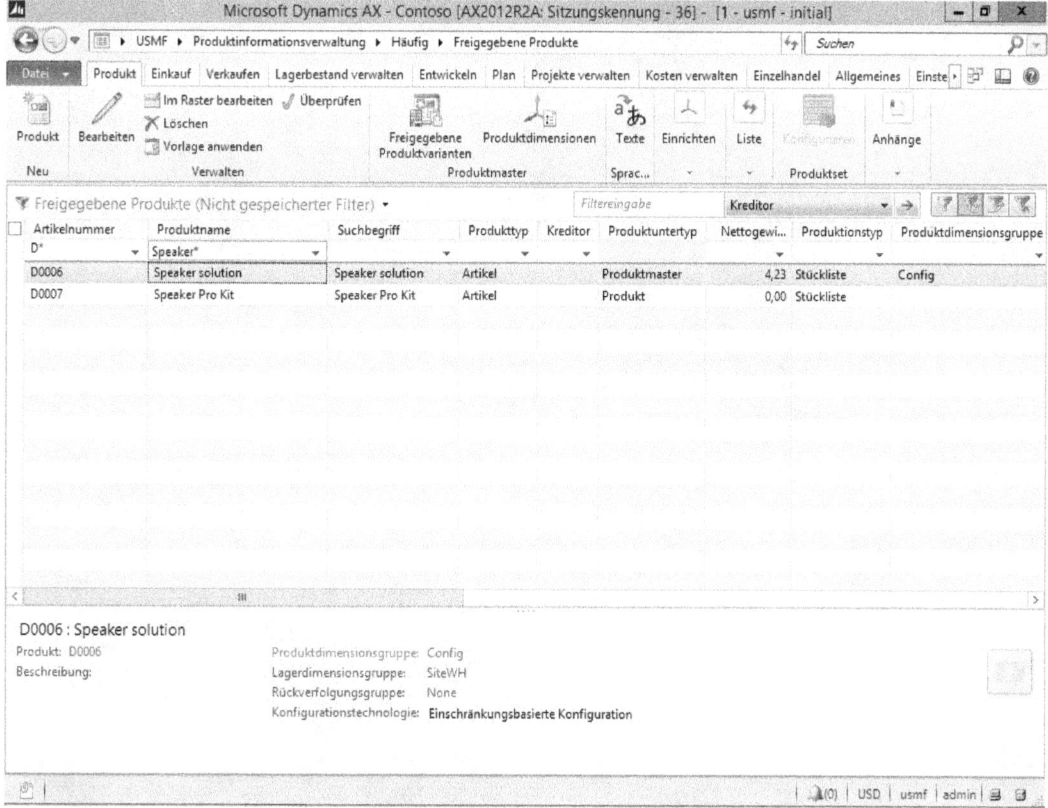

Abschließend, ein sehr machtvolles Feature der Option Filter nach Raster ist das Erzeugen von ´Super-Filtern´, indem Sie mehrere Spalten gleichzeitig filtern.

Verwende den Abfrage-Dialog, um erweiterte Filter zu erstellen

Es gibt mehrere verschiedene Wege, wie man Informationen in Dynamics AX herausfiltern kann, aber am flexibelsten ist der Abfragedialog. Sie sind damit auf jeden Fall vertraut, weil er regelmäßig bei Aktualisierungen und Reports als Auswahlbox angezeigt wird. Sie können aber in einer Listenseite jederzeit durch Drücken von CTRL+F3 auf den Abfragedialog zugreifen.

Das gestattet Ihnen schnell benutzerdefinierte Filter für Ihre Daten wie im Formular zu erstellen, und auch zusätzliche Felder abzufragen, die Sie der Abfrage hinzufügen können, ohne das diese Felder dem Formular über Personalisierung ergänzt werden müssen. Das ist eine unglaublich nützliche Vorgehensweise, um Ihre Suche zu verfeinern.

Verwende den Abfrage-Dialog, um erweiterte Filter zu erstellen

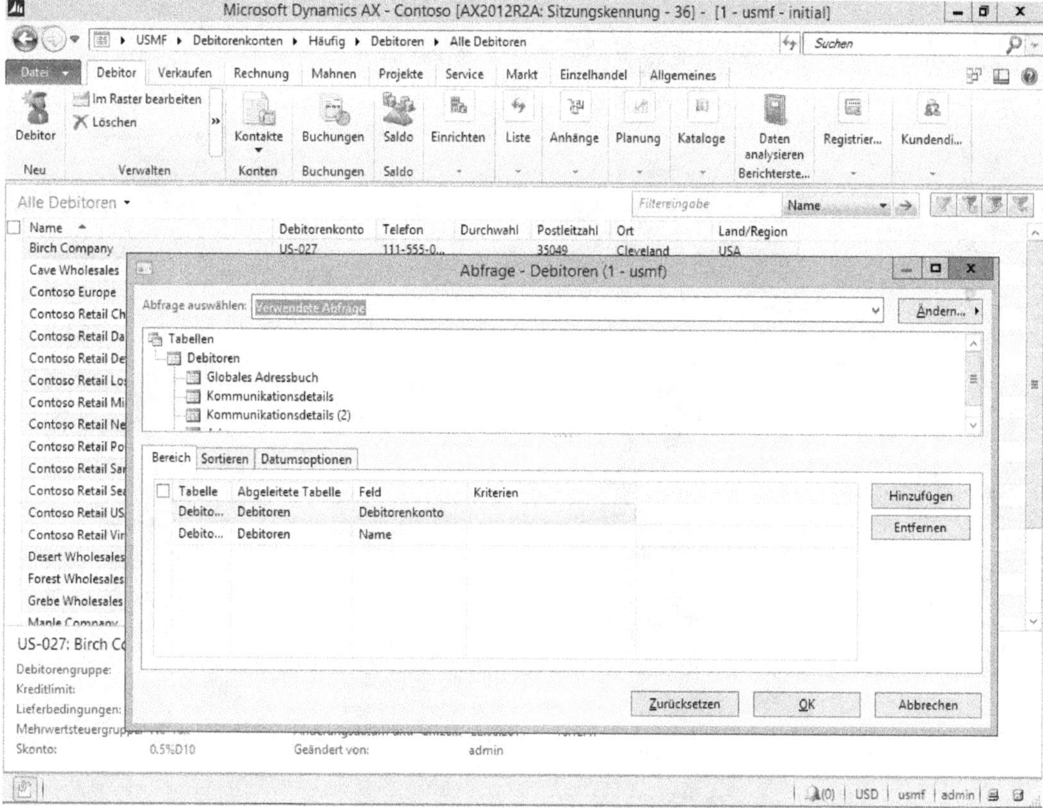

Die Abfrage-Dialogbox können Sie in der Listenseite durch Drücken von CTRL+F3 öffnen.

Wenn die Dialogmaske angezeigt wird, können Sie im Bereichsabschnitt sämtliche Felder sehen, die standardmäßig gefiltert werden.

Verwende den Abfrage-Dialog, um erweiterte Filter zu erstellen

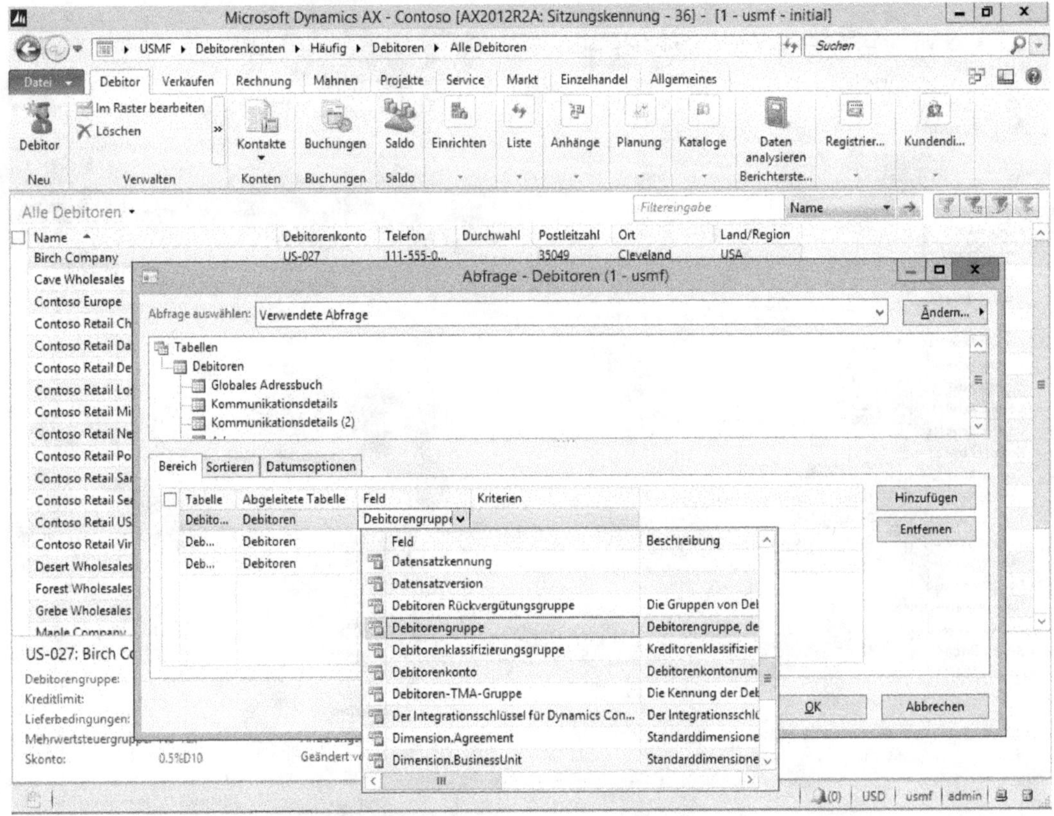

Wenn Sie Hinzufügen klicken, wird eine neue Reihe eingefügt, und Sie können irgendein Feld der verknüpften Tabelle als Suchkriterium einfügen.

Verwende den Abfrage-Dialog, um erweiterte Filter zu erstellen

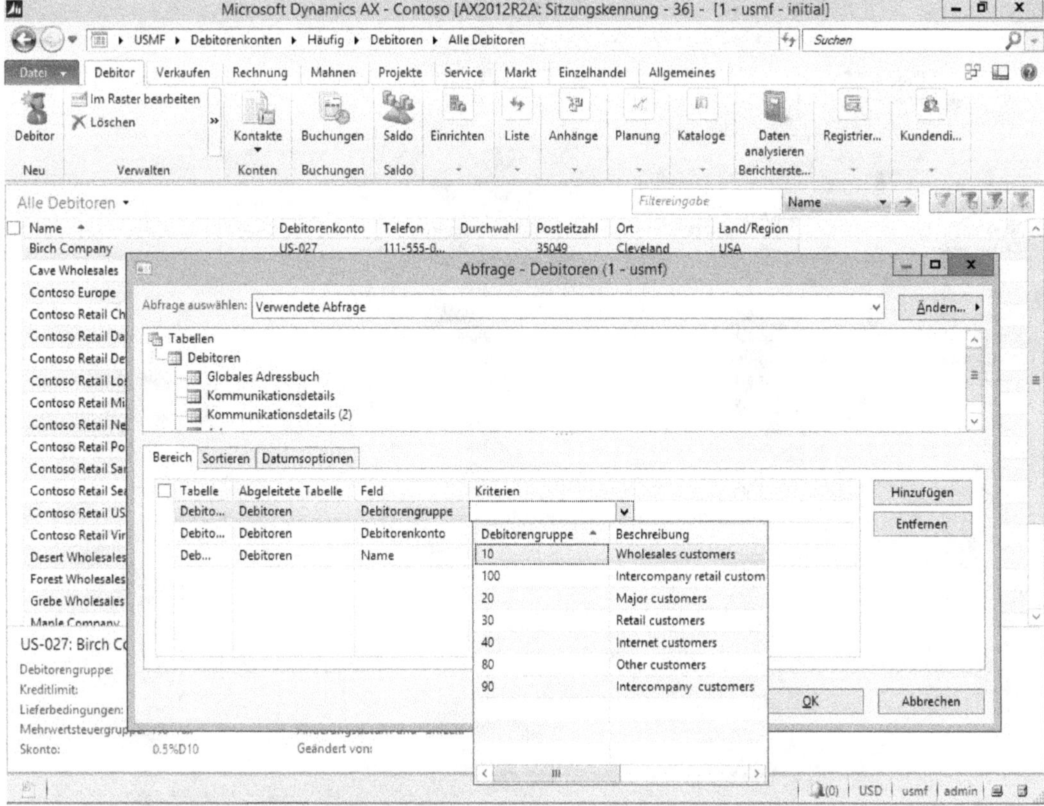

Nach der Auswahl des Suchfeldes können Sie eine Liste mit Werten für dieses Feld öffnen, und es als Selektionskriterium hinzufügen.

Wenn Sie Ihre Abfrage vervollständigt haben, dann klicken Sie auf OK, um zur Listenseite zurückzukehren.

Verwende den Abfrage-Dialog, um erweiterte Filter zu erstellen

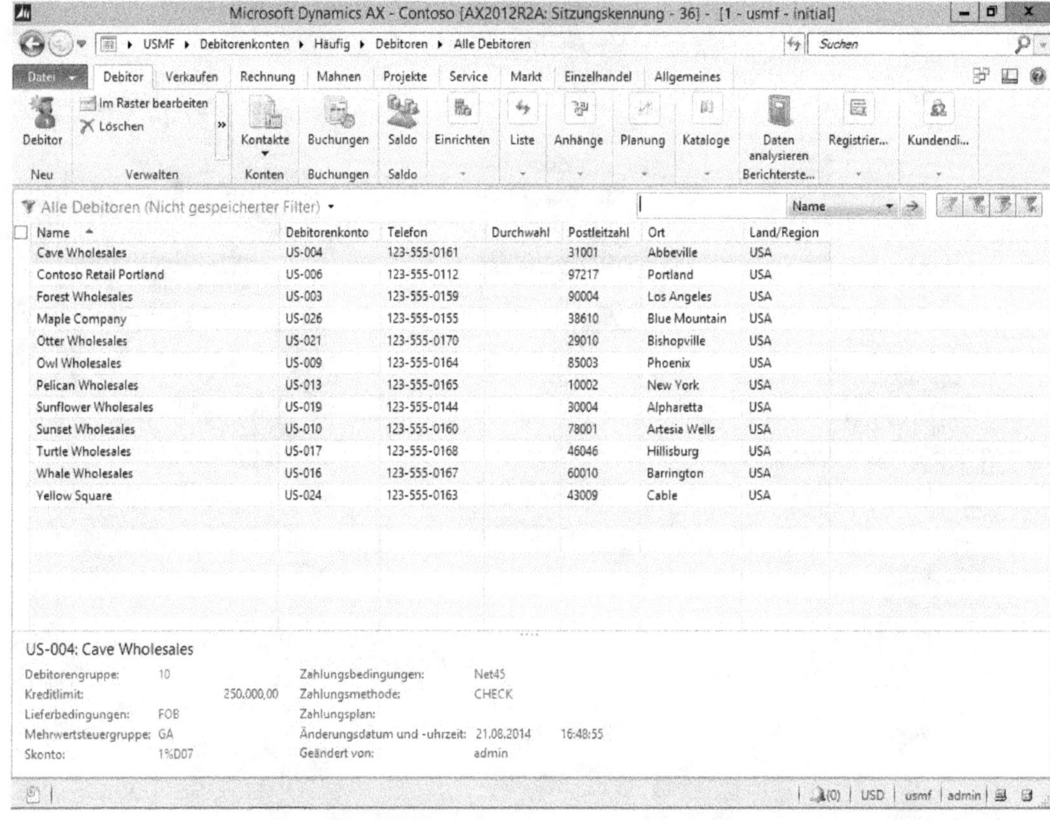

Jetzt sehen Sie, dass der Filter, den Sie mit dem Abfragedialog erstellt haben, für Ihre Liste angewendet wird.

FUNKTIONALE TRICKS

Dynamics AX beinhaltet eine Menge Funktionalität, aber das kann nur der Ausgangspunkt sein. Es sind eine Menge Features zur Unterstützung der Kernfunktionen in der Applikation vorhanden. Sie müssen nur wissen, was sie bedeuten.

In diesem Kapitel werden wir Ihnen zeigen, wie mit Hilfe von Produktvorlagen die Artikelerfassung vereinfacht, Produktkosten nach Varianten kalkuliert, Formularhinweise ergänzt, Aufgaben anderen Personen zugewiesen, mit Word ein Seriendruck erstellt sowie Budgets mit einem Excel-Worksheet erfaßt werden können.

Verwende Vorlagen für mehrere Produkte auf einmal

Produktvorlagen sind eine große Zeitersparnis, weil sie Ihnen gestatten, ein Produkt aufzusetzen, die Konfiguration als Vorlage zu speichern, und dann mit diesen Vorgaben einen neuen Datensatz zu erstellen oder bei einen bestehenden Datensatz anzuwenden, um die Schlüsselfelder zu aktualisieren.

Wenn Sie bestehende Datensätze aktualisieren, müssen Sie das nicht nacheinander machen, da Sie mehrere Produkt-Datensätze auswählen und anschließend dieselbe Vorlage all diesen Datensätzen in einem Aufwasch zuweisen können. Diese Funktion erspart Ihnen viel Zeit, vor allem während der Einrichtungsphase.

Verwende Vorlagen für mehrere Produkte auf einmal

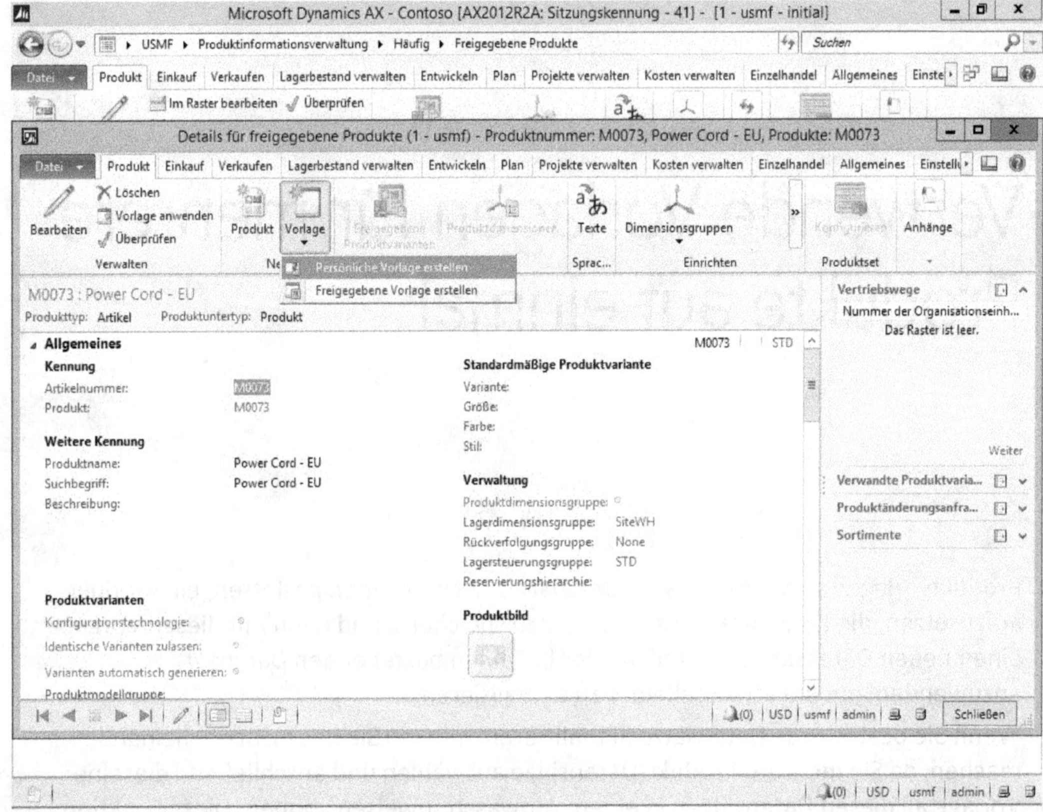

Beginnen Sie mit der Auswahl des Produkts, das Sie als Vorlage verwenden möchten, und anschließend klicken Sie auf Vorlage innerhalb der Produkt Funktionsleiste. Wählen Sie die Option Persönliche Vorlage erstellen aus.

Verwende Vorlagen für mehrere Produkte auf einmal

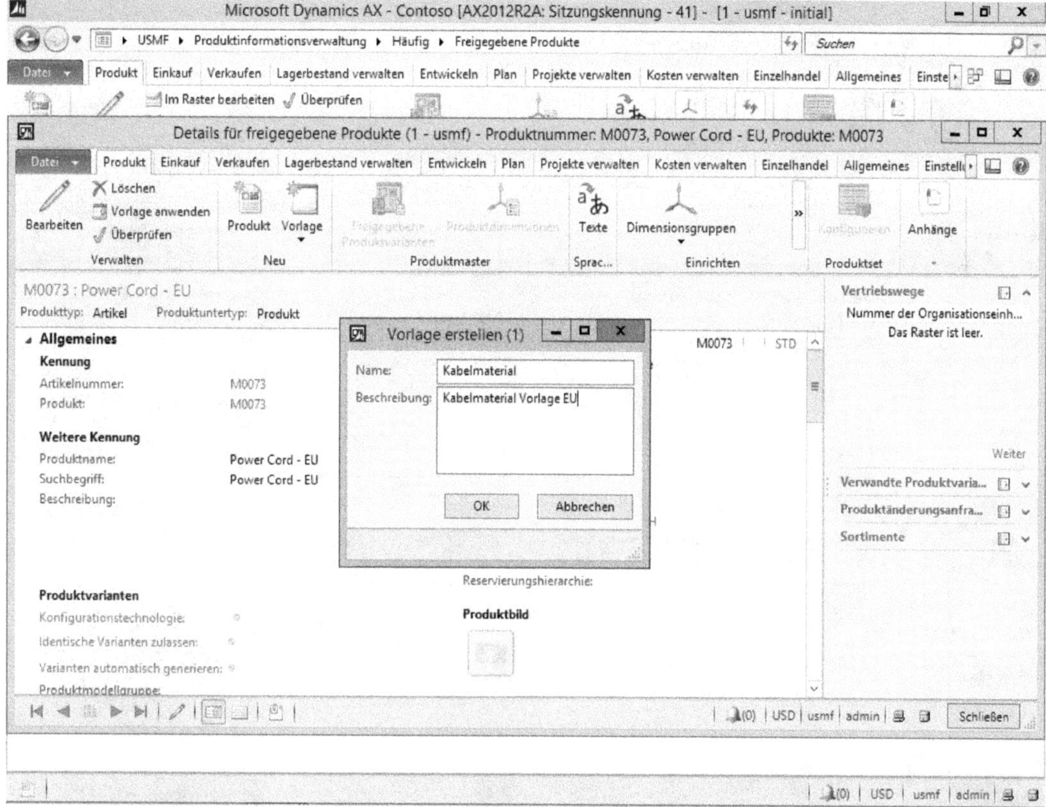

Wenn die Dialogbox Vorlage erstellen erscheint, geben Sie Ihrer Vorlage einen Namen und eine Beschreibung. Anschließend klicken Sie OK.

Verwende Vorlagen für mehrere Produkte auf einmal

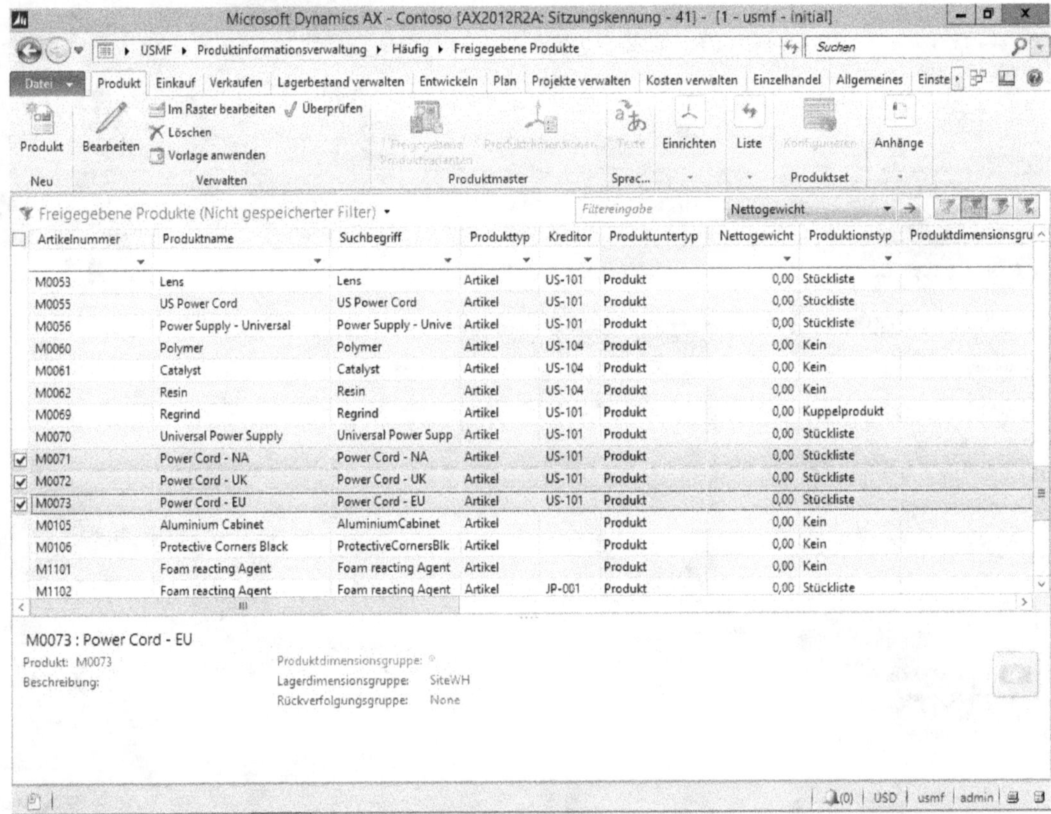

Kehren Sie zur Listenansicht Freigegebene Produkte zurück, und wählen Sie sämtliche Artikel aus, denen Sie die Vorlage zuweisen wollen, und klicken Sie auf den Schaltknopf Vorlage anwenden innerhalb der Produkt Funktionsleiste.

Verwende Vorlagen für mehrere Produkte auf einmal

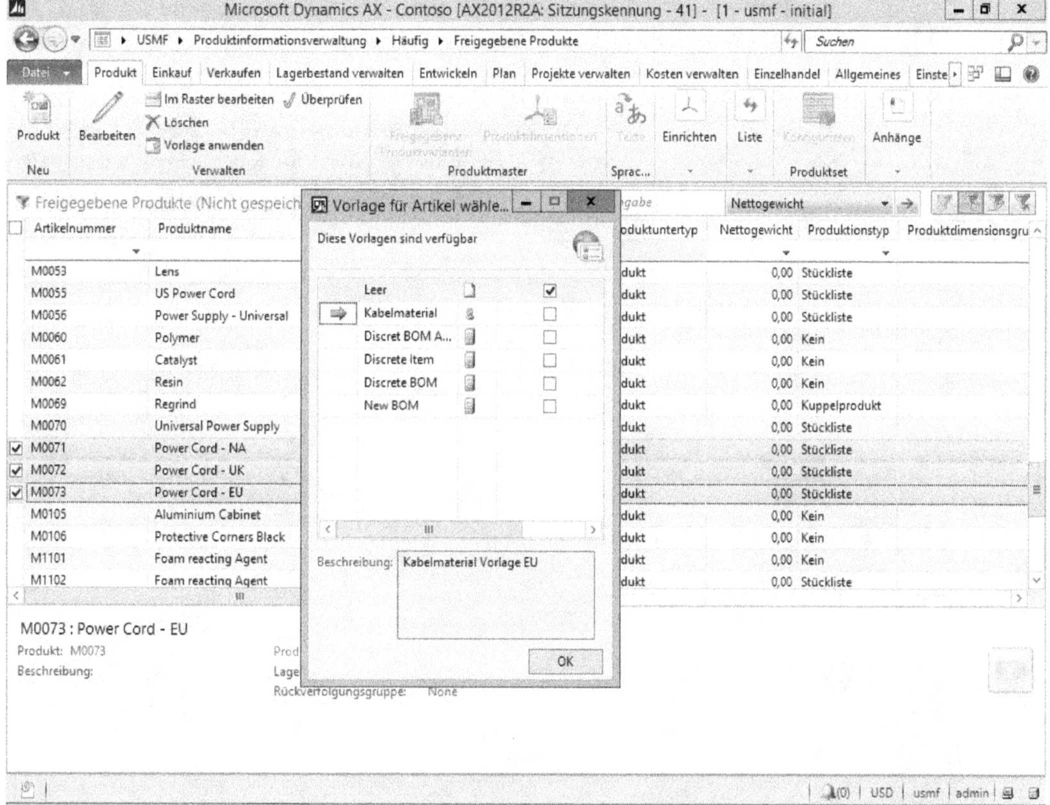

Wählen Sie die Vorlage, die Sie eben erstellt haben, aus und klicken anschließend OK.

Verwende Vorlagen für mehrere Produkte auf einmal

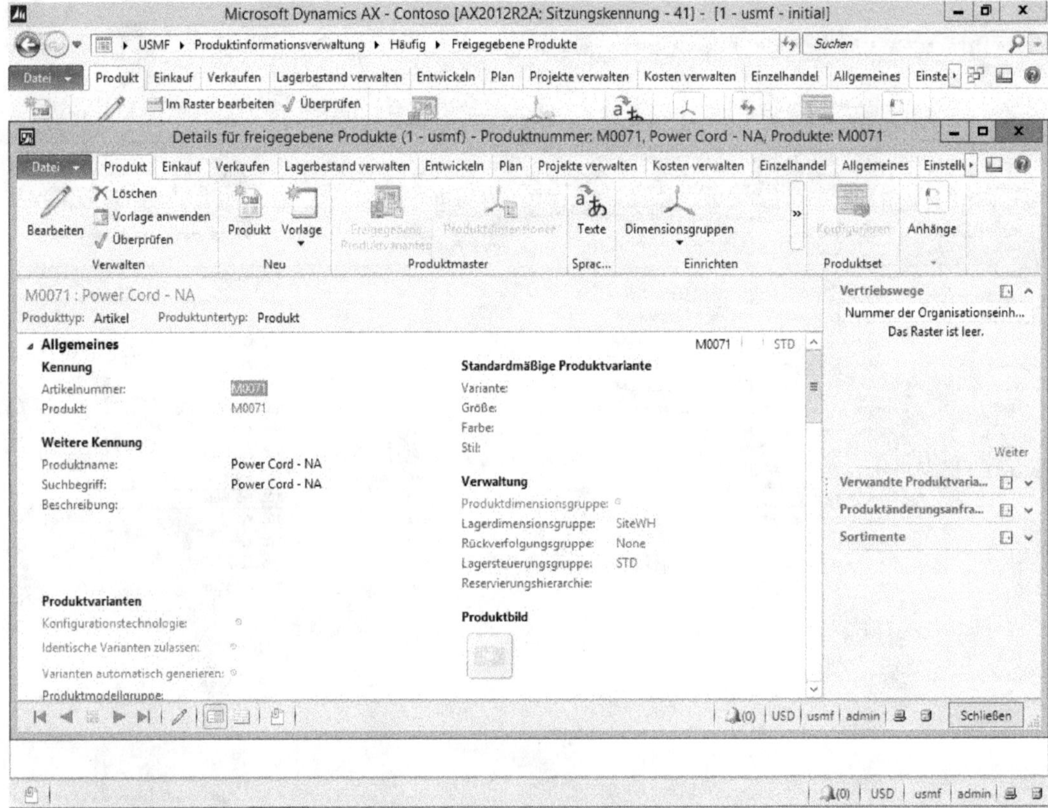

Jetzt werden alle Produkte, denen Sie die Vorlage zuwiesen, auf dieselbe Art und Weise konfiguriert.

Aktualisiere Produkt-Vorlagen, nachdem sie erstellt wurden

Produktvorlagen sind eine große Zeitersparnis, da sie erlauben, ein bestehendes Produkt als Muster für das Aufsetzen anderer Produkte zu verwenden. Das Einrichten von Produkten ähnelt dadurch eher einer hochtechnisierten Fließbandarbeit anstatt einer mühsamen manuellen Verarbeitung einzelner Datensätze. Falls sich Ihr Geschäft ändern sollte, werden Sie wahrscheinlich Ihre Produktvorlagen aktualisieren wollen, so dass Sie nicht pausenlos Felder neu justieren müssen, die sich im Laufe der Zeit geändert haben, oder Sie wollen vielleicht Vorlagen entfernen, die jetzt hinfällig sind, so dass sie dem Benutzer nicht mehr vorgelegt werden, wenn er einen neuen Produkt-Datensatz erstellt.

Keine Angst, Sie können das unmittelbar über die Bearbeitungsmaske Datensatz-vorlage innerhalb der Start Bereichsseite durchführen.

Aktualisiere Produkt-Vorlagen, nachdem sie erstellt wurden

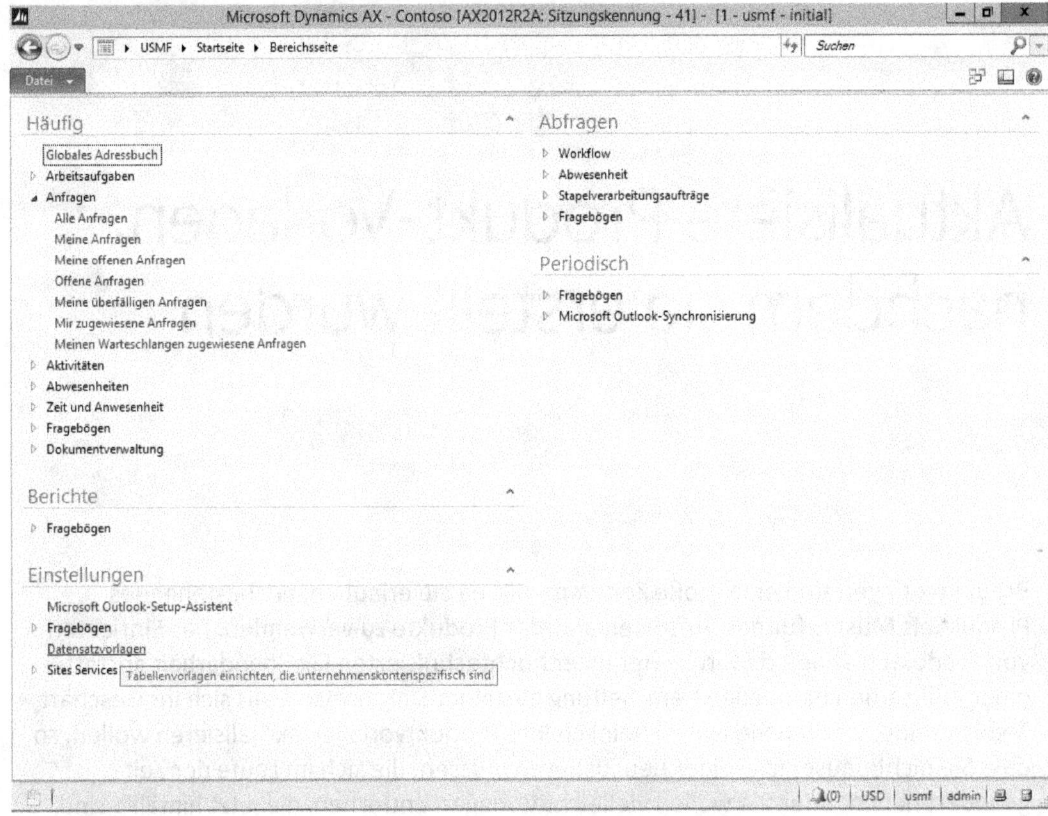

Wählen Sie den Menüpunkt Datensatzvorlagen unter Einstellungen auf der Startseite.

Aktualisiere Produkt-Vorlagen, nachdem sie erstellt wurden

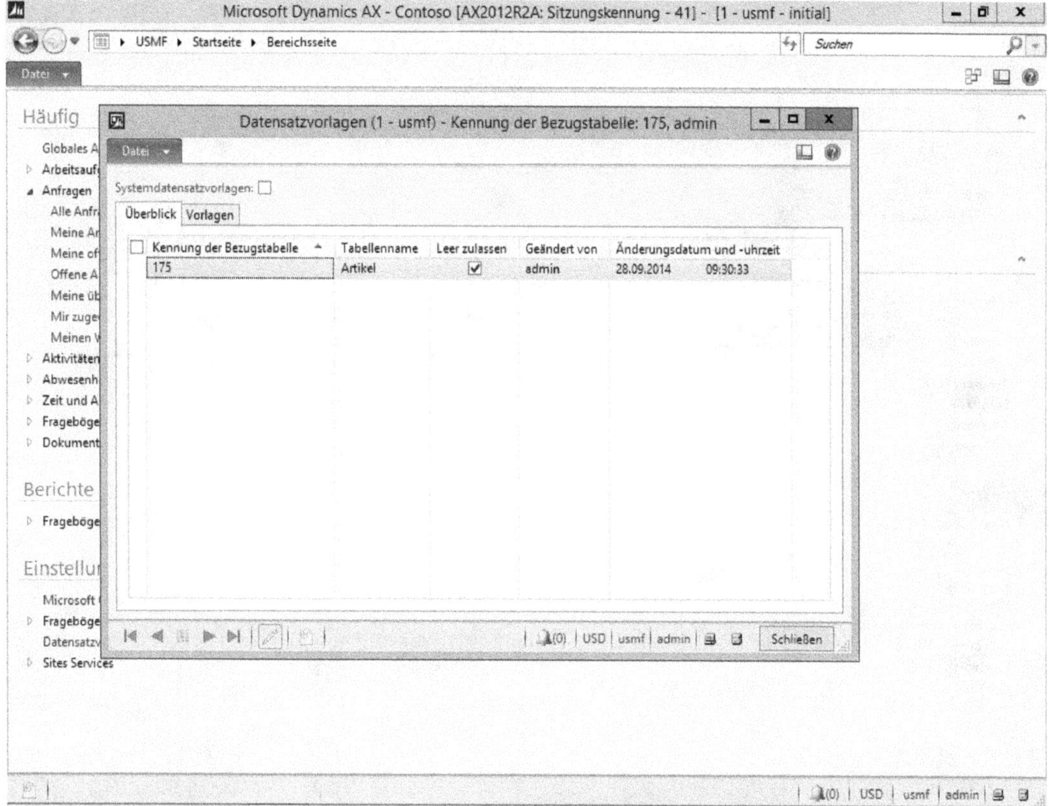

Wenn die Datensatzvorlagenmaske angezeigt wird, sind Sie in der Lage, sämtliche Datensätze zu sehen, wo Vorlagen zugeordnet wurden. In diesem Fall ist es eine Vorlage für Produkte/Artikel.

Aktualisiere Produkt-Vorlagen, nachdem sie erstellt wurden

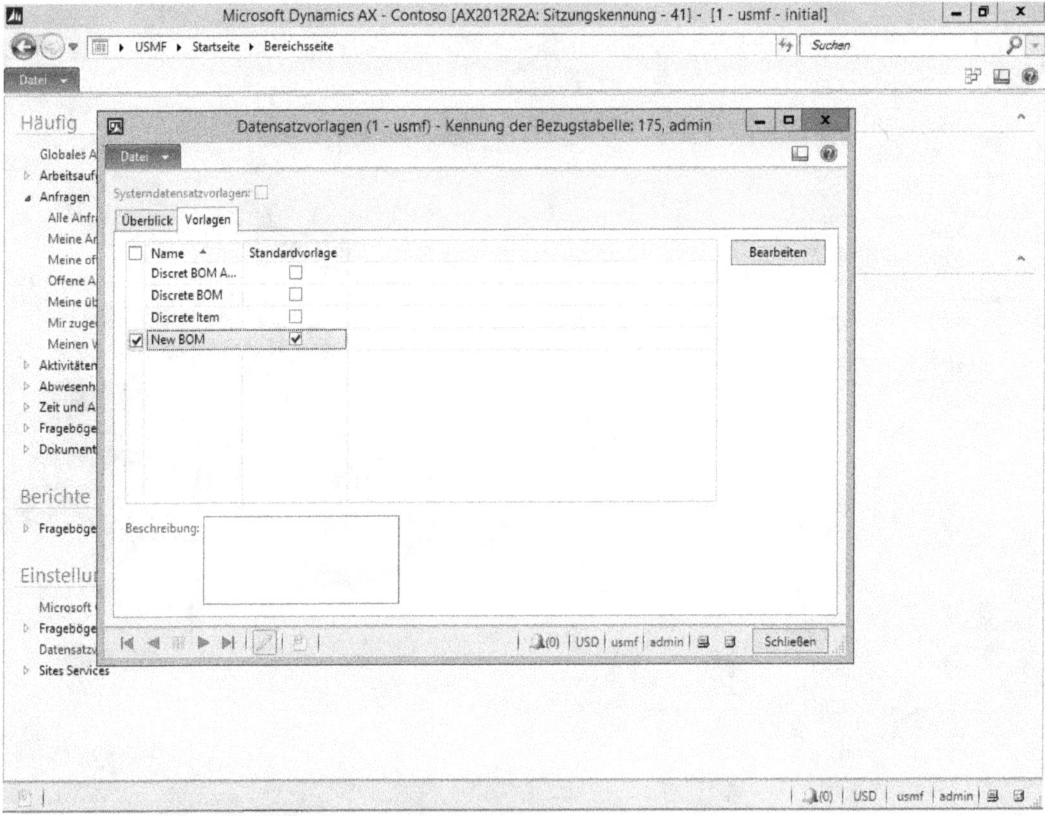

Wenn Sie auf das Register Vorlagen klicken, können Sie alle Systemvorlagen sehen, die Sie definiert haben. Um eine Vorlage zu ändern, klicken Sie auf Bearbeiten.

Aktualisiere Produkt-Vorlagen, nachdem sie erstellt wurden

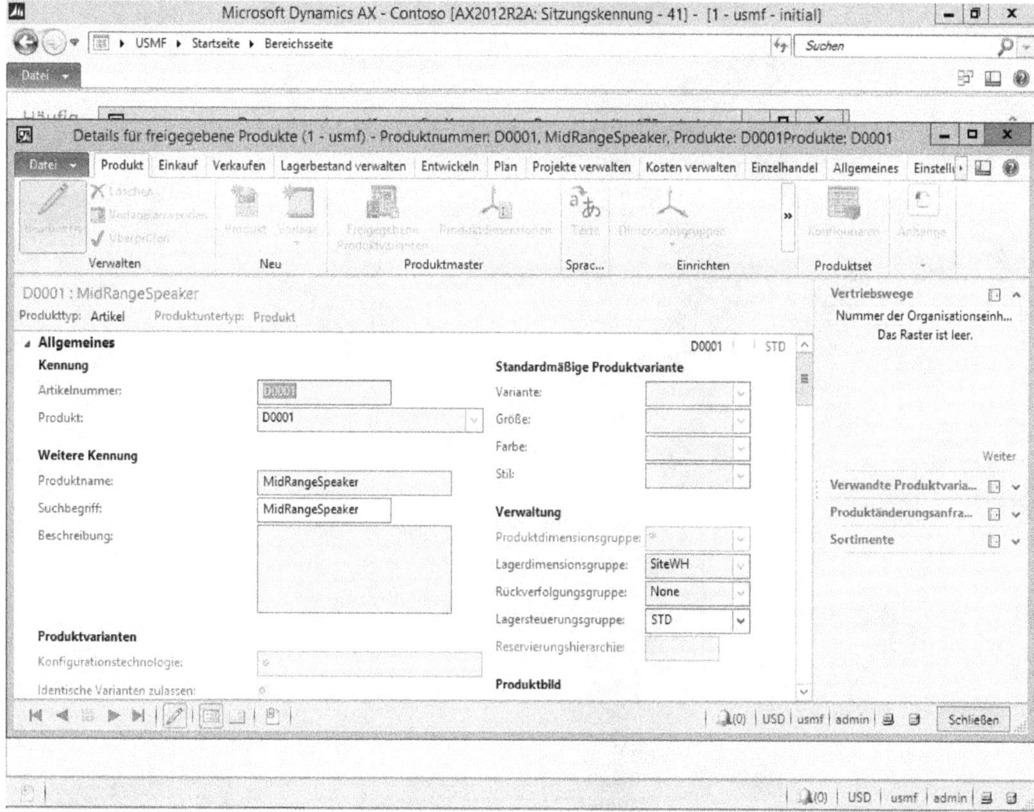

Daraufhin wird das freigegebene Produkt geöffnet, das Sie als Produktvorlage gewählt haben, und Sie können jetzt an den Schlüsselinformationen Änderungen vornehmen. Wenn Sie den Datensatz aktualisiert haben, klicken Sie auf Schließen. Wenn Sie das nächste Mal mit Hilfe dieser Vorlage ein neues Produkt erstellen, werden die neuen Vorgaben, die Sie definiert haben, angewendet.

Produkt-Dimensionen umbenennen zwecks Angleichung an Ihr Geschäft

Produktdimensionen innerhalb Dynamics AX sind großartig, weil Sie dadurch vier zusätzliche Elemente erhalten, die Sie für eine Aufspaltung all Ihrer Produkte sowie zur Reduzierung der Anzahl Ihrer Basis-Produktcodes nutzen können. Standardmäßig werden die drei Hauptdimensionen mit Größe, Farbe und Stil bezeichnet, aber auch wenn Sie bei Ihren Produktdimensionen in anderen Begrifflichkeiten denken, ignorieren Sie diese Funktion nicht, da Sie die Namen der Dimensionen nach Belieben umbenennen können.

Jetzt können Sie Ihre Produktdimensionen völlig frei gestalten.

Produkt-Dimensionen umbenennen zwecks Angleichung an Ihr Geschäft

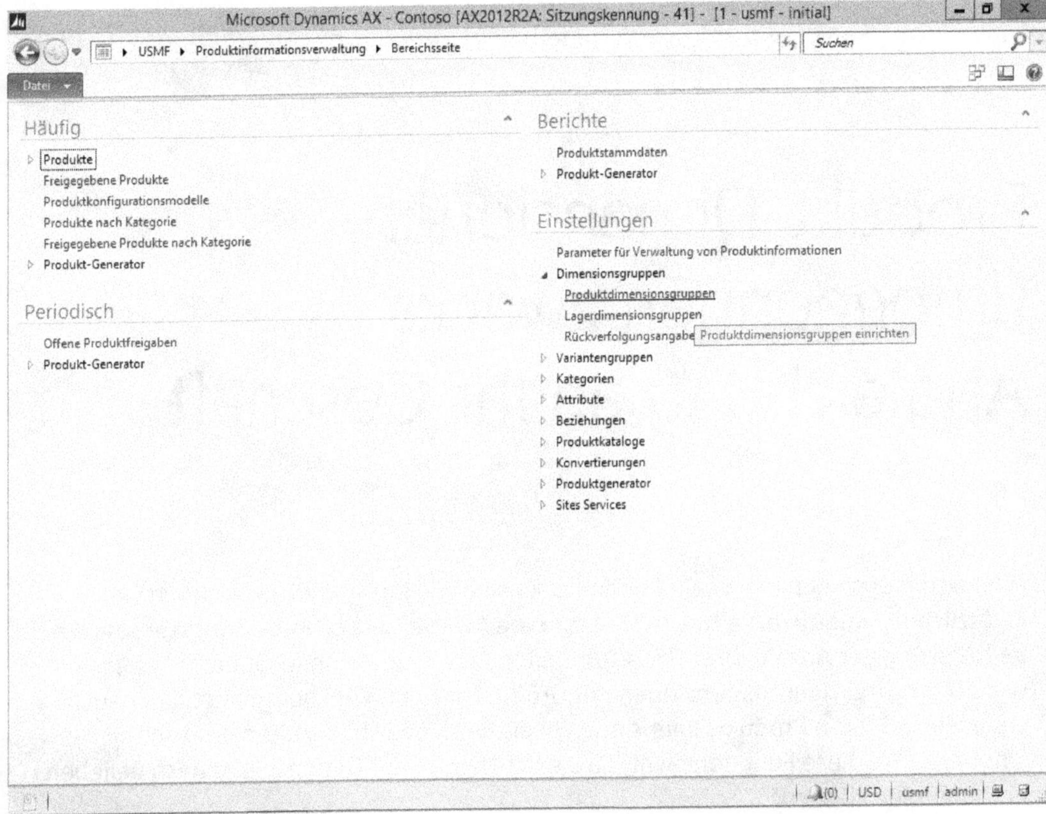

Klicken Sie auf den Menüpunkt Produktdimensionsgruppen unter Einstellungen innerhalb der Bereichsseite Produktinformationsverwaltung.

Produkt-Dimensionen umbenennen zwecks Angleichung an Ihr Geschäft

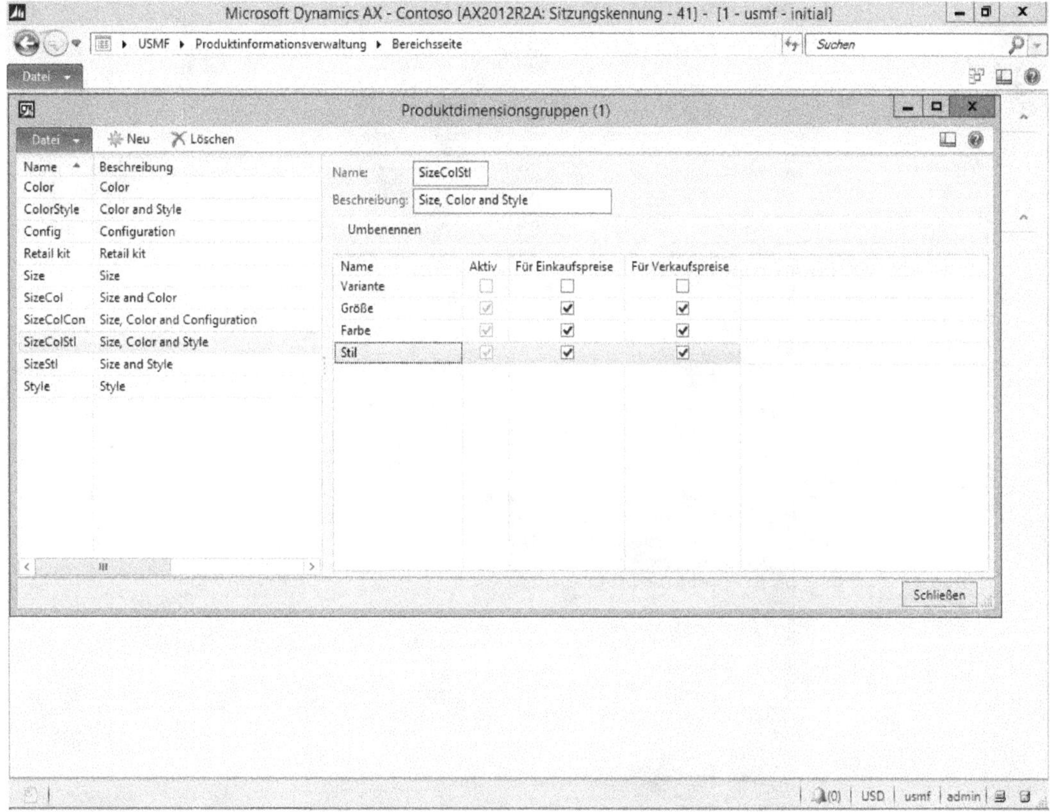

Wenn die Maske Produktdimensionsgruppen angezeigt wird, klicken Sie auf irgendeinen Datensatz, und anschließend wählen Sie die Dimension, die Sie für einen anderen Zweck nutzen wollen. Wenn die Dimension aktiviert ist, wird der Schaltknopf Umbenennen freigegeben, und Sie können darauf klicken.

Produkt-Dimensionen umbenennen zwecks Angleichung an Ihr Geschäft

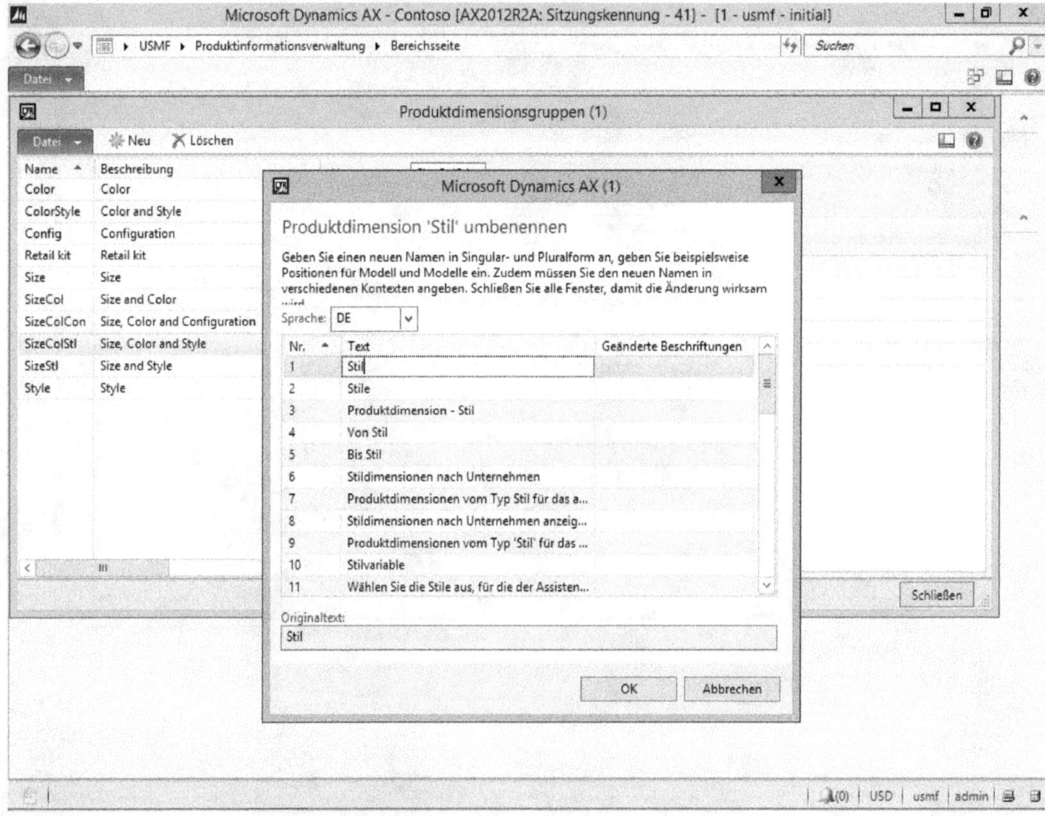

Es wird die Dialogbox Produktdimension ´Stil´ umbenennen geöffnet. Sämtliche Standardtexte für die Dimension werden angezeigt.

Produkt-Dimensionen umbenennen zwecks Angleichung an Ihr Geschäft

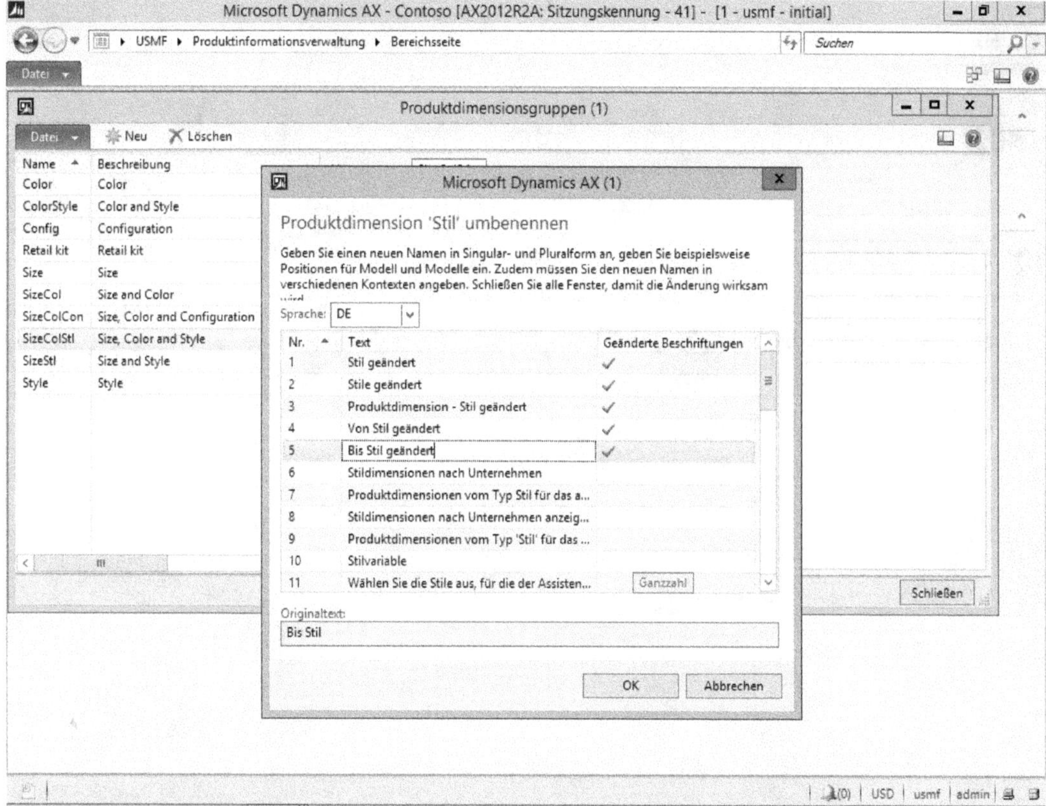

Sie müssen nur die Standardtexte aktualisieren, um die neue Dimensionbezeichnung zuzuordnen, die Sie den Produkten zuweisen wollen. Wenn Sie die 36 Namensdateien aktualisiert haben, klicken Sie OK, um die Dimensionen umzubenennen.

Produkt-Dimensionen umbenennen zwecks Angleichung an Ihr Geschäft

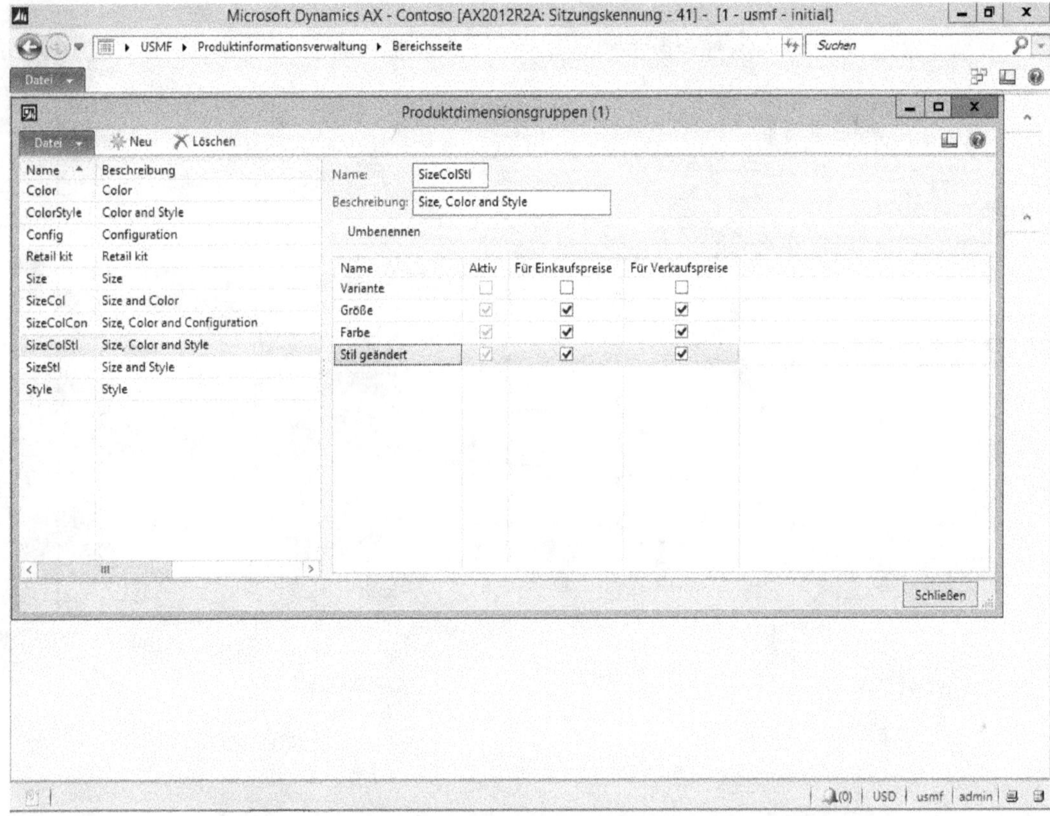

Wenn Sie zum Formular Produktdimensionsgruppen zurückkehren, können Sie erkennen, dass Ihre Dimension die neu aufgesetzte Namenskonvention nutzt.

Produkt-Dimensionen umbenennen zwecks Angleichung an Ihr Geschäft

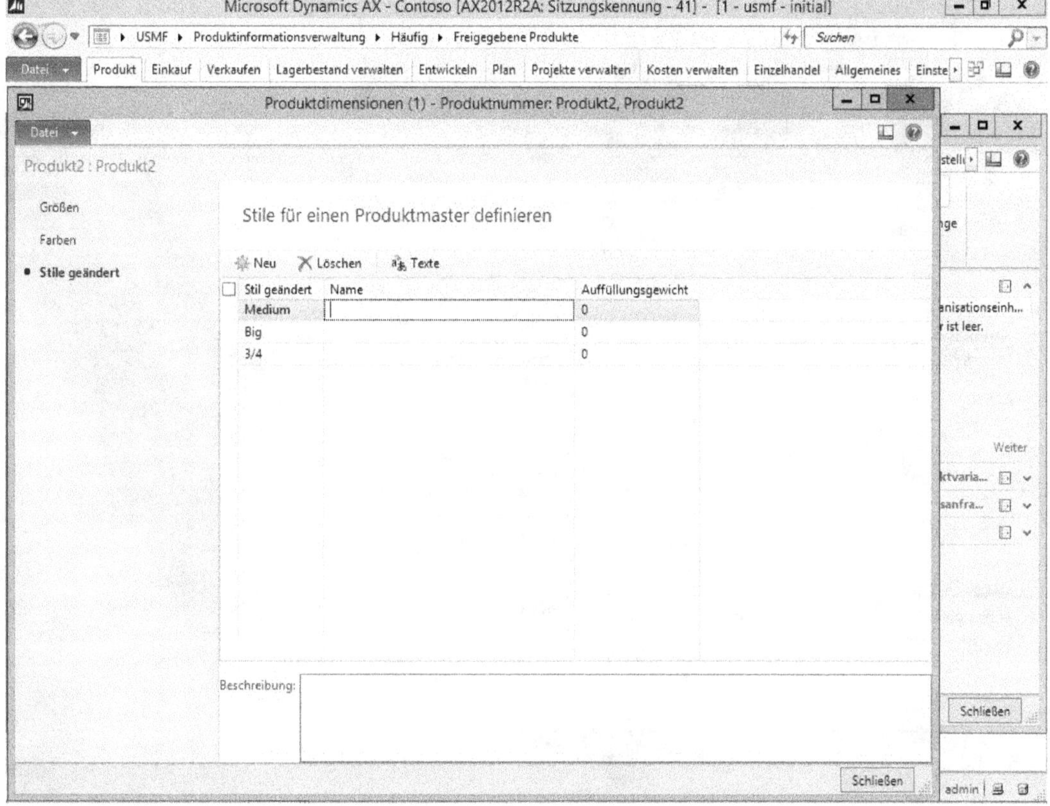

Wenn Sie nun den Produktdimensionswert bearbeiten, hat er einen neuen Namen.

Produkt-Dimensionen umbenennen zwecks Angleichung an Ihr Geschäft

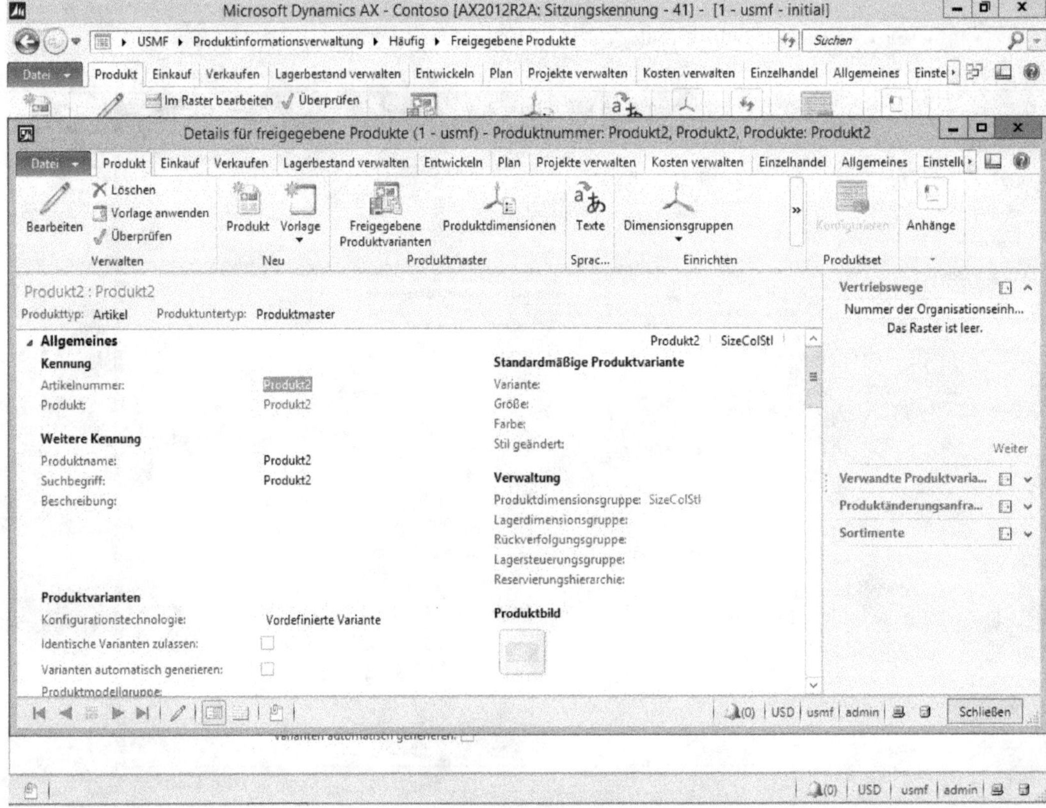

Und wenn Sie in der Maske für freigegebene Produkte die Dimensionen betrachten, können Sie die neue Namenskonvention erkennen.

Produkt-Dimensionen umbenennen zwecks Angleichung an Ihr Geschäft

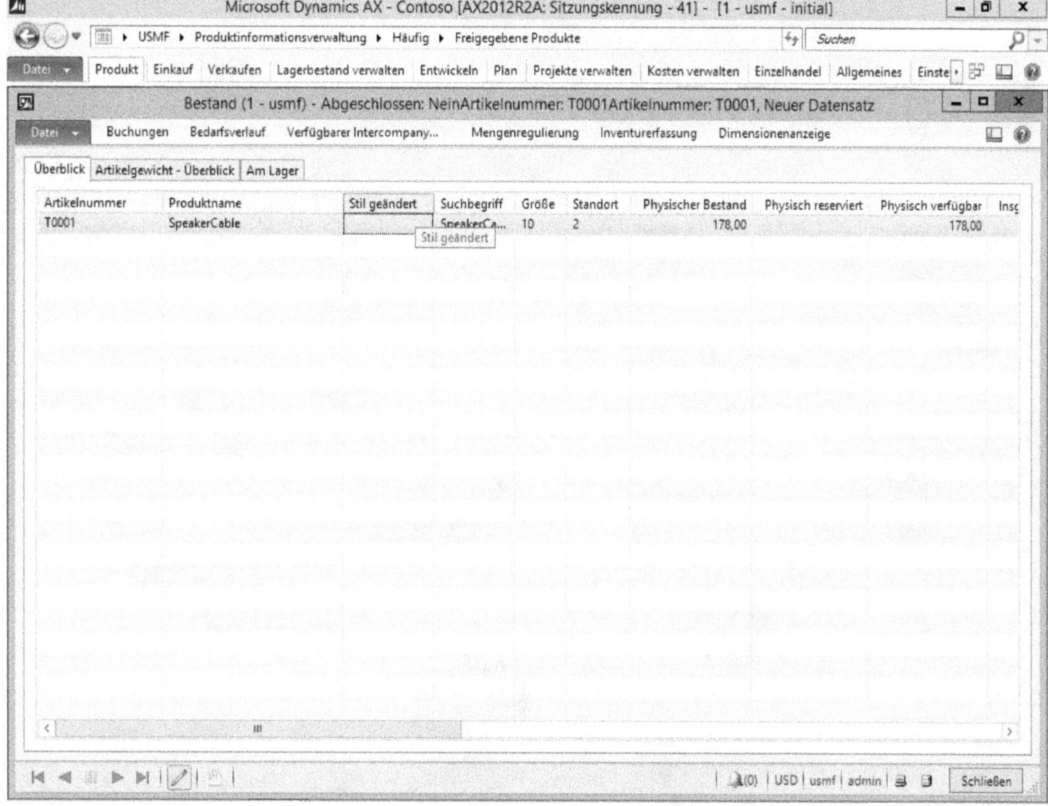

Ebenso wird der Lagerbestandsbildschirm geändert.

How cool is that!

Verwalte die Produktkosten nach Produkt-Varianten

Die Produktdimensionen sind hervorragend geeignet, um Ihre Produkte in mehrere Varianten aufzuspalten – basierend auf Regeln, die Sie für das Produkt eingerichtet haben. Werden Sie nicht nervös, falls sich die Varianten preis- und kostenmäßig unterscheiden, es gibt innerhalb Dynamics AX einen schnellen und einfachen Weg, die Kosten nach Varianten zu führen und alles auf Produktebene aufzuzeichnen – basierend auf deren Konfiguration.

Alle Produkte sind gleich, nur manche sind gleicher als die anderen.

Verwalte die Produktkosten nach Produkt-Varianten

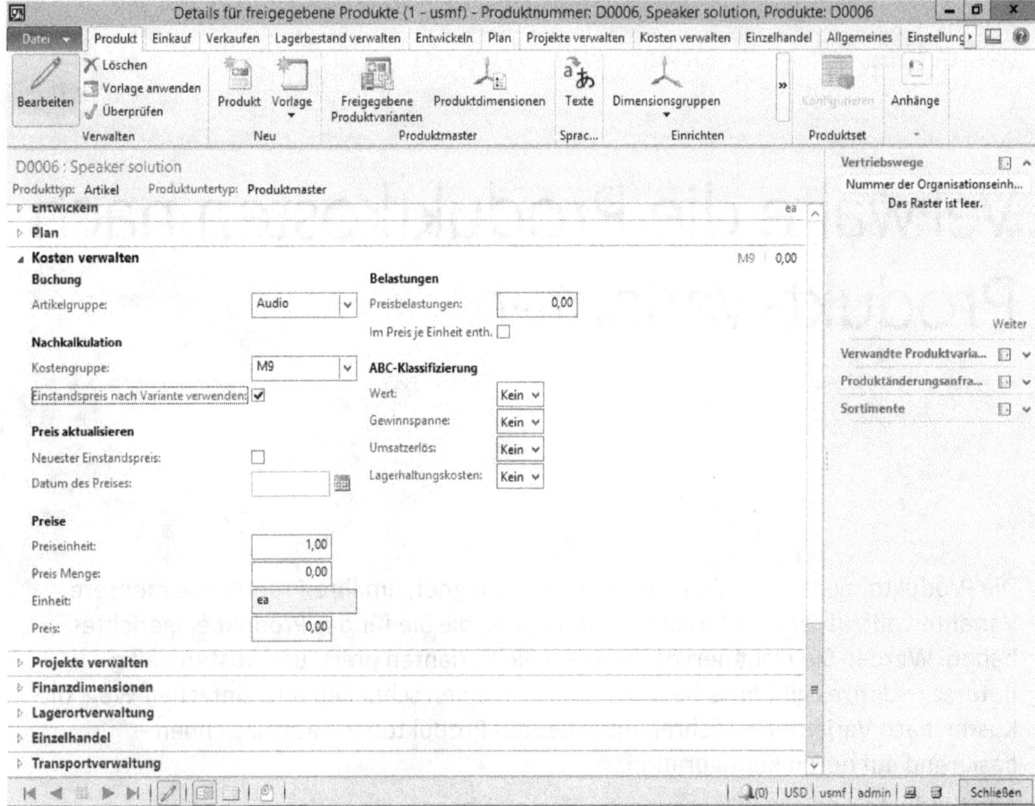

Öffnen Sie ein freigegebenes Produkt, und erweitern Sie die Registerkartei Kosten verwalten.

Dann aktivieren Sie Enstandspreis nach Variante verwenden.

Verwalte die Produktkosten nach Produkt-Varianten

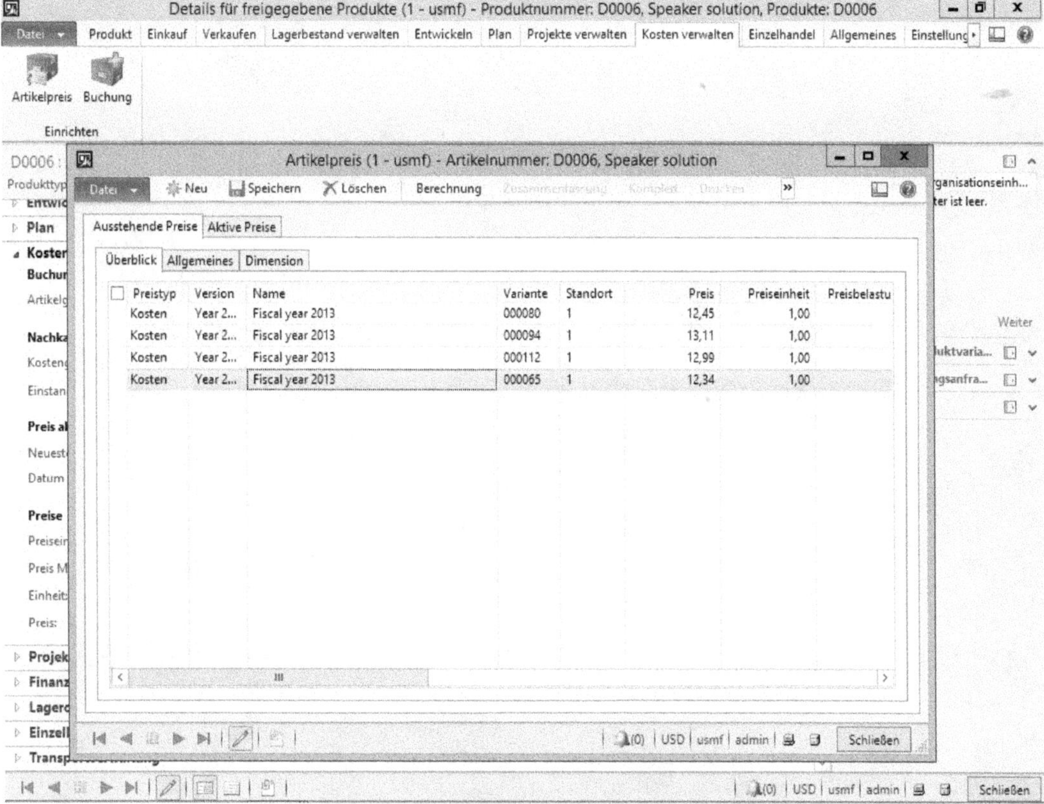

Wenn Sie nun die Kosten für die freigegebenen Produkte betrachten, können Sie sehen, dass die Kosten für die verschiedenen Produktvarianten aufgebrochen wurden.

Nutze Einzelhandel Kategorie-Attribute, um zusätzliche Produkt-Charakteristika festzuhalten

Falls Sie zusätzliche Charakteristika und Felder für einen Produktdatensatz benötigen sollten, müssen Sie nicht in Dynamics AX in einer Codeanpassung Zuflucht suchen. Sie können eine unbegrenzte Anzahl zusätzlicher Attribute den freigegebenen Produkten hinzufügen mit Hilfe der Funktionalität Einzelhandelskategorie.

Bitte stoppen Sie die unnötige Erstellung neuer Felder.

Nutze Einzelhandel Kategorie-Attribute, um zusätzliche Produkt-Charakteristika festzuhalten

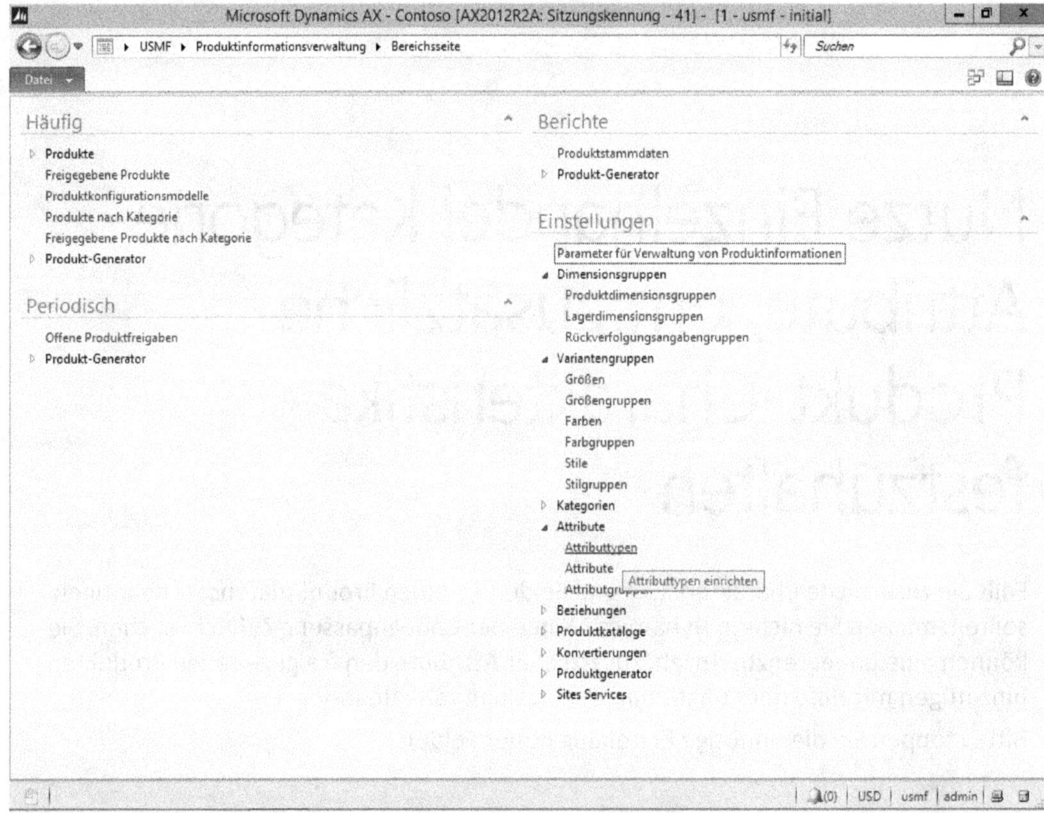

Zuerst müssen wir die Attributtypen, die wir nutzen wollen, definieren. Dazu klicken Sie auf den Menüpunkt Attributtypen unter Einstellungen im Ordner Attribute innerhalb der Bereichsseite Produktinformationsverwaltung.

Nutze Einzelhandel Kategorie-Attribute, um zusätzliche Produkt-Charakteristika festzuhalten

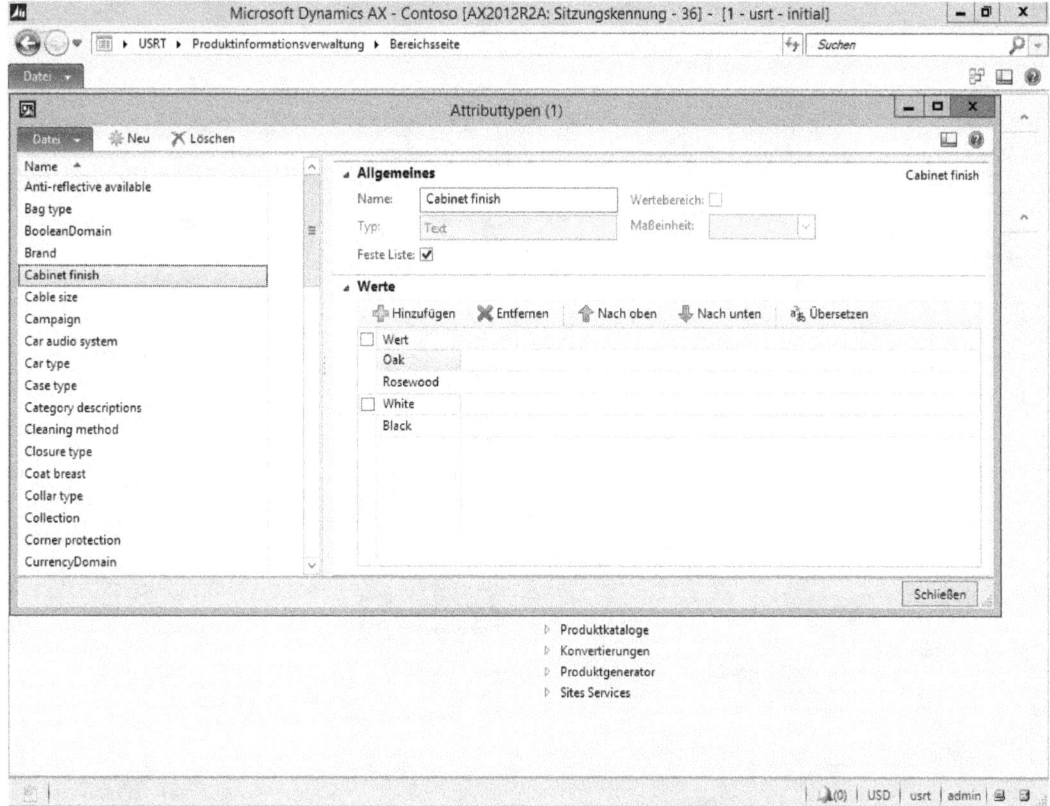

Innerhalb der Maske Attributtypen ergänzen Sie einen neuen Datensatz für jeden der verschiedenen Typen, die Sie für Ihre Attribute nutzen wollen.

Nutze Einzelhandel Kategorie-Attribute, um zusätzliche Produkt-Charakteristika festzuhalten

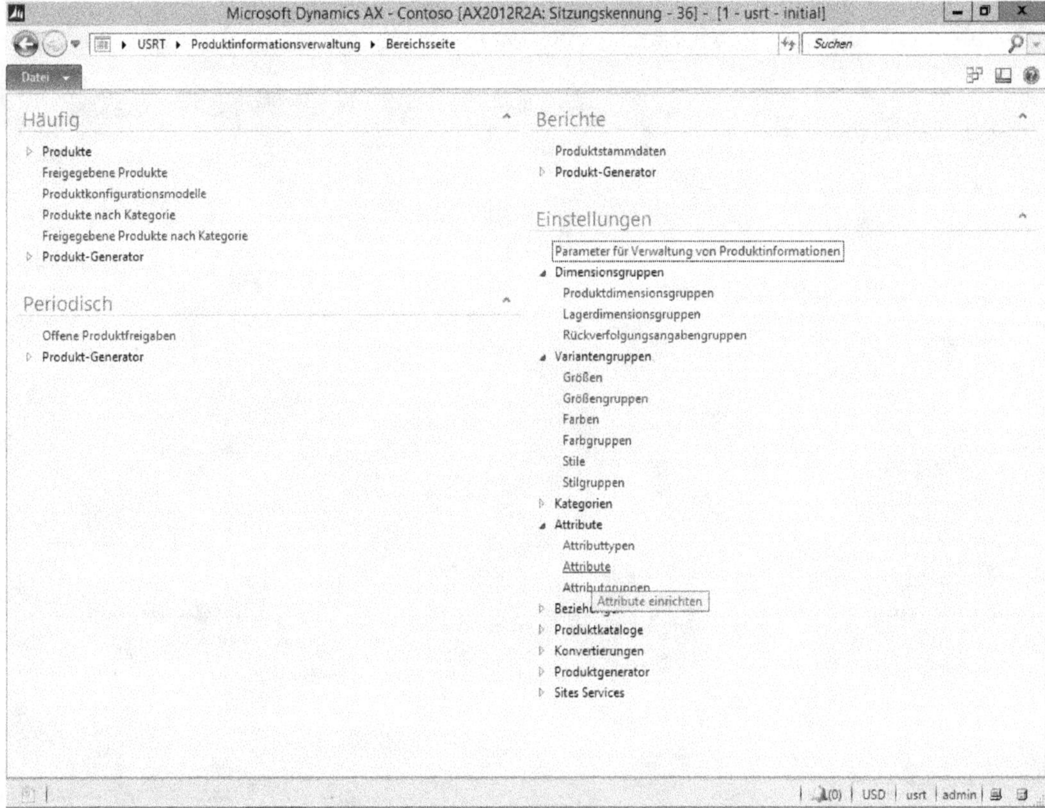

Der nächste Schritt ist, die Attribute selbst, die Sie verwenden möchten, zu konfigurieren. Dazu klicken Sie auf den Menüpunkt Attribute unter Einstellungen im Ordner Attribute innerhalb der Bereichsseite Produktinformationsverwaltung.

Nutze Einzelhandel Kategorie-Attribute, um zusätzliche Produkt-Charakteristika festzuhalten

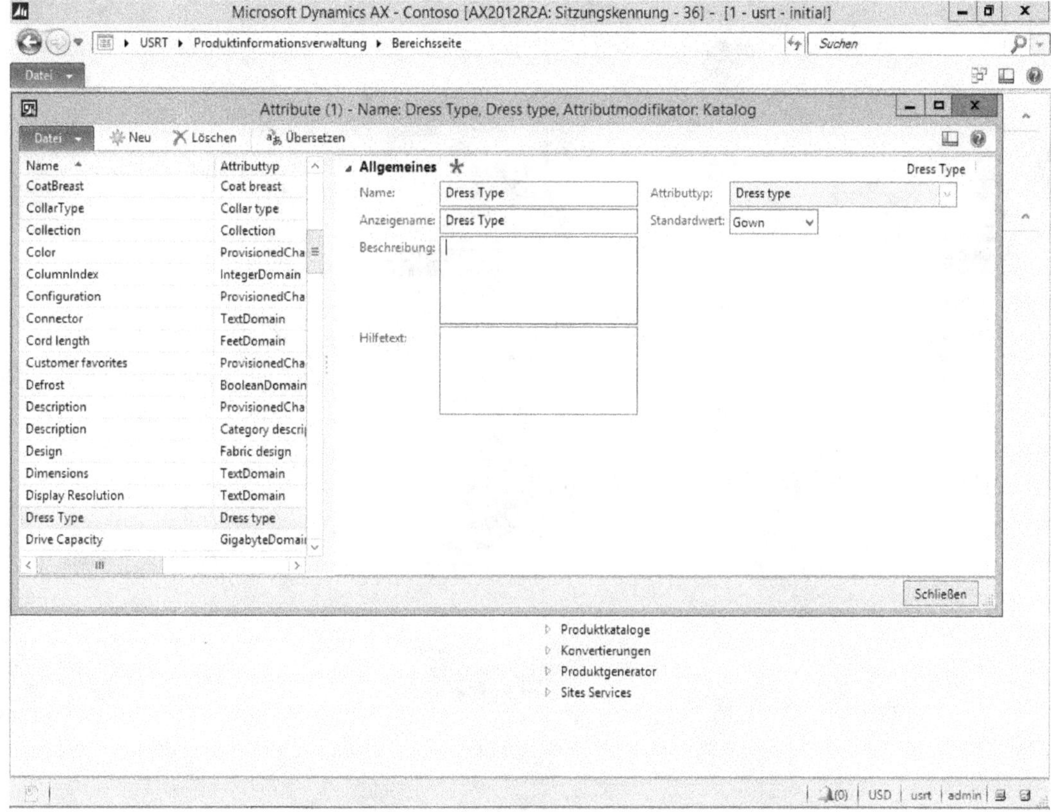

Innerhalb Attribute ergänzen Sie für jedes der verschiedenen Attribute einen neuen Datensatz, welche Sie bei den Produkten aufzeichnen wollen, und verknüpfen sie mit dem Attributtyp, den Sie verwenden möchten.

Nutze Einzelhandel Kategorie-Attribute, um zusätzliche Produkt-Charakteristika festzuhalten

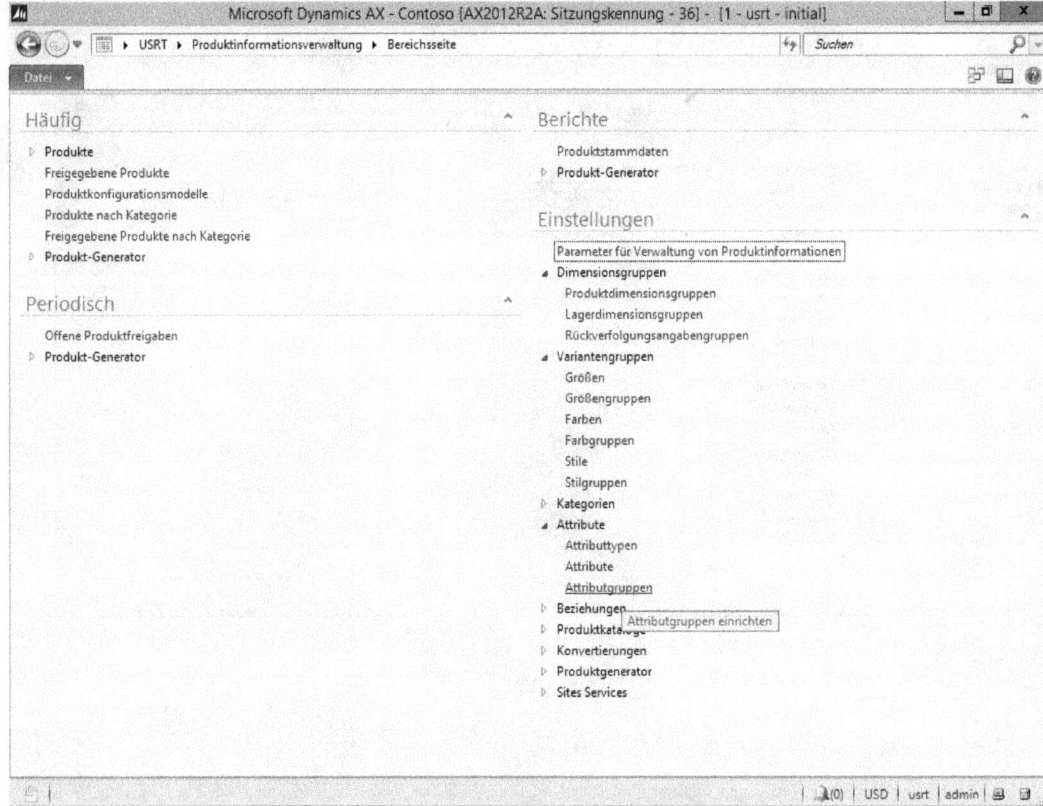

Nun müssen wir nur noch die Attributgruppen konfigurieren, die genutzt werden, um all die Attribute, die wir verwenden möchten, zu referenzieren. Dazu klicken Sie auf den Menüpunkt Attributgruppen unter Einstellungen im Ordner Attribute innerhalb der Bereichsseite Produktinformationsverwaltung.

Nutze Einzelhandel Kategorie-Attribute, um zusätzliche Produkt-Charakteristika festzuhalten

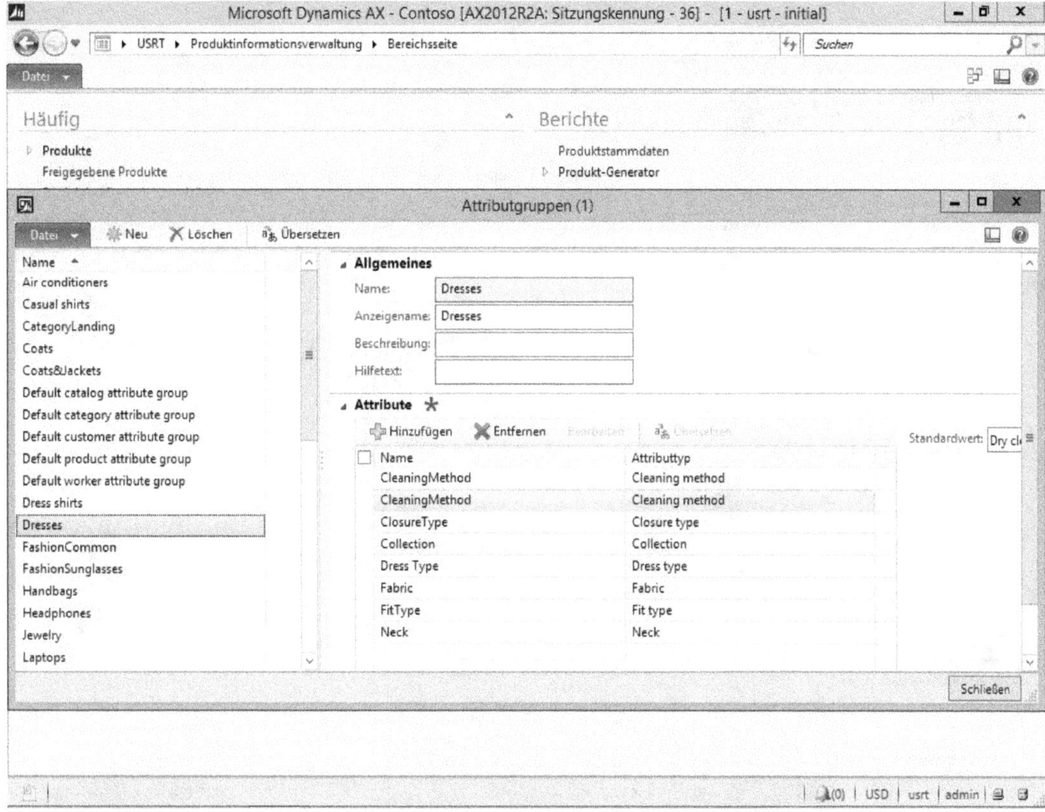

Innerhalb Attributgruppen ergänzen Sie einen neuen Datensatz für eine Attributgruppe, und dann fügen Sie sämtliche Attribute hinzu, die Sie innerhalb dieser Gruppe verwenden möchten.

Nutze Einzelhandel Kategorie-Attribute, um zusätzliche Produkt-Charakteristika festzuhalten

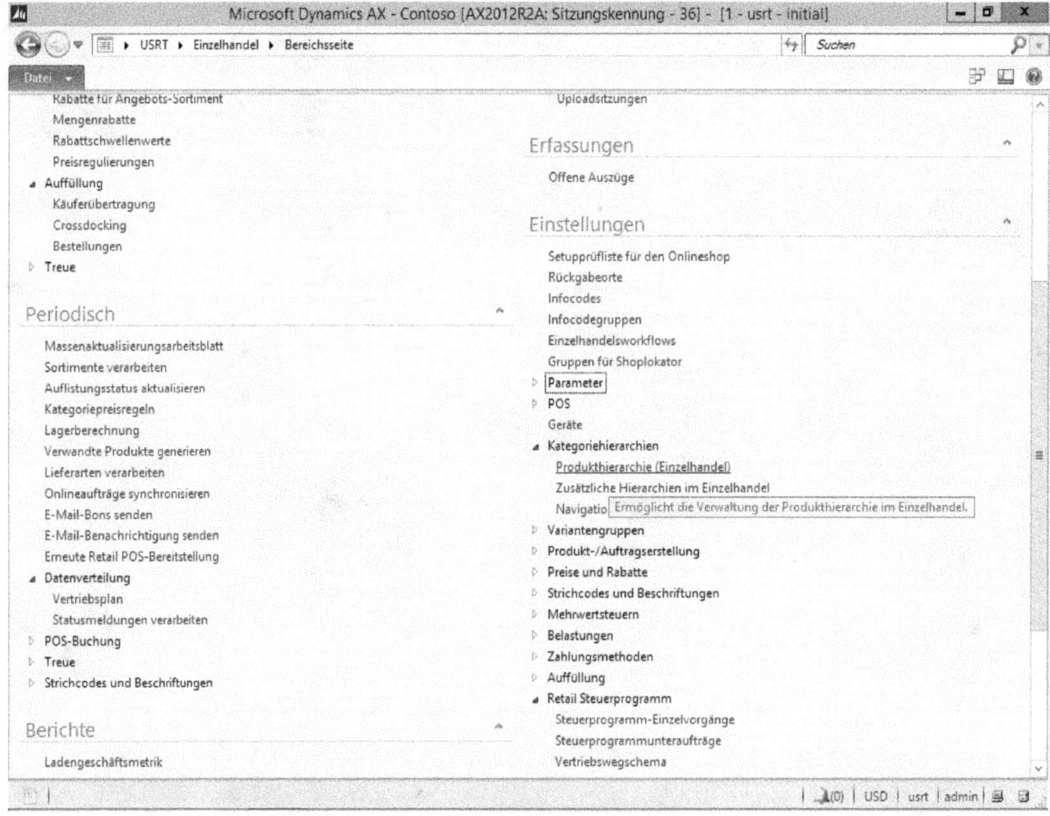

Abschließend müssen wir die Attributgruppe mit der Produkthierarchie verbinden, so dass sie bei den Attributen eines Produkts der Standard ist. Dazu klicken Sie auf den Menüpunkt Produkthierarchie (Einzelhandel) unter Einstellungen im Ordner Kategoriehierarchien innerhalb der Bereichsseite Einzelhandel.

Nutze Einzelhandel Kategorie-Attribute, um zusätzliche Produkt-Charakteristika festzuhalten

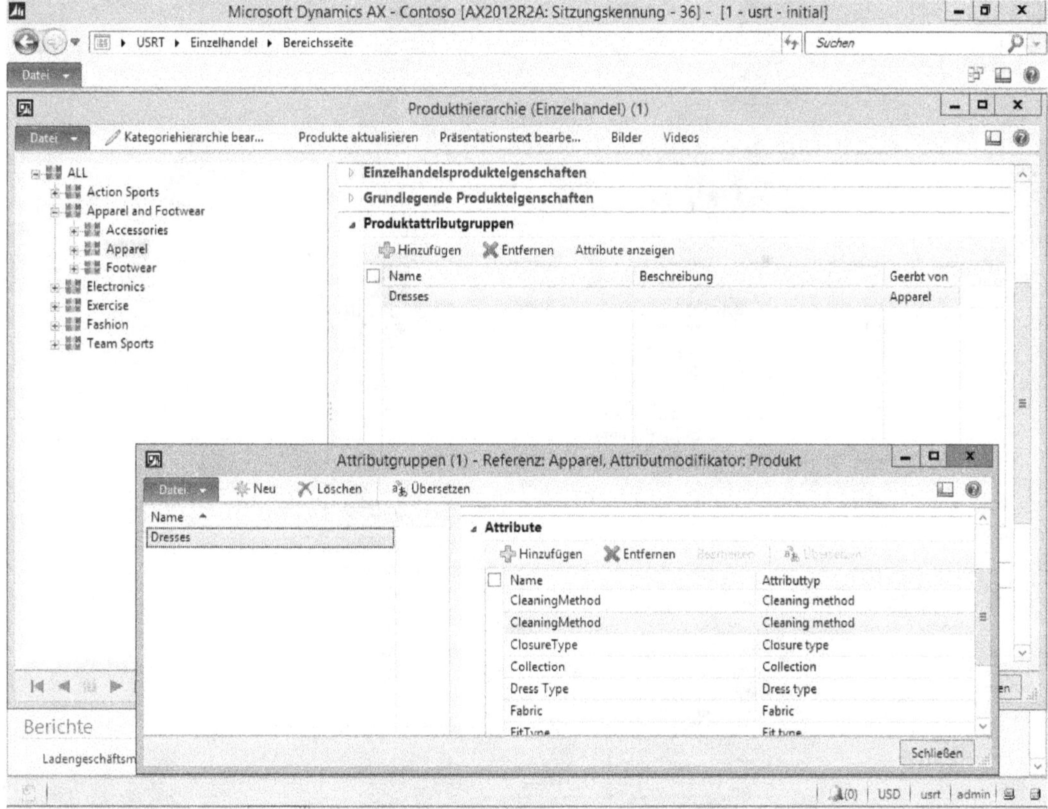

Wenn das Formular Produkthierarchie angezeigt wird, klicken Sie auf den Knoten in der Hierarchie, dem Sie die Attribute vererben möchten, und ergänzen die Attributgruppe im Register Produktattributgruppen.

Wenn Sie auf Attribute anzeigen klicken, werden alle Attribute, die Sie der Gruppe zugewiesen haben, angezeigt.

Nutze Einzelhandel Kategorie-Attribute, um zusätzliche Produkt-Charakteristika festzuhalten

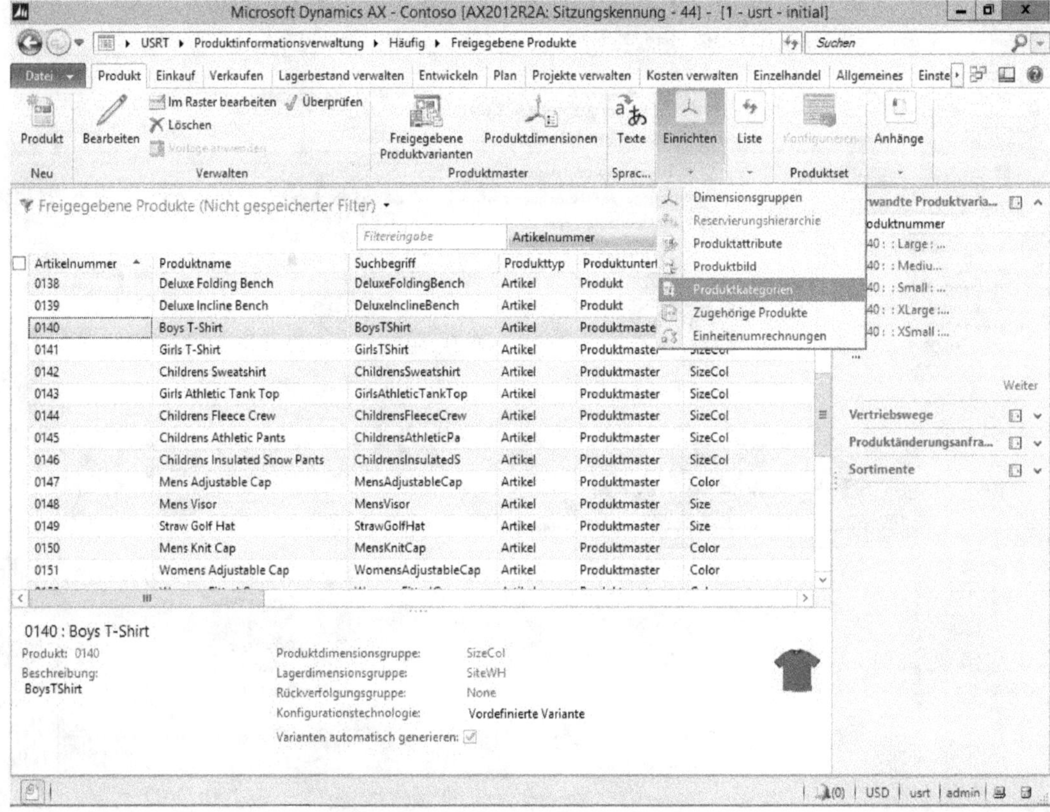

Um die Attribute für ein Produkt freizuschalten, müssen Sie dem Produkt nur die Kategoriehierarchie zuweisen, für die Sie die Attributgruppe konfiguriert haben. Dazu klicken Sie in den freigegebenen Produkten auf den Menüpunkt Produktkategorien unter Einrichten innerhalb der Produkt Funktionsleiste.

Nutze Einzelhandel Kategorie-Attribute, um zusätzliche Produkt-Charakteristika festzuhalten

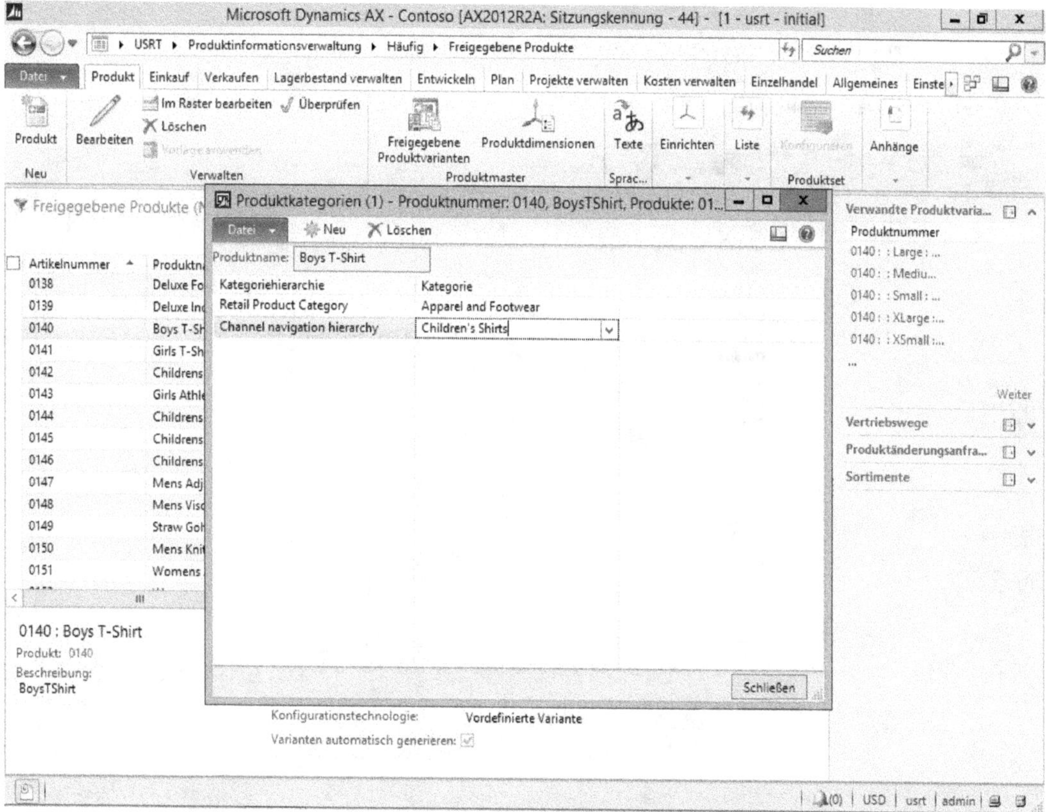

Wenn die Einzelhandelskategorie nicht dem Produkt zugeordnet ist, dann erstellen Sie mit Neu einen neuen Datensatz, und verknüpfen dann das Produkt mit der Kategorie.

Nutze Einzelhandel Kategorie-Attribute, um zusätzliche Produkt-Charakteristika festzuhalten

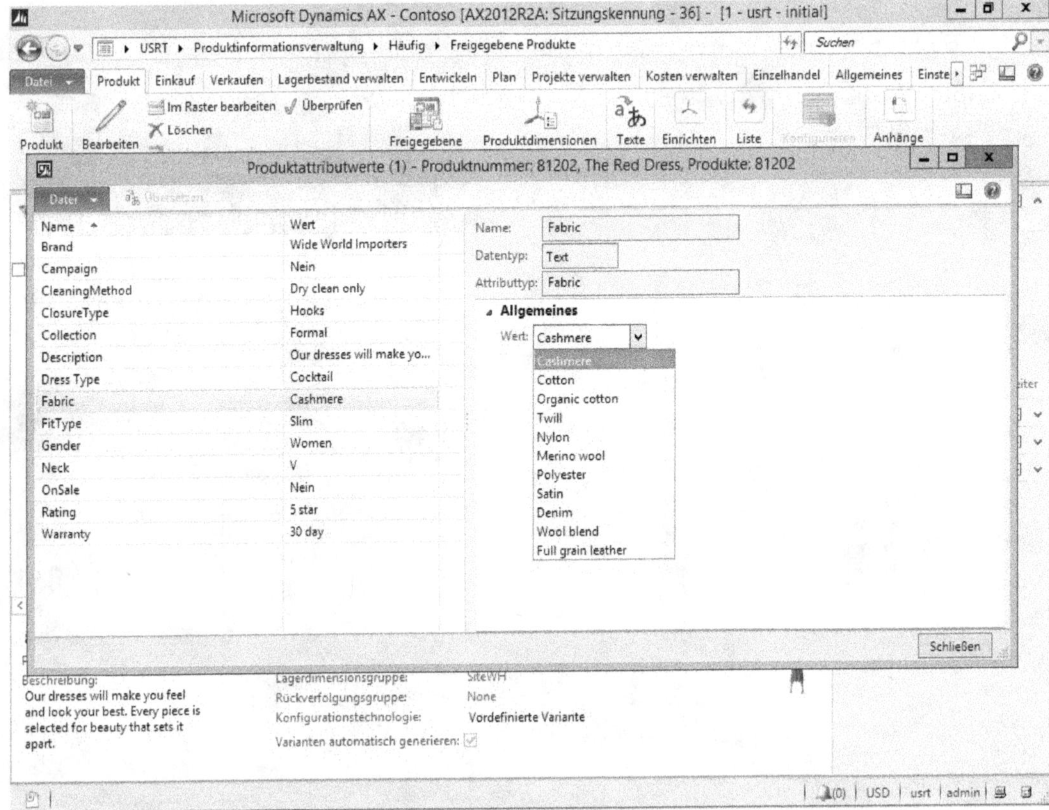

Wenn Sie ein Produkt öffnen und auf den Menüpunkt Produktattribute klicken innerhalb der Produkt Funktionsleiste, können Sie sehen, dass alle Attribute mit Ihren Werten aufgelistet werden.

Was für eine großartige Möglichkeit, um für ein Produkt zusätzliche Feldwerte zu hinterlegen – ohne eine Zeile Code zu schreiben.

Verwende Auffülllagerort, um MRP Umlagerungsvorschläge erstellen zu lassen

Dynamics AX erlaubt Ihnen das Spezifizieren von Lägern, die dazu da sind, andere Läger wiederaufzufüllen. Diese Funktion ist sehr hilfreich, denn es veranlaßt MRP (Produktprogrammplanung), den Bestand eines untergeordneten Lagers mit Hilfe von Umlagerungsaufträgen anstatt einer Bestellung aufzufüllen, und mehr Produktbestellungen auf Seiten des auffüllenden Lagers zu planen, um den Bedarf zu decken. Es gibt für die Anzahl der Ebenen keine Begrenzung, d.h. kleinere Einzelhandeslniederlassungen können vom Gebietsdistributionscenter aufgefüllt werden, das wiederum vom Zentral-Wareneingangscenter befüllt wird.

Diese Vorgehensweise zentralisiert Ihren Einkauf etwas stärker und hält Sie davon ab, Ihre Lieferanten mit Kleinaufträgen der einzelnen Niederlassungen zu "quälen".

Verwende Auffülllagerort, um MRP Umlagerungs-vorschläge erstellen zu lassen

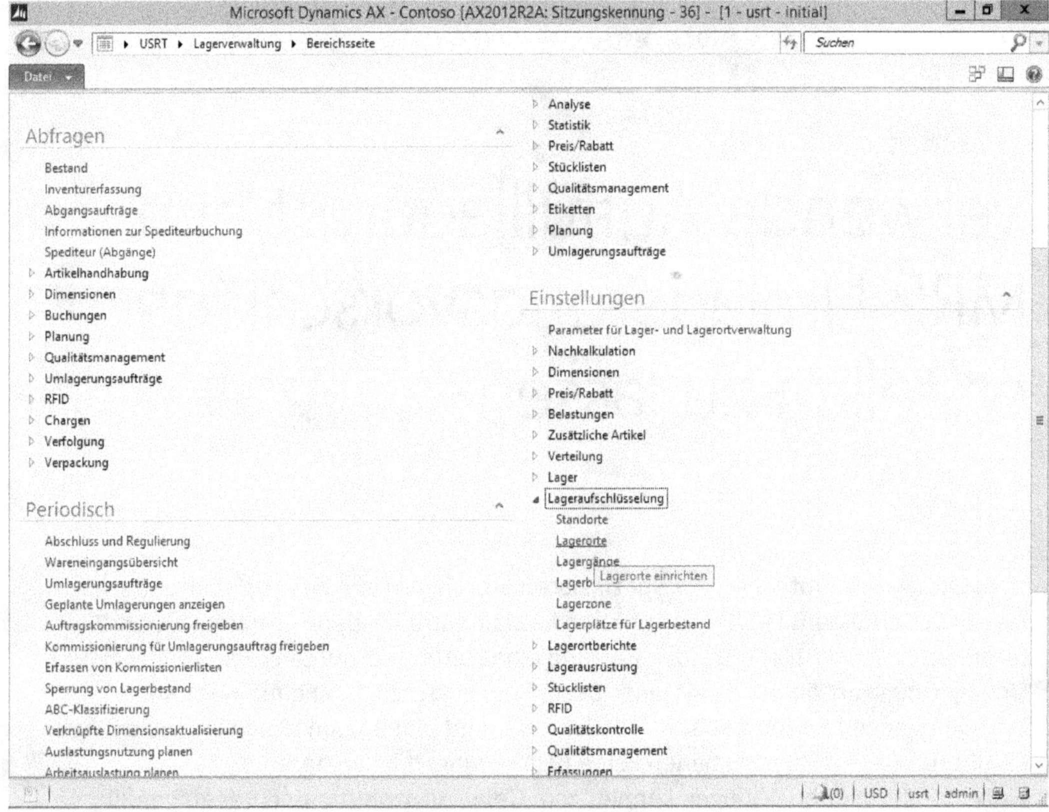

Um die Lager-Wiederauffüllungsrichtlinien einzurichten, klicken Sie auf Lagerorte unter Einstellungen im Ordner Lageraufschlüsselung innerhalb der Bereichsseite Lagerverwaltung.

Verwende Auffülllagerort, um MRP Umlagerungsvorschläge erstellen zu lassen

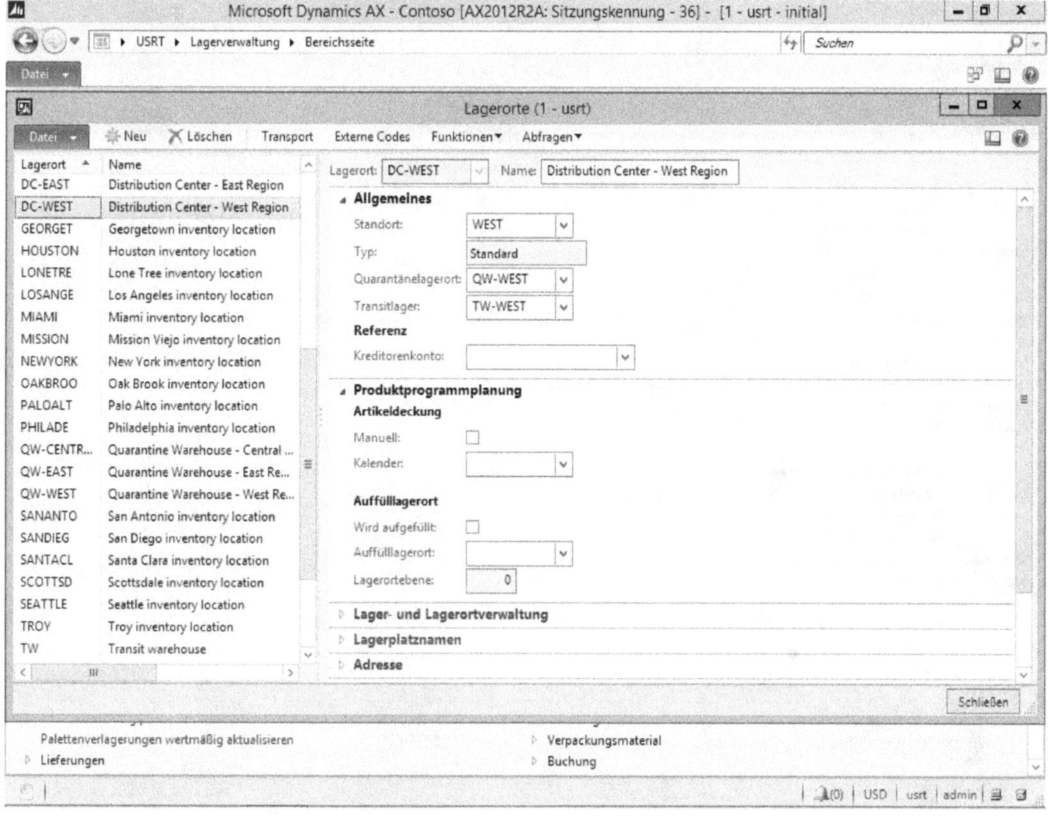

In diesem Beispiel ist der Lagerort DC-WEST das Zentrallager, deswegen aktivieren Sie nicht die Option Wird aufgefüllt innerhalb des Registers Produktprogrammplanung.

Verwende Auffülllagerort, um MRP Umlagerungsvorschläge erstellen zu lassen

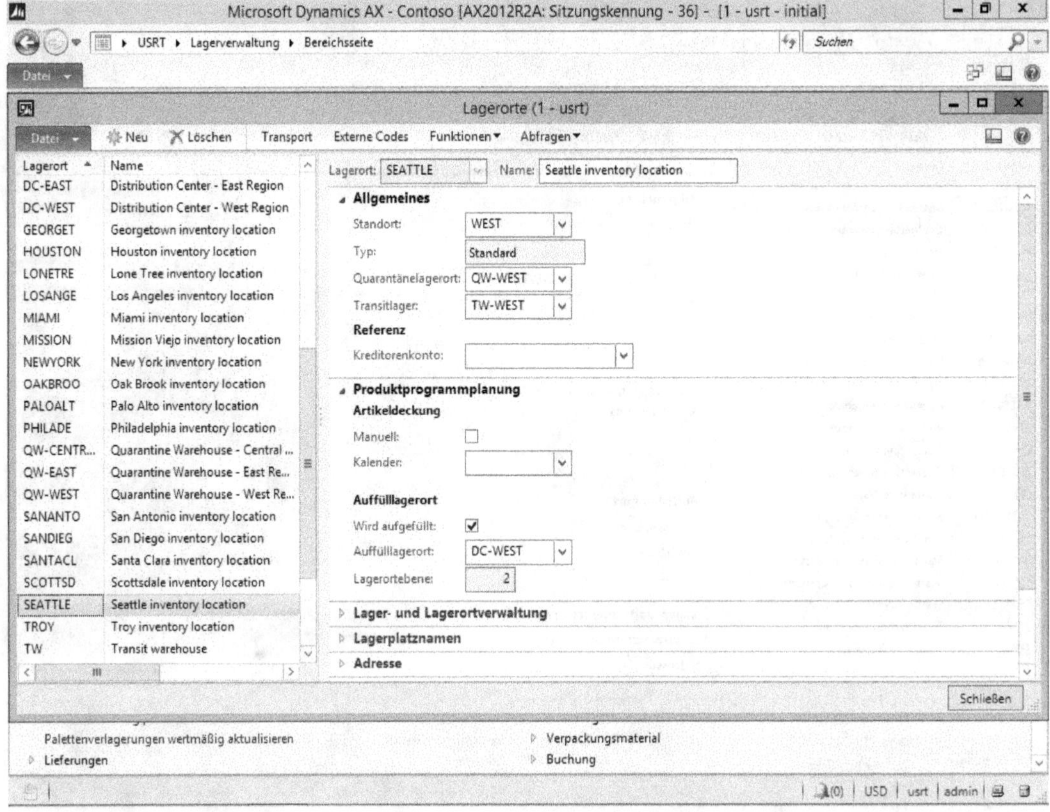

Das andere Lager wird wiederaufgefüllt vom Zentrallager, deswegen aktivieren Sie die Option Wird aufgefüllt und wählen im Feld Auffülllagerort das Zentrallager aus.

Verwende Auffülllagerort, um MRP Umlagerungs-vorschläge erstellen zu lassen

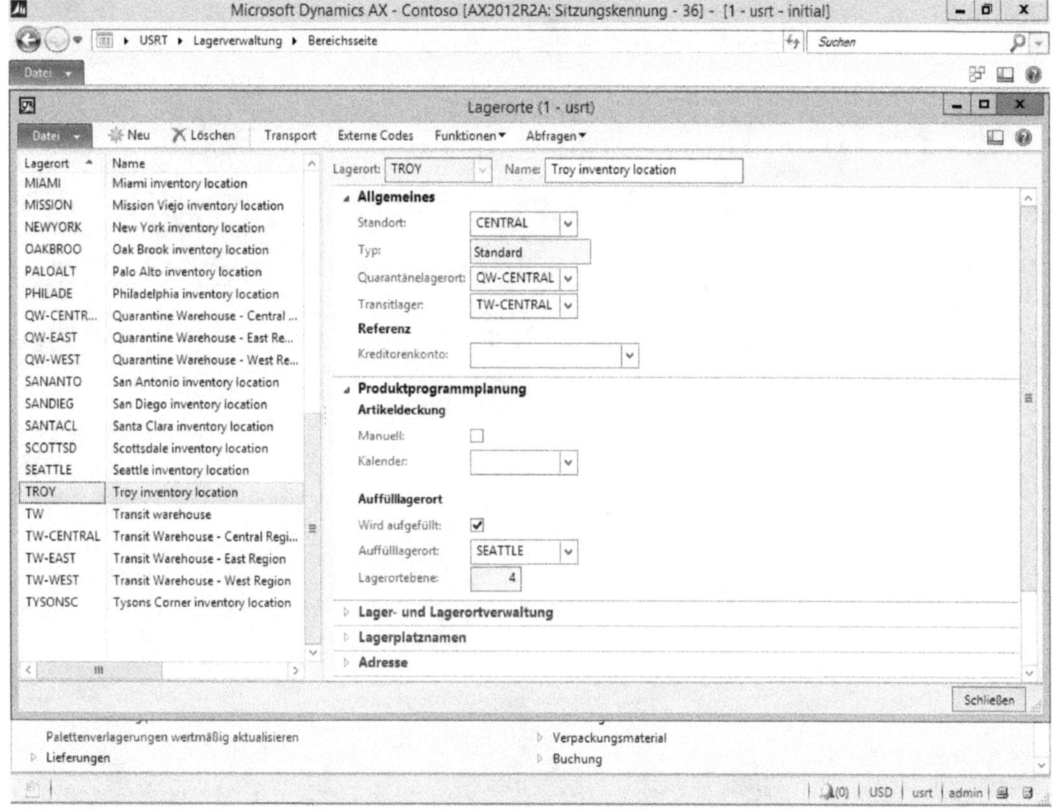

Für das letzte Lager aktivieren wir ebenfalls die Option Wird aufgefüllt, aber tragen bei Auffülllagerort das lokale Distributionslager ein.

Verwende Auffülllagerort, um MRP Umlagerungs-vorschläge erstellen zu lassen

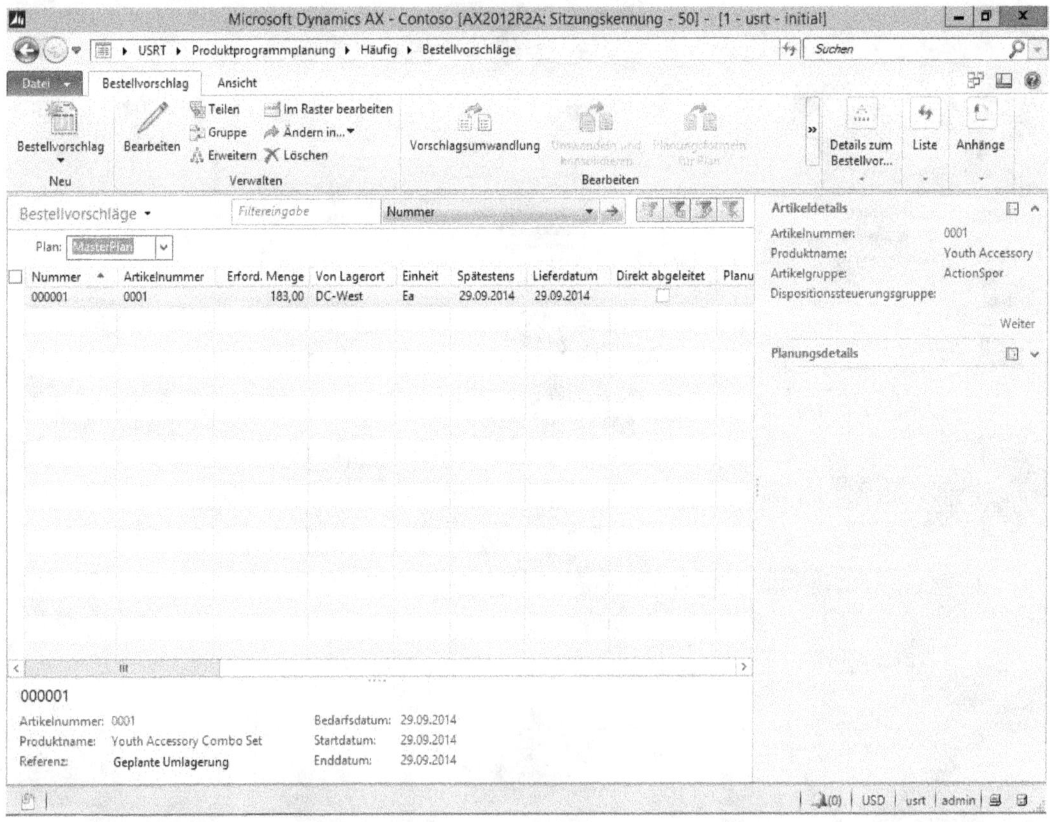

Wenn Sie jetzt die Produktprogrammplanung starten, und wenn Sie am ´Tochter´-Lagerort einen Bedarf haben, wird für das Zentrallager ein Umlagerungsauftrag erstellt, um den Bedarf zu befriedigen.

Jetzt müssen Sie nur noch den Transport organisieren ...

Konfiguriere die Spediteur-Schnittstelle im Testmodus, um die Tracking-Nummern manuell zu erfassen

Falls Sie innerhalb Dynamics AX die Tracking-Nummern Ihrer Paketsendungen aufzeichnen möchten, aber das Auftragsvolumen eine Installation der FedEx, UPS oder DHL Software nicht legitimiert, dann seien Sie unbesorgt. Sie können diese Informationen manuell erfassen durch Aktivierung der Spediteur-Schnittstelle im Testmodus.

Konfiguriert auf diese Art und Weise werden Sie jedesmals bei Erstellung eines Lieferscheins gebeten, die Tracking-Informationen einzugeben.

Konfiguriere die Spediteur-Schnittstelle im Testmodus, um die Tracking-Nummern manuell zu erfassen

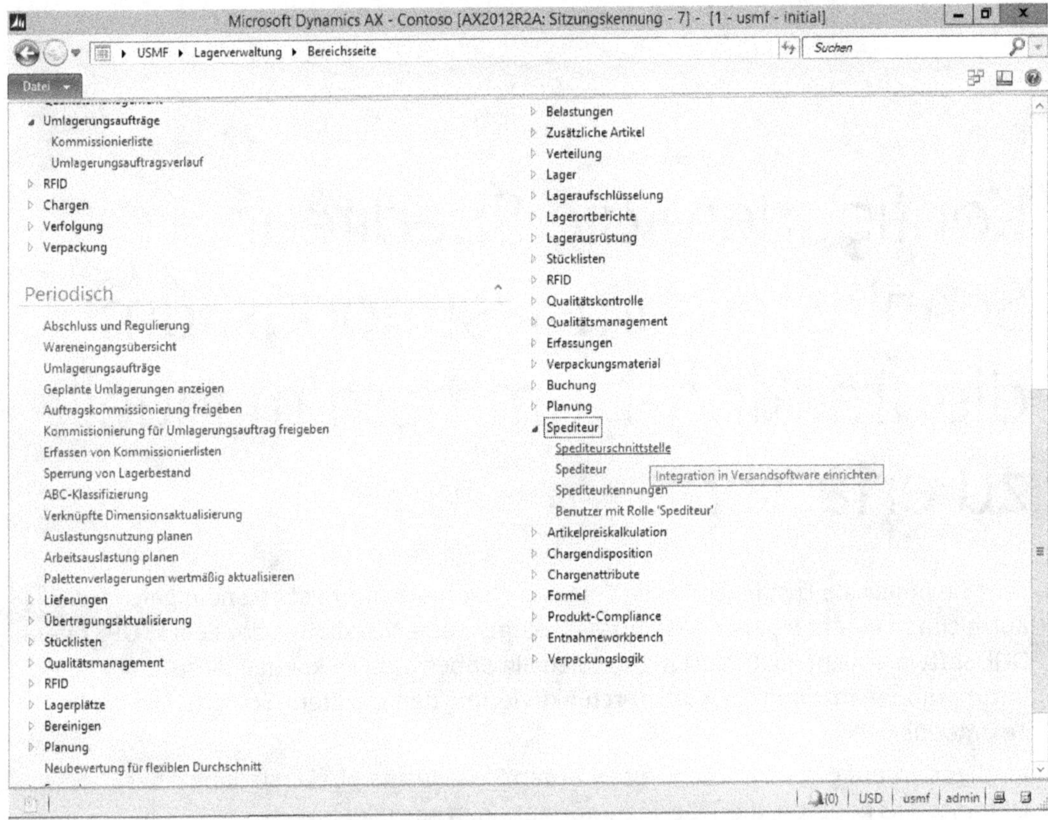

Klicken Sie auf den Menüpunkt Spediteurschnittstelle im Ordner Spediteur unter Einstellungen innerhalb der Bereichsseite Lagerverwaltung.

Konfiguriere die Spediteur-Schnittstelle im Testmodus, um die Tracking-Nummern manuell zu erfassen

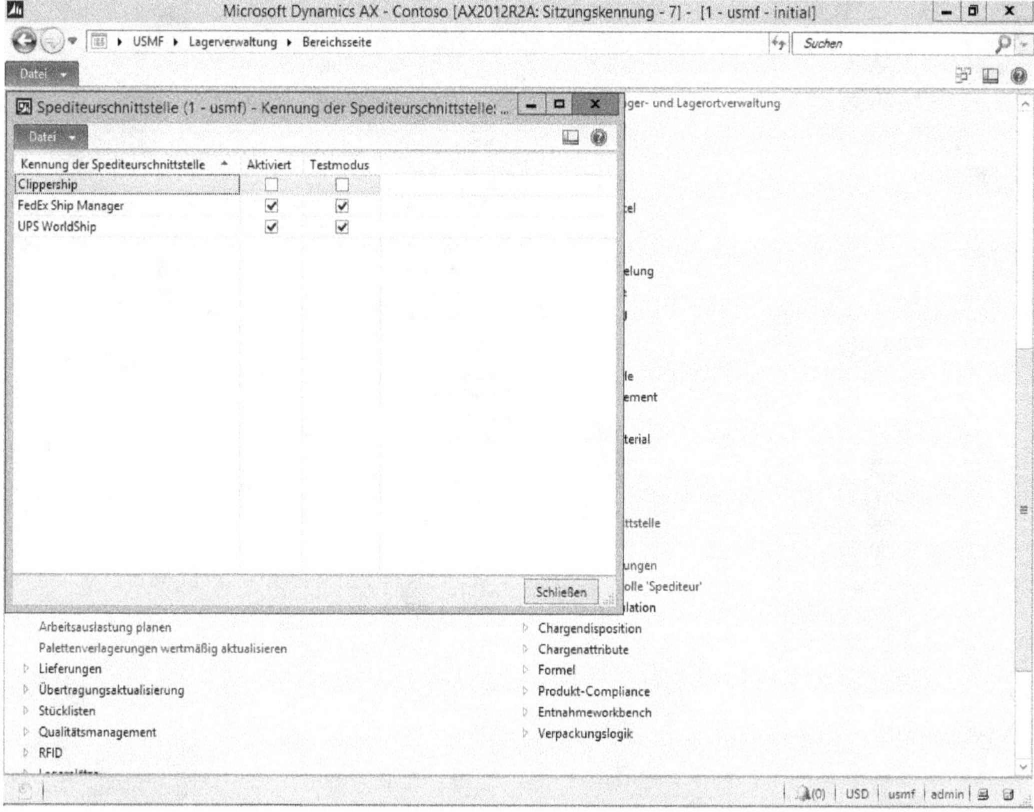

Wenn die Maske Spediteurschnittstelle angezeigt wird, setzen Sie Aktiviert und Testmodus für die FedEx und UPS Schnittstellenkennungen auf JA.

Konfiguriere die Spediteur-Schnittstelle im Testmodus, um die Tracking-Nummern manuell zu erfassen

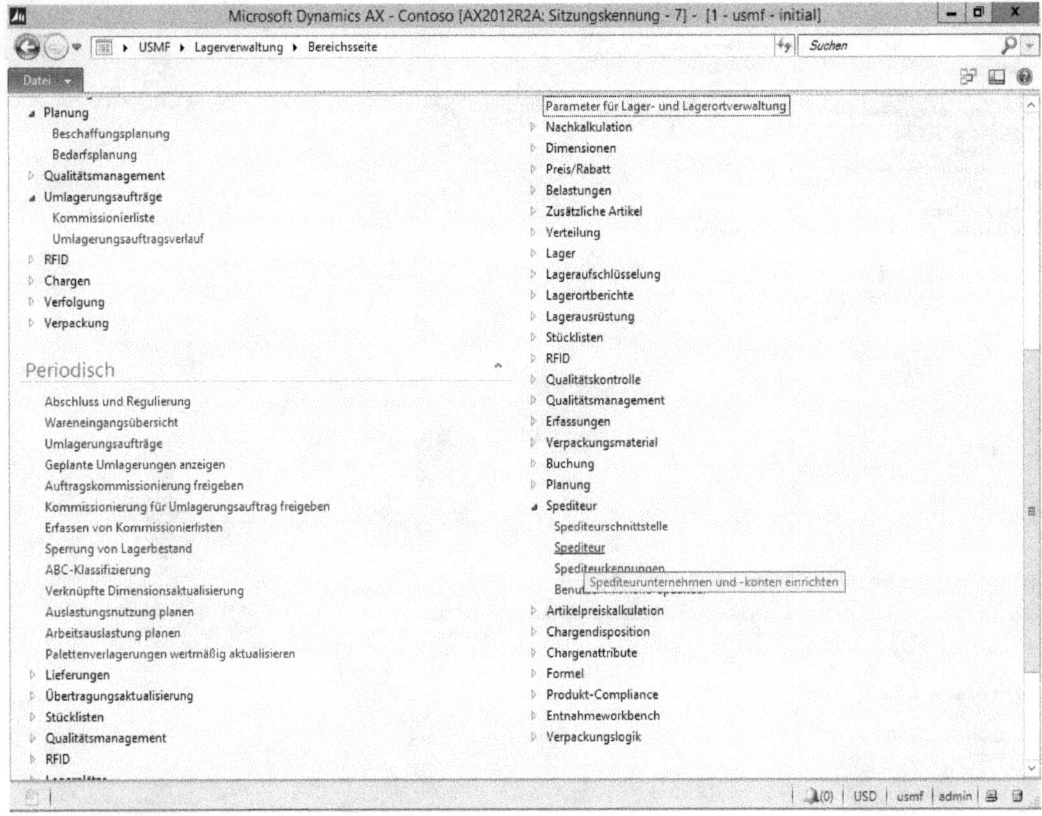

Anschließend klicken Sie auf den Menüpunkt Spediteur im Ordner Spediteur unter Einstellungen innerhalb der Bereichsseite Lagerverwaltung.

Konfiguriere die Spediteur-Schnittstelle im Testmodus, um die Tracking-Nummern manuell zu erfassen

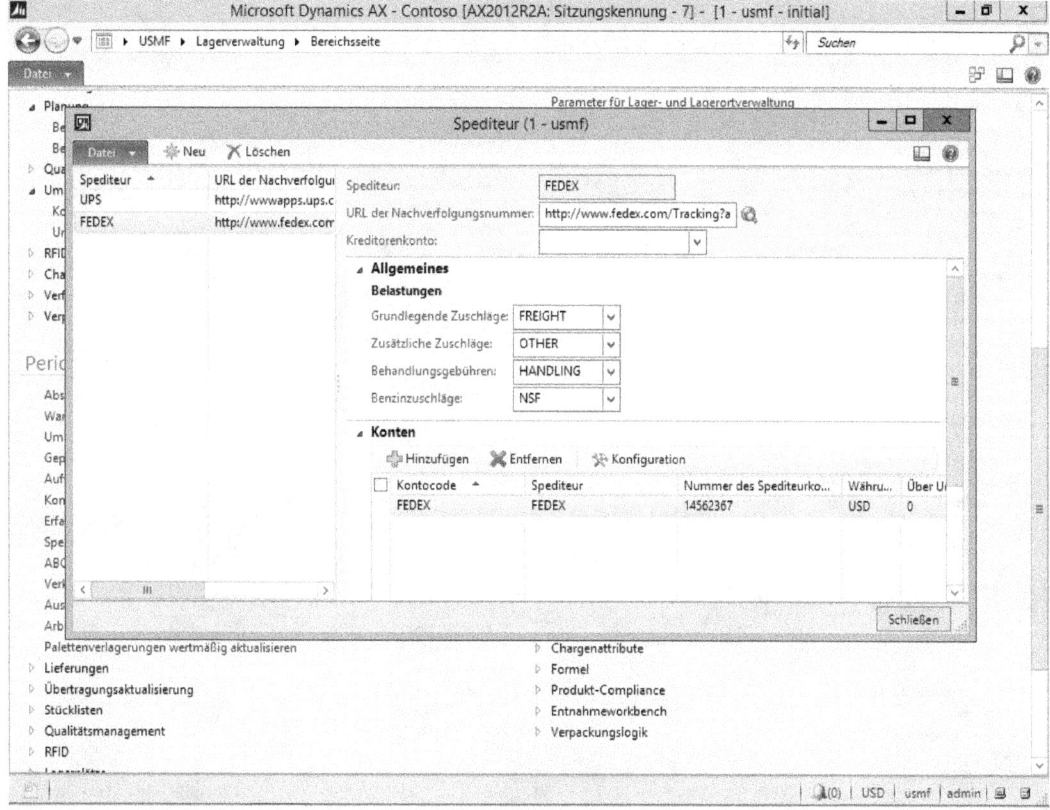

Wenn die Spediteurmaske angezeigt wird, ergänzen Sie zwei neue Datensätze für FedEx und UPS.

Beachte: Wenn Sie die Tracking-Nummern URL Verknüpfung konfigurieren möchten, können Sie folgende verwenden:

http://www.fedex.com/Tracking?ascend_header&clienttype=dotcom&cntry_code=us&language=english&trackingnumbers=%1

http://wwwapps.ups.com/WebTracking/processInputRequest?HTMLVersion=5.0&loc=en_US&tracknum=%1

Konfiguriere die Spediteur-Schnittstelle im Testmodus, um die Tracking-Nummern manuell zu erfassen

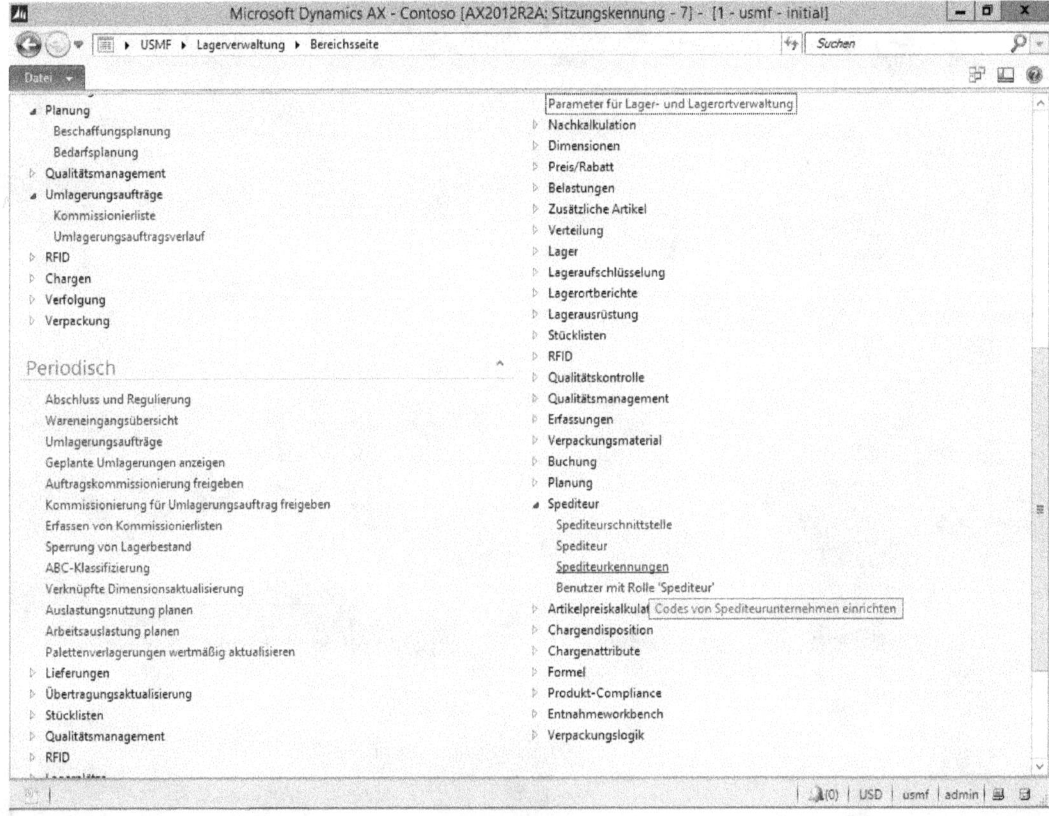

Jetzt klicken Sie auf den Menüpunkt Spediteurkennungen im Ordner Spediteur unter Einstellungen innerhalb der Bereichsseite Lagerverwaltung.

Konfiguriere die Spediteur-Schnittstelle im Testmodus, um die Tracking-Nummern manuell zu erfassen

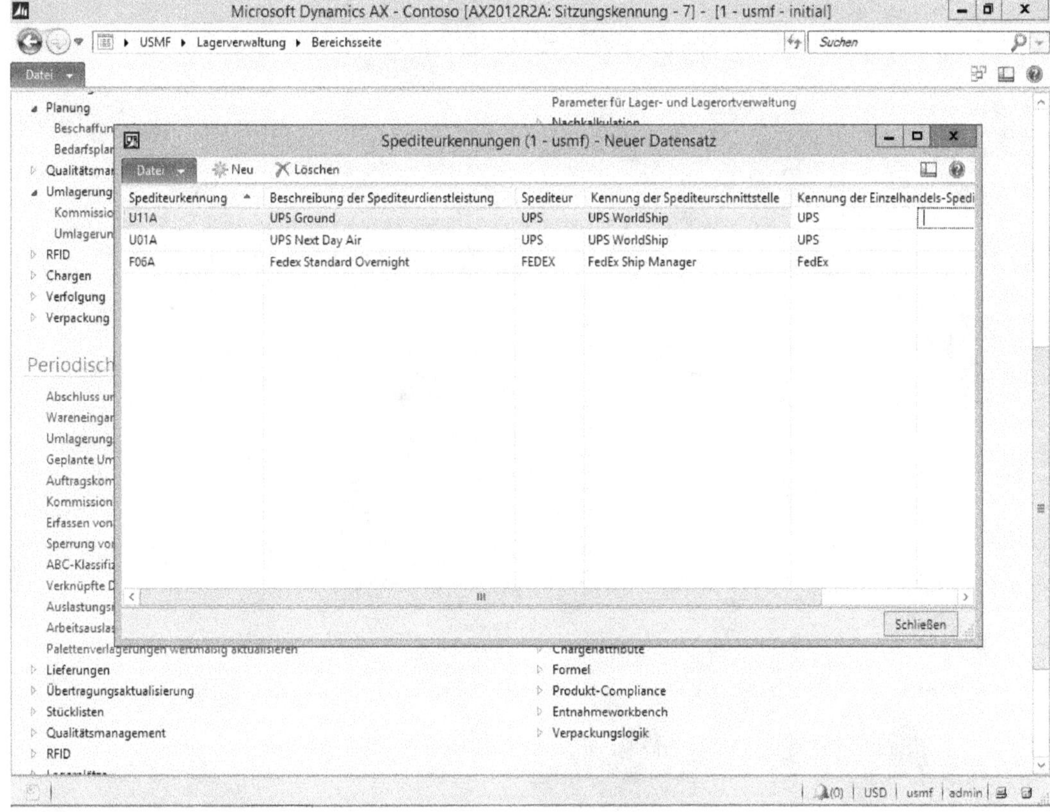

Wenn die Maske Spediteurkennungen angezeigt wird, ergänzen Sie Datensätze für jeden Service, den Sie für jeden Spediteur nutzen wollen.

Konfiguriere die Spediteur-Schnittstelle im Testmodus, um die Tracking-Nummern manuell zu erfassen

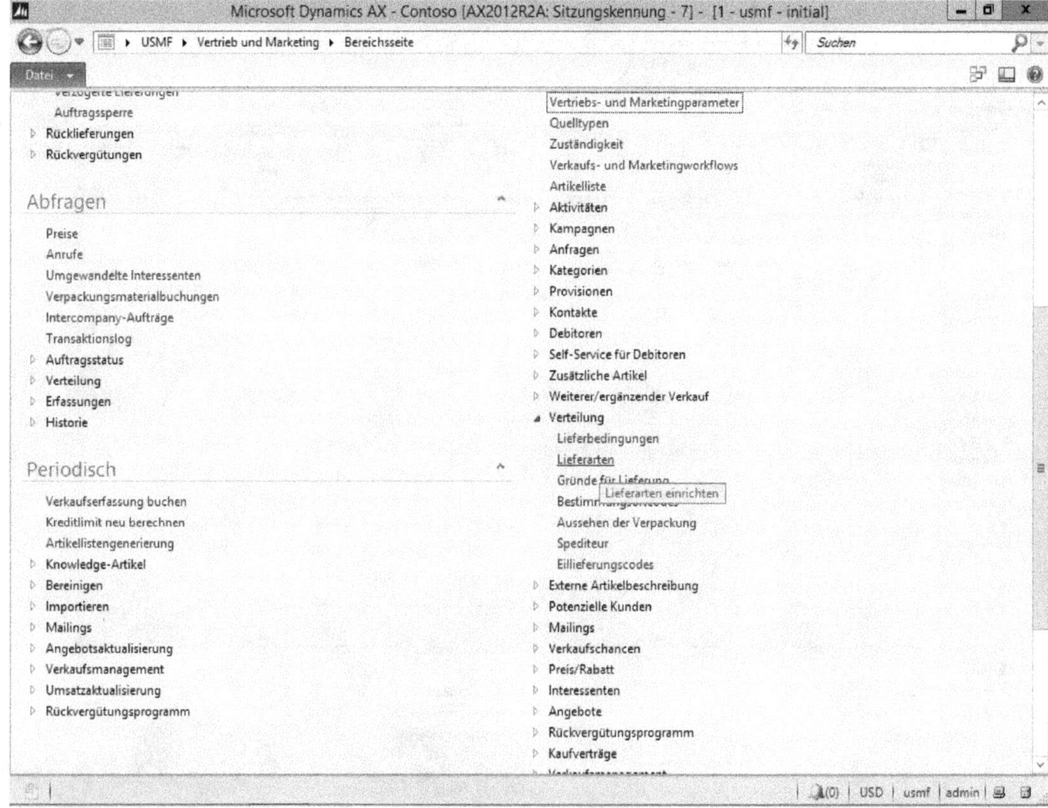

Abschließend klicken Sie auf den Menüpunkt Lieferarten im Ordner Verteilung unter Einstellungen innerhalb der Bereichsseite Vertrieb und Marketing.

Konfiguriere die Spediteur-Schnittstelle im Testmodus, um die Tracking-Nummern manuell zu erfassen

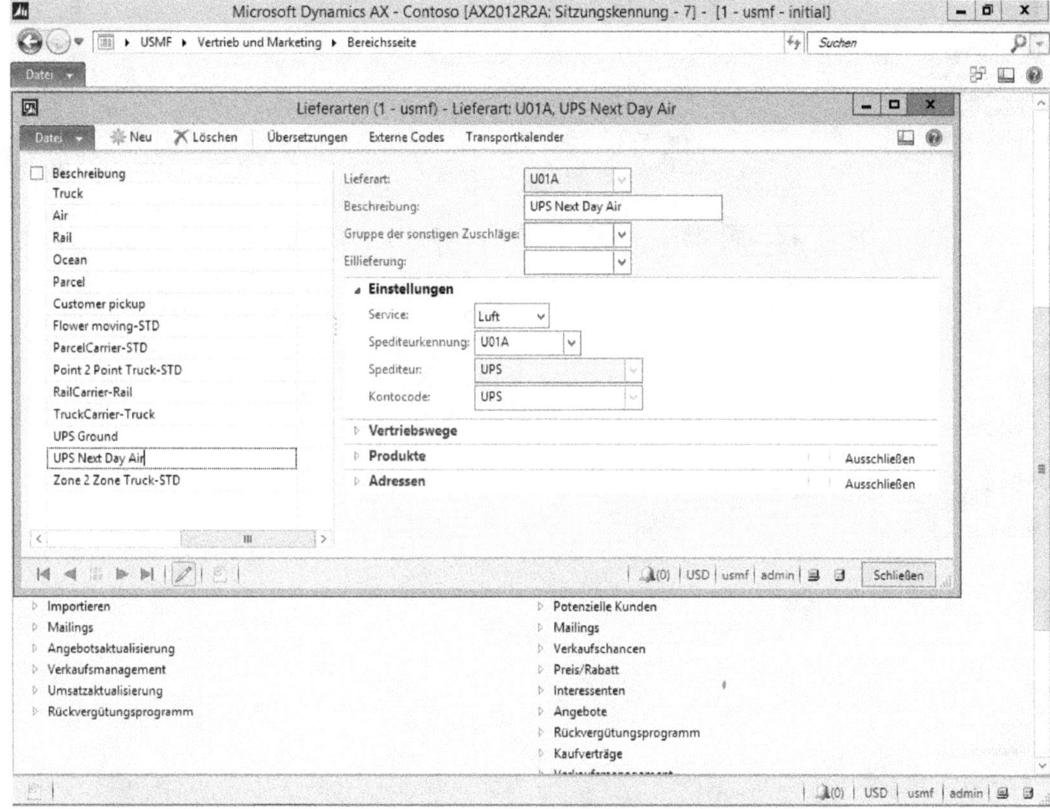

Wenn die Lieferartenmaske angezeigt wird, können Sie entweder neue Datensätze für die vorher erstellten Spediteurskennungen anlagen oder diese mit einer bereits vorhandenen Lieferart als Vorgabe verknüpfen.

Konfiguriere die Spediteur-Schnittstelle im Testmodus, um die Tracking-Nummern manuell zu erfassen

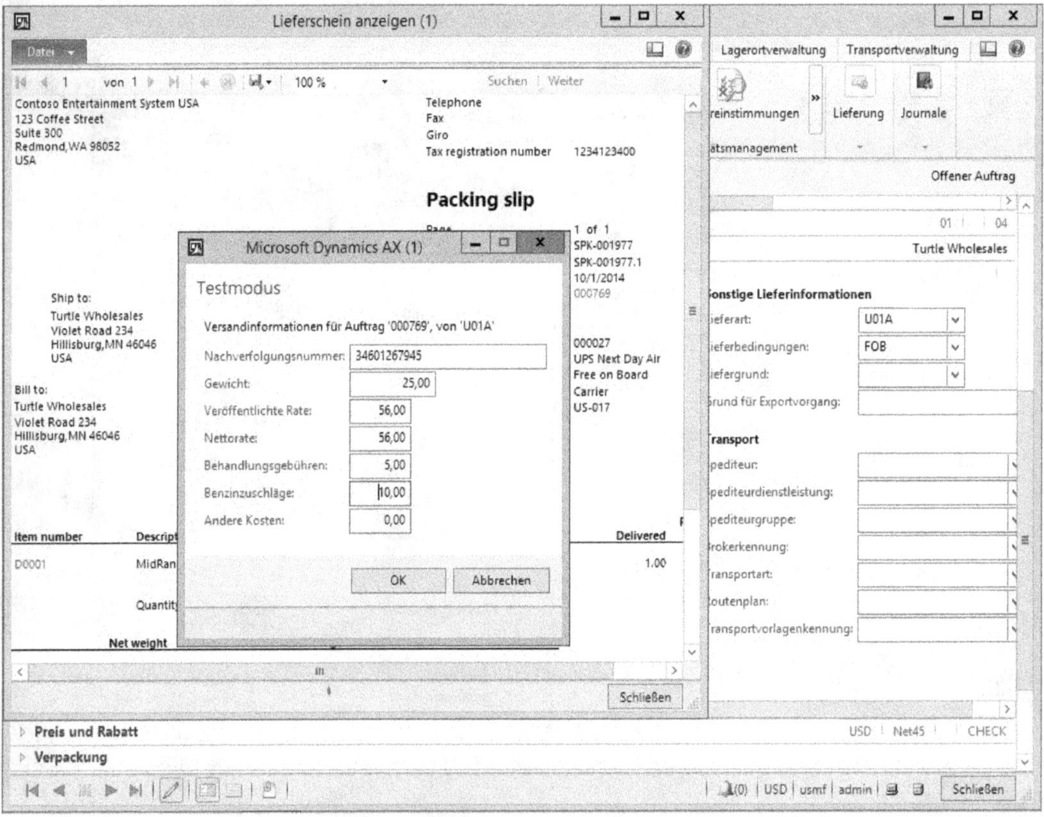

Wenn Sie jetzt einen Auftrag anlegen und diesem Auftrag eine Lieferart zugewiesen wurde, mit der eine Spediteurschnittstelle im Testmodus verknüpft ist, werden Sie von AX aufgefordert, sämtliche Versandinformationen manuell einzugeben.

Konfiguriere die Spediteur-Schnittstelle im Testmodus, um die Tracking-Nummern manuell zu erfassen

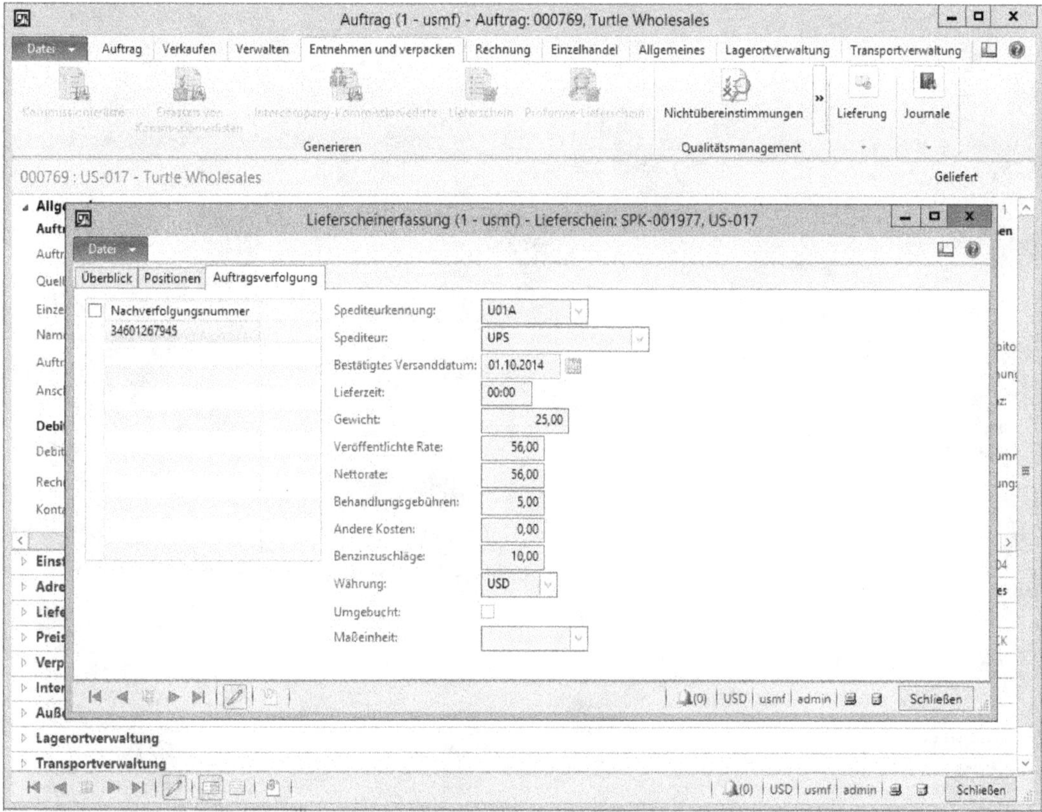

Sie können daraufhin jederzeit im Lieferscheinjournal sämtliche Auftragsverfolgungs-informationen (tracking information) abfragen.

Konfiguriere die Spediteur-Schnittstelle im Testmodus, um die Tracking-Nummern manuell zu erfassen

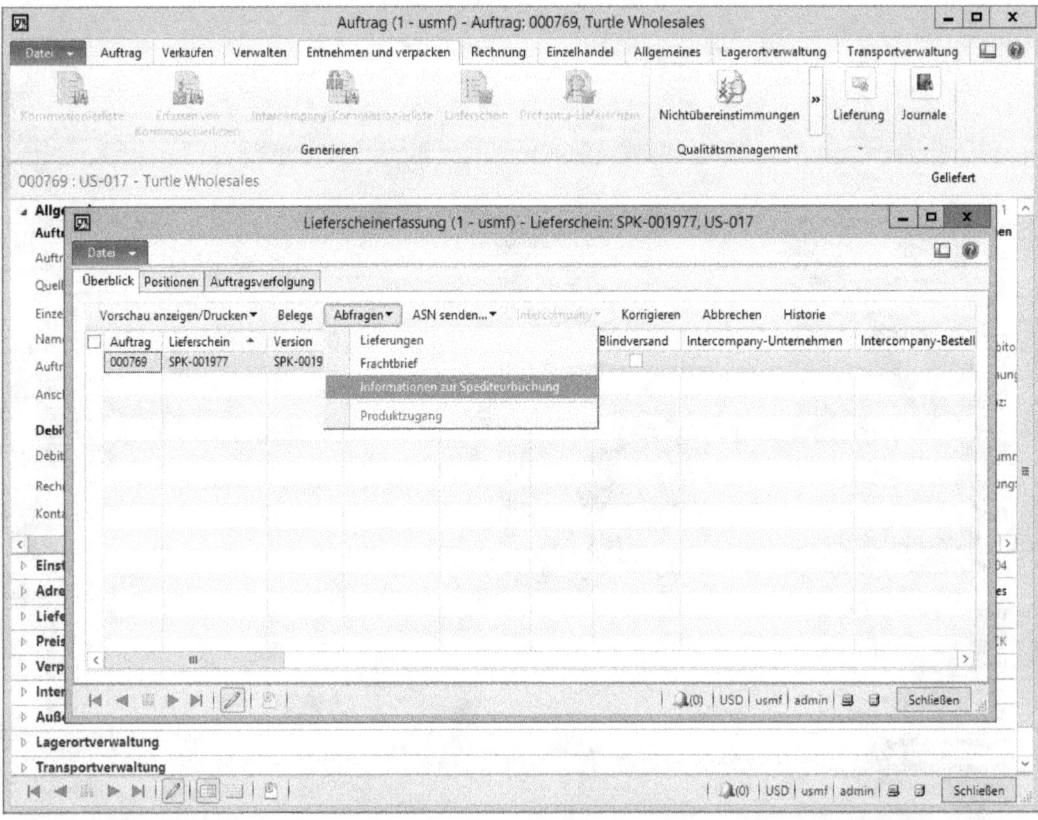

Wenn Sie detaillierte Versandinformationen zur Spediteurbuchung benötigen, klicken Sie auf den Menüpunkt Abfragen innerhalb der Kartei Überblick des Lieferscheinabfragejournals, und wählen Sie die Option Informationen zur Spediteurbuchung.

Konfiguriere die Spediteur-Schnittstelle im Testmodus, um die Tracking-Nummern manuell zu erfassen

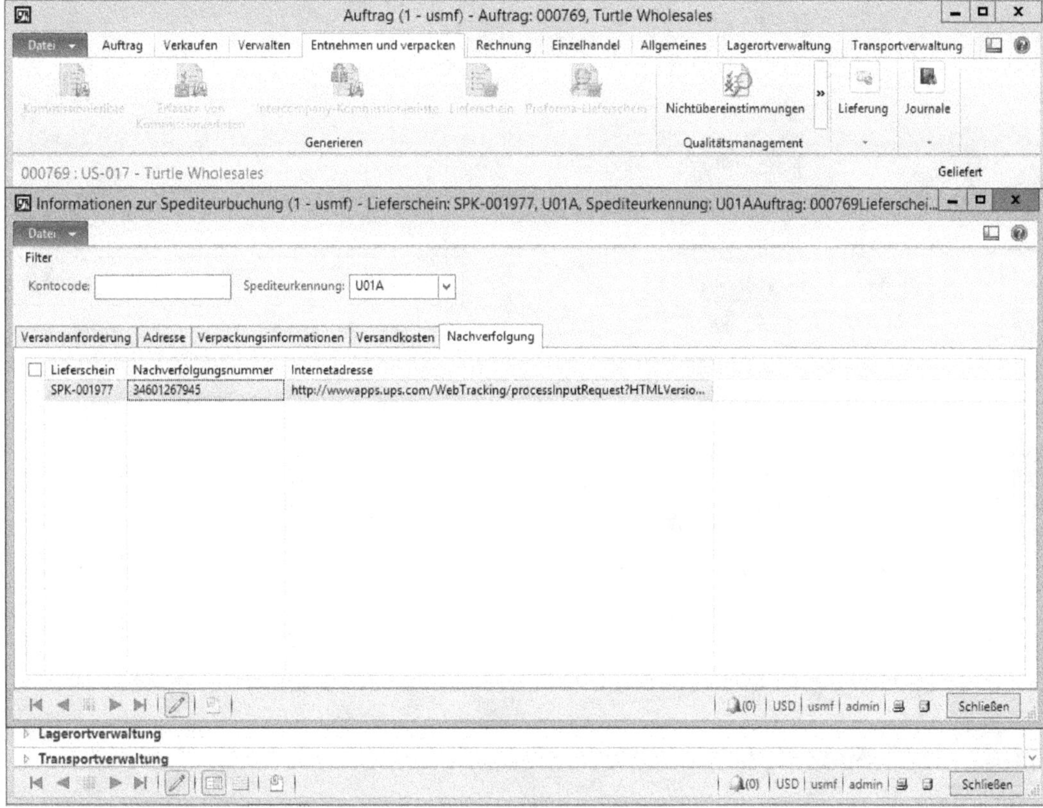

Hier werden Ihnen alle Nachverfolgungsinformationen angezeigt sowie ein Link zum Spediteur-Nachverfolgungsportal.

Gestalte Formularhinweise zwecks Druck in Standardformularen wie z.B. der Auftragsbestätigung

Standardformulare wie Auftragsbestätigungen sind dynamischer als Sie vielleicht denken. Wenn Sie Standardnotizen haben, die Sie in jedes Dokument einbinden möchten, oder wenn Sie datensatzspezifische Notizen im Kopf einer Auftragszeile ergänzen möchten, dann können Sie diese so konfigurieren, dass alle angehängten Dokumentnotizen abgegriffen werden - ohne eine Zeile Code .

Keine schmutzigen Notizen mehr in Ihren Dokumenten.

Gestalte Formularhinweise zwecks Druck in Standardformularen wie z.B. der Auftragsbestätigung

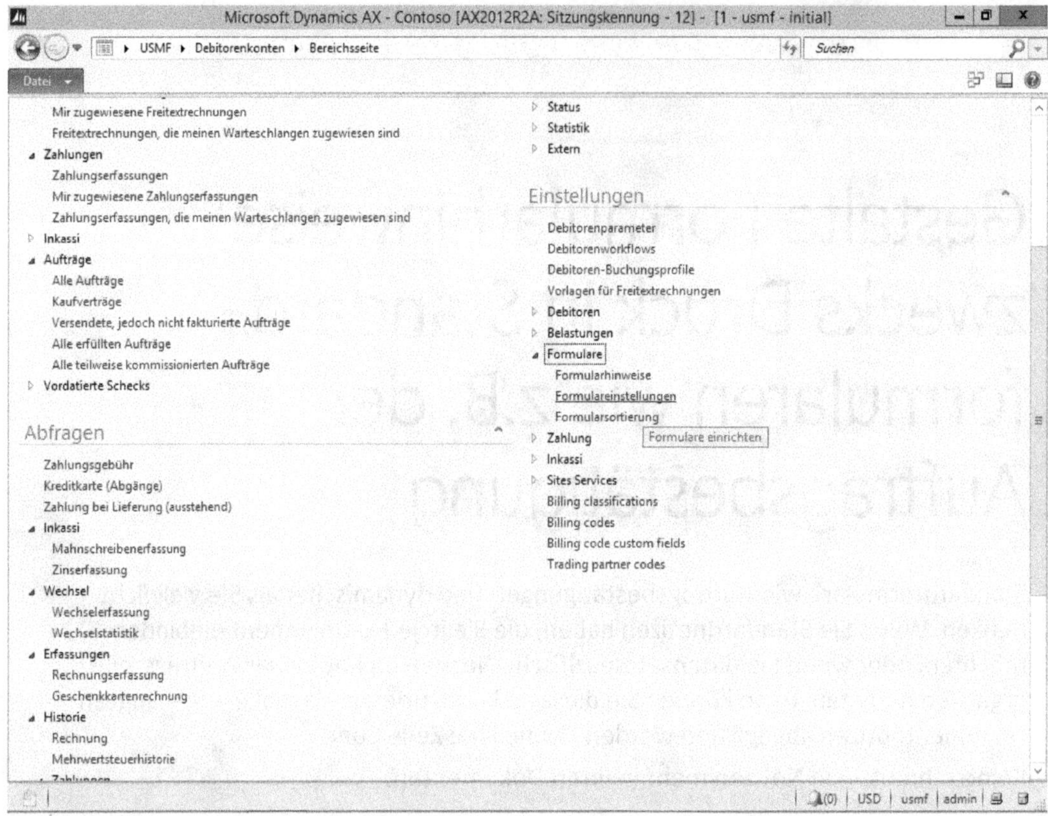

Am Anfang müssen wir sicherstellen, dass die Hinweise konfiguriert sind, um in den Standarddokumenten innerhalb Dynamics AX angezeigt zu werden. Dazu klicken Sie auf den Menüpunkt Formulareinstellungen unter Einstellungen innerhalb der Debitoren Bereichsseite.

Gestalte Formularhinweise zwecks Druck in Standardformularen wie z.B. der Auftragsbestätigung

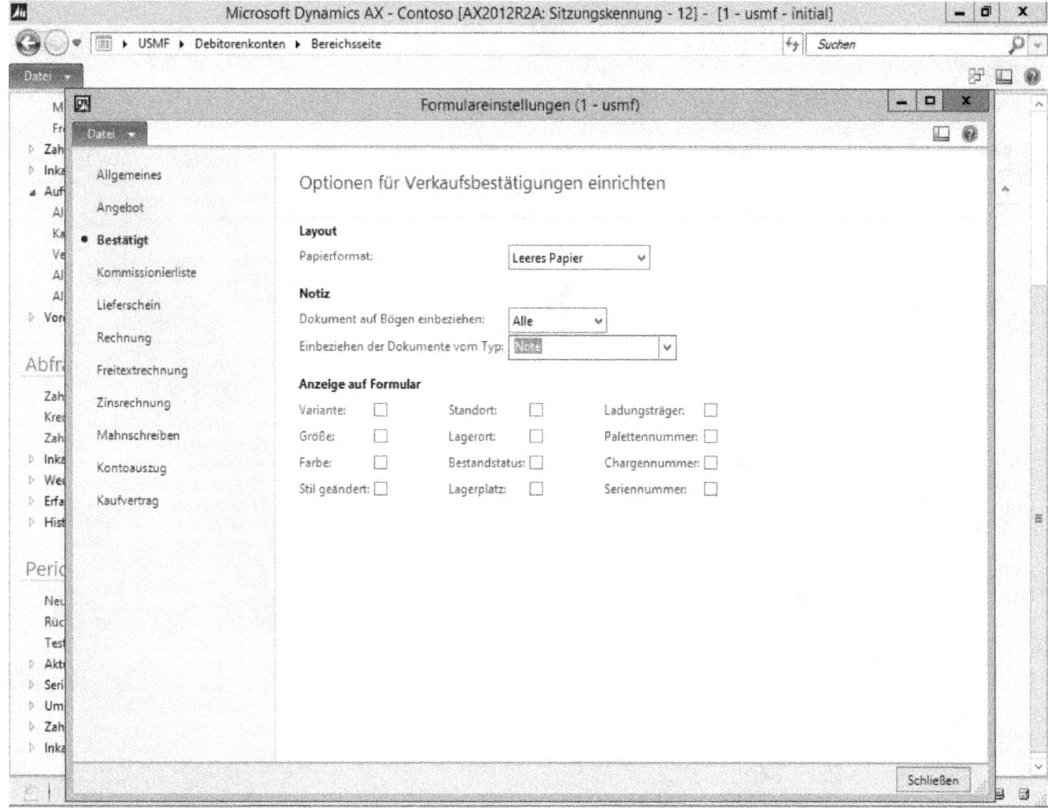

Wenn die Maske Formulareinstellungen angezeigt wird, klicken Sie links auf das Formular, bei dem Hinweise einbezogen werden sollen.

Gestalte Formularhinweise zwecks Druck in Standardformularen wie z.B. der Auftragsbestätigung

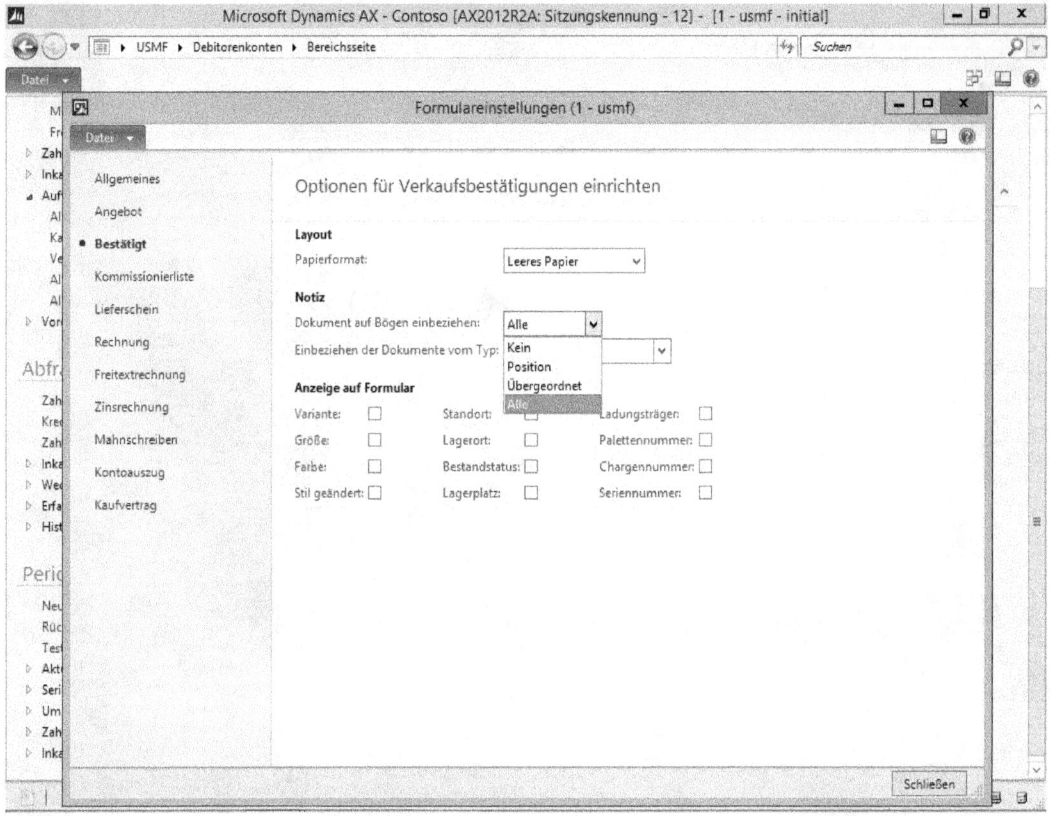

Im Feld Dokument auf Bögen einbeziehen wählen Sie aus der Dropdown-Liste aus, an welcher Stelle die Notizen angezeigt werden sollen.

Gestalte Formularhinweise zwecks Druck in Standardformularen wie z.B. der Auftragsbestätigung

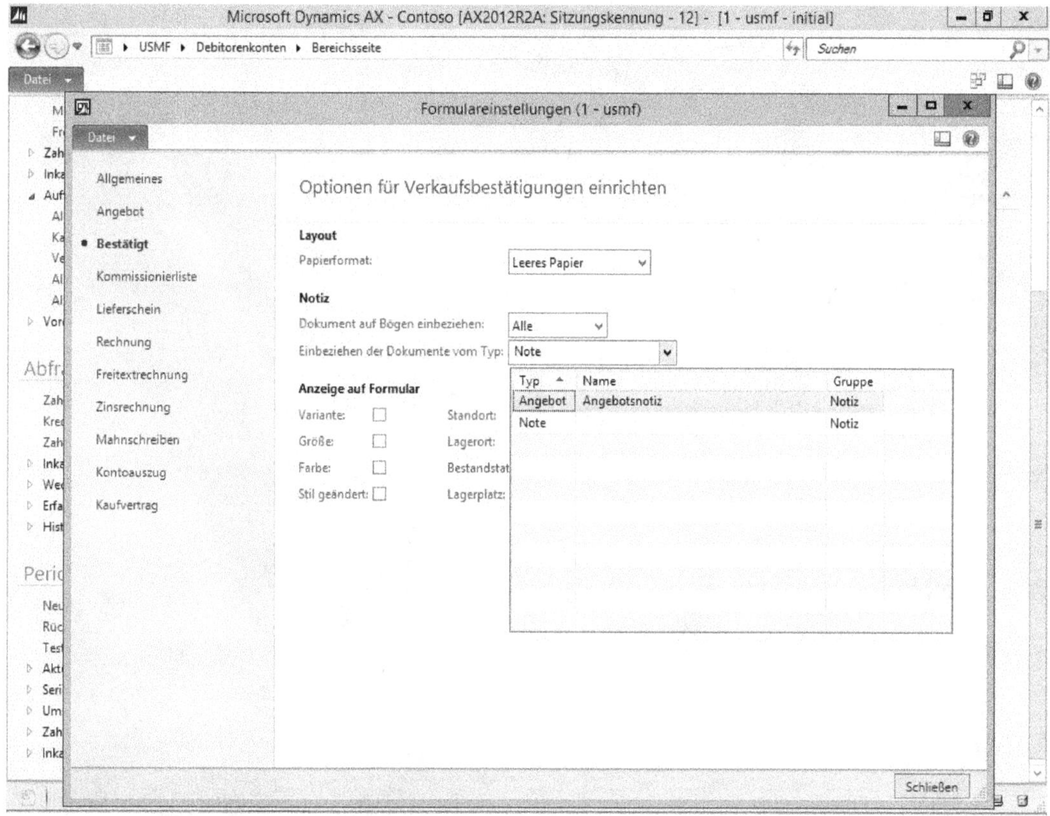

Im Feld Einbeziehen der Dokumente vom Typ wählen Sie aus der Dropdown-Liste diejenige Notiz aus, die Sie anzuzeigen wünschen. Sie können zusätzliche Dokumenttypen erstellen, falls Sie Ihre Hinweise je nach Vorgang (Lieferschein/Rechnung ...) differenzieren möchten.

Wenn das erledigt ist, klicken Sie auf Schließen.

Gestalte Formularhinweise zwecks Druck in Standardformularen wie z.B. der Auftragsbestätigung

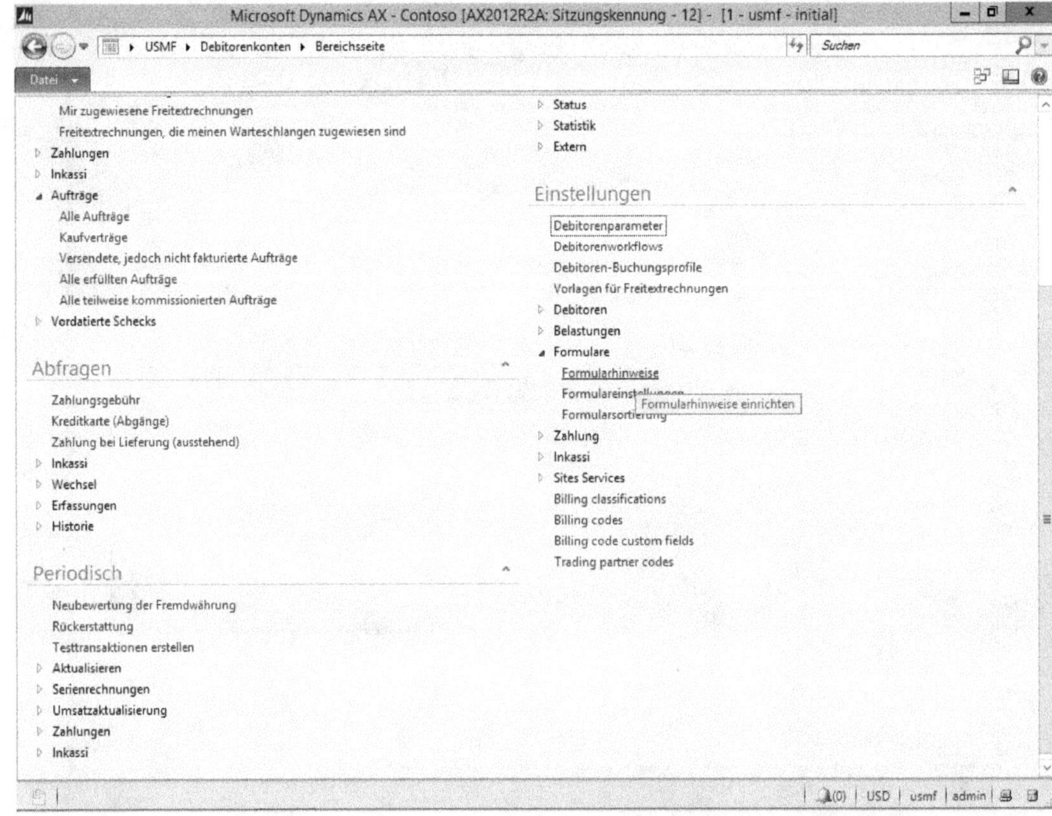

Zur Einrichtung von Standardhinweisen, die auf Dokumenten angezeigt werden sollen, klicken Sie auf den Menüpunkt Formularhinweise unter Einstellungen innerhalb der Debitoren Bereichsseite.

Gestalte Formularhinweise zwecks Druck in Standardformularen wie z.B. der Auftragsbestätigung

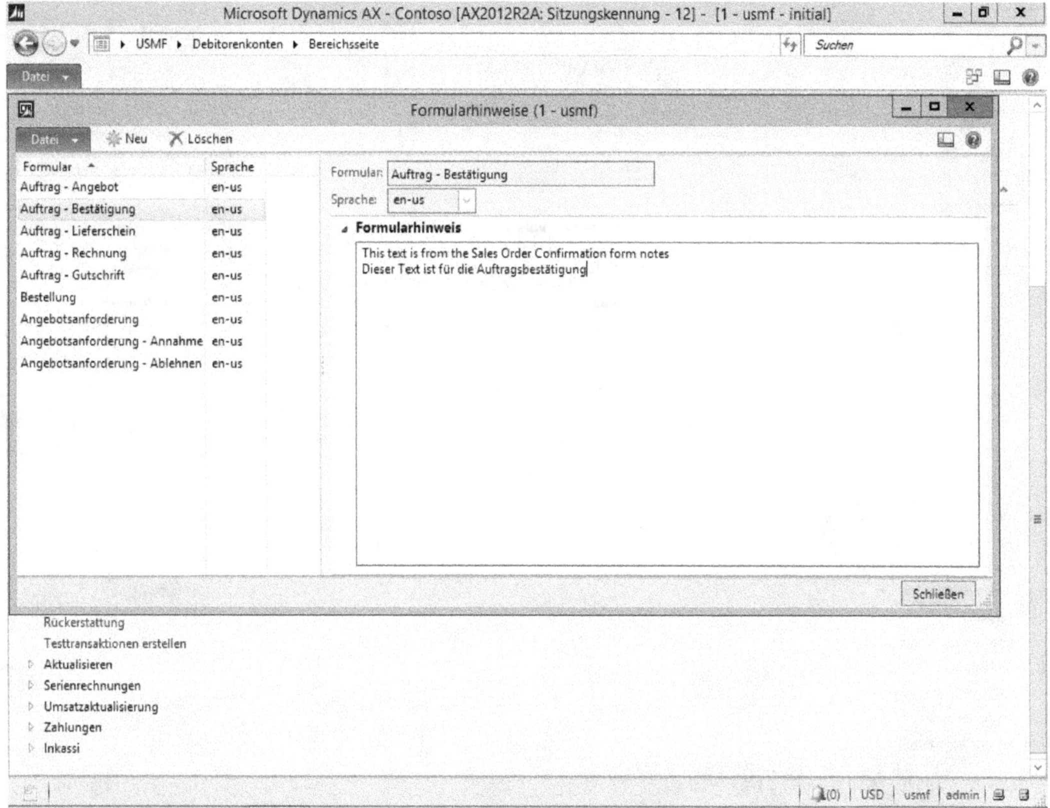

Wenn die Maske Formularhinweise angezeigt wird, wählen Sie das Dokument aus, dem ein Standardtext hinzugefügt werden soll, und geben Sie diesen Text in die Memobox Formularhinweise ein.

Anschließend klicken Sie auf Schließen.

Gestalte Formularhinweise zwecks Druck in Standardformularen wie z.B. der Auftragsbestätigung

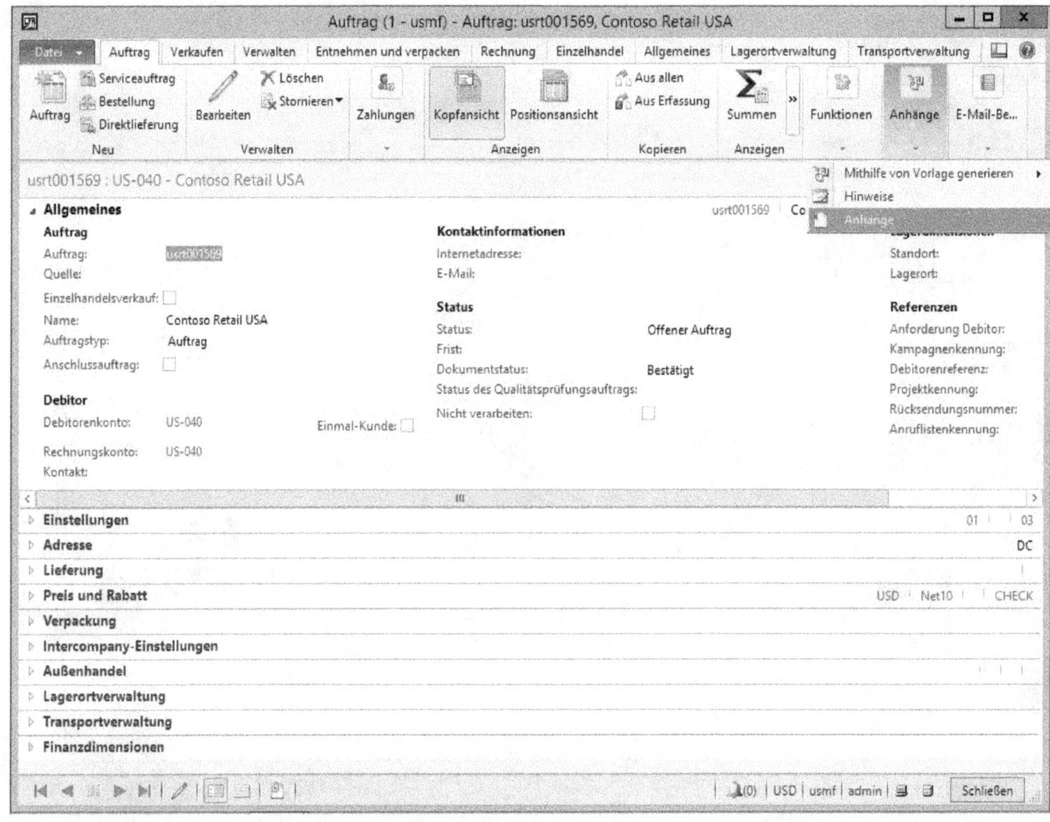

Um im Auftragskopf einen Hinweis zu ergänzen, klicken Sie auf den Menüpunkt Anhänge innerhalb der Funktionsleiste Auftrag.

Gestalte Formularhinweise zwecks Druck in Standardformularen wie z.B. der Auftragsbestätigung

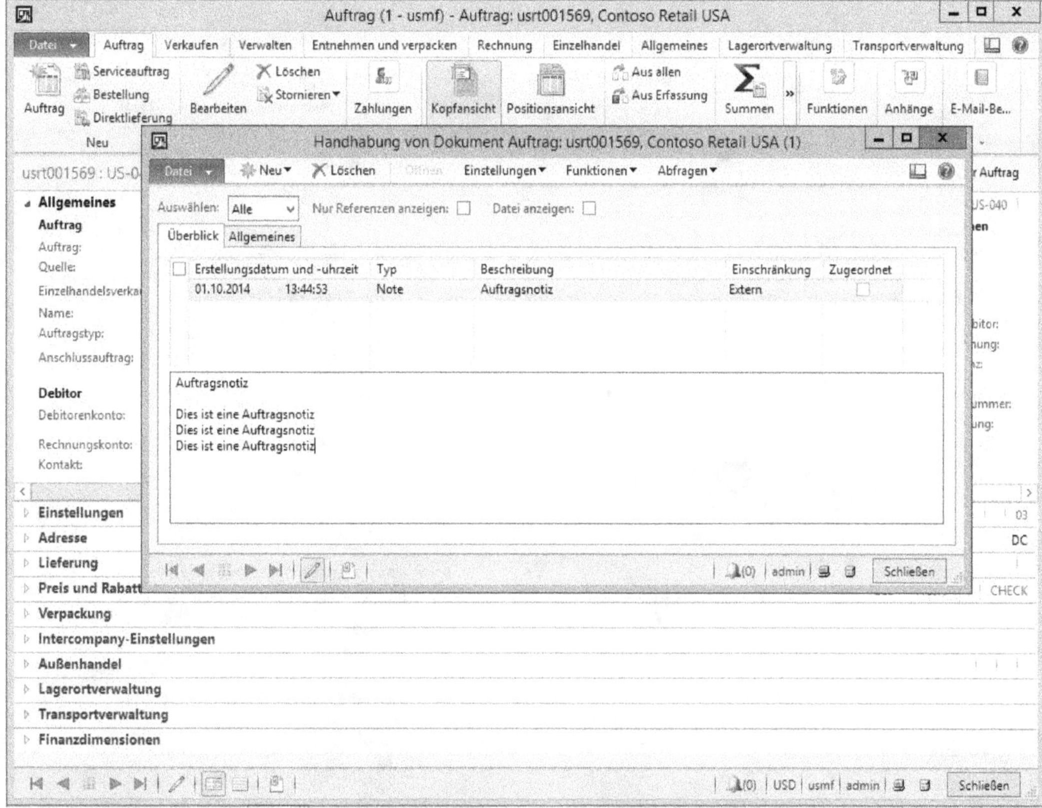

Wenn die Dialogbox Handhabung von Dokumenten angezeigt wird, ergänzen Sie einen neuen Hinweis mit demselben Typ, den Sie in den Formulareinstellungen spezifiziert haben, und ergänzen im Memobereich Ihre Hinweise. Zum Schluß setzen Sie das Feld Einschränkung auf Extern.

Anschließend klicken Sie auf Schließen.

Gestalte Formularhinweise zwecks Druck in Standard-formularen wie z.B. der Auftragsbestätigung

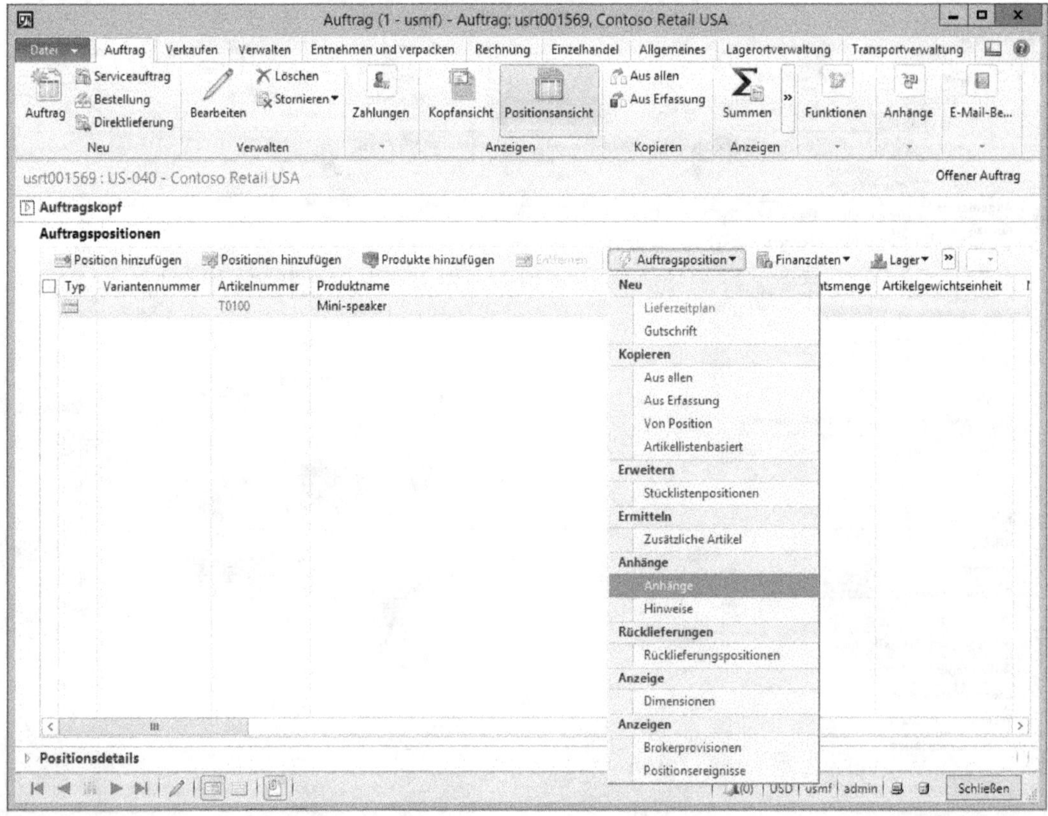

Um einer Auftragsposition einen Hinweis zu ergänzen, klicken Sie auf das Menü Auftragsposition und wählen den Menüpunkt Anhänge.

Gestalte Formularhinweise zwecks Druck in Standardformularen wie z.B. der Auftragsbestätigung

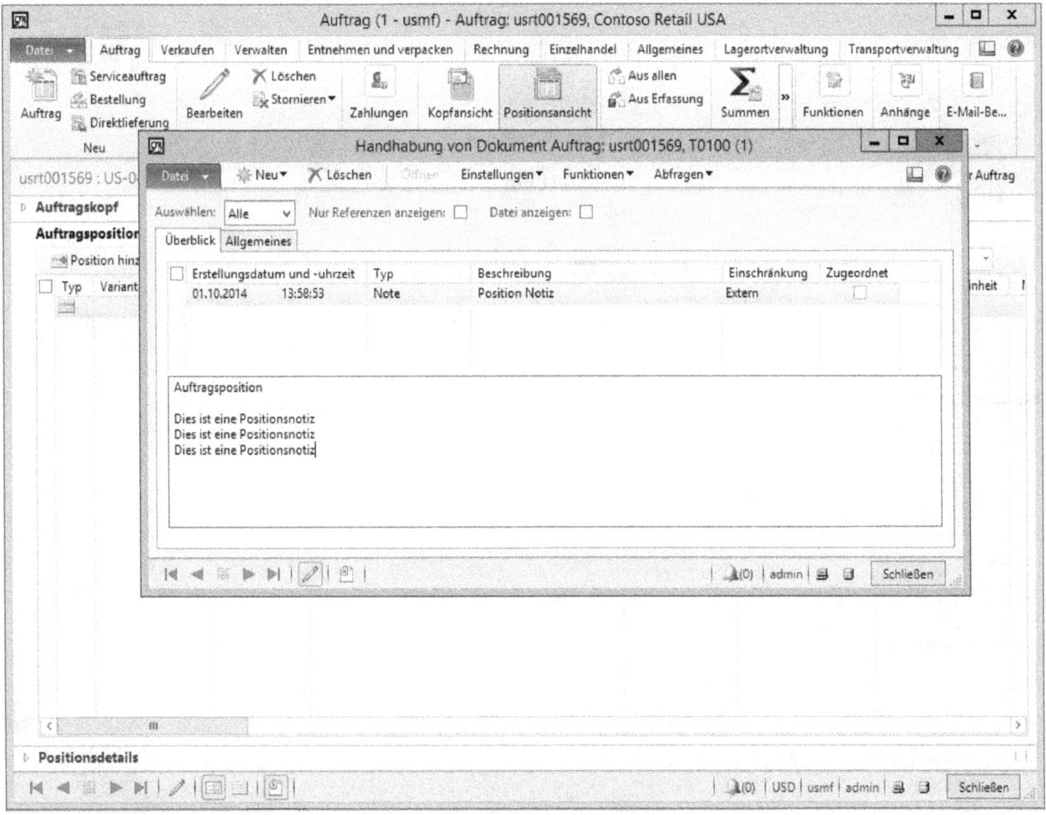

Genauso wie im Auftragskopf: Wenn die Dialogbox Handhabung von Dokumenten angezeigt wird, ergänzen Sie einen neuen Hinweis mit demselben Typ, den Sie in den Formulareinstellungen spezifiziert haben, und ergänzen im Memobereich Ihre Hinweise. Zum Schluß setzen Sie das Feld Einschränkung auf Extern.

Beachte: Sie können soviele Hinweise wie Sie möchten der Auftragsposition und dem Auftragskopf hinzufügen.

Anschließend klicken Sie auf Schließen und verlassen das Formular.

Gestalte Formularhinweise zwecks Druck in Standardformularen wie z.B. der Auftragsbestätigung

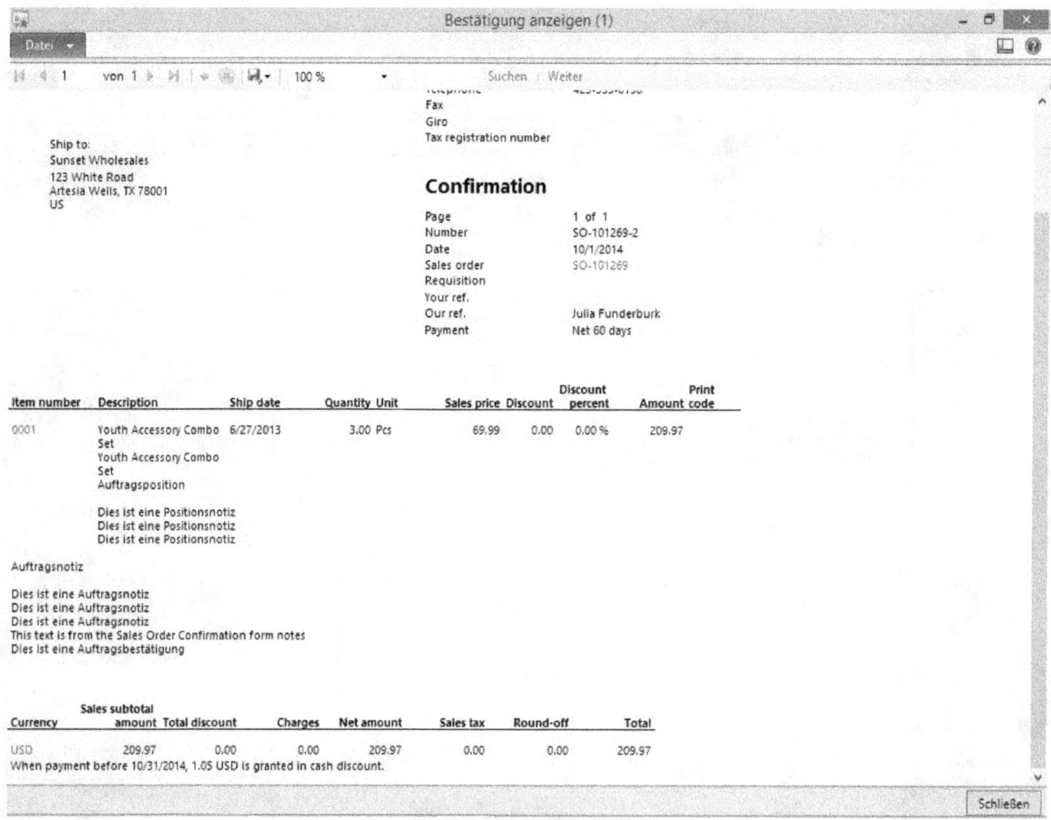

Bestätigung anzeigen (1)

Datei

1 von 1 100 % Suchen | Weiter

Fax
Giro
Tax registration number

Ship to:
Sunset Wholesales
123 White Road
Artesia Wells, TX 78001
US

Confirmation

Page	1 of 1
Number	SO-101269-2
Date	10/1/2014
Sales order	SO-101269
Requisition	
Your ref.	
Our ref.	Julia Funderburk
Payment	Net 60 days

Item number	Description	Ship date	Quantity	Unit	Sales price	Discount	Discount percent	Amount	Print code
0001	Youth Accessory Combo Set Youth Accessory Combo Set Auftragsposition Dies ist eine Positionsnotiz Dies ist eine Positionsnotiz Dies ist eine Positionsnotiz	6/27/2013	3.00	Pcs	69.99	0.00	0.00 %	209.97	

Auftragsnotiz

Dies ist eine Auftragsnotiz
Dies ist eine Auftragsnotiz
Dies ist eine Auftragsnotiz
This text is from the Sales Order Confirmation form notes
Dies ist eine Auftragsbestätigung

Currency	Sales subtotal amount	Total discount	Charges	Net amount	Sales tax	Round-off	Total
USD	209.97	0.00	0.00	209.97	0.00	0.00	209.97

When payment before 10/31/2014, 1.05 USD is granted in cash discount.

Schließen

Wenn Sie nun Ihre Auftragsbestätigung anstoßen, werden sämtliche Hinweise mit ausgedruckt.

Rock on!

Zuweisung von Aufgaben für andere Personen mit Hilfe von Aktivitäten

Sie müssen nicht sämtliche CRM Funktionen innerhalb Dynamics AX aktiviert haben, um aus einigen der Features, die angeboten werden, einen Nutzen zu ziehen. Sie können Features wie Aktivitäten ohne zusätzliche Einrichtungsschritte nutzen, was Ihnen ermöglicht, Termine, Notizen und Aufgaben zu erstellen.

Diese Aktivitäten müssen auch nicht für Sie persönlich sein. Wenn Sie irgendjemand eine dezente Erinnerung senden wollen, dann erstellen Sie eine Aufgabe, und weisen Sie diese irgendeiner Person in Ihrer Organisation zu. Diese Aufgabe wird dann in deren Aktivitätenliste angezeigt und ebenso als Erinnerung in Outlook eingeblendet (vorausgesetzt Sie haben die Synchronisierung freigegeben).

Zuweisung von Aufgaben für andere Personen mit Hilfe von Aktivitäten

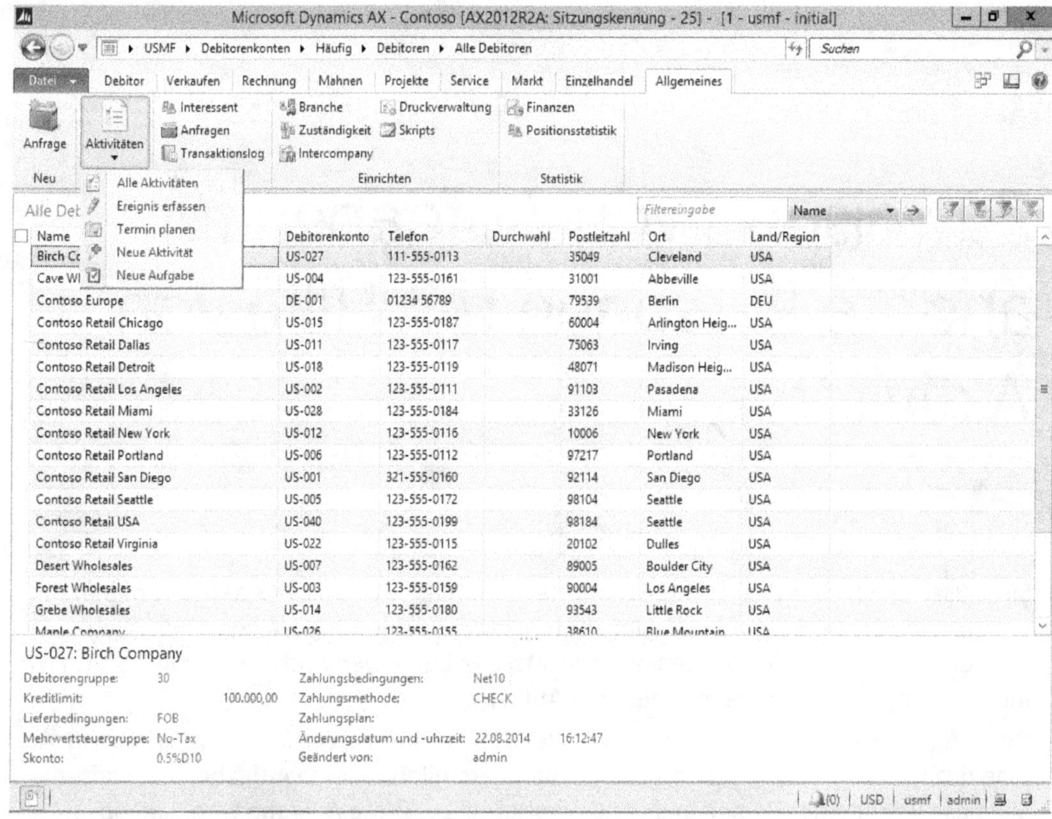

Name	Debitorenkonto	Telefon	Durchwahl	Postleitzahl	Ort	Land/Region
Birch Co	US-027	111-555-0113		35049	Cleveland	USA
Cave Wi	US-004	123-555-0161		31001	Abbeville	USA
Contoso Europe	DE-001	01234 56789		79539	Berlin	DEU
Contoso Retail Chicago	US-015	123-555-0187		60004	Arlington Heig...	USA
Contoso Retail Dallas	US-011	123-555-0117		75063	Irving	USA
Contoso Retail Detroit	US-018	123-555-0119		48071	Madison Heig...	USA
Contoso Retail Los Angeles	US-002	123-555-0111		91103	Pasadena	USA
Contoso Retail Miami	US-028	123-555-0184		33126	Miami	USA
Contoso Retail New York	US-012	123-555-0116		10006	New York	USA
Contoso Retail Portland	US-006	123-555-0112		97217	Portland	USA
Contoso Retail San Diego	US-001	321-555-0160		92114	San Diego	USA
Contoso Retail Seattle	US-005	123-555-0172		98104	Seattle	USA
Contoso Retail USA	US-040	123-555-0199		98184	Seattle	USA
Contoso Retail Virginia	US-022	123-555-0115		20102	Dulles	USA
Desert Wholesales	US-007	123-555-0162		89005	Boulder City	USA
Forest Wholesales	US-003	123-555-0159		90004	Los Angeles	USA
Grebe Wholesales	US-014	123-555-0180		93543	Little Rock	USA

Gewöhnlich findet man den Menüpunkt Aktivitäten in der Funktionsleiste Allgemeines bei den meisten Hauptbearbeitungsformularen. Wenn Sie das Menü öffnen, können Sie all die verschiedenen Arten von Aktivitäten sehen, die aufgezeichnet werden können. Um eine Aufgabe zu erstellen, klicken Sie auf den Menüpunkt Neue Aufgabe.

Zuweisung von Aufgaben für andere Personen mit Hilfe von Aktivitäten

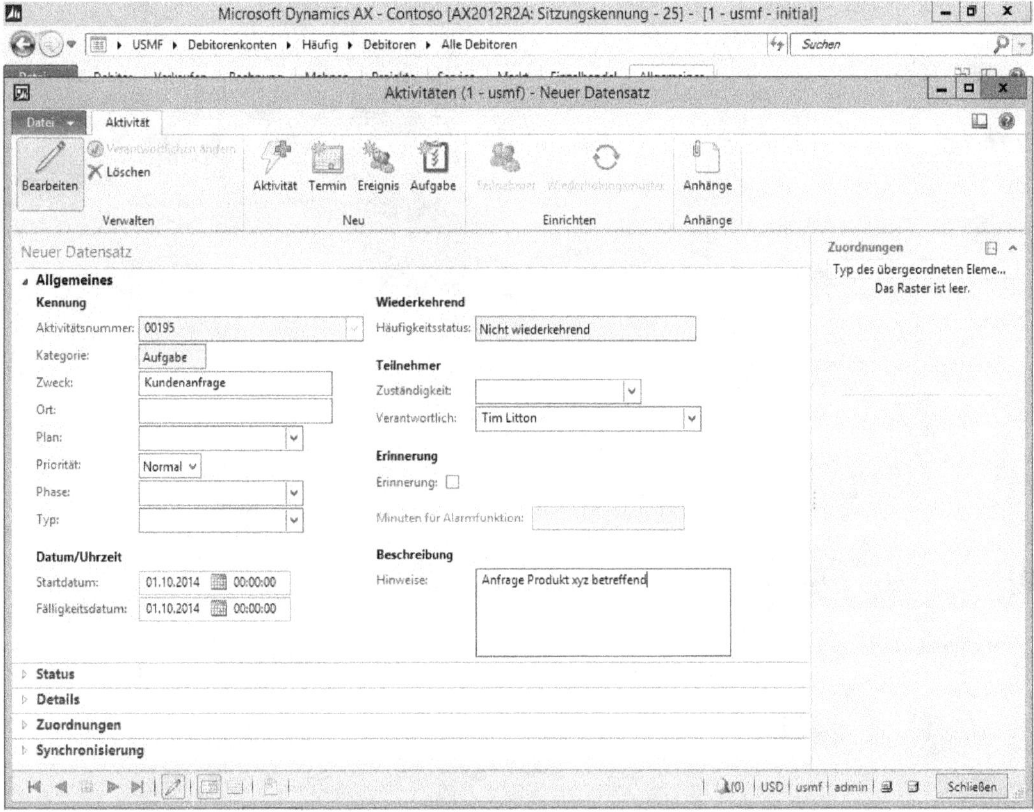

Sie können der Aufgabe einen Zweck zuordnen, eine Beschreibung, und einen verantwortlichen Benutzer zuweisen, indem Sie die Person im Feld Verantwortlich eintragen.

Zuweisung von Aufgaben für andere Personen mit Hilfe von Aktivitäten

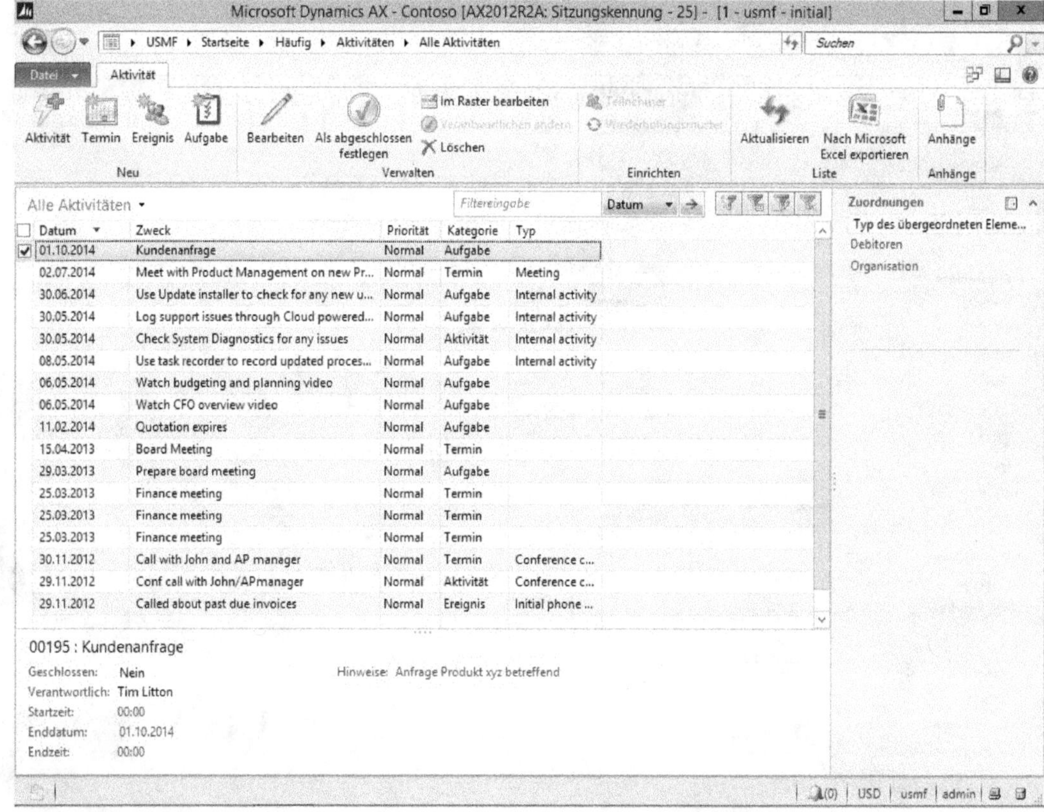

Die Benutzer können sämtliche Aufgaben einsehen, die Ihnen zugewiesen wurden, indem sie auf der Startseite Alle Aktivitäten in der Gruppe Häufig öffnen.

Erstelle einen Seriendruck in Word mit der Kampagnen-Zielgruppenliste

Manchmal ist es notwendig, ein mehr traditionelles Papiermailing für Ihre Kampagnen zu erstellen, aber das heißt nicht, dass Sie über unzählige Hürden springen müssen, um es erledigt zu bekommen. Die Kampagnen-Funktion innerhalb Dynamics AX bietet die Möglichkeit, Serienbriefexporte direkt aus der Applikation heraus zu erzeugen, die dann mit einer Serienbriefvorlage in Word "vermählt" werden können. Wenn Sie das aufgesetzt haben, sind Ihre Standardmailings nur eine Frage des Klickens von einigen Schaltknöpfen.

Laßt uns die Deutsche Post im Geschäft halten.

Erstelle einen Seriendruck in Word mit der Kampagnen-Zielgruppenliste

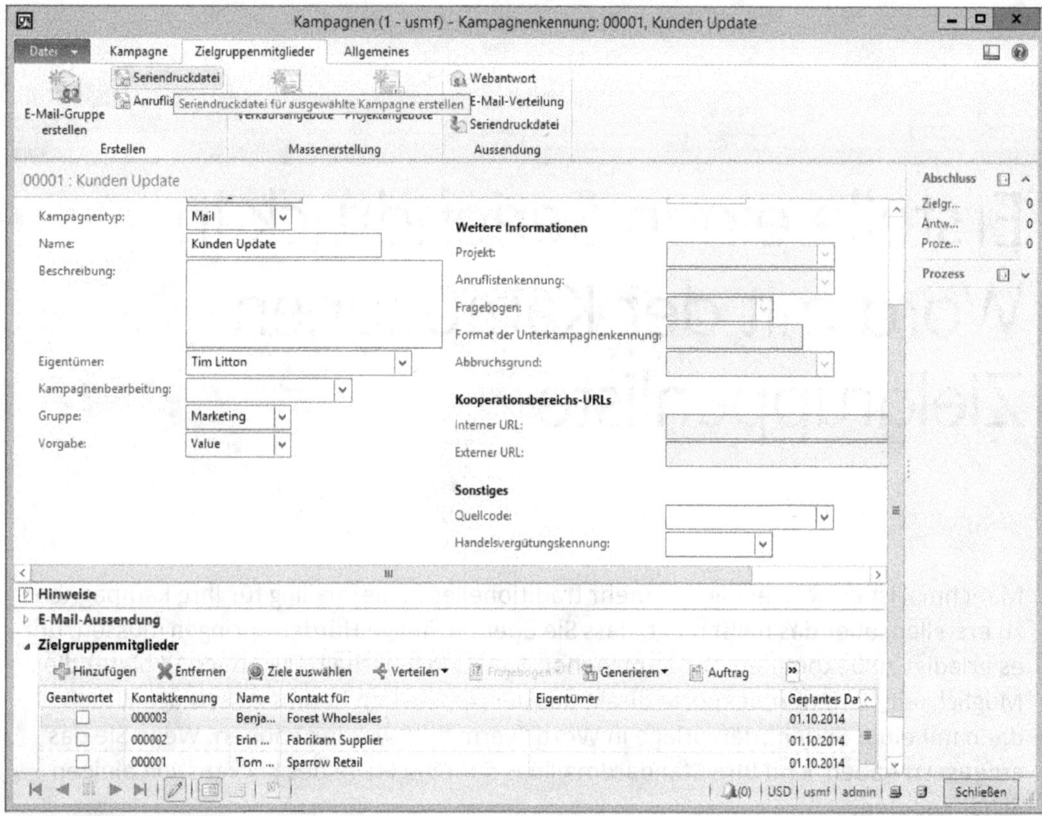

Als erstes müssen wir eine Seriendruckdatei erstellen. Dazu öffnen Sie Ihre Kampagne mit allen ausgewählten Zielgruppenmitgliedern und klicken auf den Menüpunkt Seriendruckdatei in der Funktionsleiste Zielgruppenmitglieder.

Erstelle einen Seriendruck in Word mit der Kampagnen-Zielgruppenliste

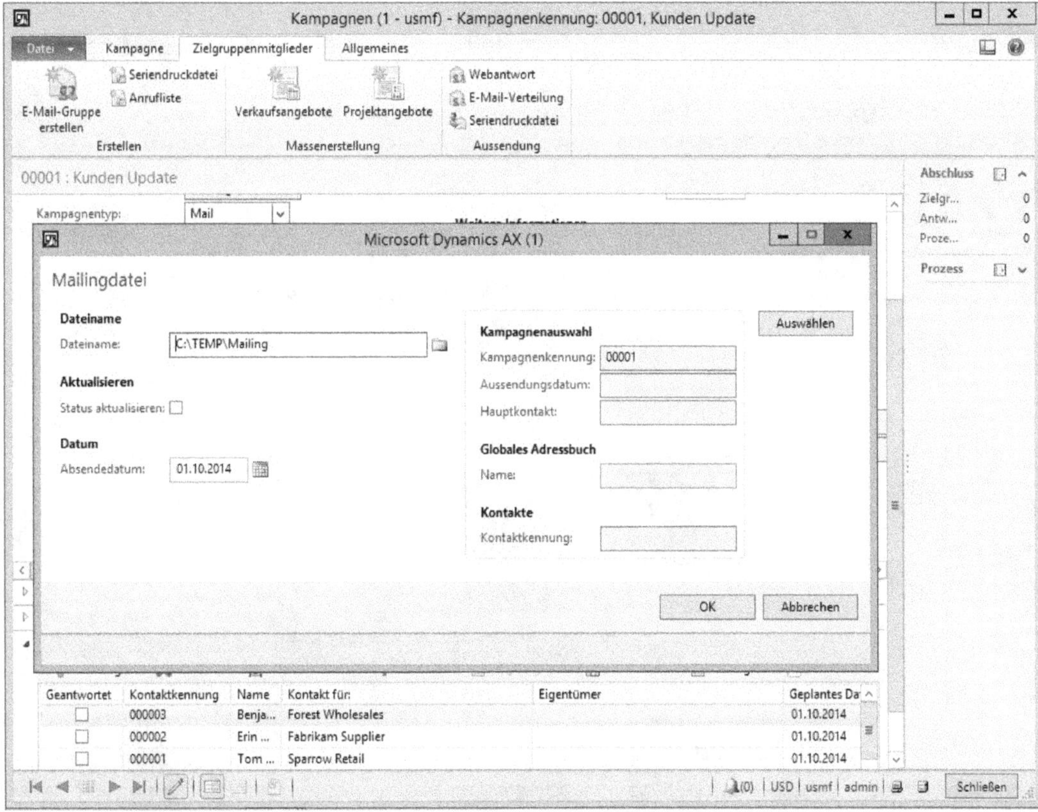

Wenn die Dialogbox Mailingdatei angezeigt wird, spezifizieren Sie Namen und Pfad für die .csv Datei, in der Sie Ihre Seriendruckdaten abspeichern werden. Anschließend klicken Sie OK.

Erstelle einen Seriendruck in Word mit der Kampagnen-Zielgruppenliste

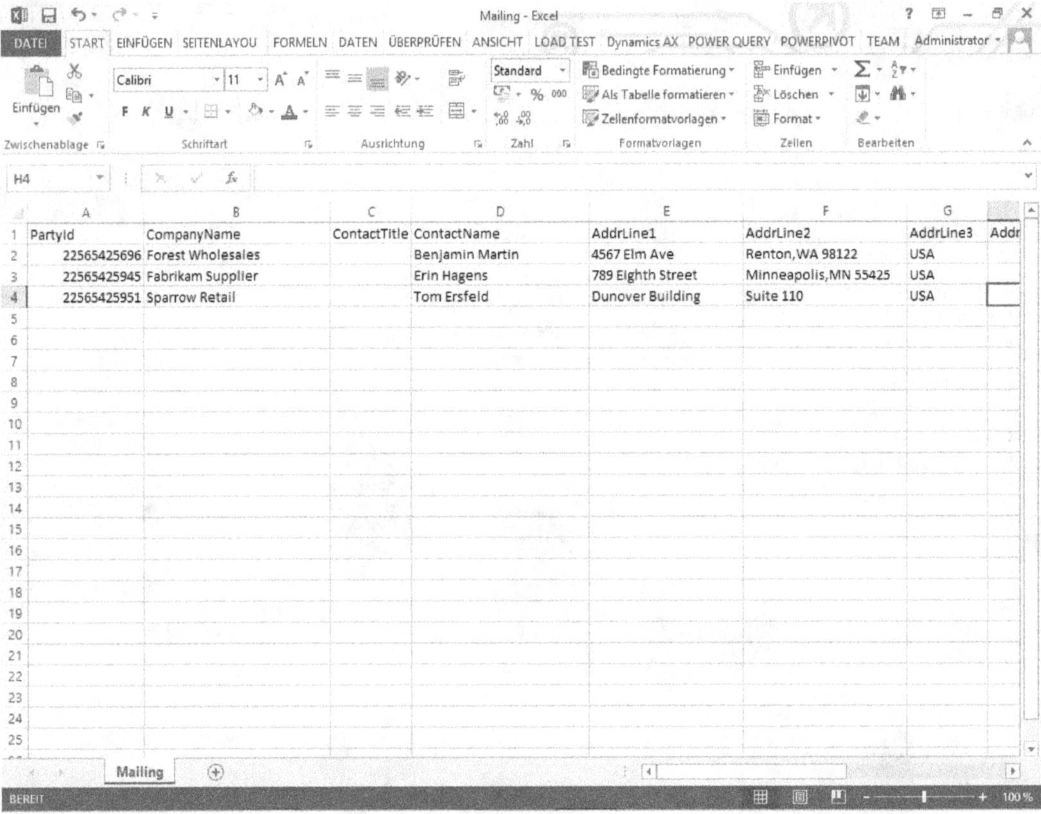

Wenn Sie die .csv Datei in Excel öffnen, werden Sie sehen, dass sämtliche Informationen für die Kampagnen-Zielgruppe vorhanden sind.

Erstelle einen Seriendruck in Word mit der Kampagnen-Zielgruppenliste

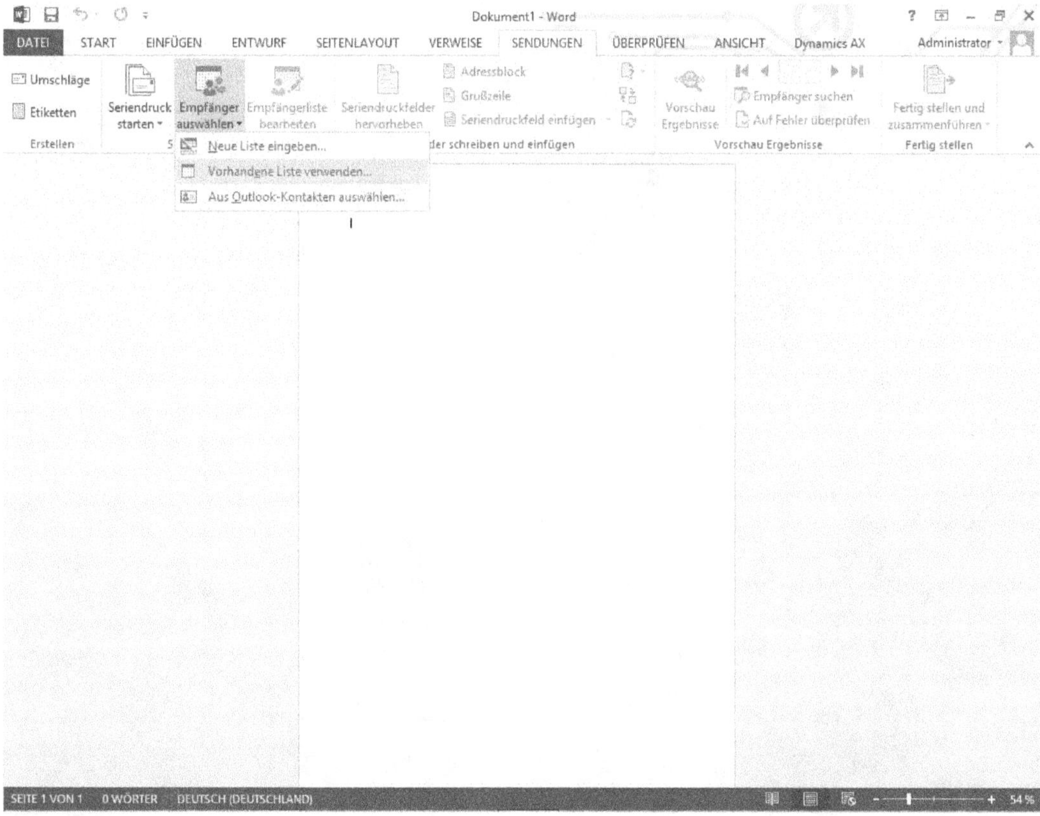

Jetzt werden wir eine Seriendruckvorlage erstellen, die wir als Grundlage für unseren Kampagnenseriendruck verwenden werden. Dazu starten wir Word und wählen den Menüpunkt Vorhandene Liste verwenden vom Schaltknopf Empfänger auswählen innerhalb der Funktionsleiste Sendungen.

Erstelle einen Seriendruck in Word mit der Kampagnen-Zielgruppenliste

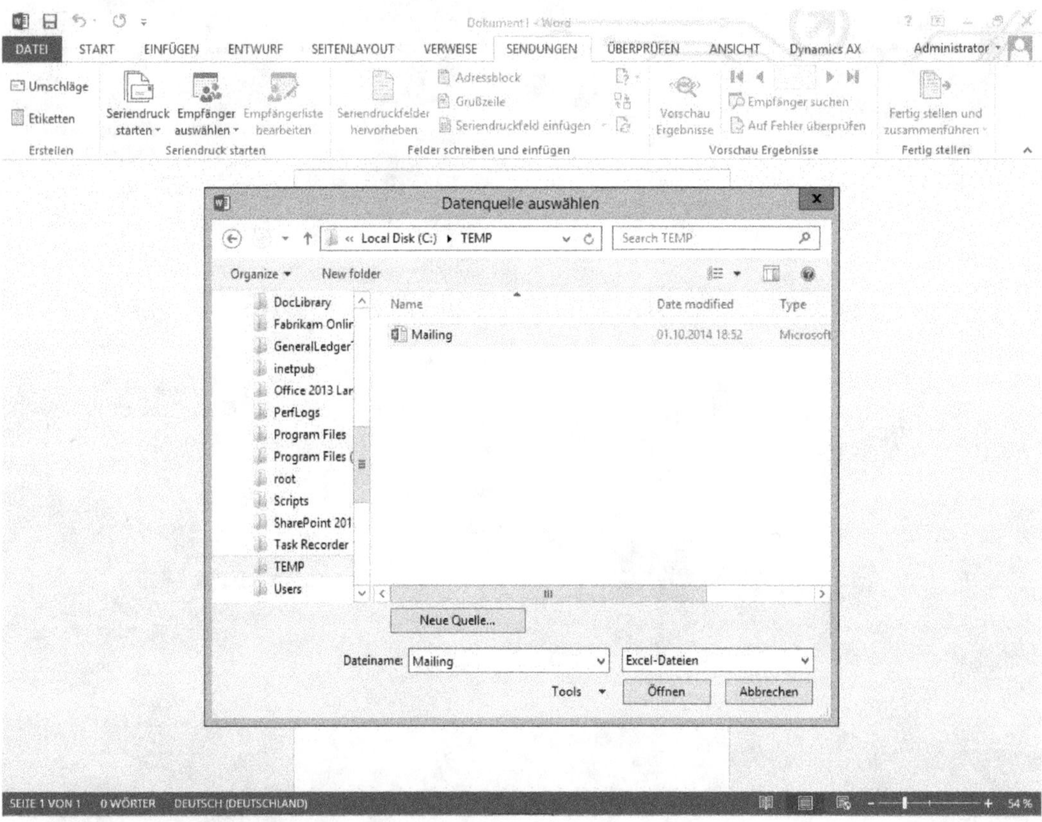

Dann wählen Sie die Seriendruckdatei aus, die wir vorher erstellt haben.

Erstelle einen Seriendruck in Word mit der Kampagnen-Zielgruppenliste

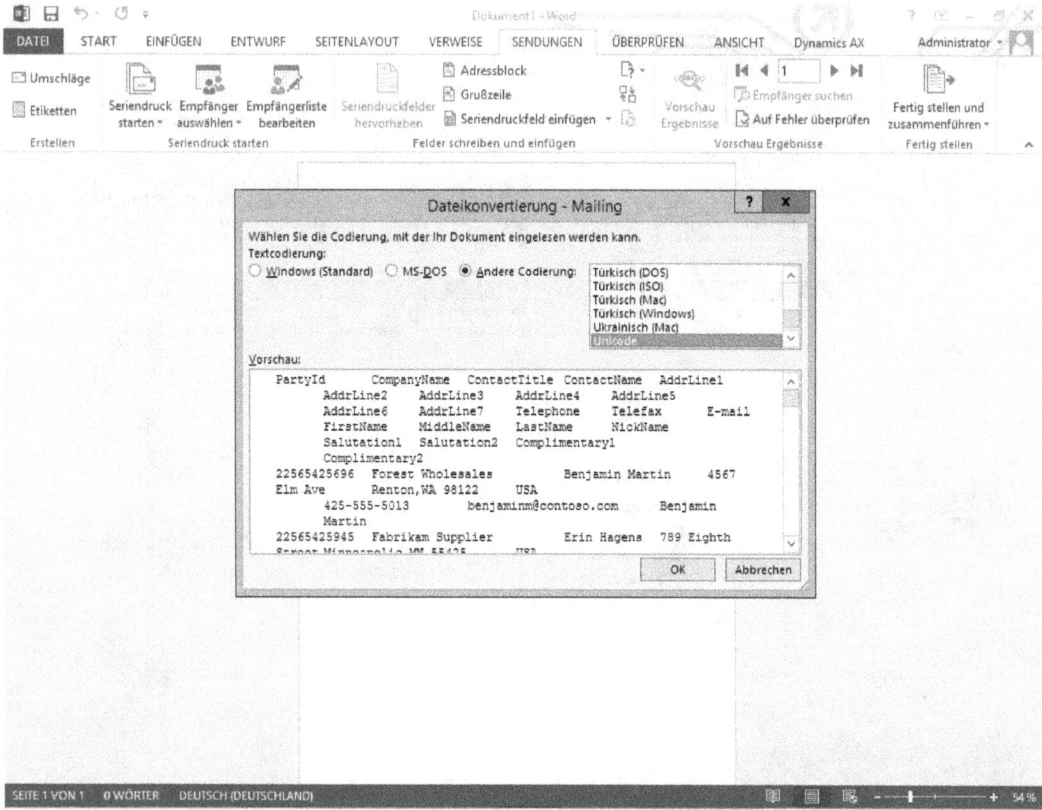

Wenn die Dialogbox Dateikonvertierung angezeigt wird, dann wählen Sie die Option Other Encodings und klicken OK.

Erstelle einen Seriendruck in Word mit der Kampagnen-Zielgruppenliste

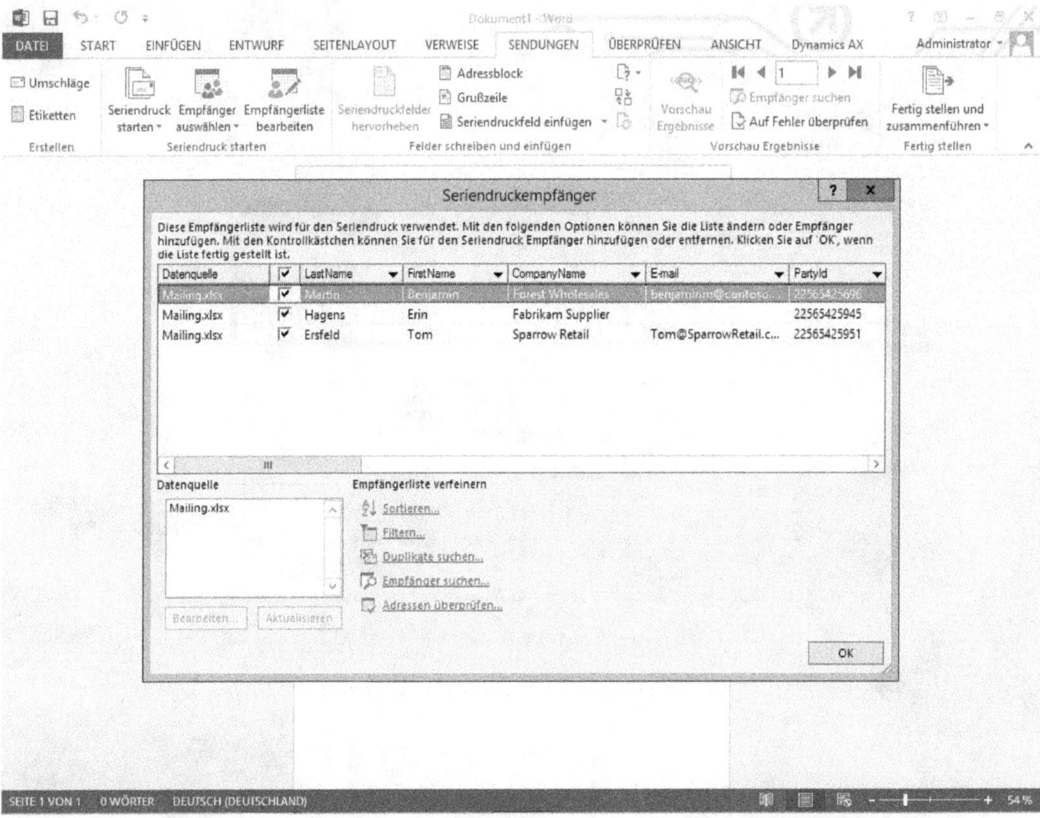

Um zu sehen, ob die Datei korrekt gelesen wurde, klicken Sie auf den Schaltknopf Empfängerliste bearbeiten innerhalb der Funktionsleiste Sendungen, und Sie sollten in der Lage sein, alle Datensätze zu sehen, die von der Kampagne übertragen wurden

Erstelle einen Seriendruck in Word mit der Kampagnen-Zielgruppenliste

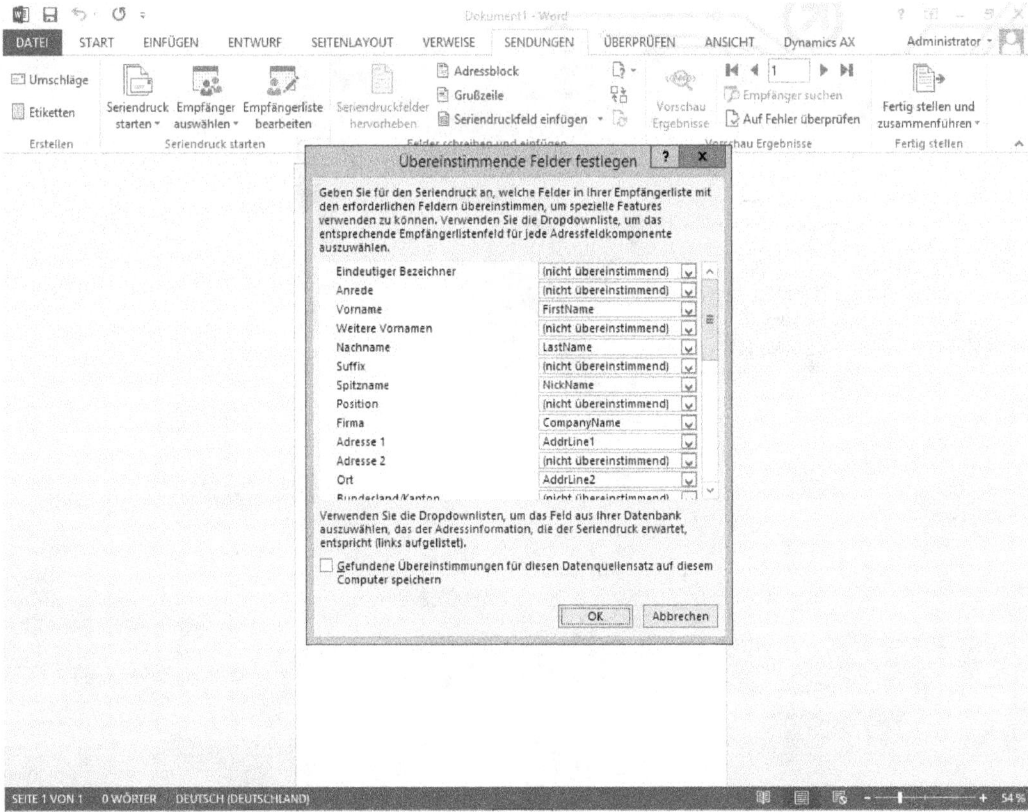

Wenn Sie das erste Mal ein Seriendruckdokument erstellen, dann sollten Sie auf den Schaltknopf Übereinstimmende Felder festlegen klicken, um sicherzustellen, dass alle Felder von der Kampagne mit denen übereinstimmen, die von Word erwartet werden.

Erstelle einen Seriendruck in Word mit der Kampagnen-Zielgruppenliste

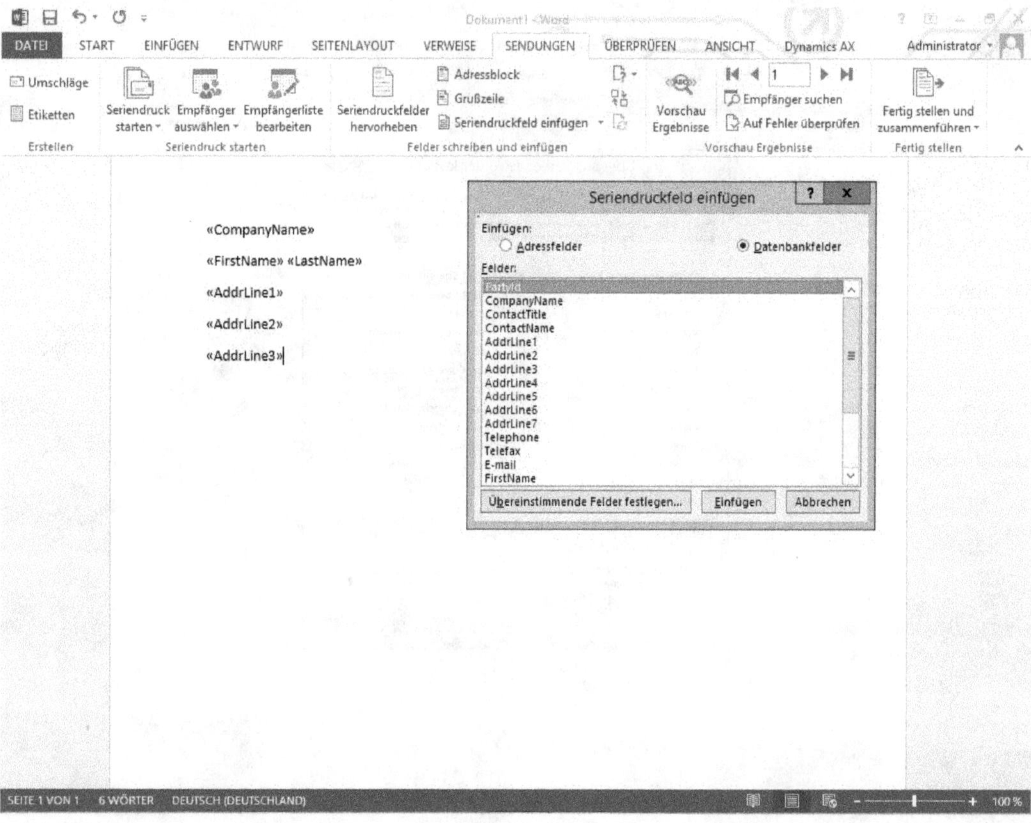

Jetzt müssen Sie nur noch über den Schaltknopf Seriendruckfeld einfügen die Felder auswählen, und sie dem Dokument hinzufügen.

Erstelle einen Seriendruck in Word mit der Kampagnen-Zielgruppenliste

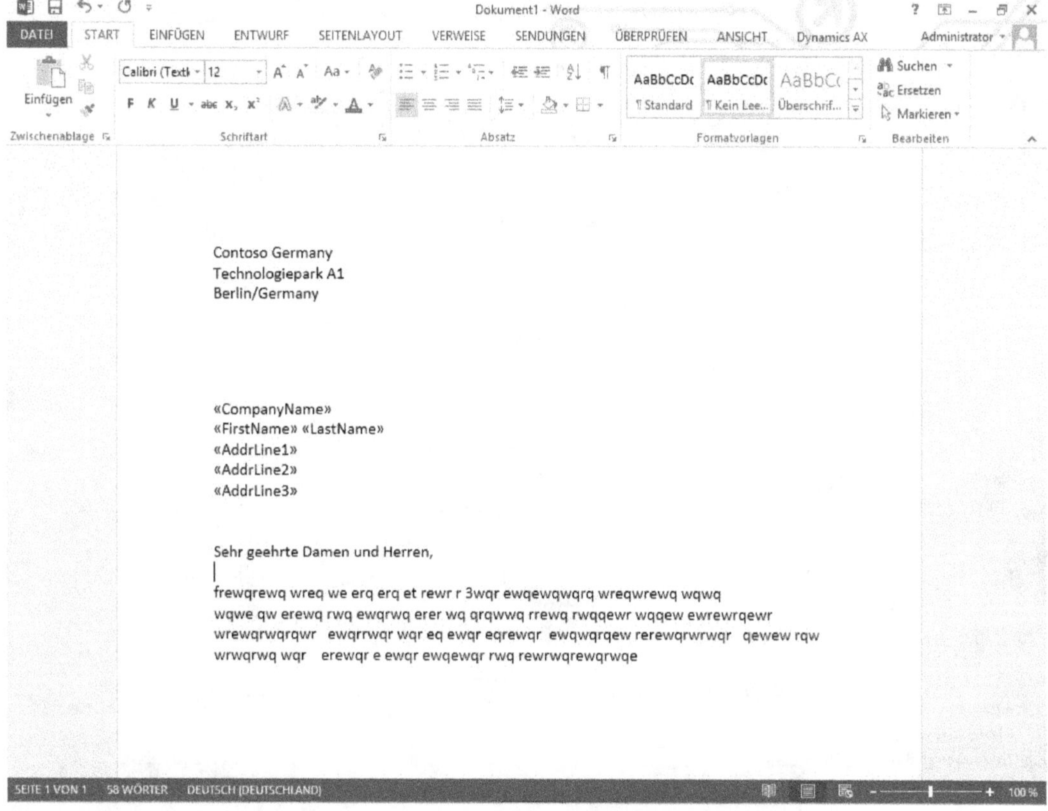

Nach Erstellung des Mailings speichern Sie das Seriendruckdokument als Vorlage.

Erstelle einen Seriendruck in Word mit der Kampagnen-Zielgruppenliste

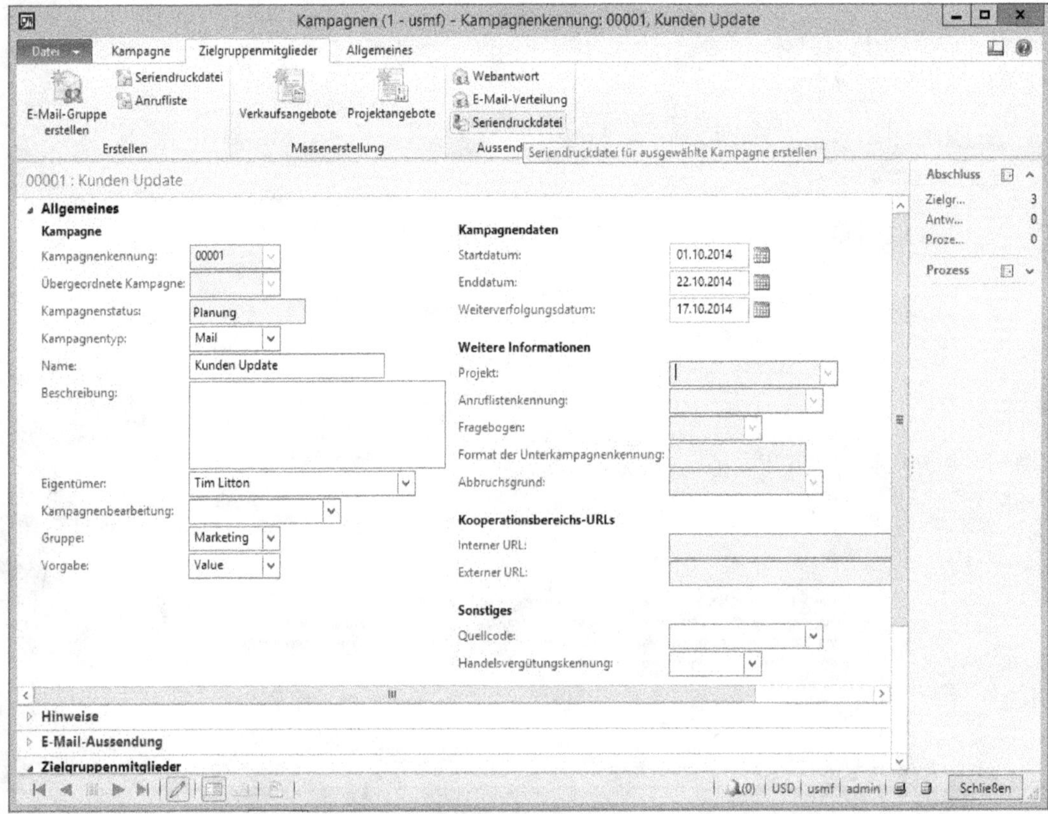

Um den Seriendruck auszuführen, klicken Sie auf Seriendruckdatei in der Funktionsleiste Zielgruppenmitglieder innerhalb des Kampagnen Detailformulars.

Erstelle einen Seriendruck in Word mit der Kampagnen-Zielgruppenliste

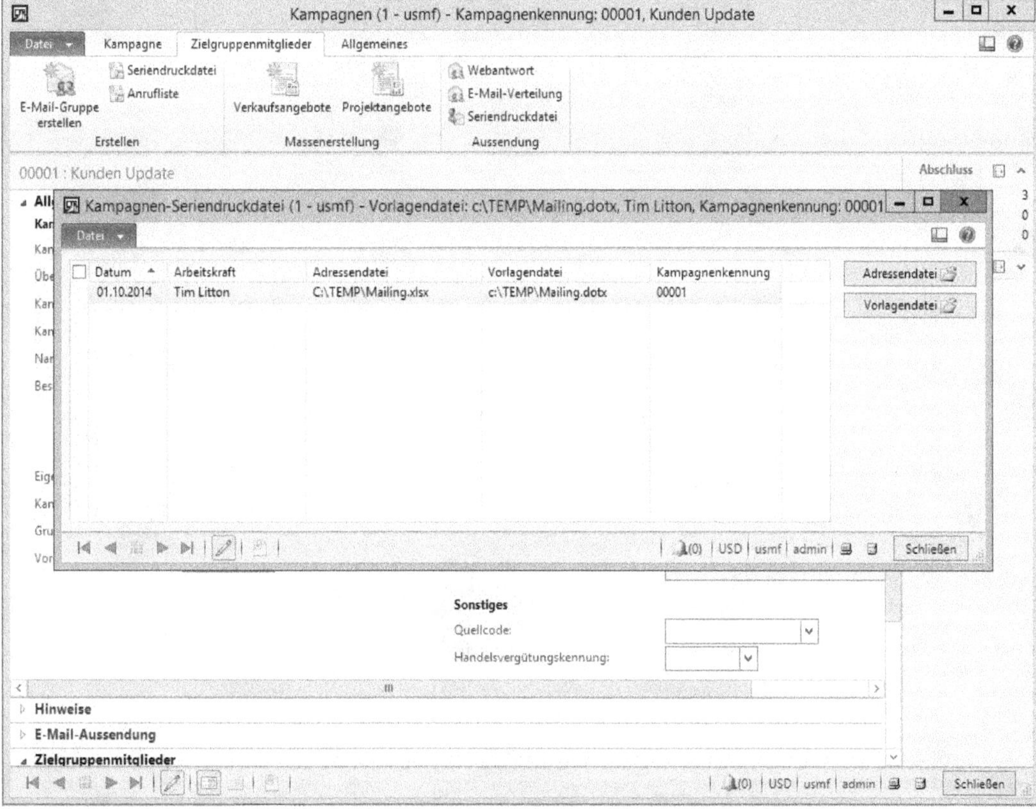

Daraufhin wird Ihnen eine Liste mit allen Exzerpten Ihrer Kampagne angezeigt. Finden Sie den Auszug, den Sie nutzen möchten, und dann fügen Sie im Feld Vorlagendatei Ihre vorher erstellte Word Seriendruckvorlagedatei ein.

Um die Daten mit der Vorlage zu verknüpfen, klicken Sie einfach auf den Button Vorlagendatei.

Erstelle einen Seriendruck in Word mit der Kampagnen-Zielgruppenliste

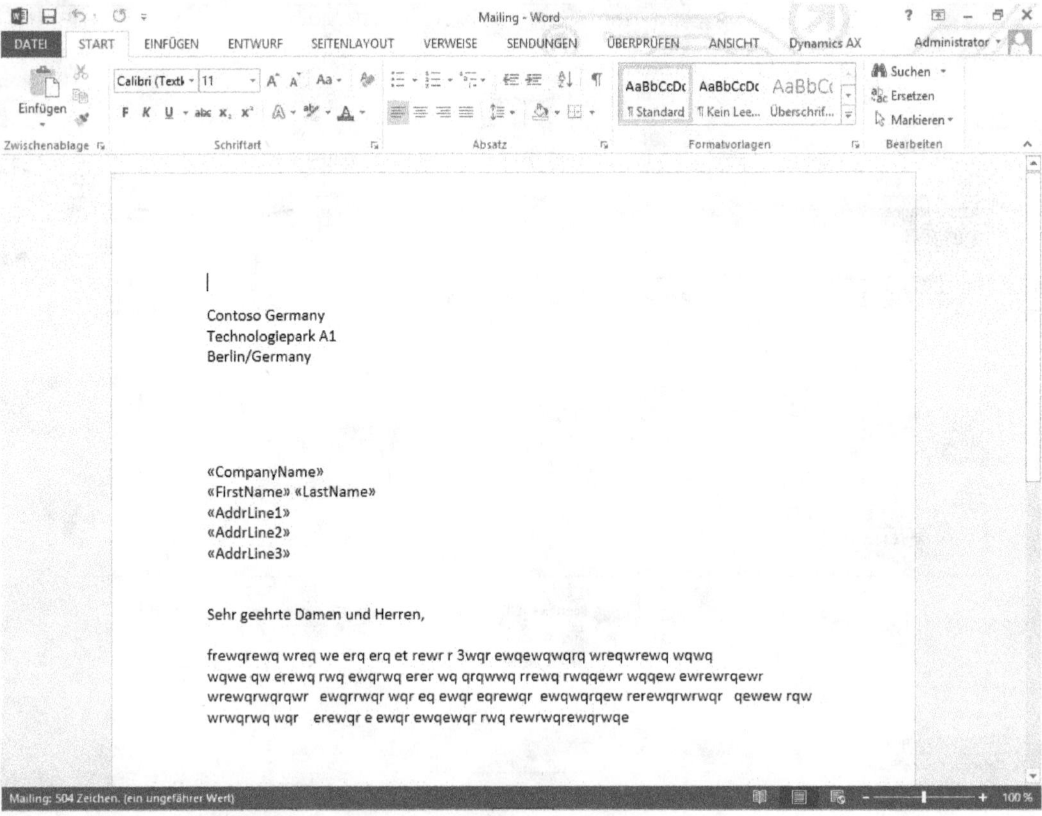

Daraufhin wird die Vorlagendatei geöffnet, und Sie können auf Einzelne Dokumente bearbeiten unter den Menüpunkt Fertig stellen und zusammenführen klicken.

Erstelle einen Seriendruck in Word mit der Kampagnen-Zielgruppenliste

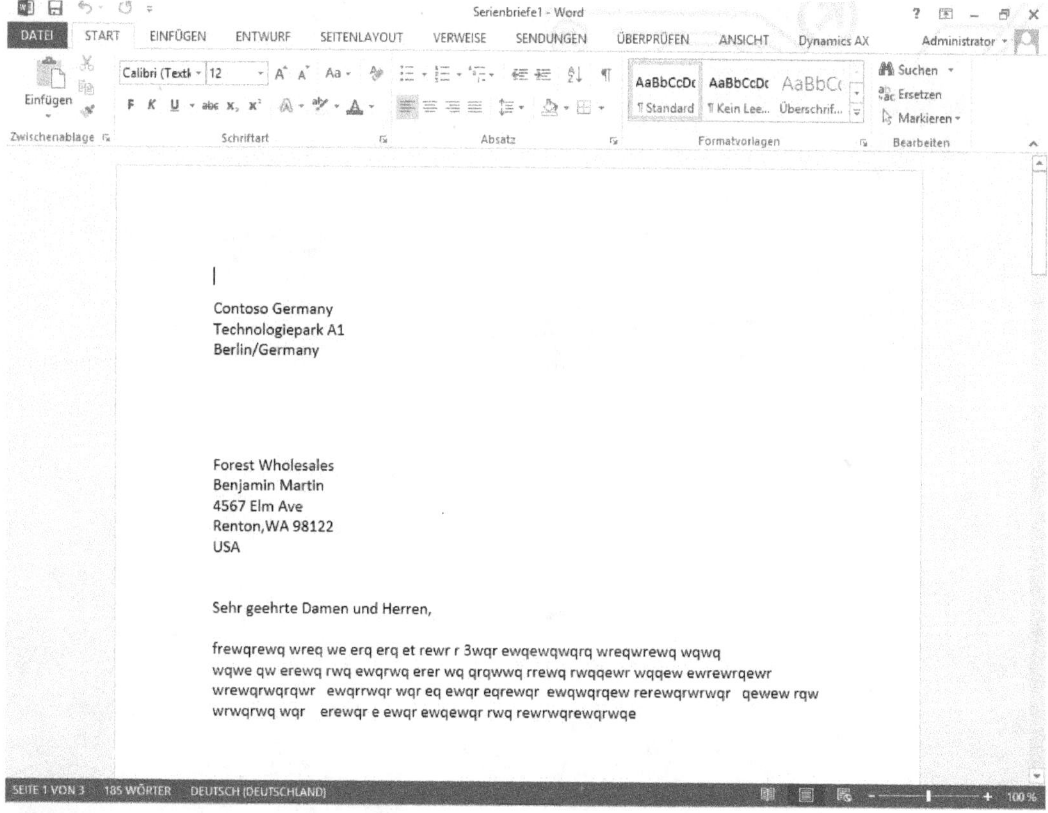

Sodann wird Ihre Seriendatei erstellt, und es werden für Sie alle Daten aus der Kampagne eingebunden.

Rock On!

Sende personalisierte Emails an Kontakte mit Hilfe von Kampagnen

Die Kampagnen-Funktion innerhalb Dynamics AX ist eine großartige Möglichkeit, Marketing-Projekte zu planen und zu managen, aber es ist ebenso eine tolle Möglichkeit, mit Ihren Interessenten und Kunden in Kontakt zu blieben. Wenn Sie eine Kampagne erstellt haben, kann sie auf herkömmliche Art und Weise als Briefpost , oder mit Klick auf einem Schaltknopf als Email versendet werden.

Es war noch nie so einfach, Text nach außen zu kommunizieren.

Sende personalisierte Emails an Kontakte mit Hilfe von Kampagnen

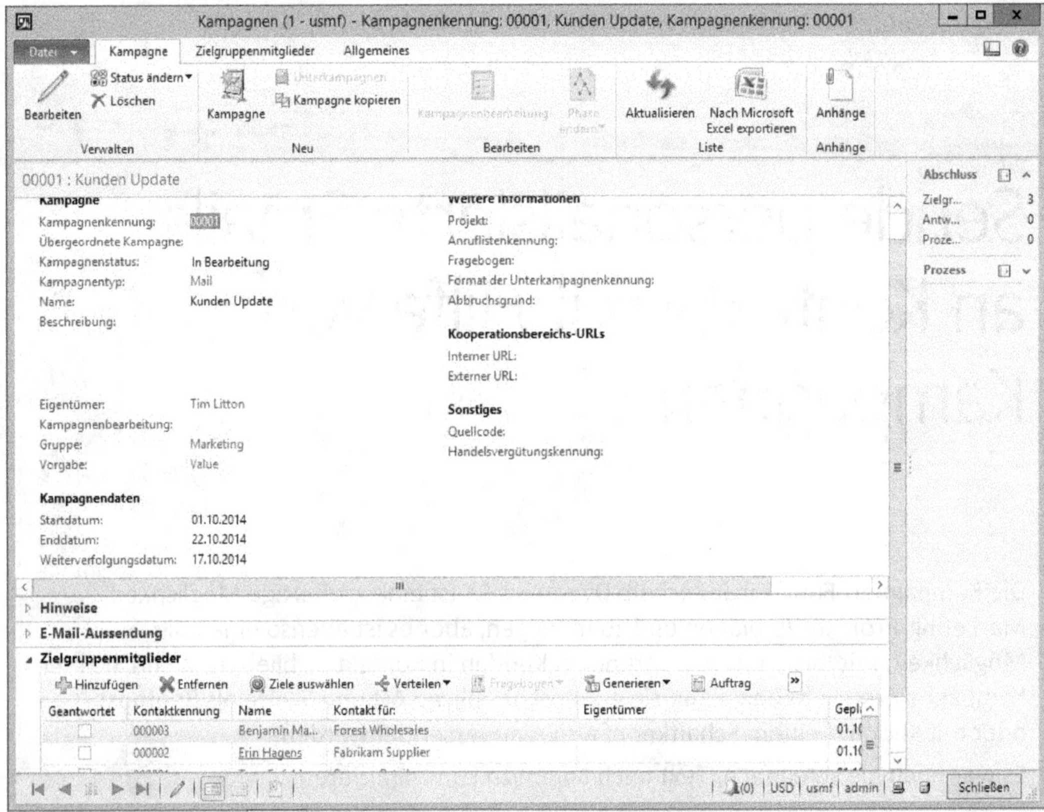

Beginnen Sie mit der Erstellung einer Kampagne, und dann weisen Sie ihr die Zielgruppenmitglieder zu.

Sende personalisierte Emails an Kontakte mit Hilfe von Kampagnen

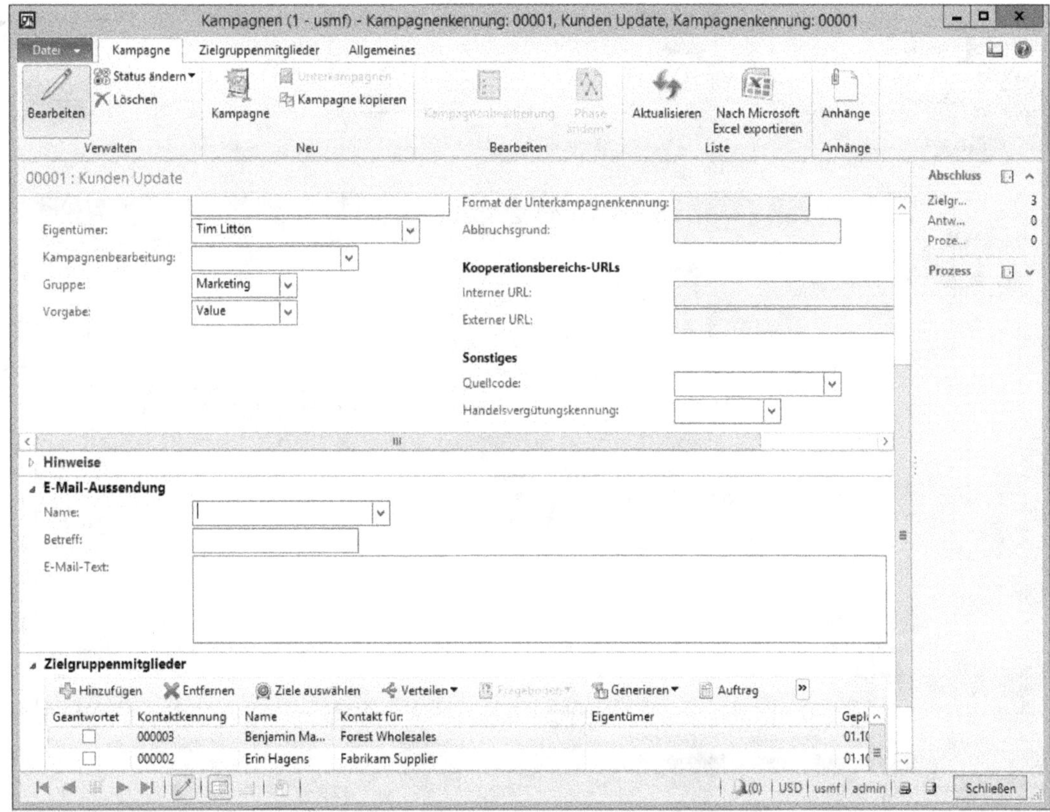

Anschließend öffnen Sie die Registerkartei E-Mail Aussendung und wählen im Feld Name eine Vorlage aus.

Sende personalisierte Emails an Kontakte mit Hilfe von Kampagnen

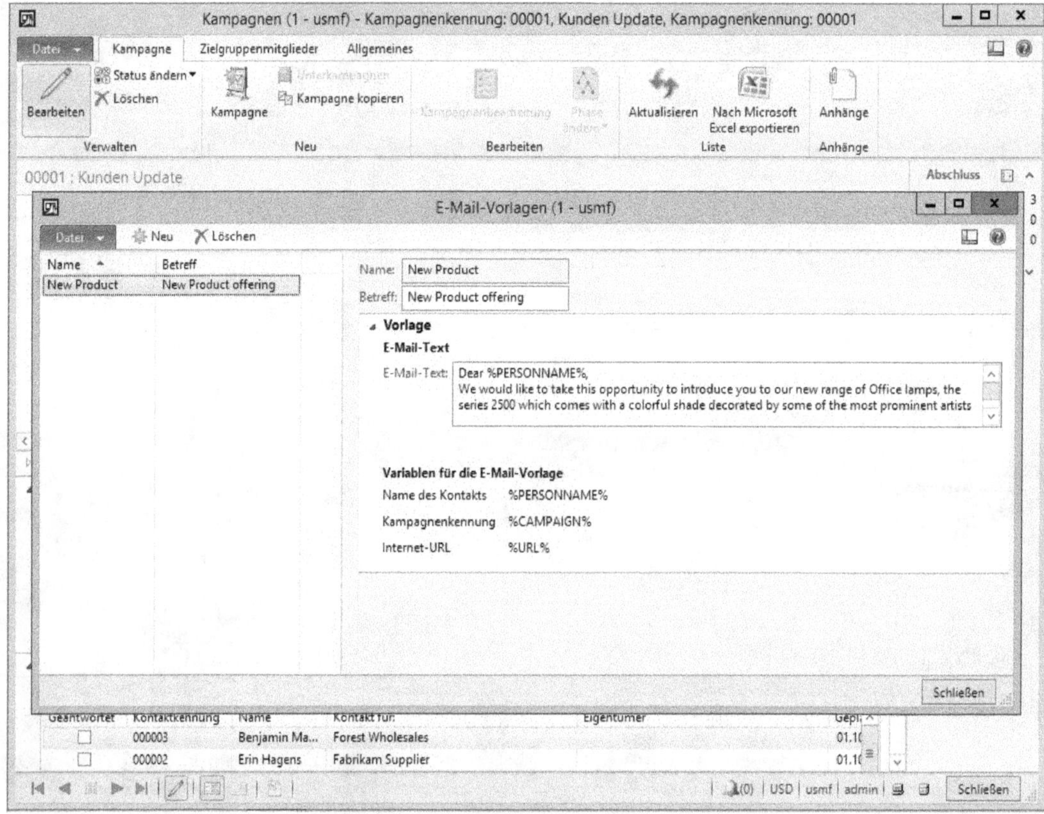

Falls Sie keine E-Mail-Vorlage erstellt haben, dann erstellen Sie eine neue, die über ein Betreff und einen Textkörper verfügt. Beachten Sie, dass Sie für die E-Mail-Vorlage Platzhalter verwenden können, um persönliche Informationen vom Kontakt und Kampagnen Datensatz zu ergänzen.

Sende personalisierte Emails an Kontakte mit Hilfe von Kampagnen

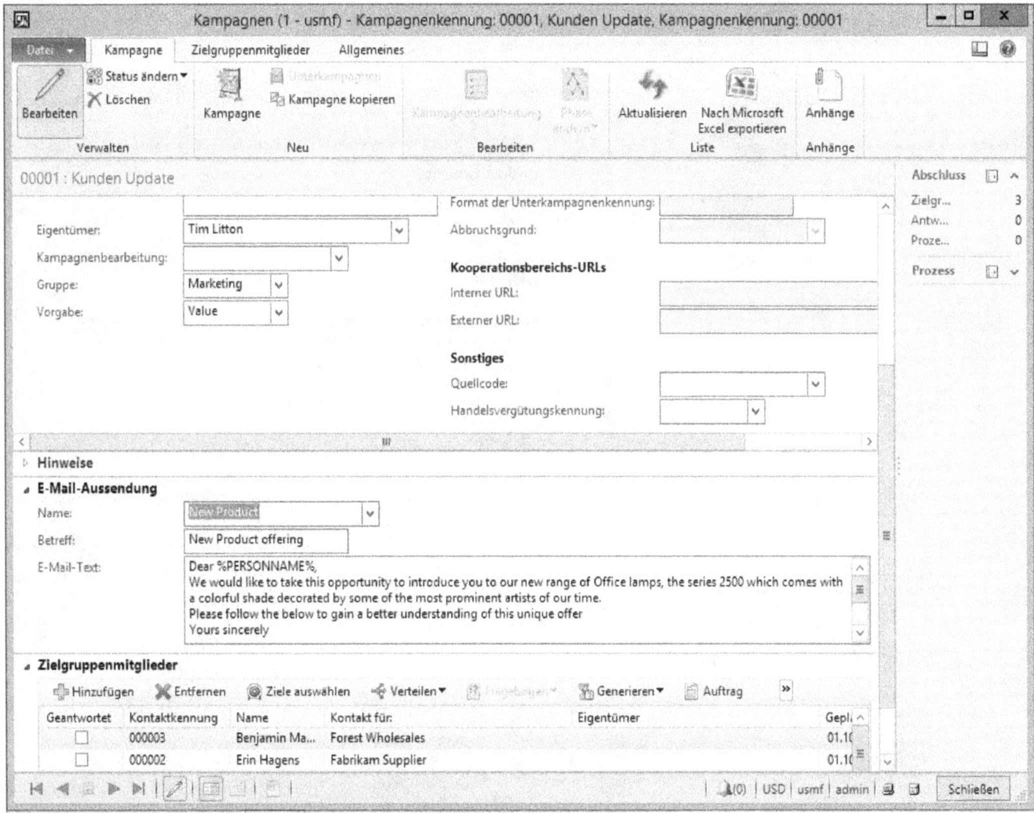

Sobald Sie eine E-Mail-Vorlage gewählt haben, werden Betreff und E-Mail-Text automatisch eingepflegt.

Um eine E-Mail an die Zielgruppe Ihrer Kampagne zu versenden, klicken Sie auf den Menüpunkt Webantwort innerhalb der Funktionsleiste Zielgruppenmitglieder.

Sende personalisierte Emails an Kontakte mit Hilfe von Kampagnen

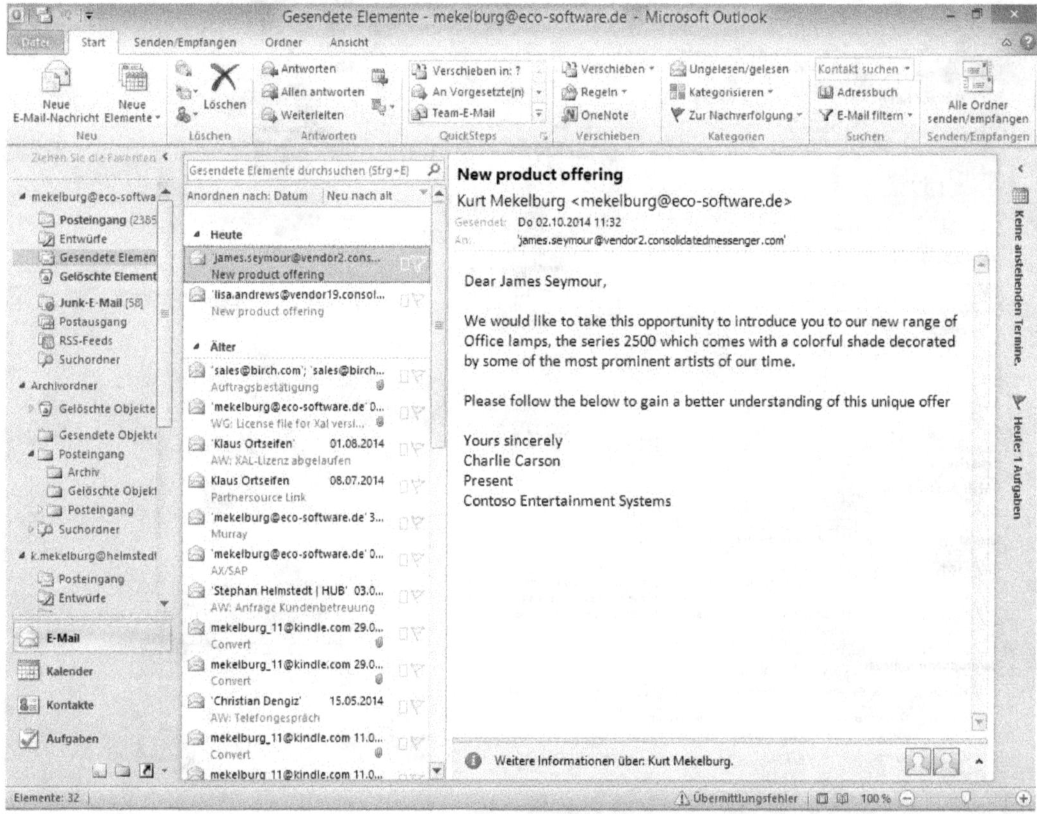

Wenn Sie Ihre gesendeten Elemente in Outlook prüfen, dann können Sie sämtliche personalisierten E-Mails sehen.

How easy is that!

Erstelle eine Angebots-anforderung während des Bestellanforderungs-Prozesses

Eine gute Sache bezüglich Bestellanforderungen ist, dass die Benutzer beinahe alles anfragen können, auch wenn sie etwas nachfragen, das bis jetzt noch nie eingekauft wurde. Dynamics AX macht dies erheblich einfacher, weil Sie in der Lage sind, Angebotsanforderungen für jede der angeforderte Positionen direkt aus der Bestellanforderung heraus zu erstellen. Die Bestellanforderungsposition wird automatisch aktualisiert, wenn ein Lieferantenangebot genehmigt wurde.

Nie mehr manuelles Verarbeiten von Lieferantenangeboten.

Erstelle eine Angebotsanforderung während des Bestellanforderungs-Prozesses

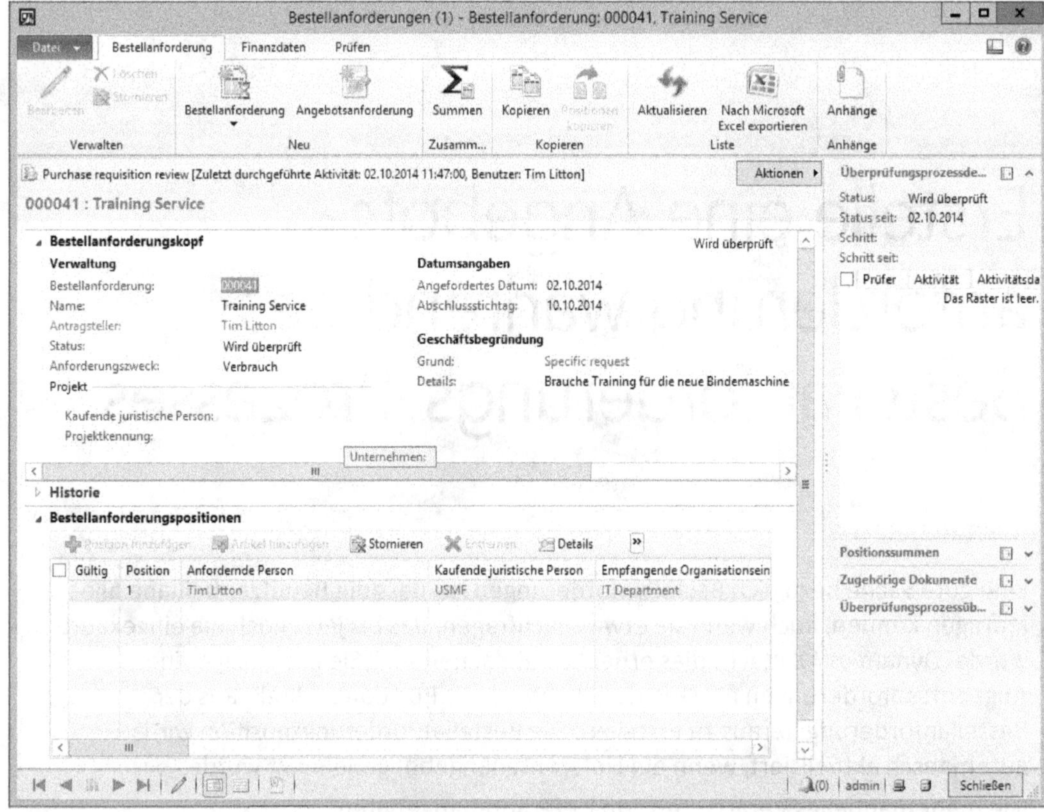

Um eine Angebotsanforderung aus einer Ihnen zugewiesenen Bestellanforderung zu erstellen, klicken Sie auf den Schaltknopf Angebotsanforderung innerhalb der Funktionsleiste Bestellanforderung.

Erstelle eine Angebotsanforderung während des Bestellanforderungs-Prozesses

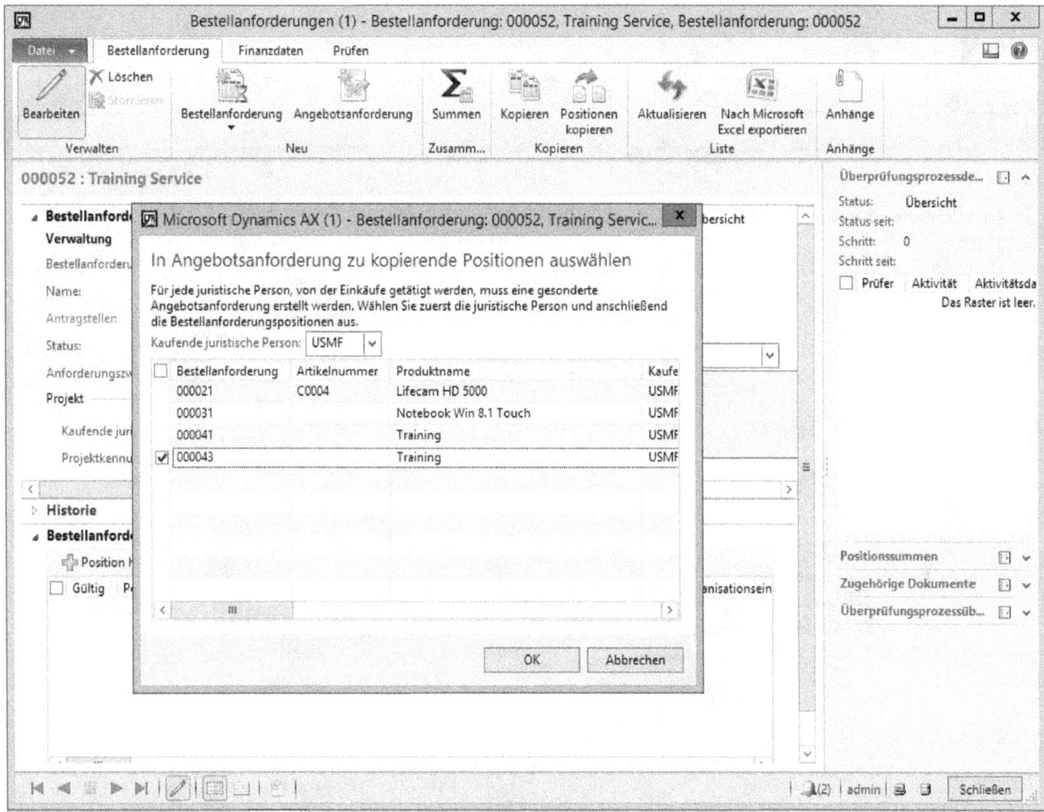

Es wird eine Dialogbox geöffnet, wo Sie die Positionen auswählen, die für eine Angebotsanforderung unterbreitet werden sollen. Nach der Auswahl aller Positionen, die in eine Angebotsanforderung überführt werden sollen, klicken Sie OK, um die Maske zu verlassen.

Erstelle eine Angebotsanforderung während des Bestellanforderungs-Prozesses

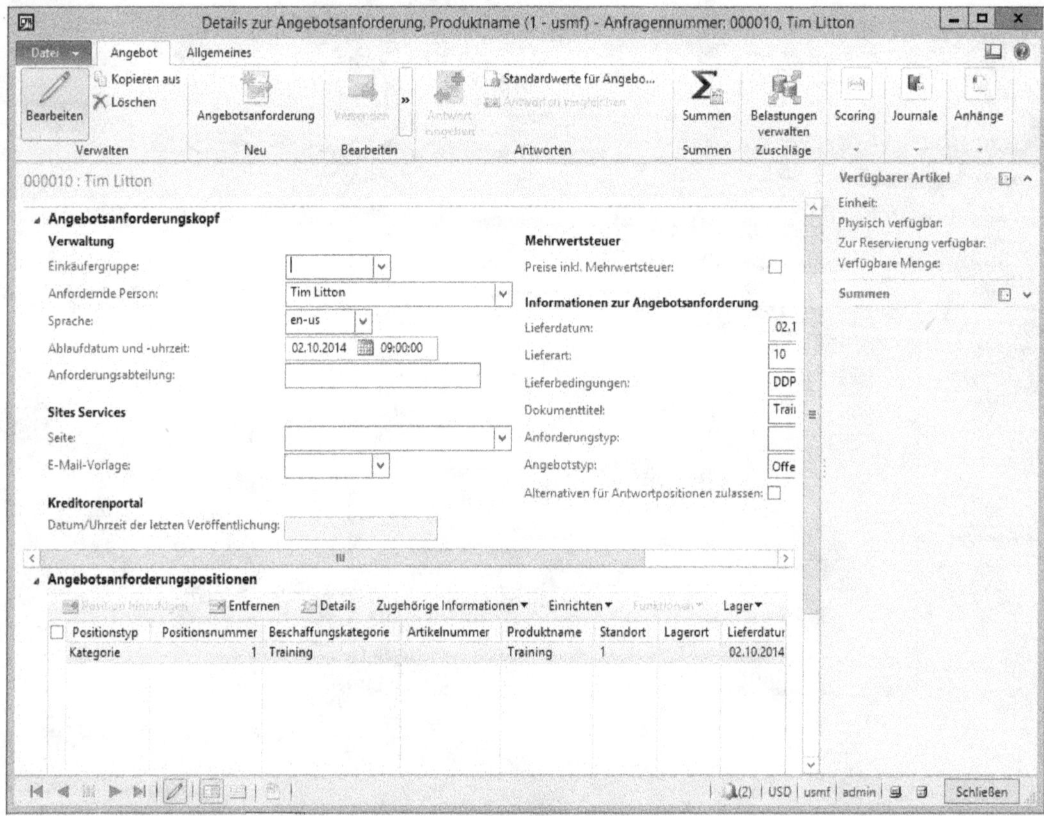

Wenn Sie das Detailformular Angebotsanforderung öffnen, können Sie sehen, dass eine neue Angebotsanforderung erstellt wurde mit sämtlichen von Ihnen gewählten Positionen aus der Bestellanforderung.

Erstelle eine Angebotsanforderung während des Bestellanforderungs-Prozesses

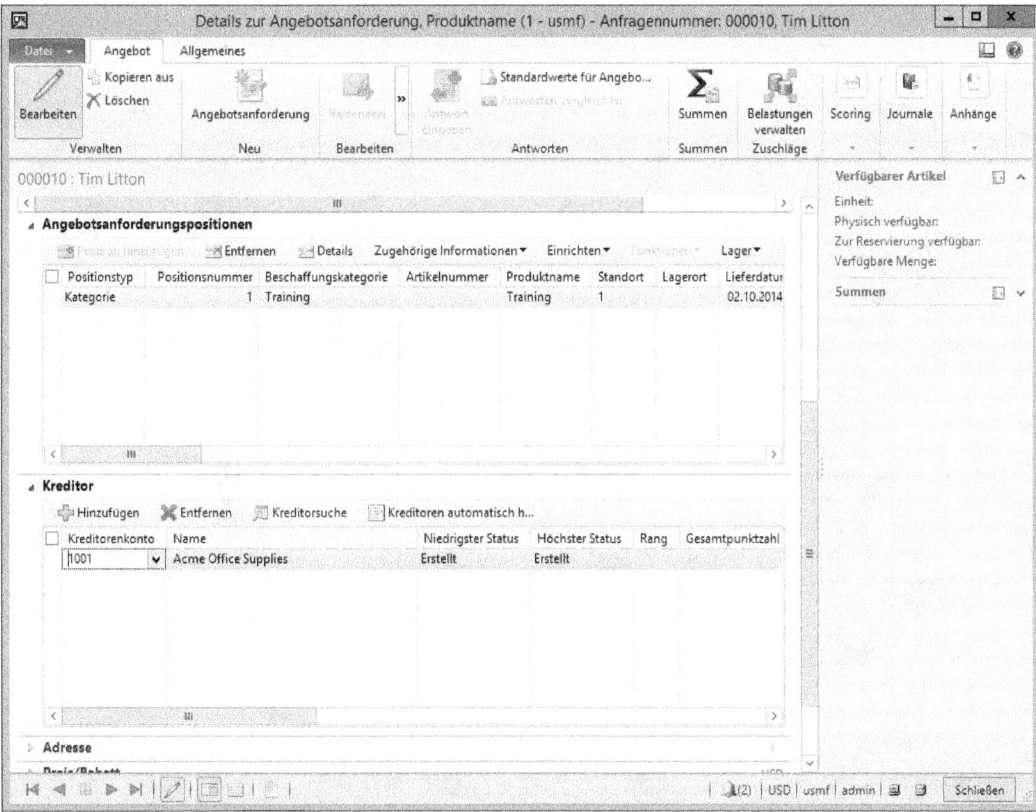

Wählen Sie jetzt in der Registerkartei Kreditor die Lieferanten aus, denen die Angebotsanforderung zugestellt werden soll, und klicken Sie den Schaltknopf Versenden innerhalb der Funktionsleiste Angebot.

Erstelle eine Angebotsanforderung während des Bestellanforderungs-Prozesses

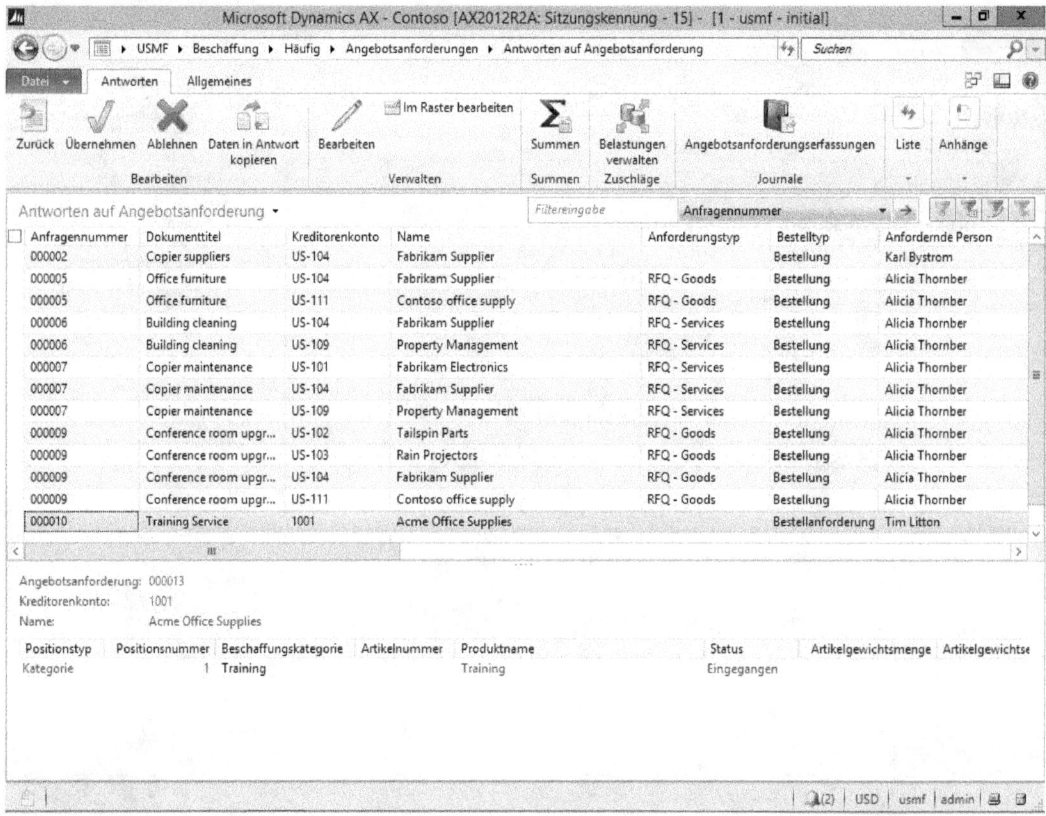

Anschließend müssen Sie nur noch auf die Antwort Ihres Lieferanten hinsichtlich Ihrer Angebotsanforderung warten (hoffentlich ist er in der Lage, das Online Lieferantenportal zu nutzen). Wenn Sie das Preisangebot in Ihre Bestellanforderung übernehmen möchten, dann klicken Sie auf den Schaltknopf Übernehmen innerhalb der Funktionsleiste Antworten.

Erstelle eine Angebotsanforderung während des Bestellanforderungs-Prozesses

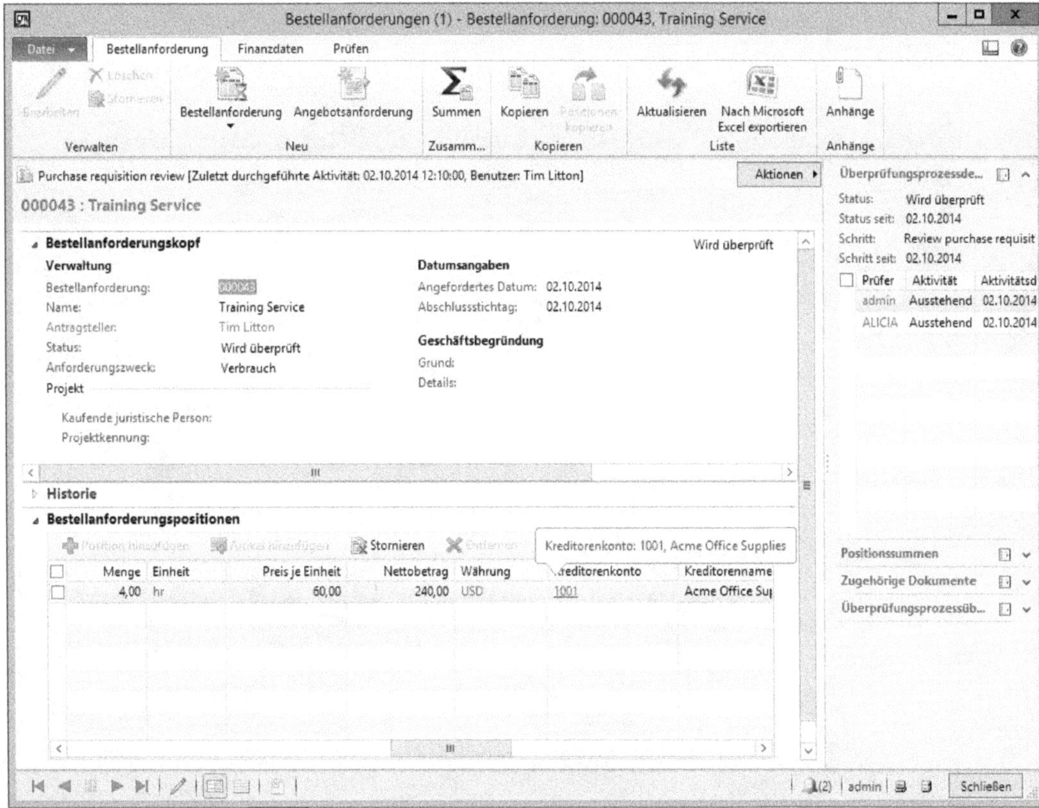

Wenn Sie zur Bestellanforderung zurückkehren, können Sie sehen, dass die angebotenen Preise aus der Angebotsanforderung automatisch in den Bestellanforderungspositionen aktualisiert werden und ebenso der Lieferant hinzugefügt wird.

Sie müssen jetzt nur noch die Bestellanforderung genehmigen und dann in eine Bestellung umwandeln.

How easy is that.

Ergänze Qualifikation und Ausbildung, um Personen Jobs zuordnen zu können

Wenn Sie immer wieder nach Personen suchen mit bestimmter Job-Qualifikation oder Ausbildung, warum dann nicht die Qualifikation und Ausbildung in Dynamics AX hinterlegen. Sie können diese Personalinformationen nicht nur für Mitarbeiter und Arbeitskräfte aufzeichnen, sondern auch für jeden Kontakt, den Sie im System angelegt haben. Dann können Sie die Skill Mapping Funktion nutzen, um Übereinstimmungen zu finden.
Mit Hilfe dieses Werkzeugs werden Sie Ihr eigener Headhunter.

Ergänze Qualifikation und Ausbildung, um Personen Jobs zuordnen zu können

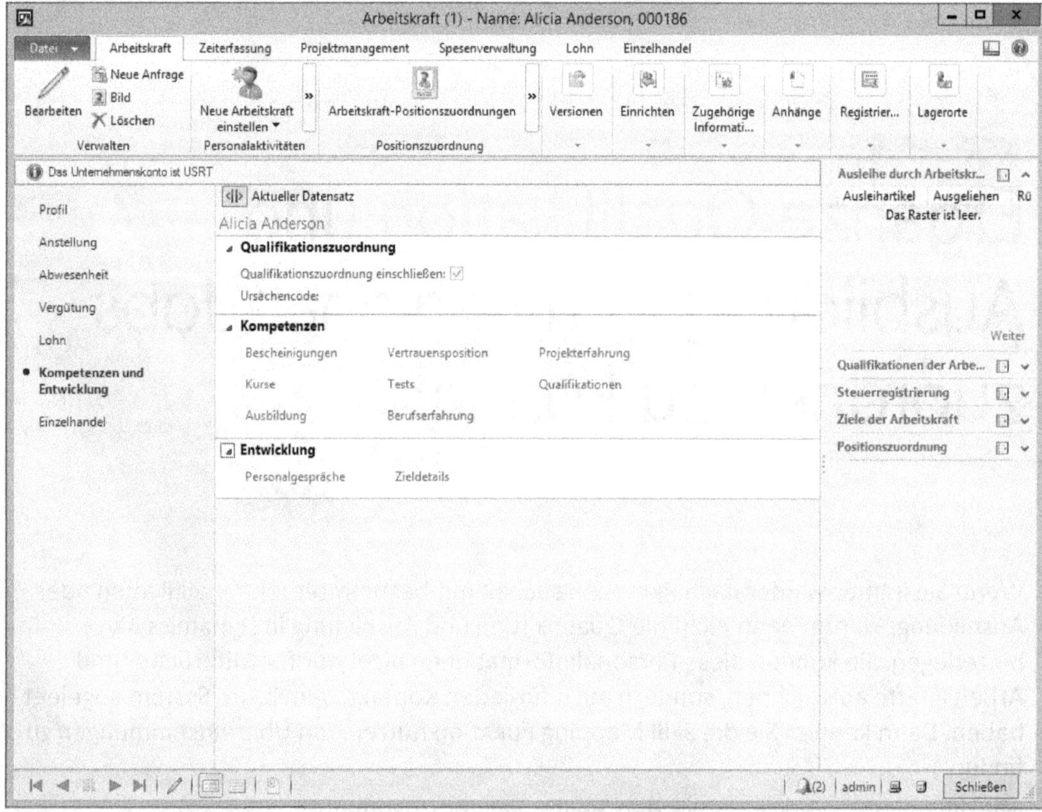

Um Personen basierend auf deren Qualifikation und Ausbildung zu finden, müssen Sie zuerst dafür sorgen, dass diese Informationen hinterlegt werden.

Um die Ausbildung für Arbeitskräfte und Mitarbeiter zu aktualisieren, öffnen Sie den entsprechenden Datensatz, wählen das Register Kompetenzen und Entwicklung, und klicken dann auf Ausbildung in der Kompetenzen-Gruppe.

Ergänze Qualifikation und Ausbildung, um Personen Jobs zuordnen zu können

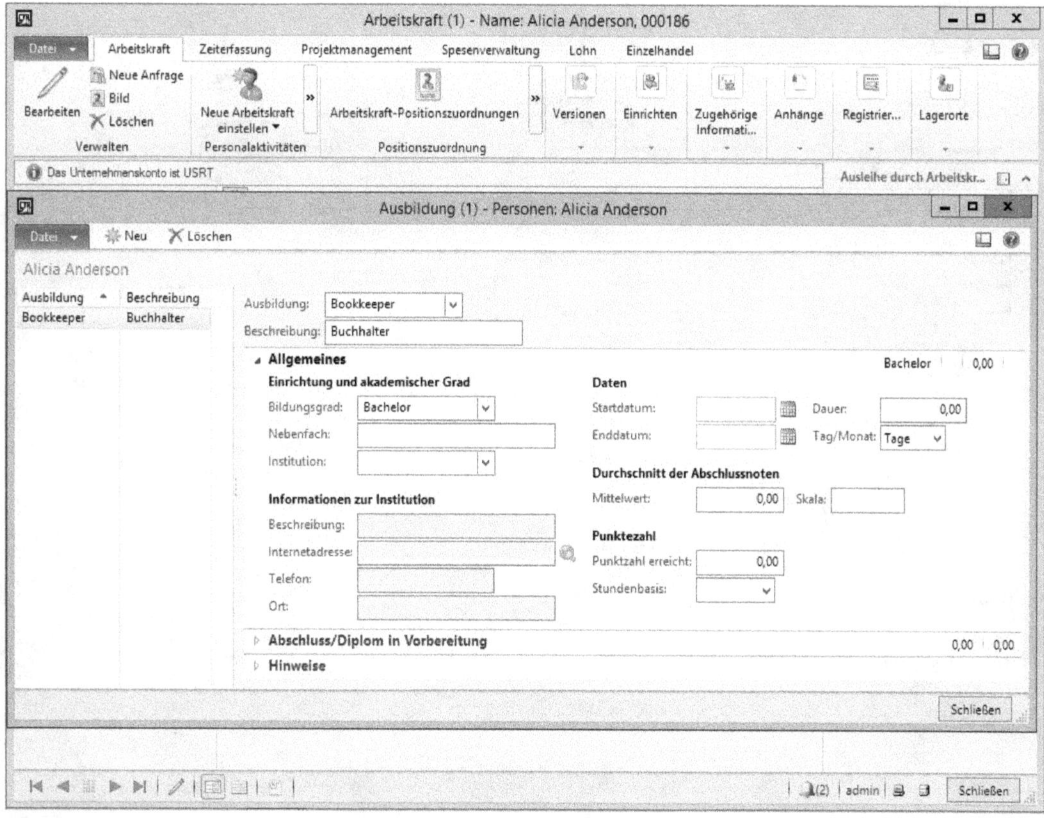

Das gestattet Ihnen, den Ausbildungsstatus für die Arbeitskraft zu hinterlegen.

Ergänze Qualifikation und Ausbildung, um Personen Jobs zuordnen zu können

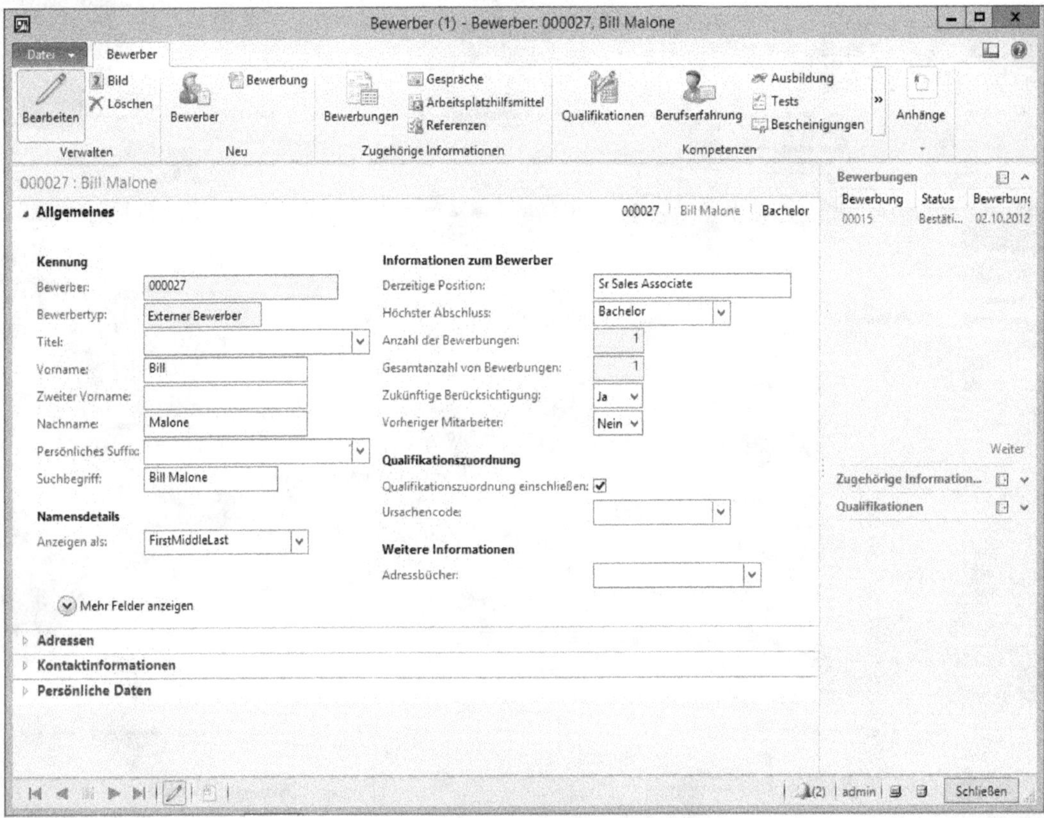

Sie können ebenso die Ausbildung und Qualifikation eines Bewerbers im Personalverwaltungsmodul eingeben. Dazu öffnen Sie den Bewerber-Datensatz und klicken dann auf den Schaltknopf Ausbildung.

Ergänze Qualifikation und Ausbildung, um Personen Jobs zuordnen zu können

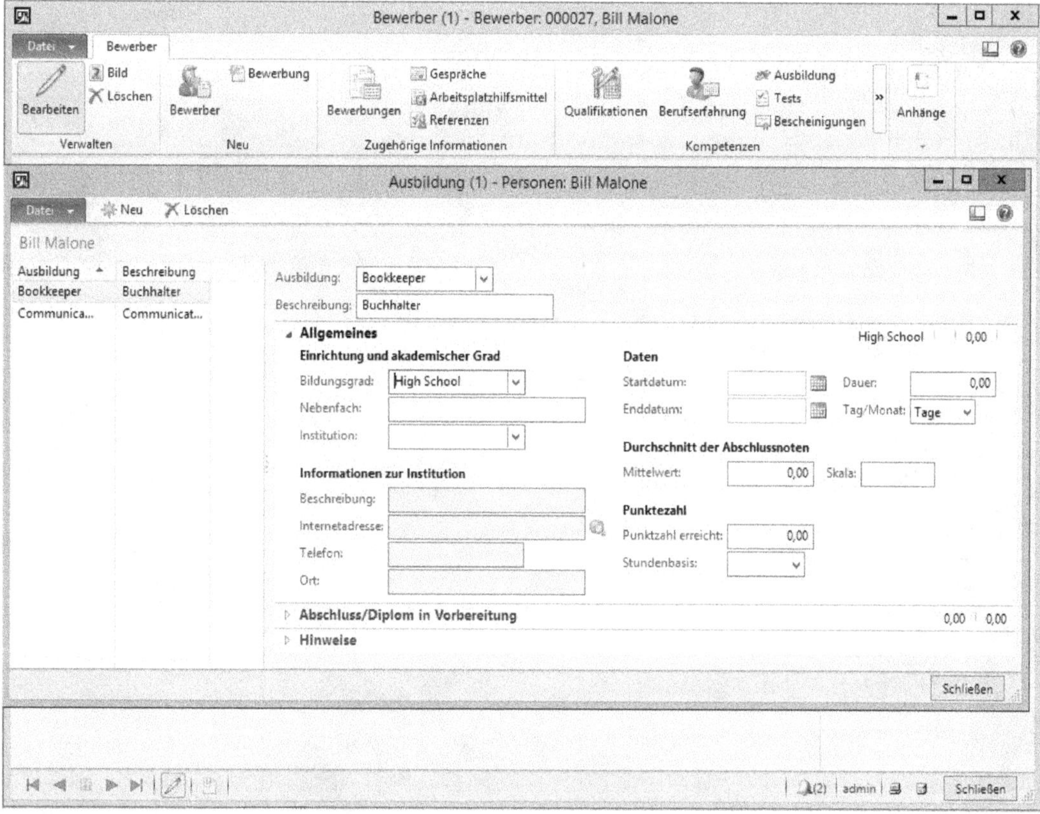

Wenn das Detailformular Ausbildung angezeigt wird, können Sie sämtliche Ausbildungsdetails des Bewerbers ergänzen.

Ergänze Qualifikation und Ausbildung, um Personen Jobs zuordnen zu können

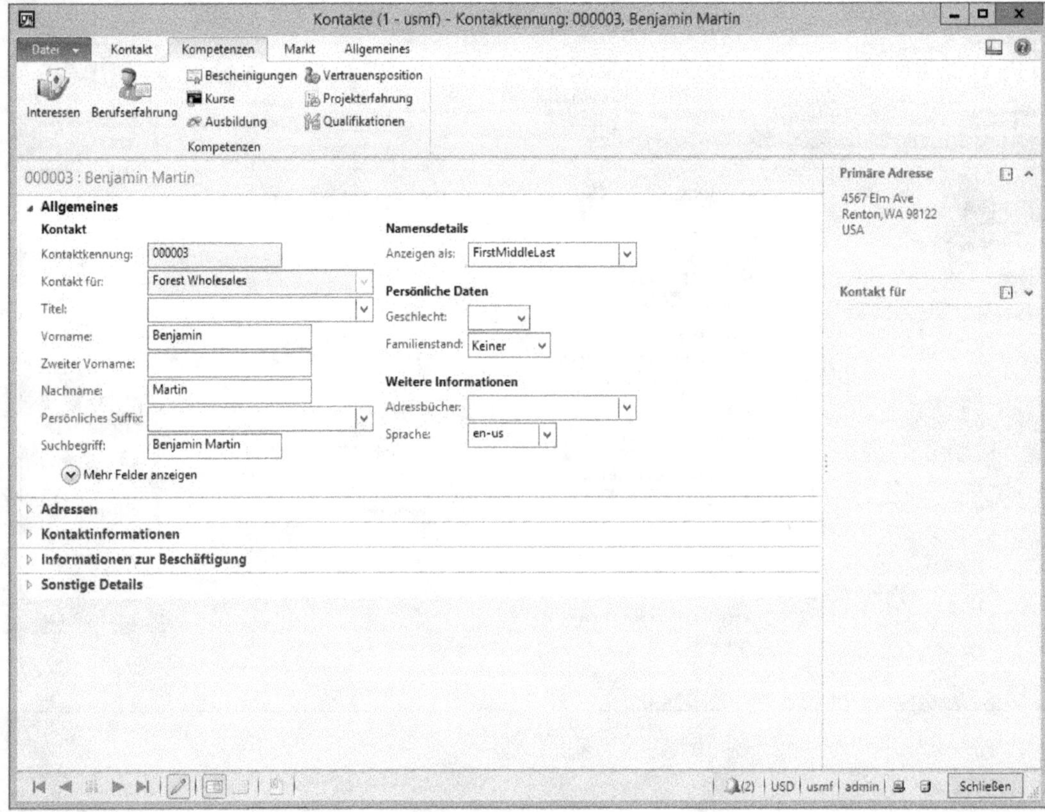

Selbstverständlich besteht auch die Möglichkeit, Qualifikation und Ausbildung für jeden Kontakt festzuhalten. Öffnen Sie den entsprechenden Kontakt-Datensatz, und klicken Sie auf den Schaltknopf Ausbildung in der Funktionsleiste Kompetenzen.

Ergänze Qualifikation und Ausbildung, um Personen Jobs zuordnen zu können

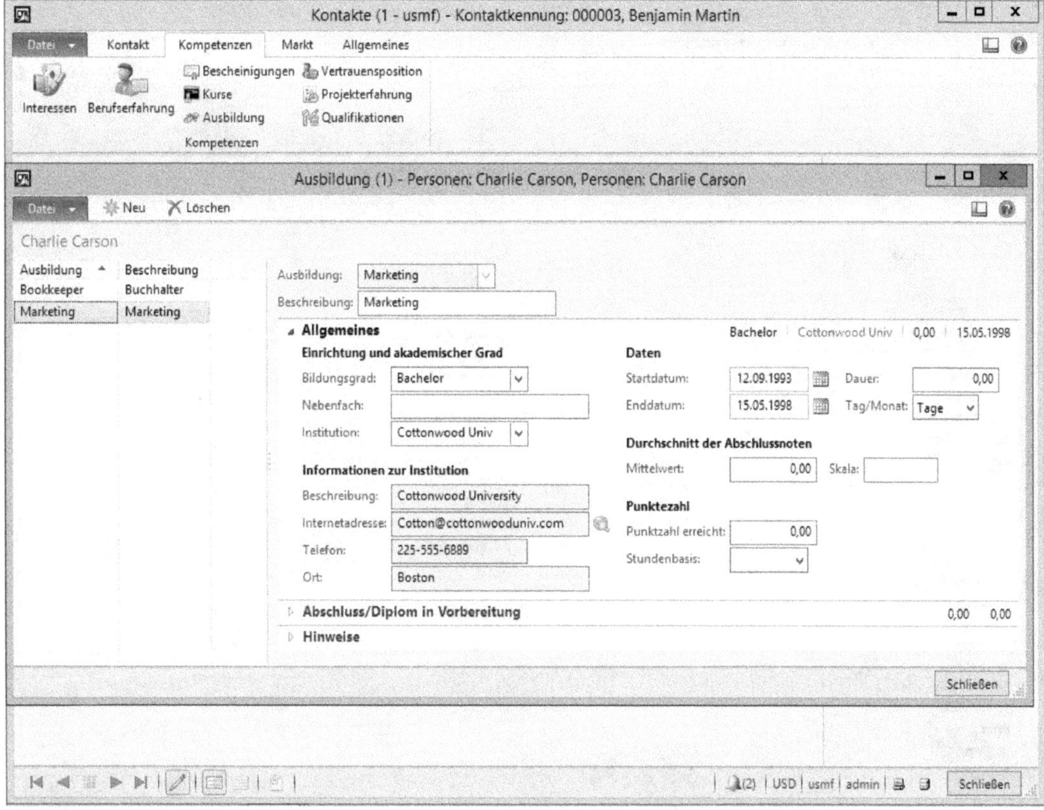

Wenn das Detailformular Ausbildung angezeigt wird, können Sie für den Kontakt jedes Ausbildungsdetail ebenso ergänzen.

Ergänze Qualifikation und Ausbildung, um Personen Jobs zuordnen zu können

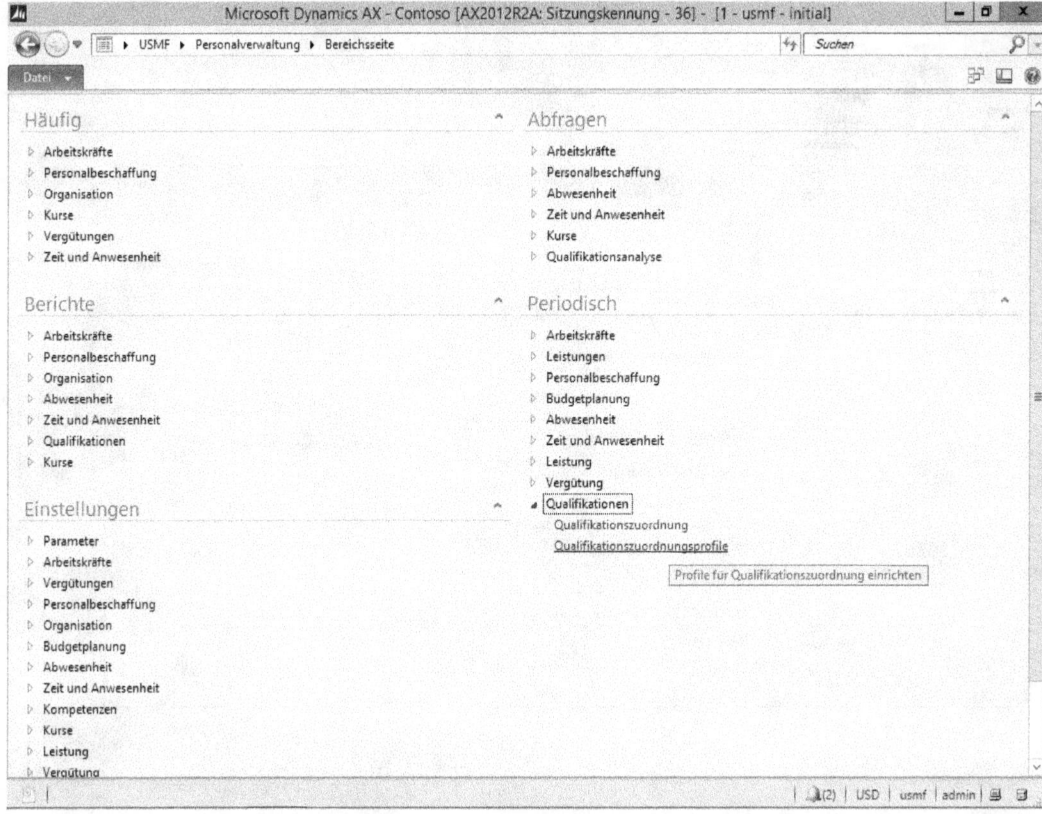

Eine schnelle Möglichkeit, um nach Personen mit annähernd denselben Qualifikationen zu suchen, bietet der Menüpunkt Qualifikationszuordnung unter Periodisch innerhalb der Bereichsseite Personalverwaltung.

Ergänze Qualifikation und Ausbildung, um Personen Jobs zuordnen zu können

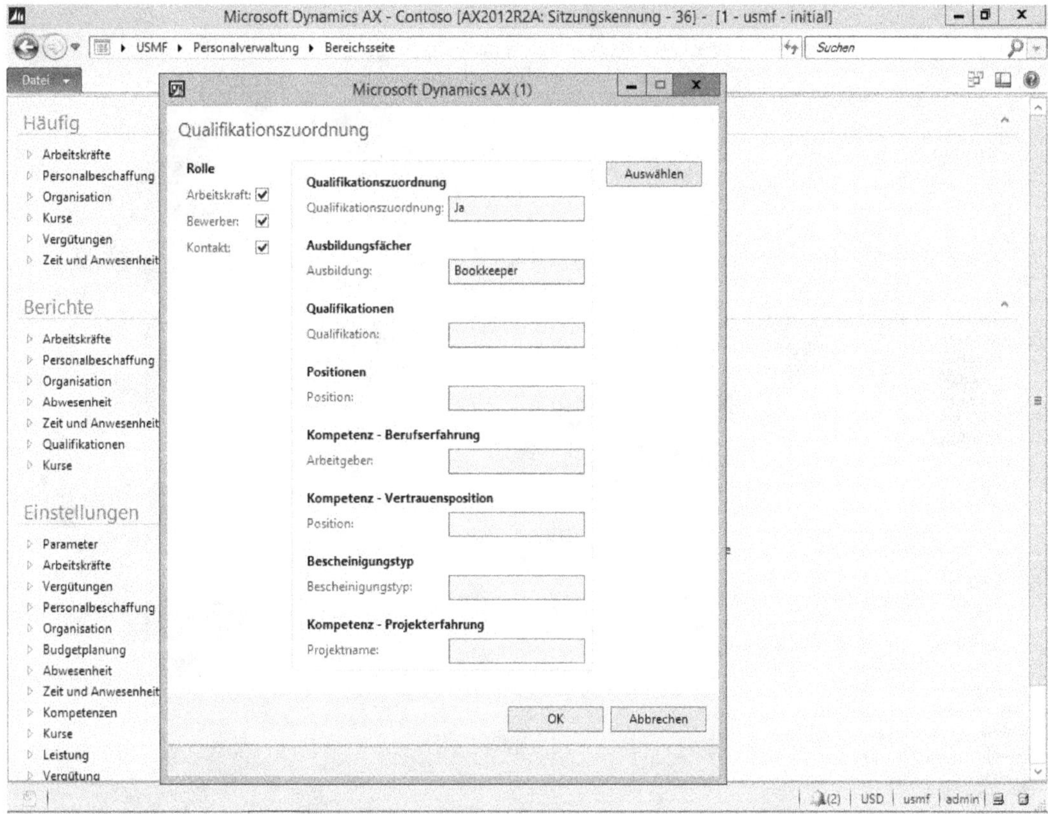

Wenn die Dialogbox Qualifikationszuordnung angezeigt wird, wählen Sie die Kriterien, nach denen Qualifikation und Ausbildung abgeglichen werden sollen, und klicken dann OK.

Ergänze Qualifikation und Ausbildung, um Personen Jobs zuordnen zu können

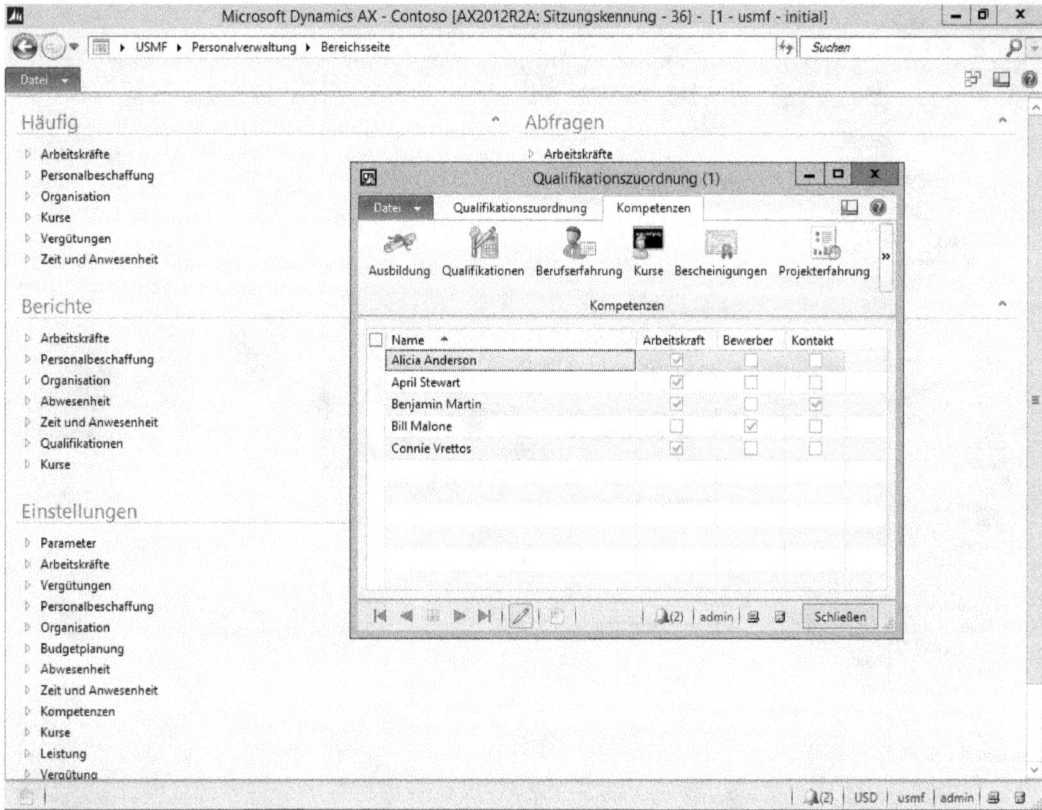

Daraufhin wird eine Liste mit Arbeitskräften, Kontakten und Bewerbern zurückgemeldet, die Ihren Suchkriterien entsprechen.

How cool is that!

Hinzufügen von Medien zu Fragebögen, um visuelle Trainingseinheiten und Zertifikationen zu erstellen

Fragebögen sind eine großartige Möglichkeit innerhalb Dynamics AX, um Informationen abzugreifen, wobei Sie nicht auf die alleinige Verwendung von Text limitiert sind. Es gibt eine Option, die es Ihnen erlaubt, Mediendateien mit individuellen Fragen zu verbinden, die in Verbindung mit der Frage angezeigt werden.

Dies gestattet es Ihnen, visuelle Trainings- und Test-Fragebögen zu erstellen, die Sie Mitarbeitern zwecks Komplettierung zuweisen können, falls Trainings- und Zertifikationsanforderungen bestehen sollten.

Hinzufügen von Medien zu Fragebögen, um visuelle Trainingseinheiten und Zertifikationen zu erstellen

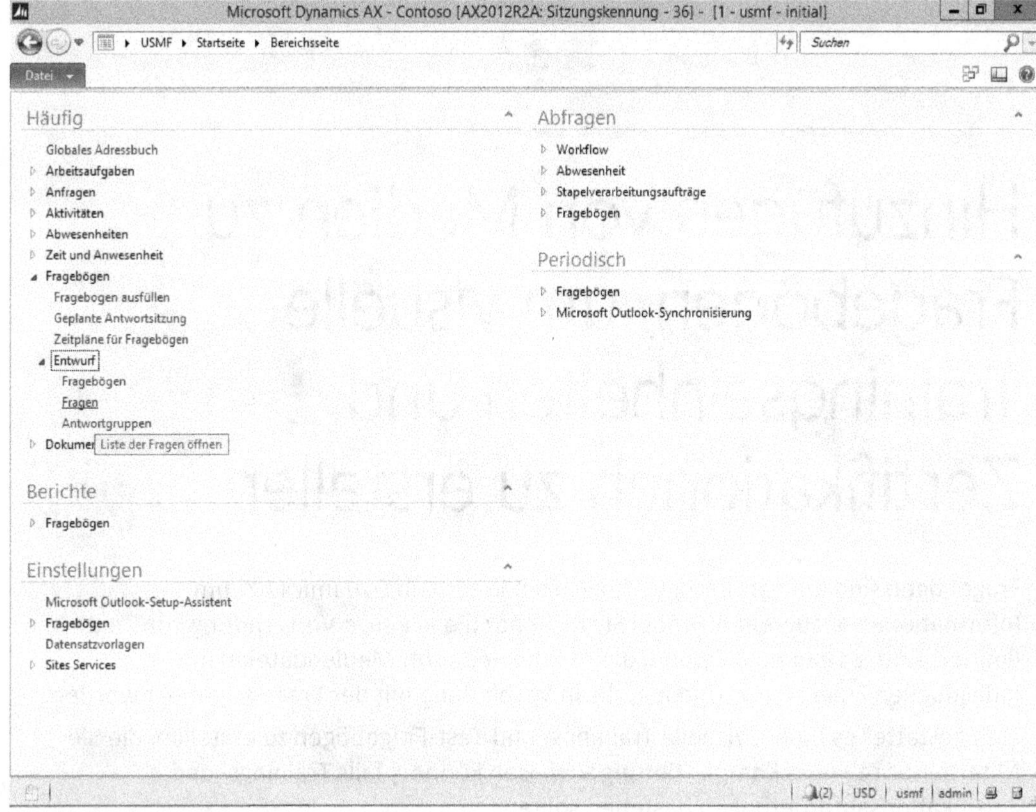

Wählen Sie den Menüpunkt Fragen innerhalb des Ordners Fragebögen in der Start-Bereichsseite.

Hinzufügen von Medien zu Fragebögen, um visuelle Trainingseinheiten und Zertifikationen zu erstellen

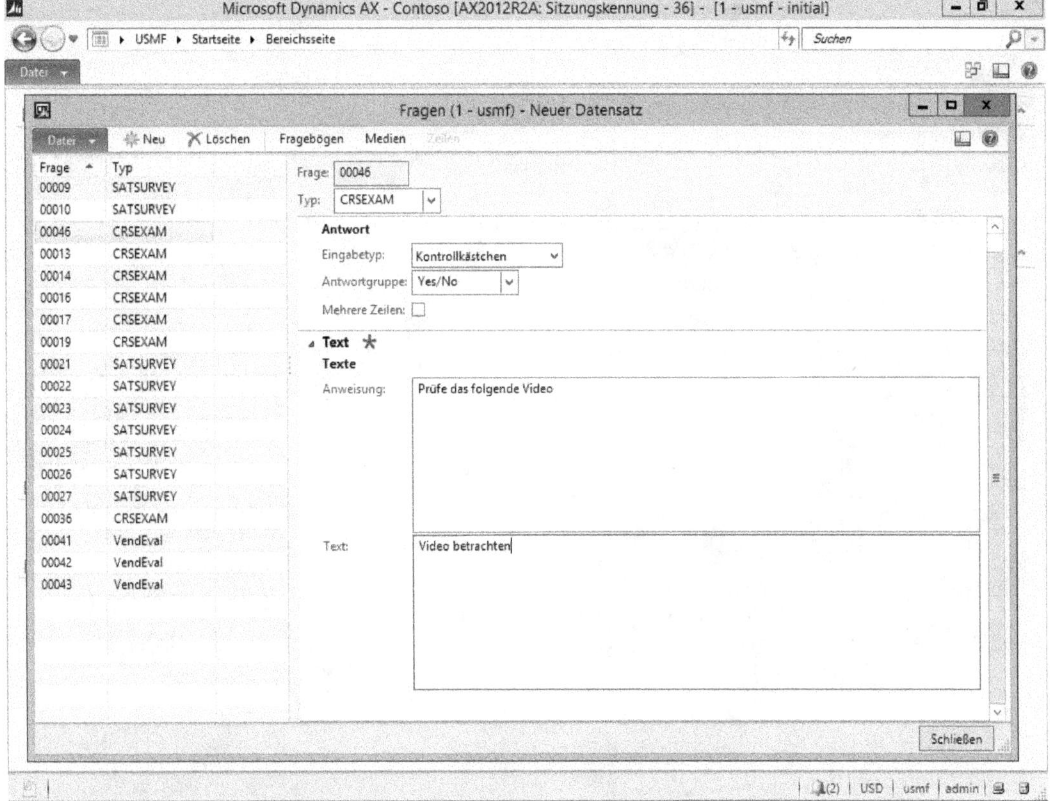

Wenn die Maske Fragen angezeigt wird, klicken Sie auf Neu, um eine neue Frage zu erstellen.

Setzen Sie den Eingabetyp auf Kontrollkästchen, und geben Sie Ihrer Frage einige Anweisungen und etwas Text.

Dann klicken Sie auf Medien in der Menüleiste.

Hinzufügen von Medien zu Fragebögen, um visuelle Trainingseinheiten und Zertifikationen zu erstellen

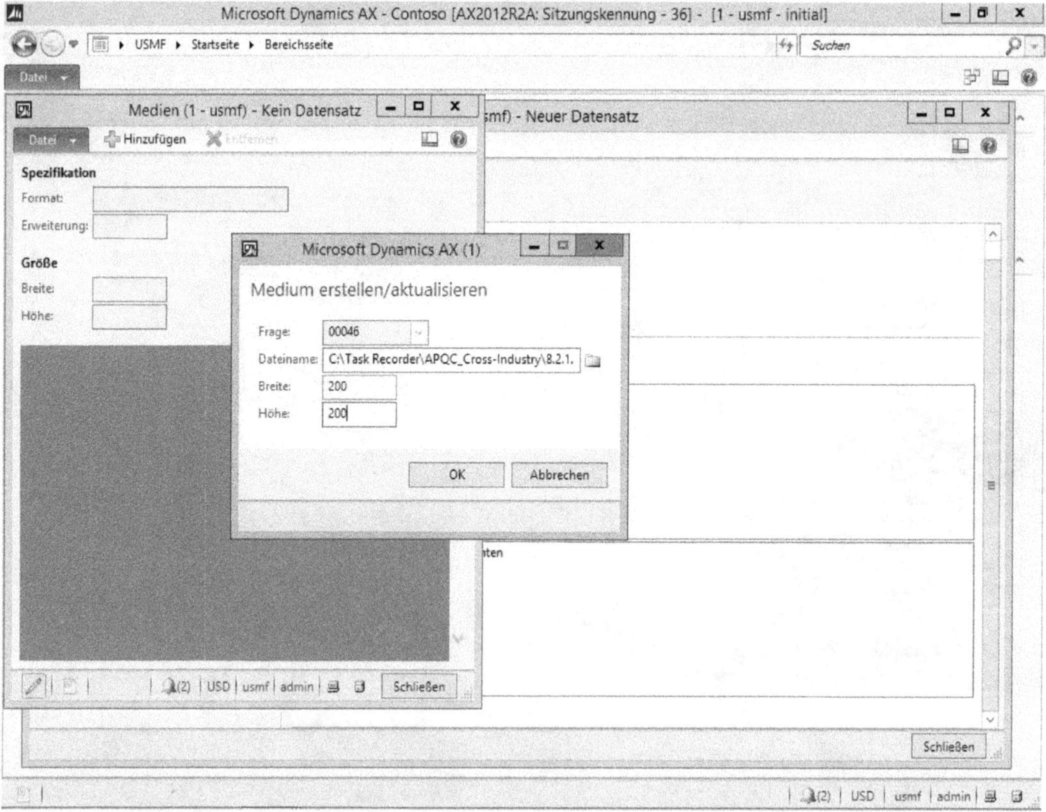

Wenn die Dialogbox Medien angezeigt wird, klicken Sie auf Hinzufügen in der Menüleiste, um mit der Frage ein Medium zu verbinden.

Wenn die Dialogbox Medium erstellen/aktualisieren erscheint, spezifizieren Sie Dateinamen und Weite und Höhe und klicken abschließend OK.

Hinzufügen von Medien zu Fragebögen, um visuelle Trainingseinheiten und Zertifikationen zu erstellen

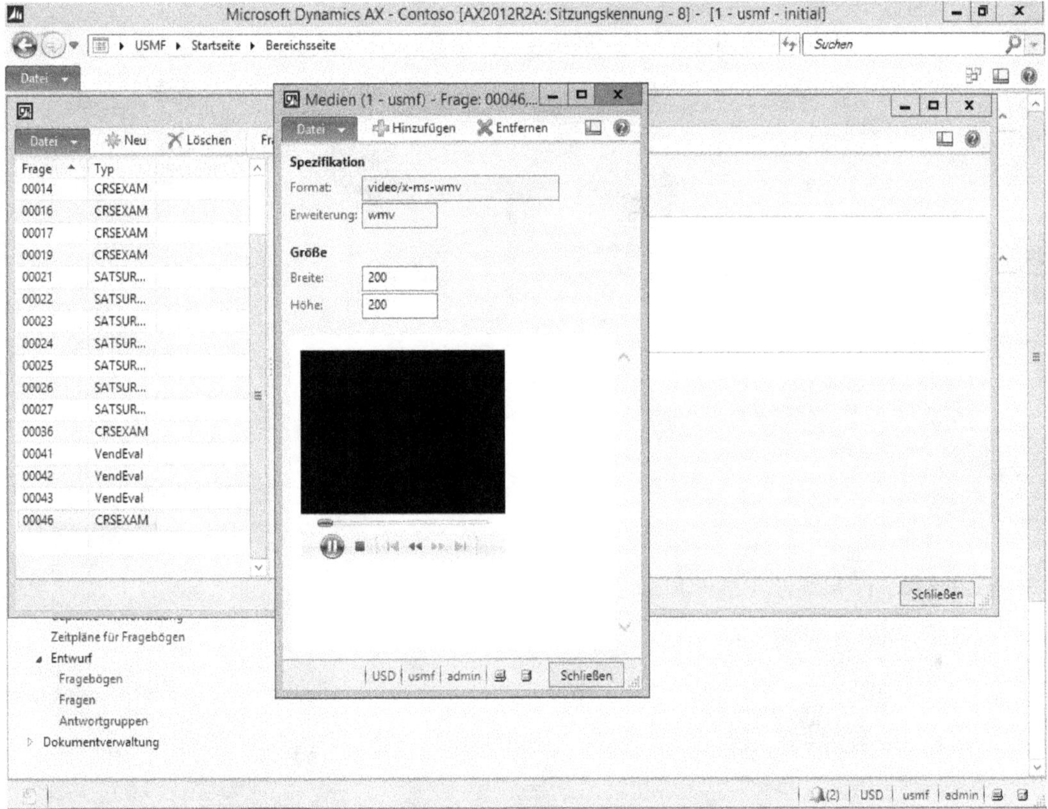

Wenn Sie in die Medien-Dialogbox zurückkehren, sollten Sie die Animation, die Sie hinzufügten, sehen können.

Hinzufügen von Medien zu Fragebögen, um visuelle Trainingseinheiten und Zertifikationen zu erstellen

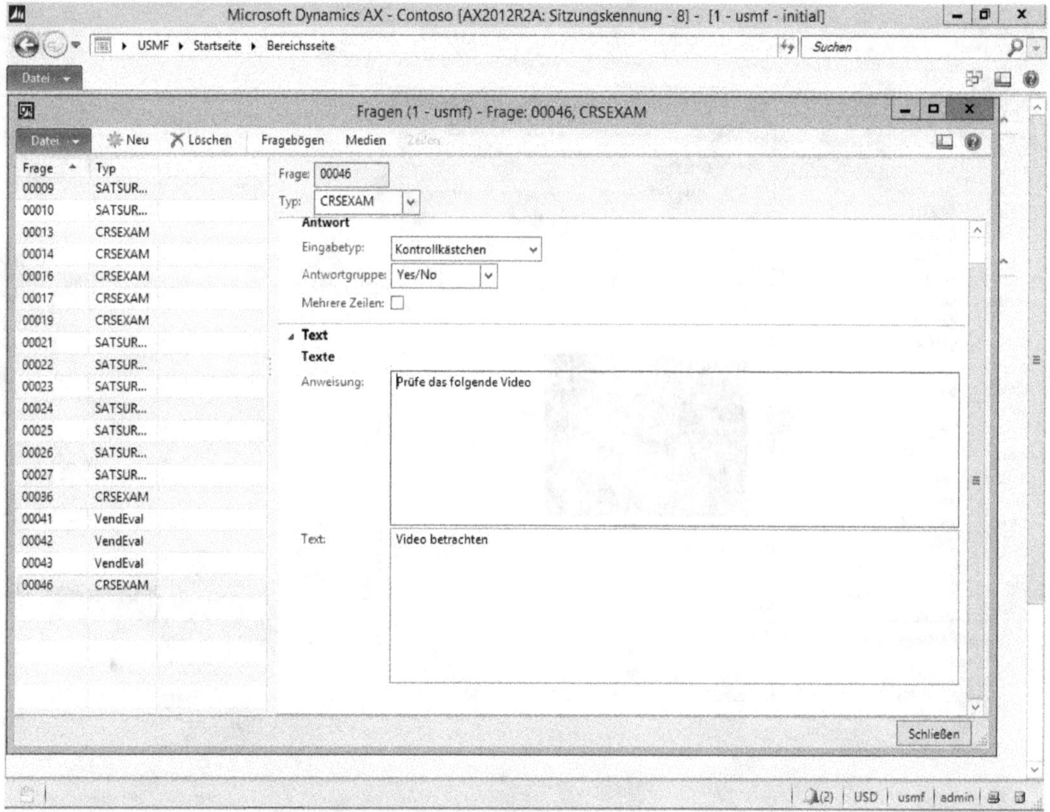

Wiederholen Sie das Hinzufügen der Frage, aber in diesem Fall spezifizieren Sie die Frage, die mit dem Video assoziiert werden soll.

Nach Beendigung klicken Sie auf Schließen.

Hinzufügen von Medien zu Fragebögen, um visuelle Trainingseinheiten und Zertifikationen zu erstellen

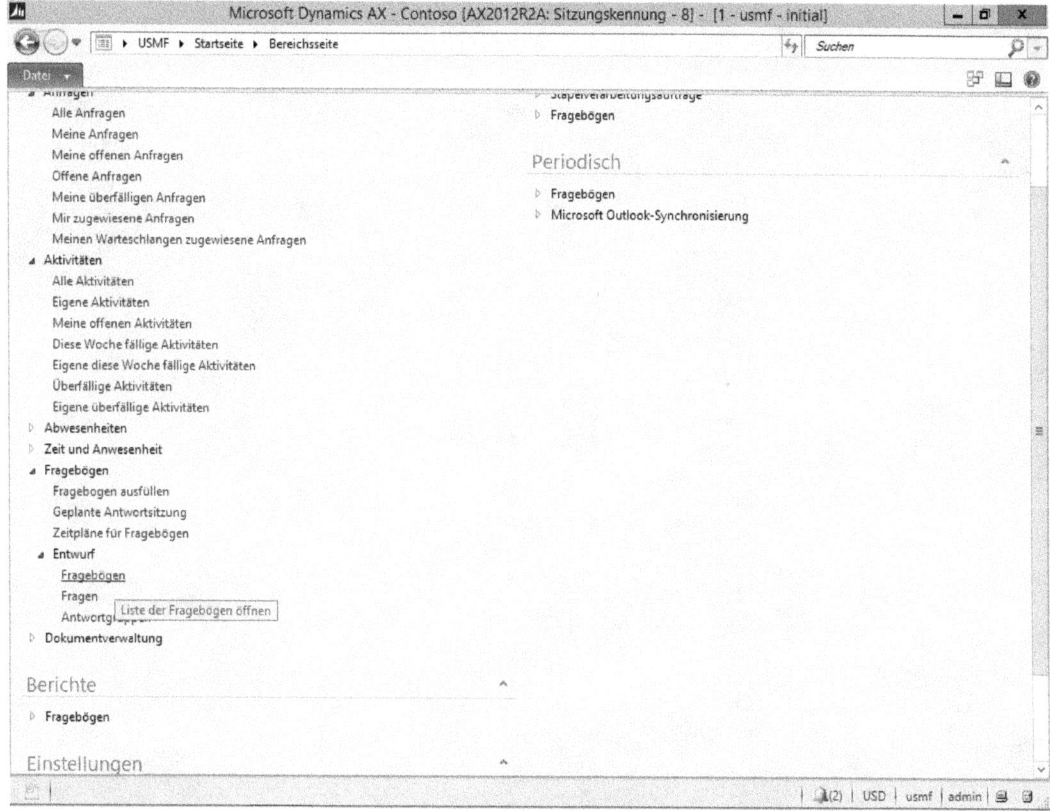

Als nächstes wählen Sie den Menüpunkt Fragebögen innerhalb des Ordners Fragebögen in der Start-Bereichsseite.

Hinzufügen von Medien zu Fragebögen, um visuelle Trainingseinheiten und Zertifikationen zu erstellen

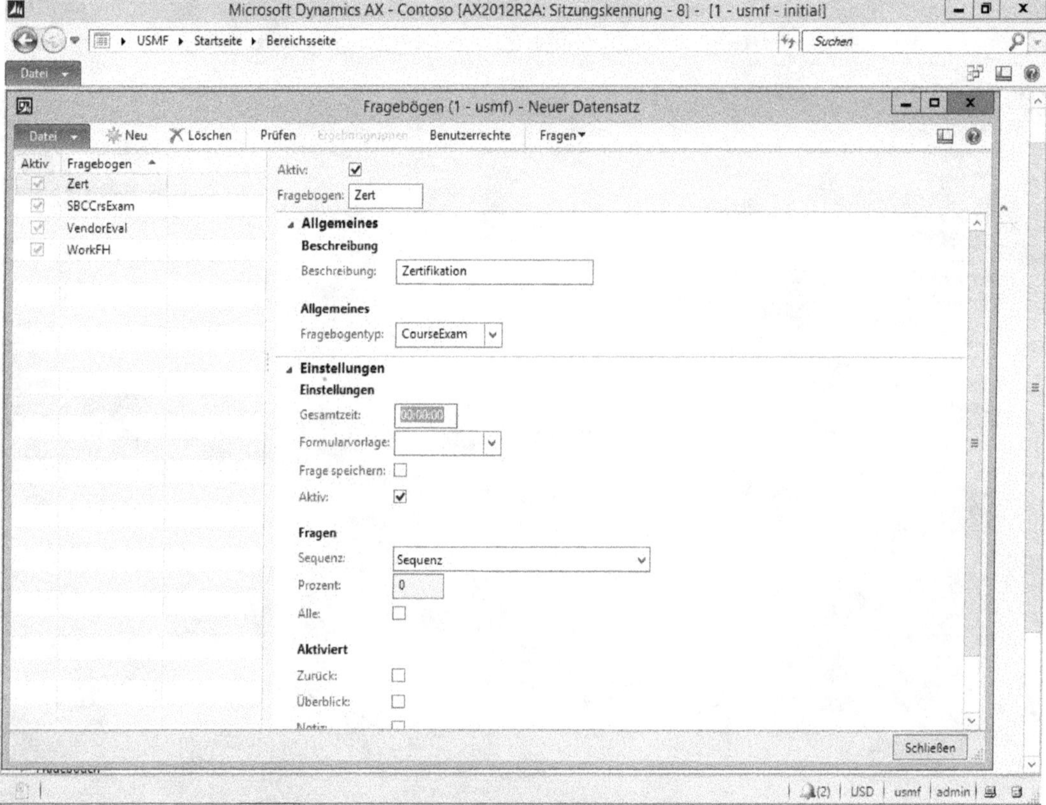

Wenn das Detailformular Fragebögen erscheint, klicken Sie auf Neu in der Menüleiste, um einen neuen Fragebogen zu erstellen.

Geben Sie Ihren Fragebogen Namen und Beschreibung.

Hinzufügen von Medien zu Fragebögen, um visuelle Trainingseinheiten und Zertifikationen zu erstellen

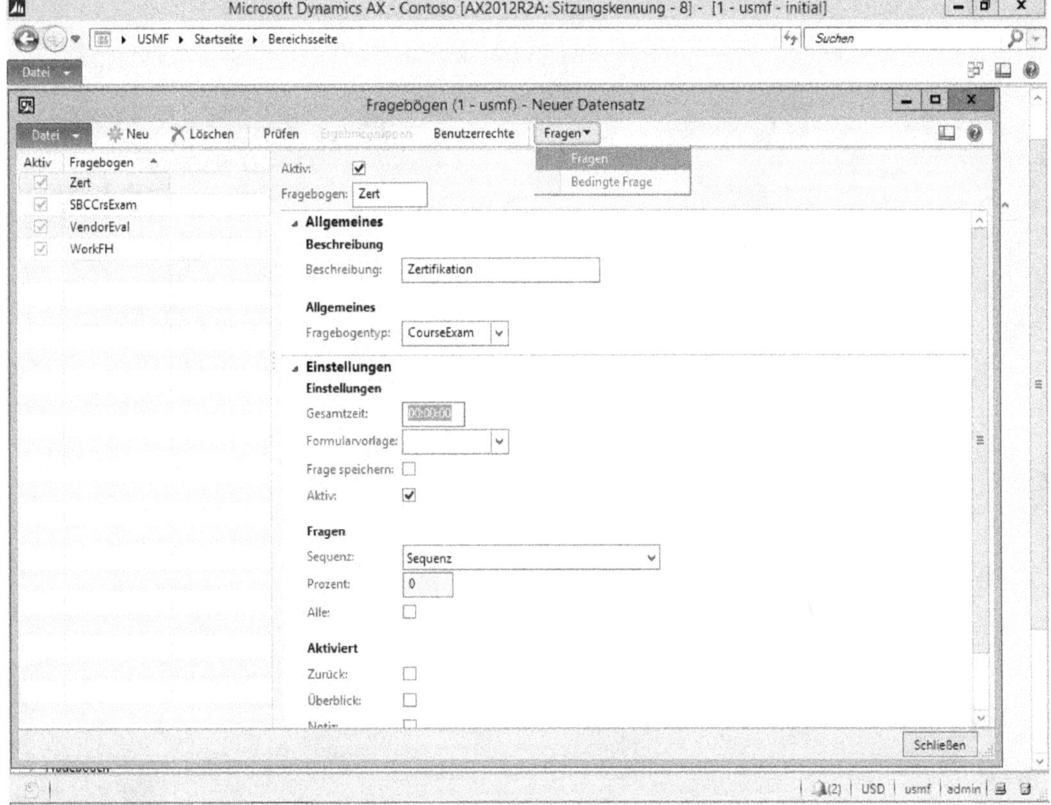

Jetzt klicken Sie in der Menüleiste auf Fragen und wählen den Menüpunkt Fragen.

Hinzufügen von Medien zu Fragebögen, um visuelle Trainingseinheiten und Zertifikationen zu erstellen

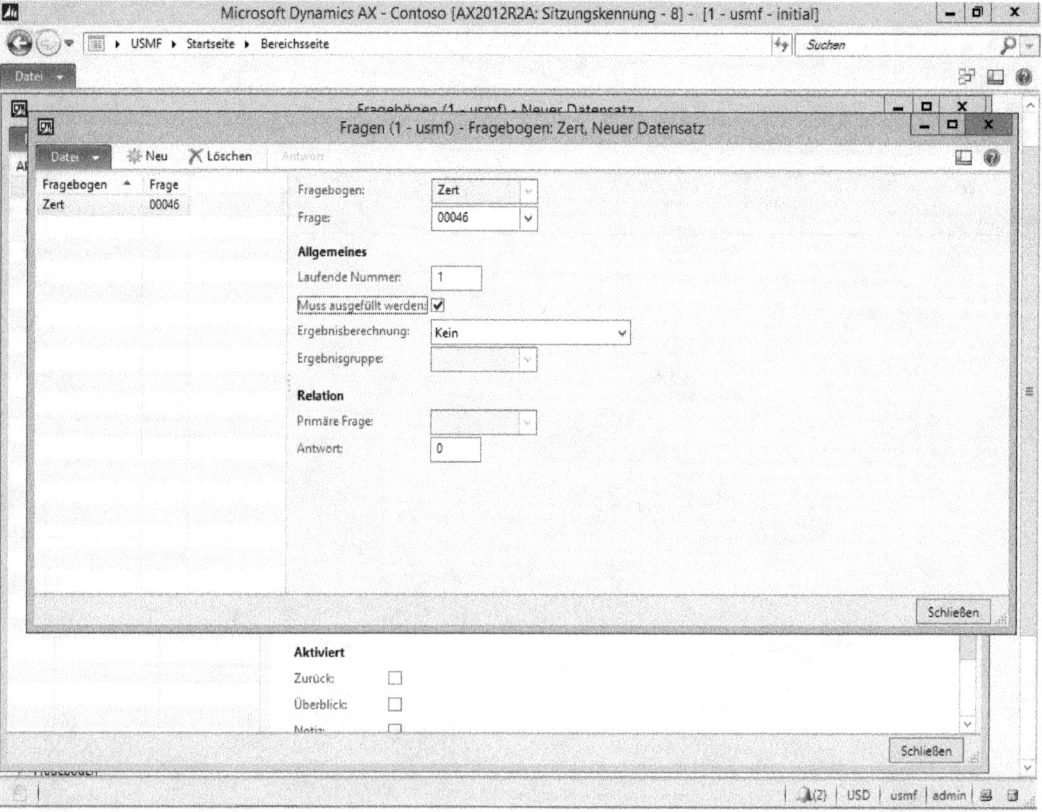

Wenn die Fragenmaske angezeigt wird, klicken Sie auf Neu in der Menüleiste, um eine neue Frage zu ergänzen.

Im Feld Frage wählen Sie die erste Frage, die Sie vorher erstellt haben.

Wiederholen Sie diesen Vorgang für weitere Fragen und klicken dann auf Schließen, um die Maske zu verlassen.

Hinzufügen von Medien zu Fragebögen, um visuelle Trainingseinheiten und Zertifikationen zu erstellen

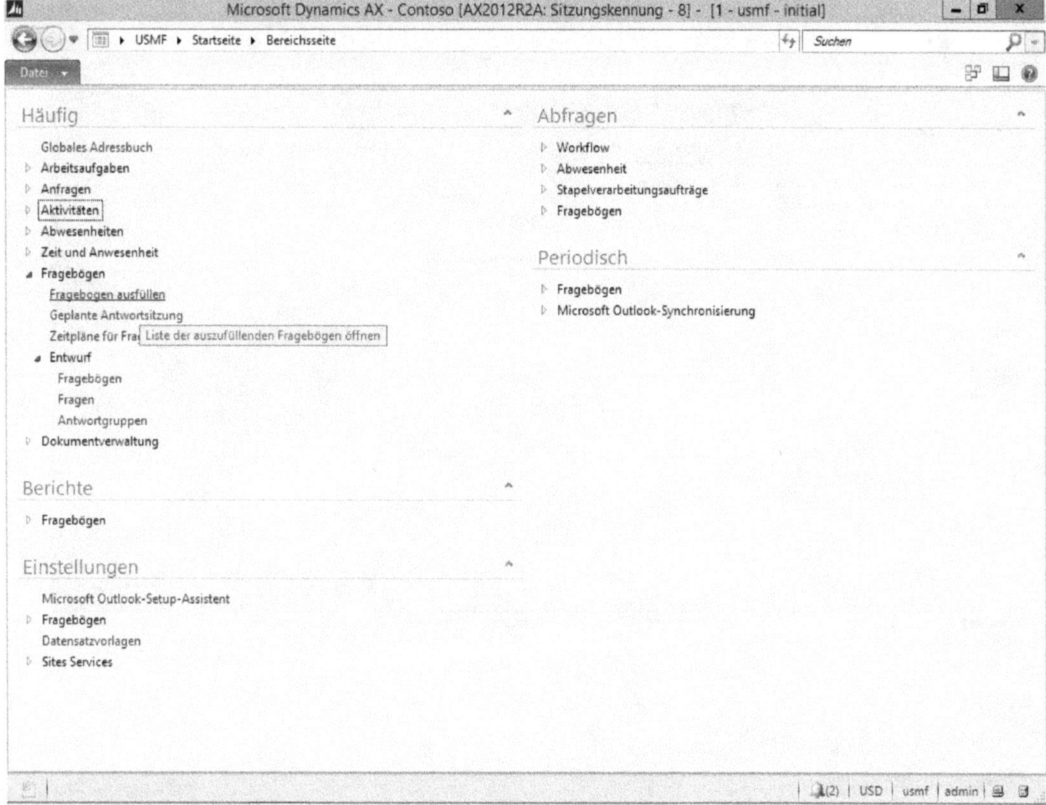

Um den Fragebogen zu testen, wählen Sie den Menüpunkt Fragebogen ausfüllen innerhalb des Ordners Fragebögen in der Start-Bereichsseite.

Hinzufügen von Medien zu Fragebögen, um visuelle Trainingseinheiten und Zertifikationen zu erstellen

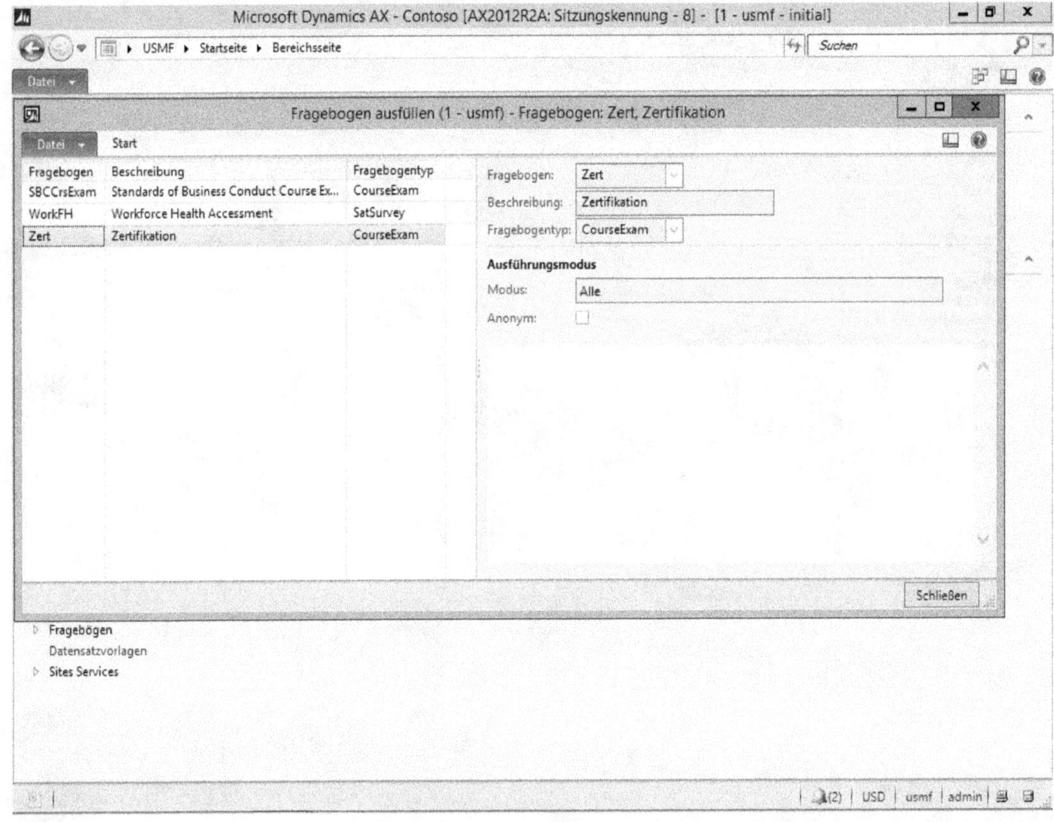

Wählen Sie Ihren Fragebogen und klicken auf Start in der Menüleiste.

Hinzufügen von Medien zu Fragebögen, um visuelle Trainingseinheiten und Zertifikationen zu erstellen

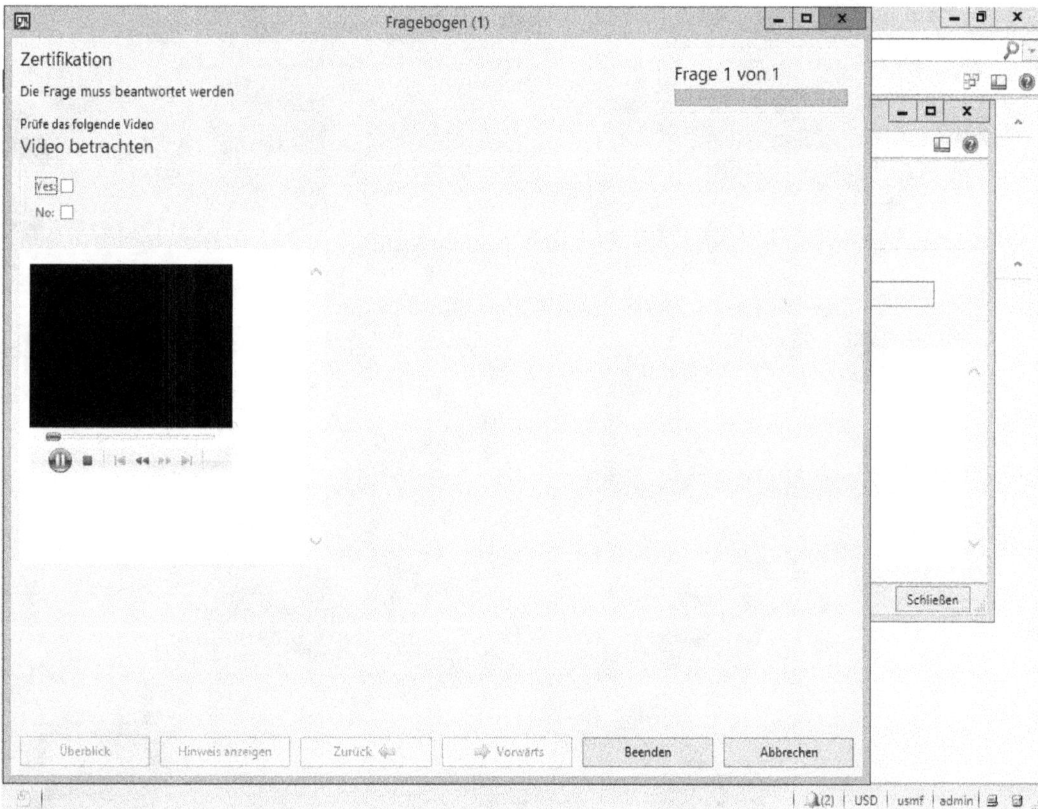

Sie sehen die erste Frage mit dem Video. Nachdem Sie es betrachtet haben, klicken Sie auf Vorwärts, um sich zur nächsten Frage zu bewegen.

Sie müssen jetzt die Testfragen beantworten, und Sie können Beenden klicken, wenn Sie fertig sind.

Drill-down in AX Details unmittelbar vom Management Reporter Web Viewer

Falls Sie für Finanzauswertungen den Management Reporter nutzen, dann werden Sie vermutlich schon wissen, dass Sie direkt vom Report Viewer aus in die Dynamics AX Transaktionen drillen können. Sie können dasselbe auch mit Hilfe des webbasierenden Viewer machen, was viel cooler ist.

Jetzt können Sie sich auf Ihrem Surface Tablet durch Ihre Finanzreports bewegen, wohl wissend, dass Sie jederzeit zu Ihren Details zurückkehren können.

Drill-down in AX Details unmittelbar vom Management Reporter Web Viewer

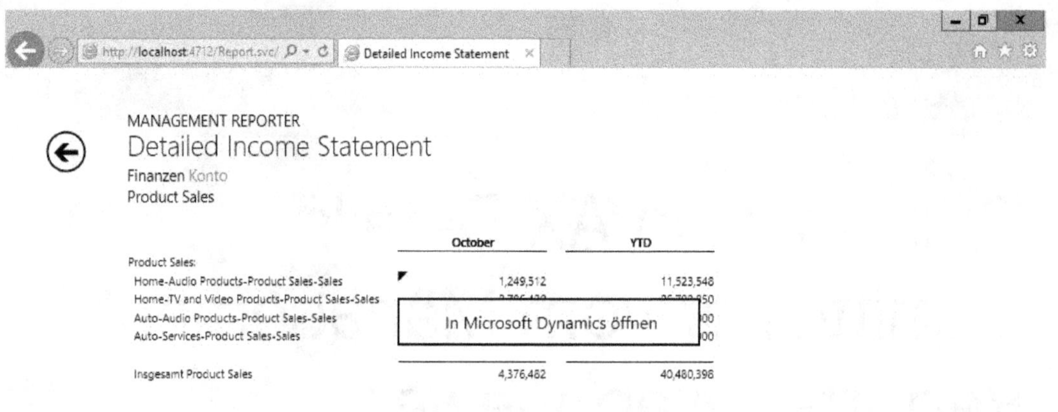

Im Management Reporter Webclient wählen Sie die Zeile, in die Sie hineindrillen möchten.

Eine kleine Triangel erscheint linker Hand im Eck der Zelle, und es wird ein Link angezeigt, mit dem Dynamics AX geöffnet werden kann.

Drill-down in AX Details unmittelbar vom Management Reporter Web Viewer

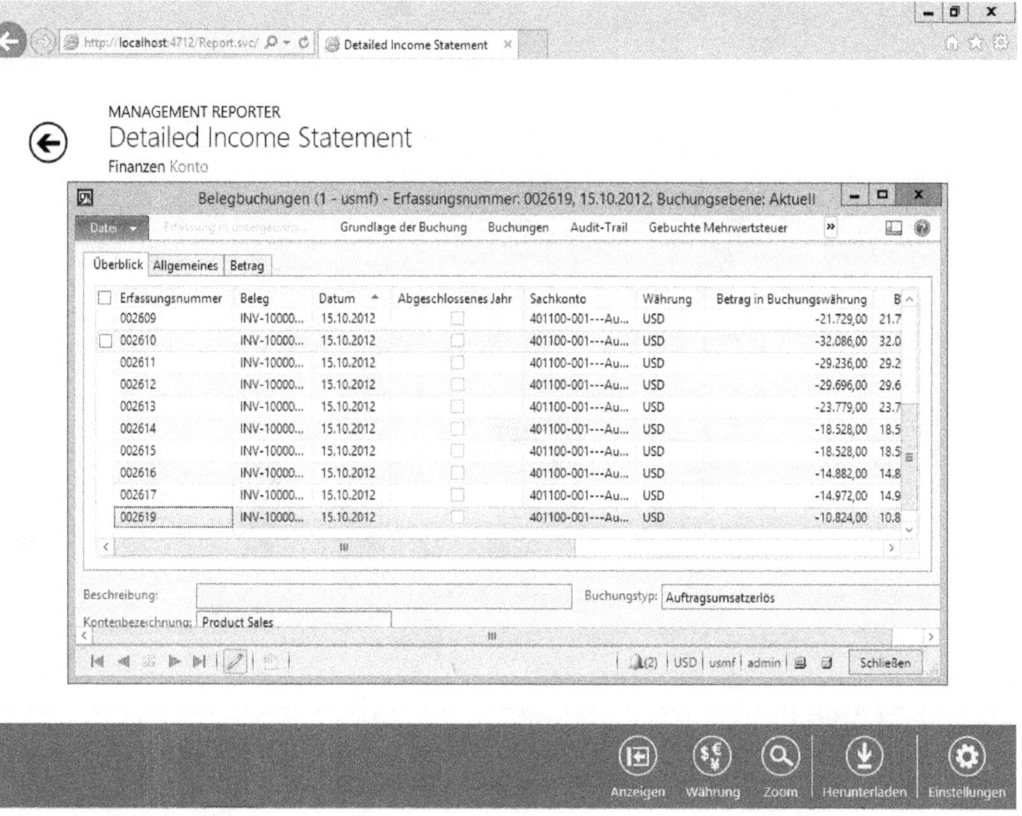

Die Belegbuchungen innerhalb des Dynamics AX Clients werden geöffnet, so dass Sie sich bis zum Originaldokument hineinbewegen können.

Nutze Excel Worksheets, damit die Erfassung eines Budget kinderleicht wird

Auf den ersten Blick mag die Erfassung Ihres Budgets innerhalb Dynamics AX keine ermutigende Perspektive darstellen, weil es so aussieht, dass Sie Ihre Budgeteinträge auf Konto und Periode aufbrechen müssen. Aber das ist nicht wirklich der Fall. Sie können Ihr Budget mit einer Excel-Vorlage verknüpfen, die Sie dazu nutzen, um die Erfassung zu einer extrem einfachen Aufgabe zu machen.

Budgetierung mit Dynamics AX muß kein schmerzhafter Prozeß sein.

Nutze Excel Worksheets, damit die Erfassung eines Budget kinderleicht wird

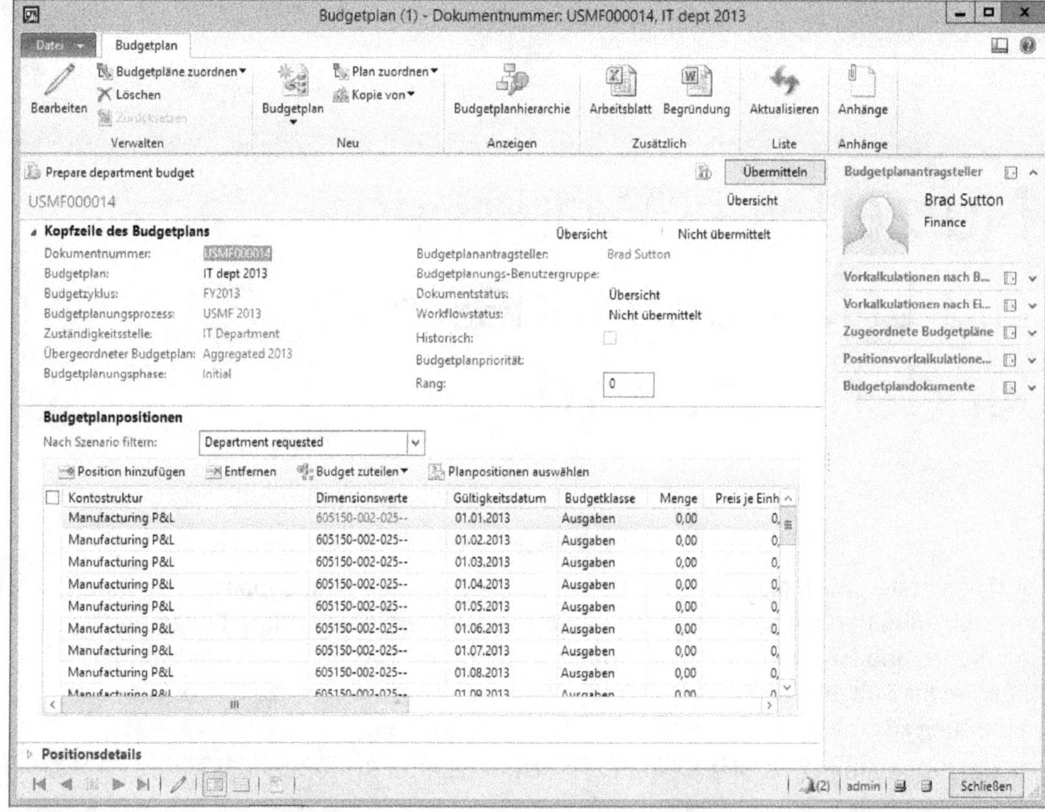

Falls Sie ein Budget aktualisieren müssen und anstatt im Budget Zeile für Zeile und Periode für Periode einzugeben, klicken Sie lieber auf den Schaltknopf Arbeitsblatt in der Funktionsleiste.

Nutze Excel Worksheets, damit die Erfassung eines Budget kinderleicht wird

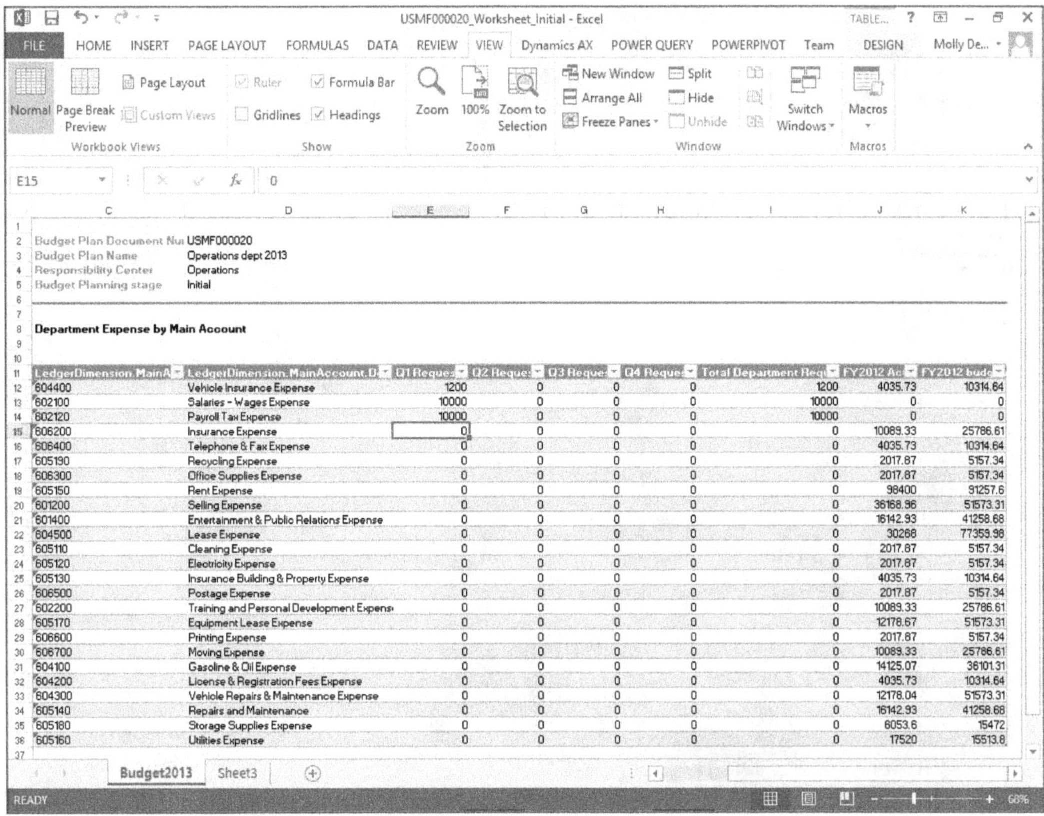

Budget Plan Document Nu	USMF000020
Budget Plan Name	Operations dept 2013
Responsibility Center	Operations
Budget Planning stage	Initial

Department Expense by Main Account

LedgerDimension.MainA	LedgerDimension.MainAccount.D	Q1 Reques	Q2 Reques	Q3 Reques	Q4 Reques	Total Department Requ	FY2012 Ac	FY2012 budg
604400	Vehicle Insurance Expense	1200	0	0	0	1200	4035.73	10314.64
602100	Salaries - Wages Expense	10000	0	0	0	10000	0	0
602120	Payroll Tax Expense	10000	0	0	0	10000	0	0
606200	Insurance Expense	0	0	0	0	0	10089.33	25786.61
606400	Telephone & Fax Expense	0	0	0	0	0	4035.73	10314.64
605190	Recycling Expense	0	0	0	0	0	2017.87	5157.34
606300	Office Supplies Expense	0	0	0	0	0	2017.87	5157.34
605150	Rent Expense	0	0	0	0	0	98400	91257.6
601200	Selling Expense	0	0	0	0	0	36168.96	51573.31
601400	Entertainment & Public Relations Expense	0	0	0	0	0	16142.93	41258.68
604500	Lease Expense	0	0	0	0	0	30268	77359.98
605110	Cleaning Expense	0	0	0	0	0	2017.87	5157.34
605120	Electricity Expense	0	0	0	0	0	2017.87	5157.34
605130	Insurance Building & Property Expense	0	0	0	0	0	4035.73	10314.64
606500	Postage Expense	0	0	0	0	0	2017.87	5157.34
602200	Training and Personal Development Expens	0	0	0	0	0	10089.33	25786.61
605170	Equipment Lease Expense	0	0	0	0	0	12178.67	51573.31
606600	Printing Expense	0	0	0	0	0	2017.87	5157.34
606700	Moving Expense	0	0	0	0	0	10089.33	25786.61
604100	Gasoline & Oil Expense	0	0	0	0	0	14125.07	36101.31
604200	License & Registration Fees Expense	0	0	0	0	0	4035.73	10314.64
604300	Vehicle Repairs & Maintenance Expense	0	0	0	0	0	12178.04	51573.31
605140	Repairs and Maintenance	0	0	0	0	0	16142.93	41258.68
605180	Storage Supplies Expense	0	0	0	0	0	6053.6	15472
605160	Utilities Expense	0	0	0	0	0	17520	15513.8

Daraufhin wird die Excel Budgetvorlagedatei geöffnet, und es werden alle Budgetdetails übernommen.

Nutze Excel Worksheets, damit die Erfassung eines Budget kinderleicht wird

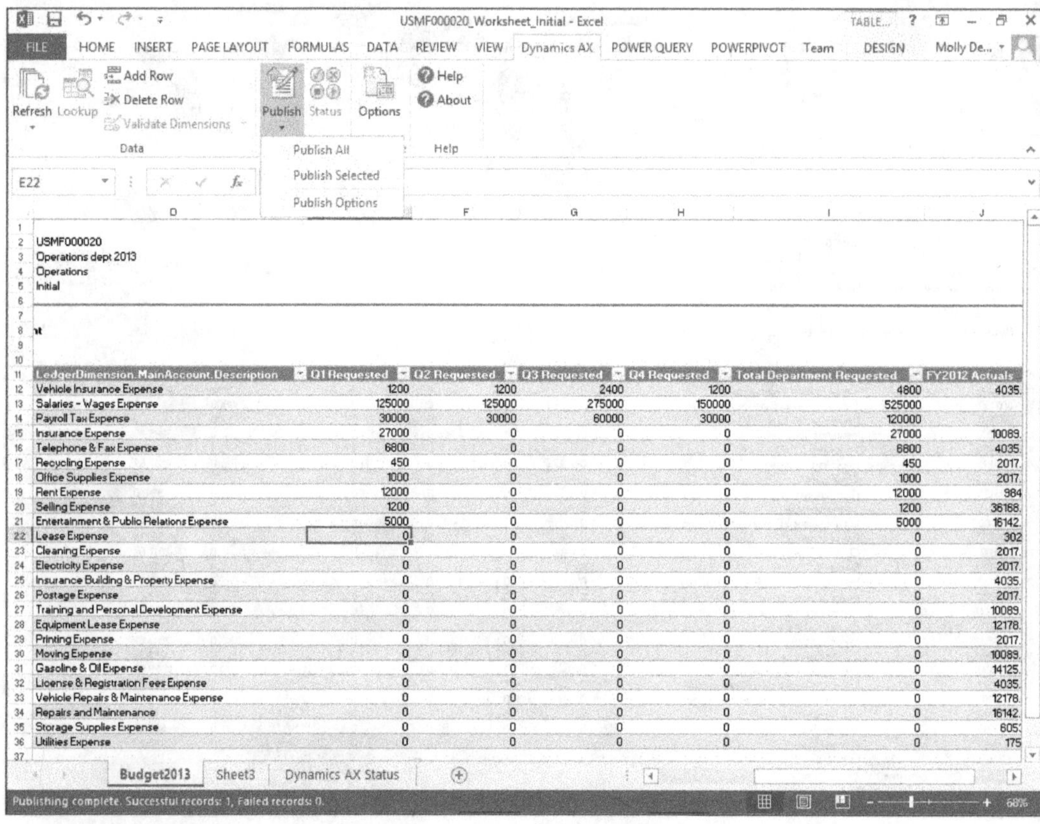

LedgerDimension.MainAccount.Description	Q1 Requested	Q2 Requested	Q3 Requested	Q4 Requested	Total Department Requested	FY2012 Actuals
Vehicle Insurance Expense	1200	1200	2400	1200	4800	4035.
Salaries - Wages Expense	125000	125000	275000	150000	525000	
Payroll Tax Expense	30000	30000	60000	30000	120000	
Insurance Expense	27000	0	0	0	27000	10089.
Telephone & Fax Expense	6800	0	0	0	6800	4035.
Recycling Expense	450	0	0	0	450	2017.
Office Supplies Expense	1000	0	0	0	1000	2017.
Rent Expense	12000	0	0	0	12000	984
Selling Expense	1200	0	0	0	1200	36168.
Entertainment & Public Relations Expense	5000	0	0	0	5000	16142.
Lease Expense	0	0	0	0	0	302
Cleaning Expense	0	0	0	0	0	2017.
Electricity Expense	0	0	0	0	0	2017.
Insurance Building & Property Expense	0	0	0	0	0	4035.
Postage Expense	0	0	0	0	0	2017.
Training and Personal Development Expense	0	0	0	0	0	10089.
Equipment Lease Expense	0	0	0	0	0	12178.
Printing Expense	0	0	0	0	0	2017.
Moving Expense	0	0	0	0	0	10089.
Gasoline & Oil Expense	0	0	0	0	0	14125.
License & Registration Fees Expense	0	0	0	0	0	4035.
Vehicle Repairs & Maintenance Expense	0	0	0	0	0	12178.
Repairs and Maintenance	0	0	0	0	0	16142.
Storage Supplies Expense	0	0	0	0	0	605;
Utilities Expense	0	0	0	0	0	175

Jetzt müssen Sie nur noch Ihr Budget nach Konto und Periode aktualisieren und anschließend auf die Option Veröffentlichen (Publish) innerhalb der Dynamics AX Menüleiste klicken.

Nutze Excel Worksheets, damit die Erfassung eines Budget kinderleicht wird

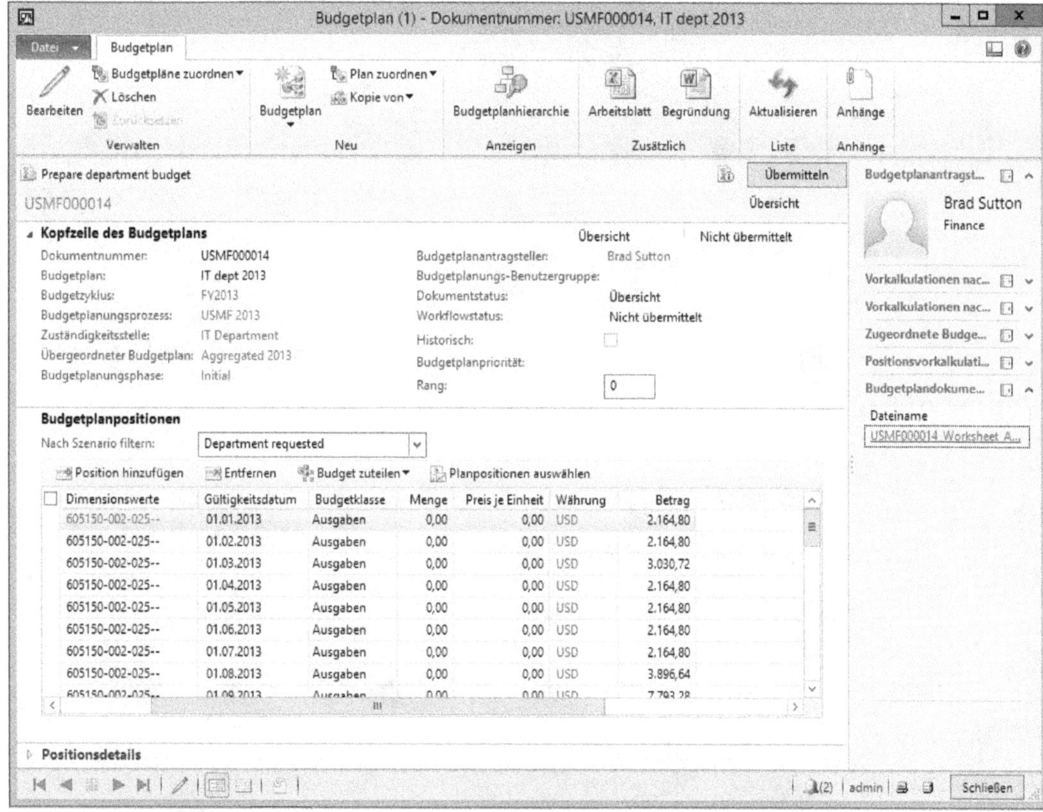

Wenn Sie nun in das Detailformular Budgetplan zurückkehren, können Sie sehen, dass Ihre neuen Budgeteinträge aus Excel als Datensätze ergänzt wurden, und dass alle Budgetwerte, die Sie im Arbeitsblatt eingegeben haben, ebenfalls aktualisiert wurden.

Sie können zudem immer wieder das Arbeitsblatt aufrufen, indem Sie es unter Budgetplandokumente in der Infobox aufrufen.

How cool is that!

Ergänze Tastaturkürzel zu POS Terminal Schaltknöpfen

Selbst die für Dynamics AX verfügbaren Point Of Sale (POS) Bildschirme sind durchgehend als Touchscreen konzipiert. Falls Sie ein Tastatur-Jockey sind, dann würden Sie bestimmt gerne auf Tastaturkürzel zurückgreifen, um die Dinge etwas zu beschleunigen. Wenn Sie bis jetzt keine Tastaturkürzel definiert haben, dann können Sie das unmittelbar innerhalb der POS Applikation vornehmen.

Nun sind Sie in der Lage, auf dem POS Bildschirm schneller unterwegs zu sein als Neo in der Matrix.

Ergänze Tastaturkürzel zu POS Terminal Schaltknöpfen

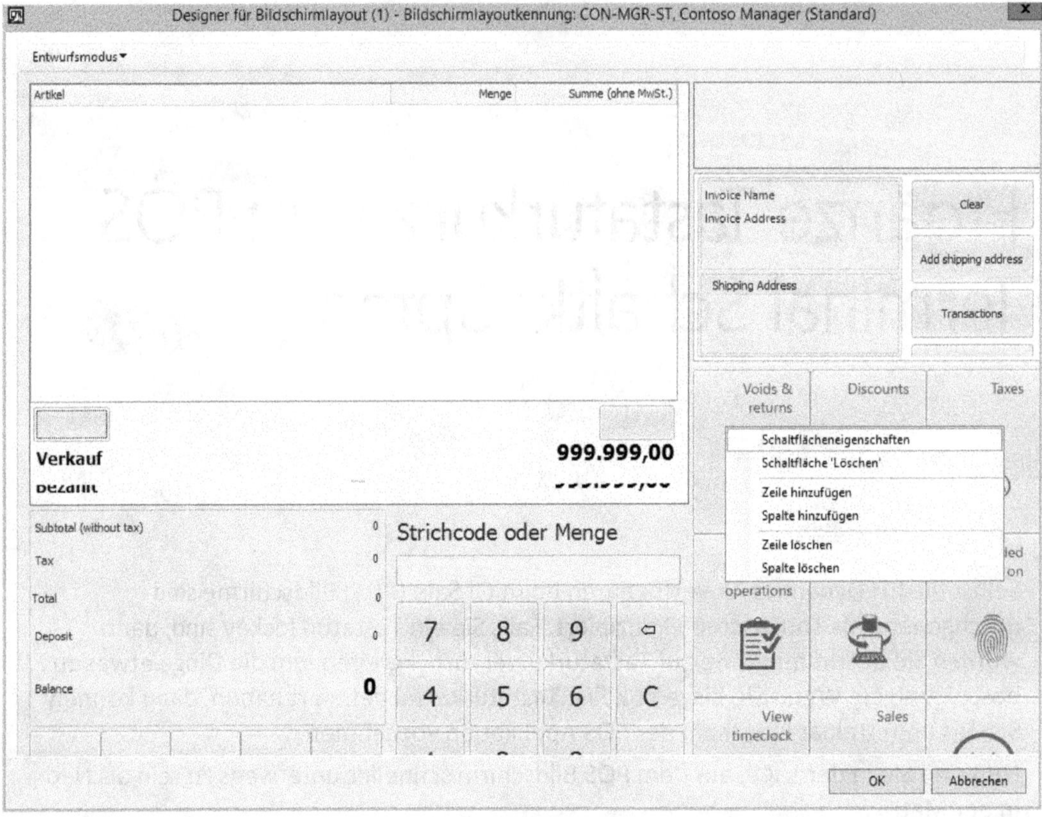

Um ein Tastaturkürzel für irgendeinen Schaltknopf auf dem POS Bildschirm zu ergänzen, klicken Sie die rechte Maustaste und wählen die Option Schaltflächen-eigenschaften.

Ergänze Tastaturkürzel zu POS Terminal Schaltknöpfen

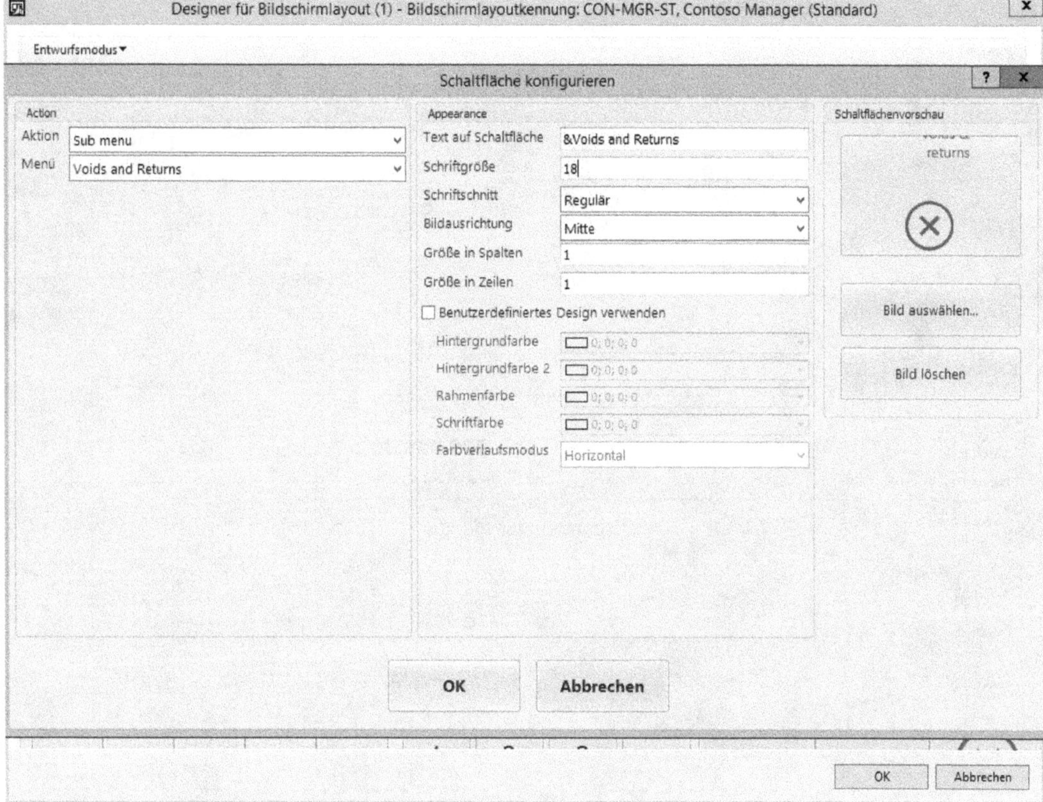

Wenn die Schaltflächen Konfiguration angezeigt wird, ändern Sie den Text im Feld Text auf Schaltfläche, um eine Beschreibung einzufügen, die ein "&" vor dem Buchstaben hat, der als Tastaturkürzel von Ihnen genutzt werden soll.

Danach klicken Sie auf OK.

Ergänze Tastaturkürzel zu POS Terminal Schaltknöpfen

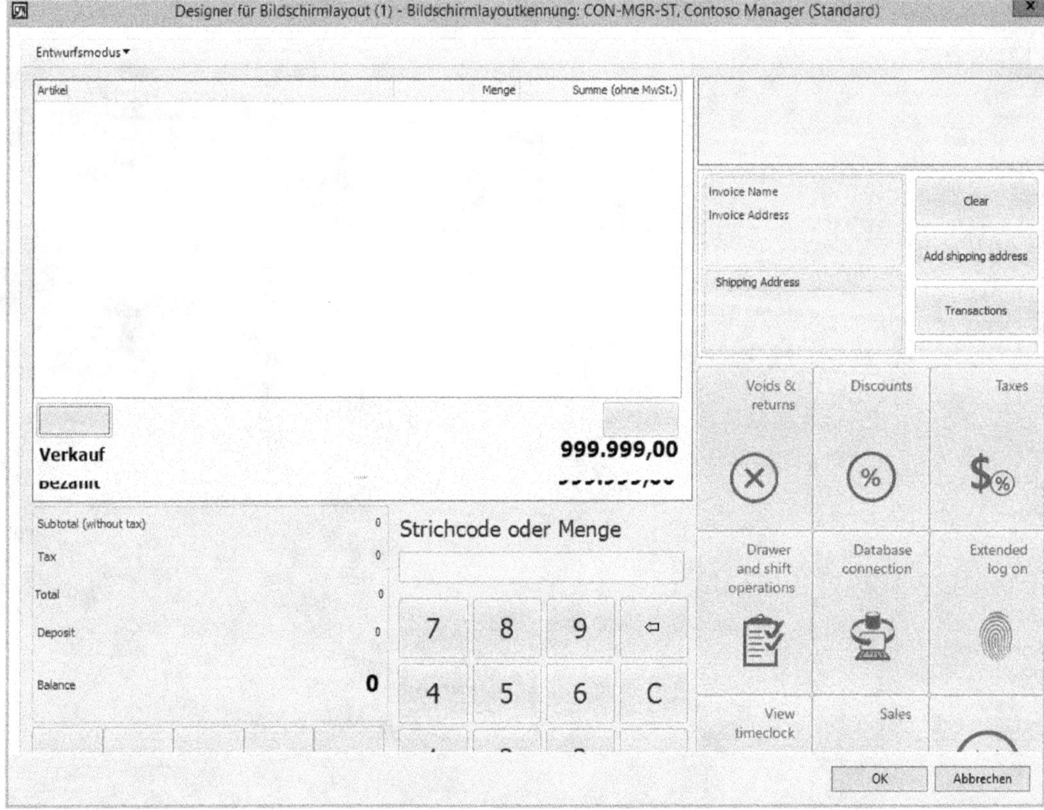

Bei diesem Beispiel kann ich im Hauptformular der POS Kasse starten und dann ALT+V drücken.

Ergänze Tastaturkürzel zu POS Terminal Schaltknöpfen

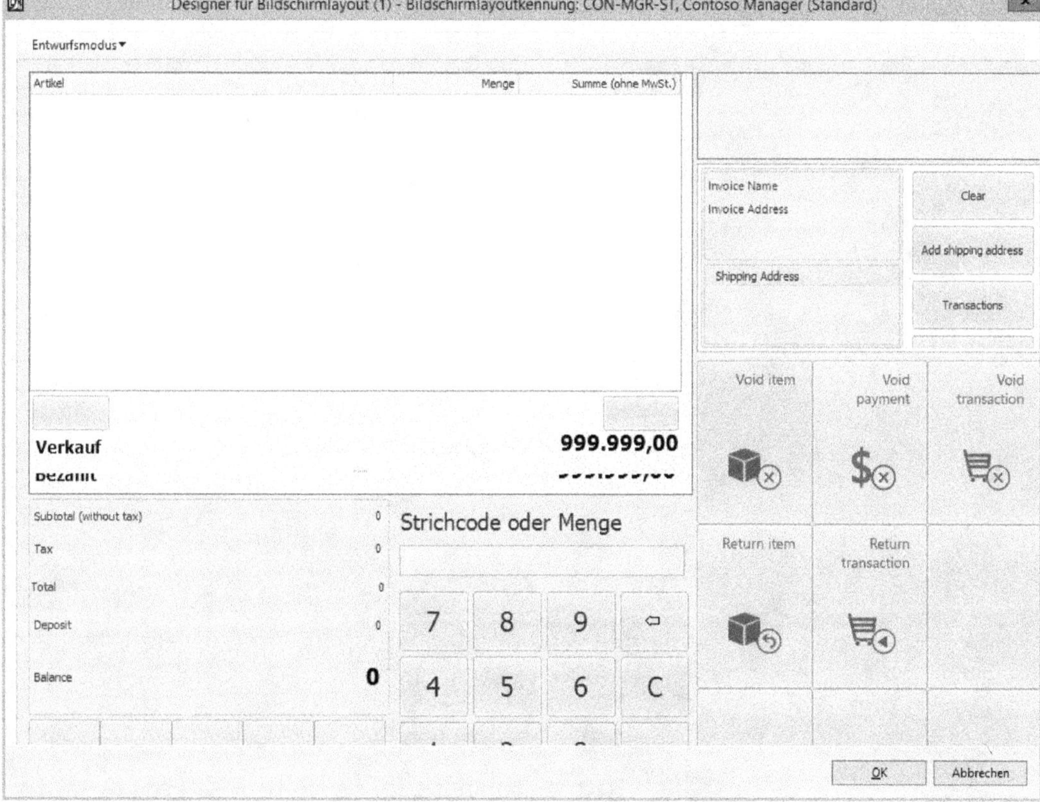

Und Sie werden unmittelbar in das Voids and Return Untermenü gelangen.

OFFICE TRICKS

Es ist kein Geheimnis, dass viele Office nutzen, um Dokumente und Reports zu erstellen. Aber wenn Sie wirklich Office verwenden wollen, dann sollten Sie sich die Integration von Office in Dynamics AX zu Nutze machen.

Verzichten Sie auf Ausschneiden und Einfügen von Tabellen – verknüpfen Sie stattdessen Excel mit Dynamics AX. Binden Sie das Dynamics AX Role Center in Outlook ein, synchronisieren Sie AX mit Outlook und nehmen Sie via Lync Kontakt mit anderen Personen auf.

In diesem Kapitel werden wir einige der integrierten Office Funktionen freilegen.

Mache das Dynamics AX Role Center zur Outlook Homepage

Die Role Centers sind Webseiten, die unabhängig vom AX Client laufen können. Sie können damit auf einfache Art und Weise auf viele Funktionen innerhalb Dynamics AX zugreifen. Da es ausschließlich Webseiten sind, können Sie auch in andere Applikationen wie Outlook eingebettet werden. Es ist ein weitere Möglichkeit, den Status einer Organisation zu betrachten.

Das ist hilfreich, um Benutzern, die normalerweise nicht auf Dynamics AX zugreifen, fortwährend den Status der Organisation anzuzeigen, da sie das Öffnen von Outlook gar nicht vermeiden können.

Mache das Dynamics AX Role Center zur Outlook Homepage

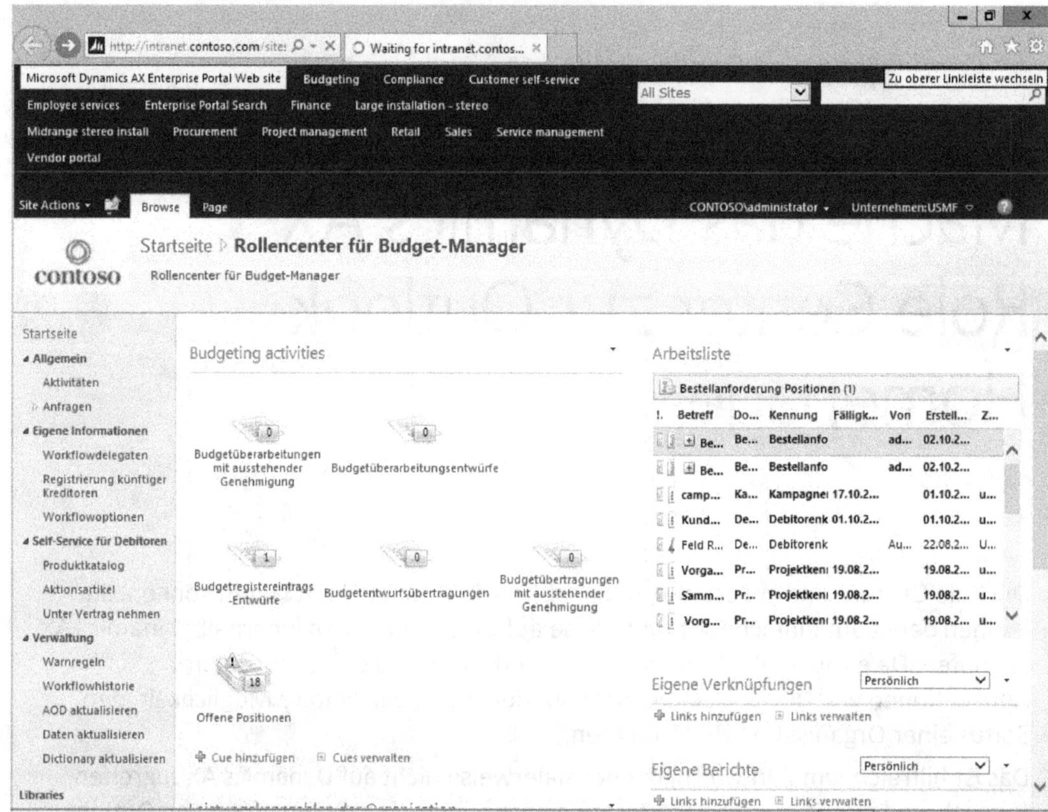

Greifen Sie auf das Enterprise Portal mit Hilfe Ihres Web Browsers zu. Die Adresse der Webseite ist gewöhnlich:

http://servername/sites/DynamicsAx/Enterprise%20Portal/

Beachte: Wenn Sie das Enterprise Portal mit dem Browser öffnen, bekommen Sie etwas mehr Informationen angezeigt als innerhalb des Dynamics AX Client. Sie sehen im Kopf eine Funktionsleiste und links eine Menüleiste.

Mache das Dynamics AX Role Center zur Outlook Homepage

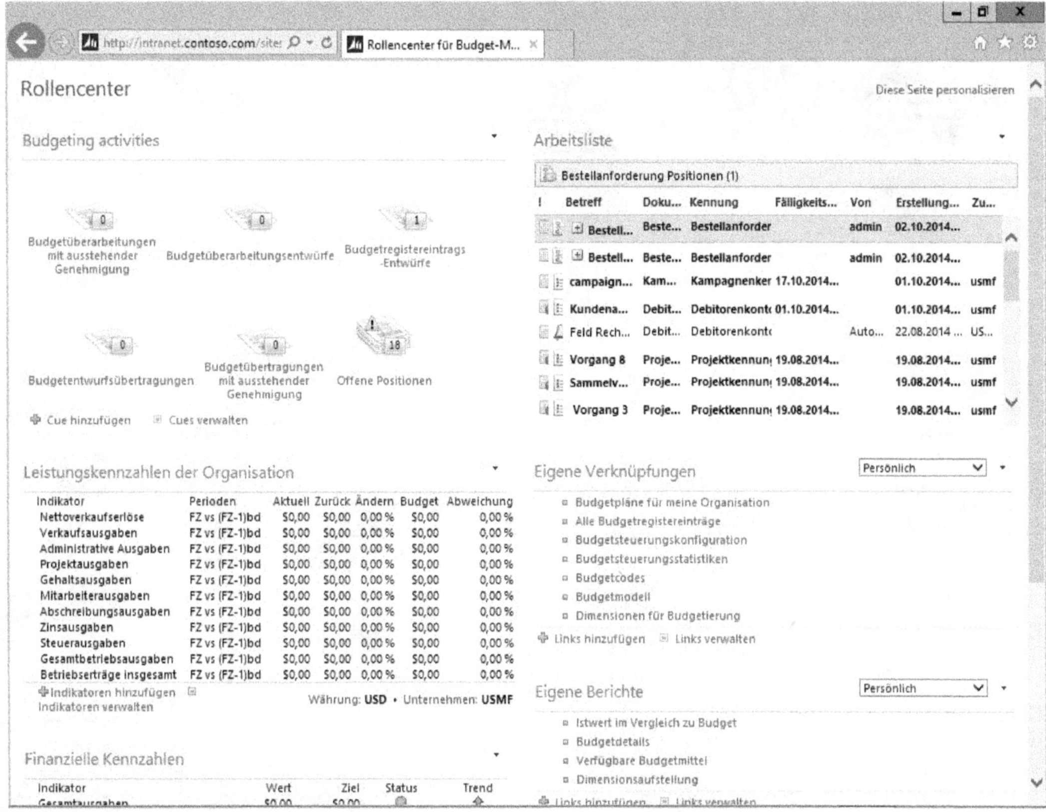

Wenn Sie die folgenden zwei Abfragekriterien am Ende der URL ergänzen, wirkt Ihr Enterprise Portal etwas aufgeräumter.

&runonclient=1&isdlg=1

Mache das Dynamics AX Role Center zur Outlook Homepage

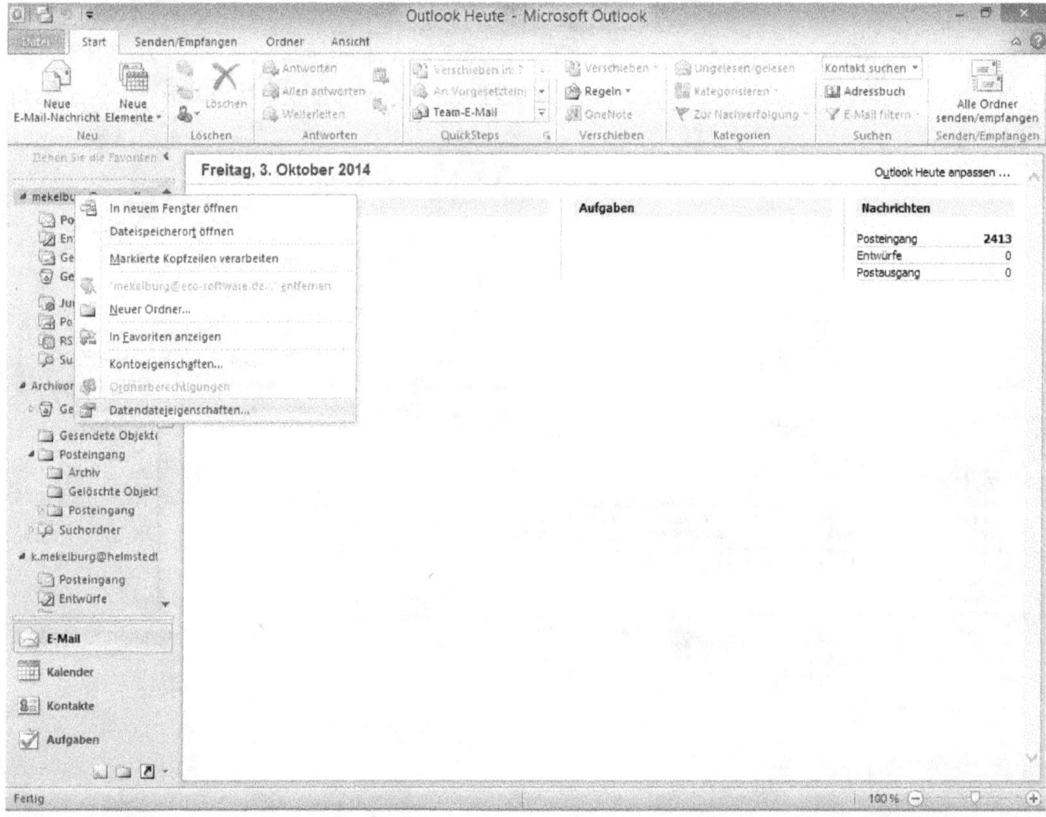

Jetzt öffnen Sie Outlook, klicken die rechte Maustaste im Kopf Ihres Account und wählen den Menüpunkt Datendateieigenschaften.

Mache das Dynamics AX Role Center zur Outlook Homepage

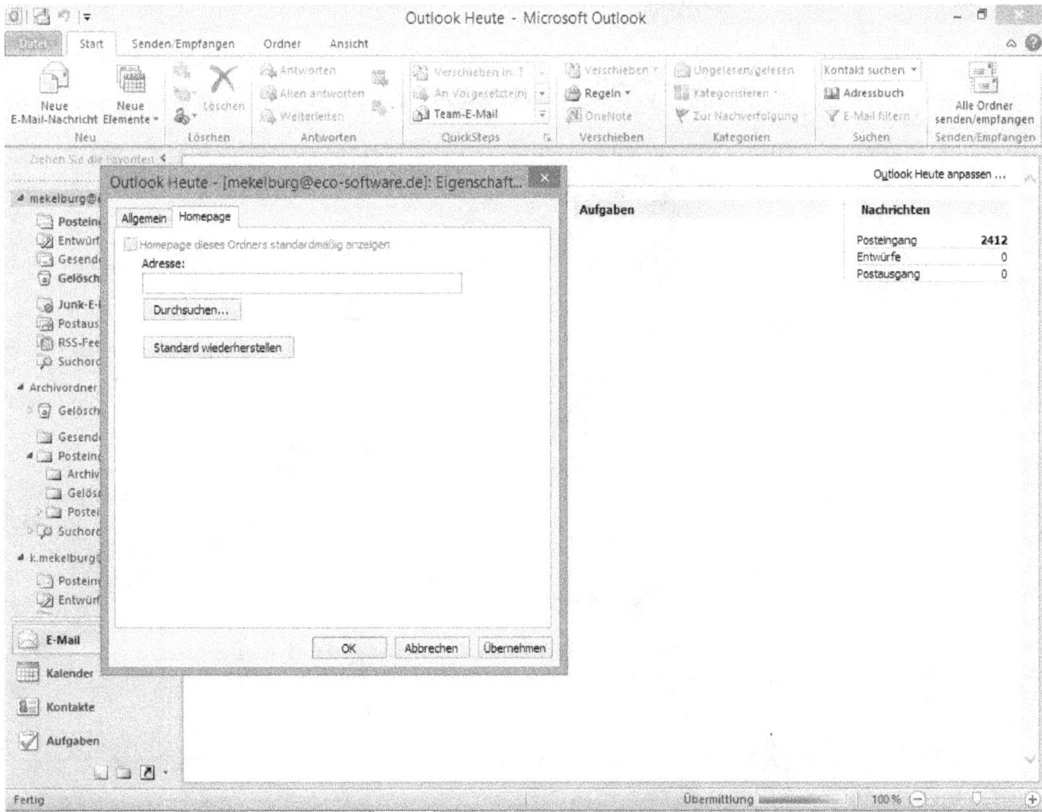

Wenn die Dialogbox Datendateieigenschaften angezeigt wird, klicken Sie auf das Homepage Register und fügen die URL des Role Centers in das Adressfeld ein. Das Format sieht in etwa so aus:

http://servername/sites/DynamicsAx/Enterprise%20Portal/RoleCenterCFO.aspx?&runonclient=1&isdlg=1

Mache das Dynamics AX Role Center zur Outlook Homepage

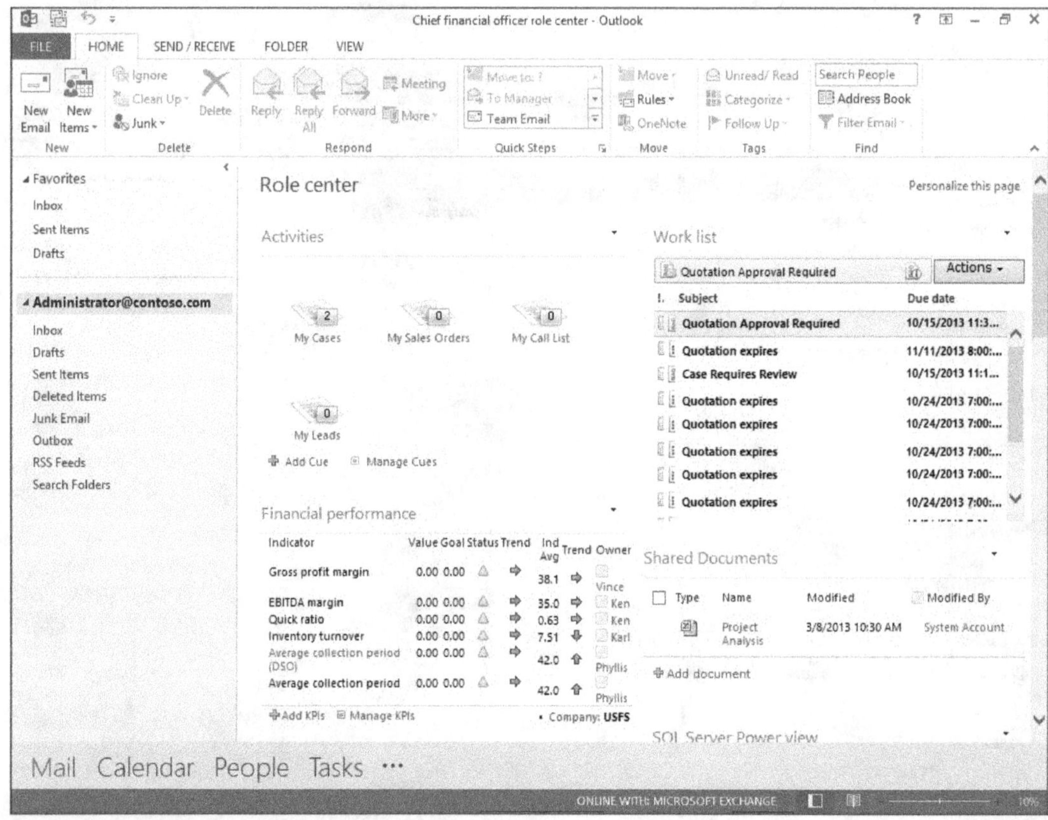

Wenn Sie nun zu Outlook zurückkehren, können Sie das Role Center als Outlook Homepage sehen.

Nutze Lync um Personen direkt aus Dynamics AX anzusprechen

Lync ist eine großartige Möglichkeit, um mit all den Personen zu kommunizieren, mit denen Sie zusammenarbeiten. Sie können mühelos erkennen, ob Personen verfügbar sind, und dann unmittelbar eine Sofortmitteilung, einen Sprachanruf oder eine Videokonferenz starten. Es ist voll integriert in Dynamics AX, so dass Sie die Lync Kommunikation sofort starten können, ohne zuerst die betreffende Person innerhalb Lync suchen zu müssen.

Lync ist ein hervorragendes Werkzeug für Benutzer, weil Sie sogleich mit anderen Personen in der Firma in Kontakt treten können, vor allem wenn Sie zu einem Problem recherchieren, oder wenn Sie zu einem Vorgang, der von irgendjemand anders in Dynamics AX eingegeben wurde, eine Frage haben. Sie müssen nur klicken und sprechen.

Nutze Lync um Personen direkt aus Dynamics AX anzusprechen

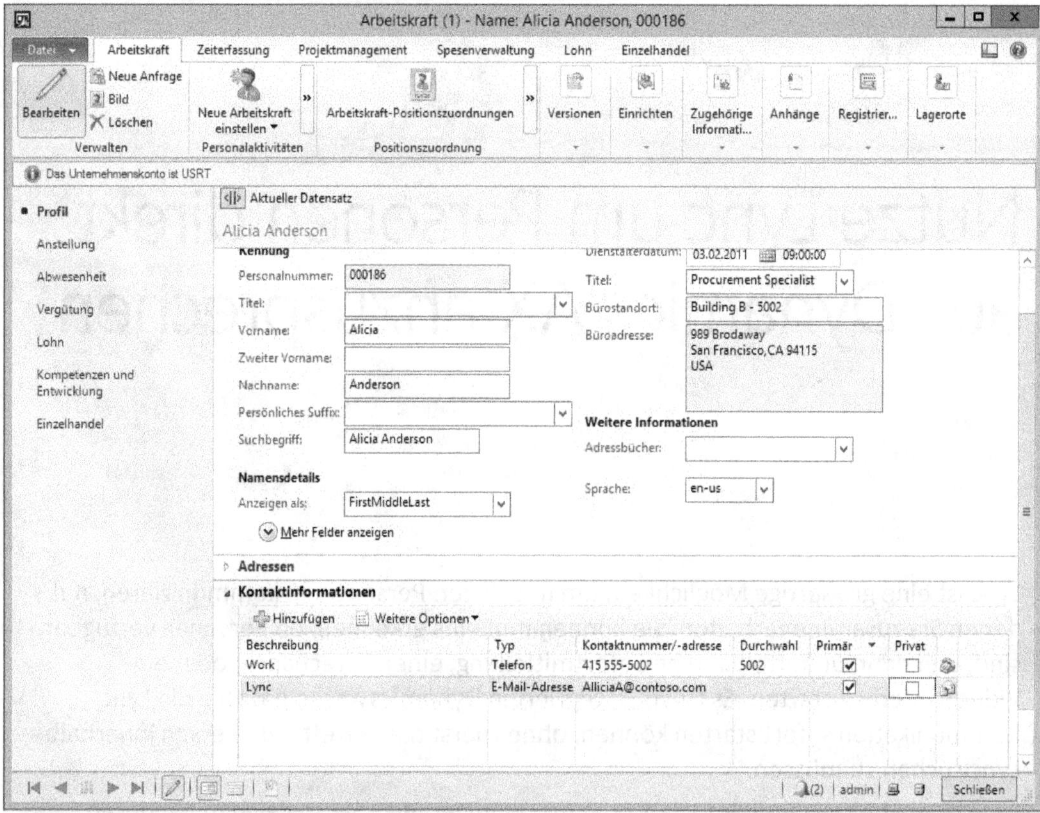

Es ist ein Einrichtungsschritt notwendig, um mit den Personen einer Organisation via Lync in Kontakt zu treten. Sie müssen Dynamics AX mitteilen, welche Email Adresse für die Leute genutzt werden soll, wenn via Lync nach ihnen gesucht wird.

Dazu müssen Sie in der Peronalverwaltung den Arbeitskraft-Datensatz aufrufen, und stellen Sie sicher, dass deren Lync Email Adresse in den Kontaktinformationen hinterlegt ist.

Nutze Lync um Personen direkt aus Dynamics AX anzusprechen

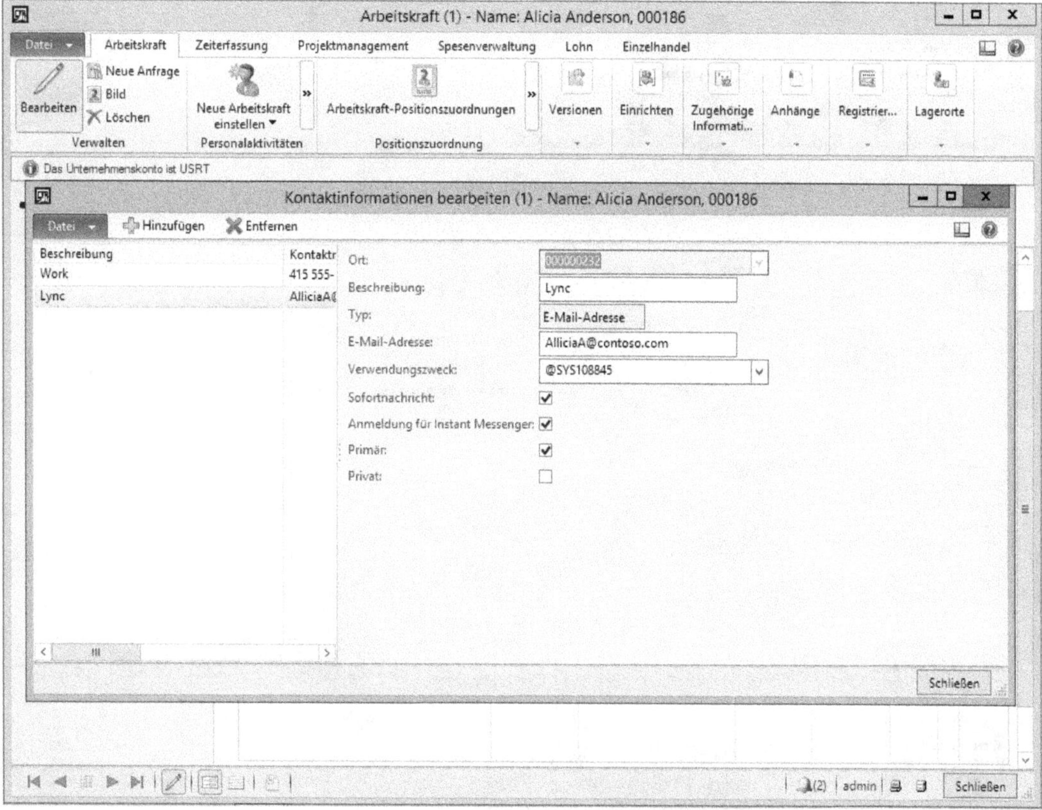

Sie müssen auch prüfen, ob die Kontrollkästchen Sofortnachricht und Anmeldung für Instant Messenger für die Lync Email Adresse aktiviert sind.

Nutze Lync um Personen direkt aus Dynamics AX anzusprechen

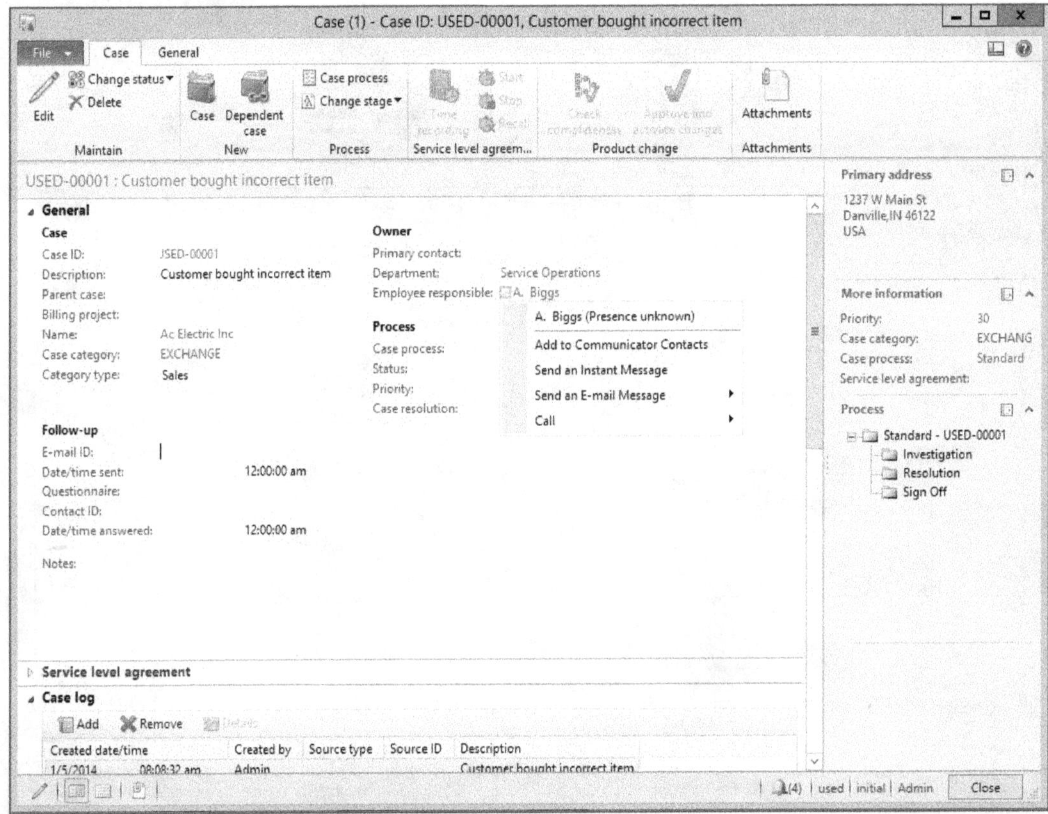

Wenn jetzt in Dynamics AX auf irgendeinen Benutzer verwiesen wird, können Sie die Lync Anwesenheitsblase erkennen, und wenn Sie auf das Symbol klicken, können Lync Anrufe unmittelbar von hier gestartet werden.

Synchronisiere Dynamics AX mit Microsoft Outlook

Wenngleich wir sehr viel Zeit vor Dynamics AX verbringen, so kann es dennoch vorkommen, dass wir auf Reisen sind oder gerade nicht am Arbeitsplatz. Während dieser Zeit werden andere Personen Meetings für Sie vereinbaren, kritische Aufgaben zuweisen oder für Sie wichtige Kontaktinformationen aktualisieren.

Sie müssen dennoch nichts verpassen, da Sie den Dynamics AX Client so aufsetzen können, dass er mit Outlook synchronisiert wird, und dann gehen all diese Aufgaben, Termine und Kontakte auf Ihren Laptop, Tablet oder Handy mit Ihnen auf Reisen.

Synchronisiere Dynamics AX mit Microsoft Outlook

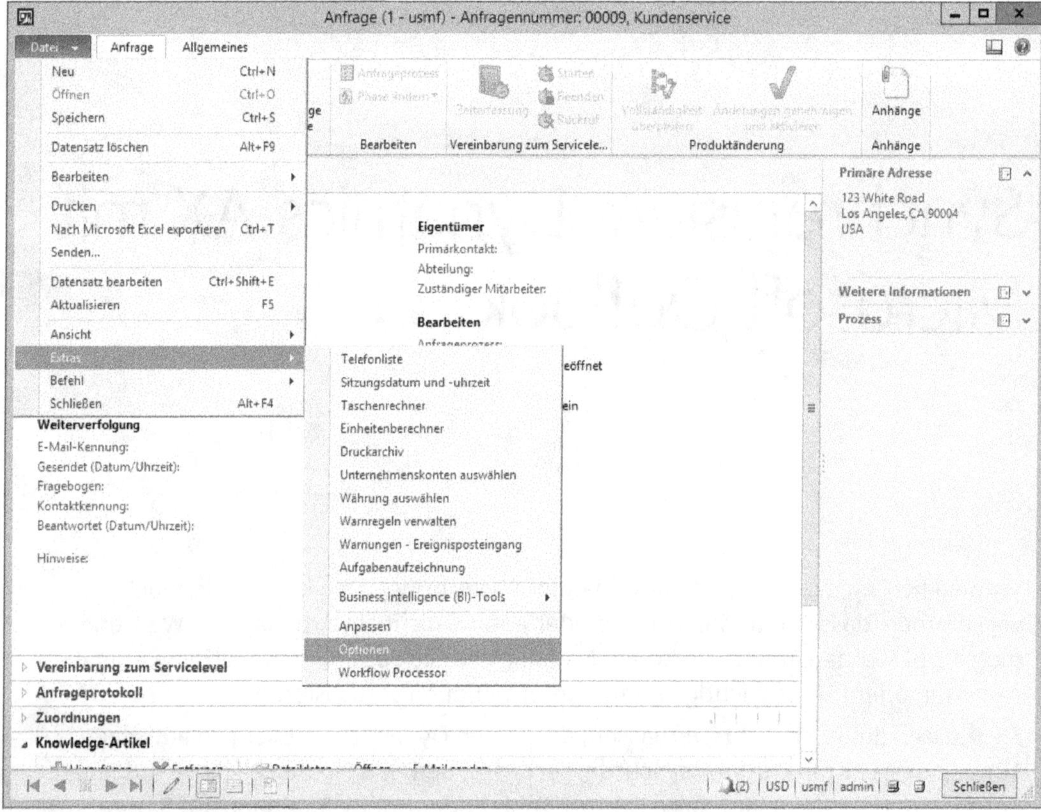

Bevor die Synchronisation konfiguriert werden kann, muß eine kleine Hausaufgabe erledigt werden. Dynamics AX und Outlook finden zueinander mit Hilfe des Email-Kontos, das mit Ihren Client verknüpft ist. Deswegen wählen Sie zuerst über den Menübefehl Datei das Untermenü Extras und anschließend den Menüpunkt Optionen.

Synchronisiere Dynamics AX mit Microsoft Outlook

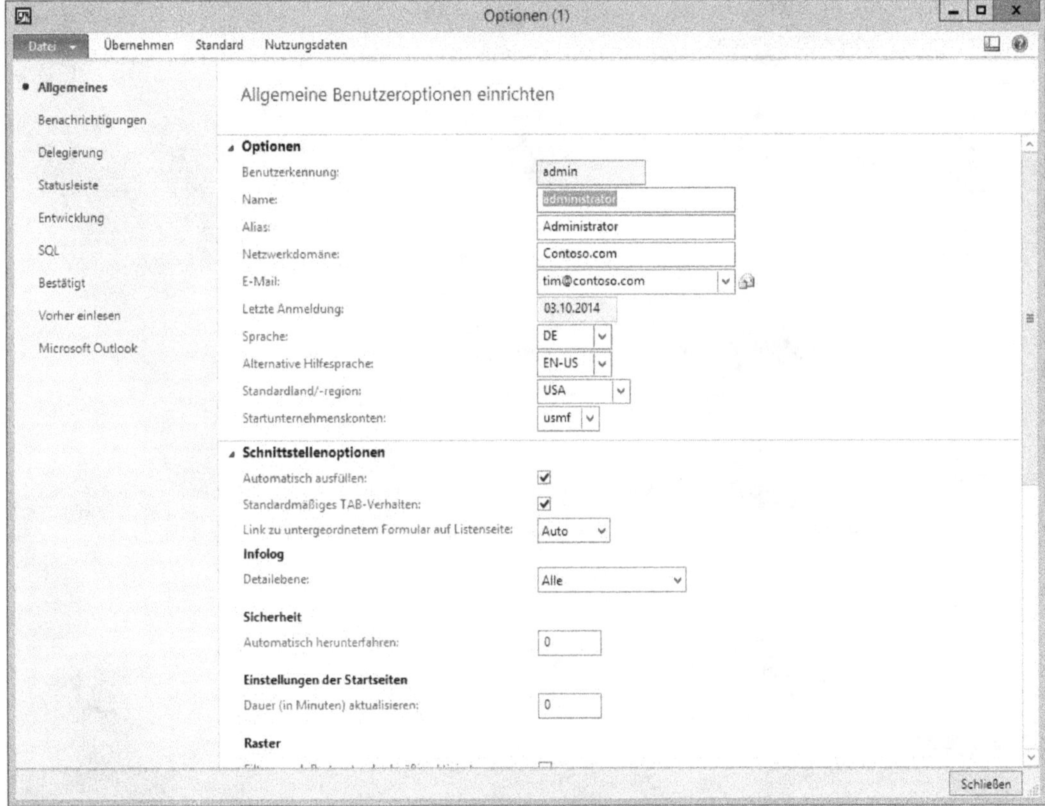

Wenn die Dialogbox Optionen angezeigt wird, überprüfen Sie, dass das Email Konto identisch ist mit dem Konto, das Sie in Outlook verwenden.

Synchronisiere Dynamics AX mit Microsoft Outlook

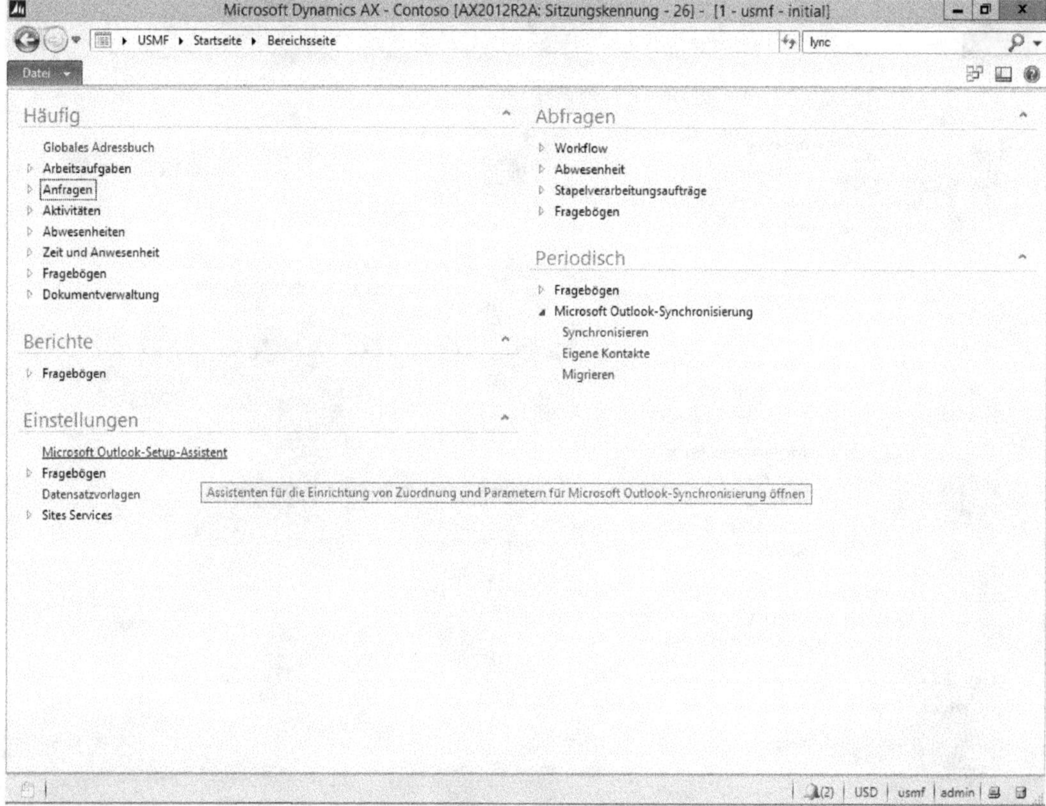

Um die Paarung zwischen Ihren Dynamics AX Client und Outlook aufzusetzen, wählen Sie den Microsoft Outlook Setup-Assistenten unter Einstellungen in der Start Bereichseite.

Synchronisiere Dynamics AX mit Microsoft Outlook

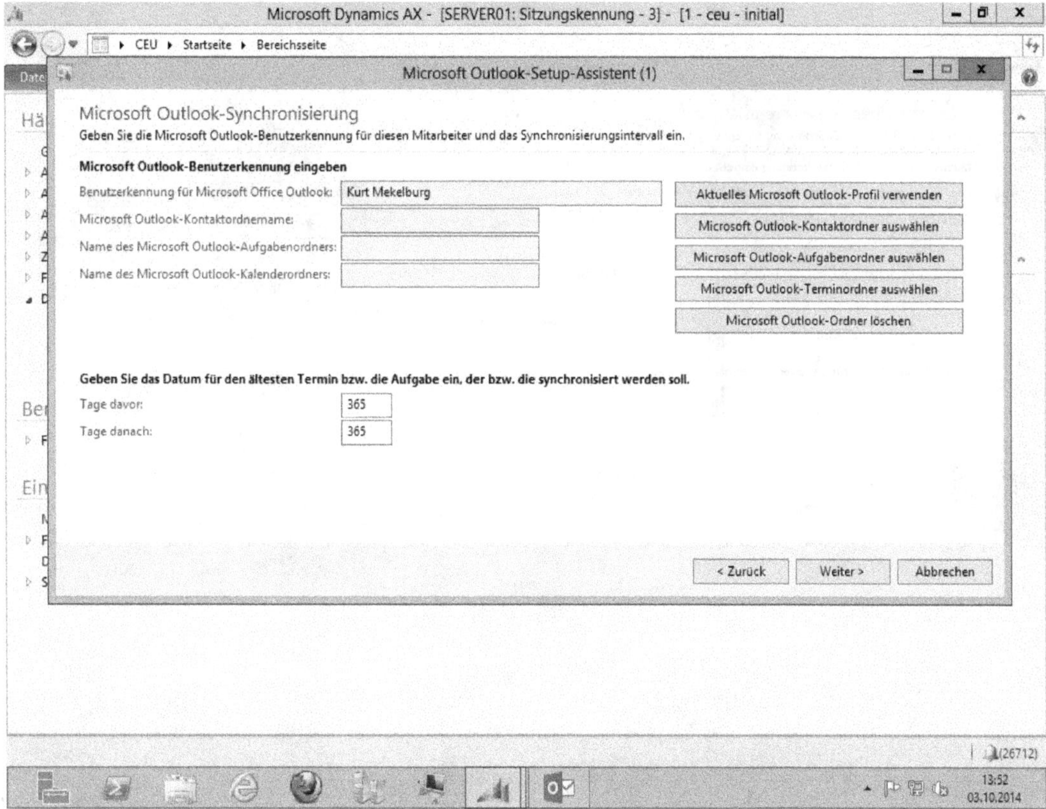

In der Microsoft Outlook-Synchronisierungsseite klicken Sie auf den Schaltknopf Aktuelles Microsoft Outlook-Profil verwenden. Wenn die Email Adressen übereinstimmen, sollte Ihr Name im Feld Benutzerkennung angezeigt werden.

Synchronisiere Dynamics AX mit Microsoft Outlook

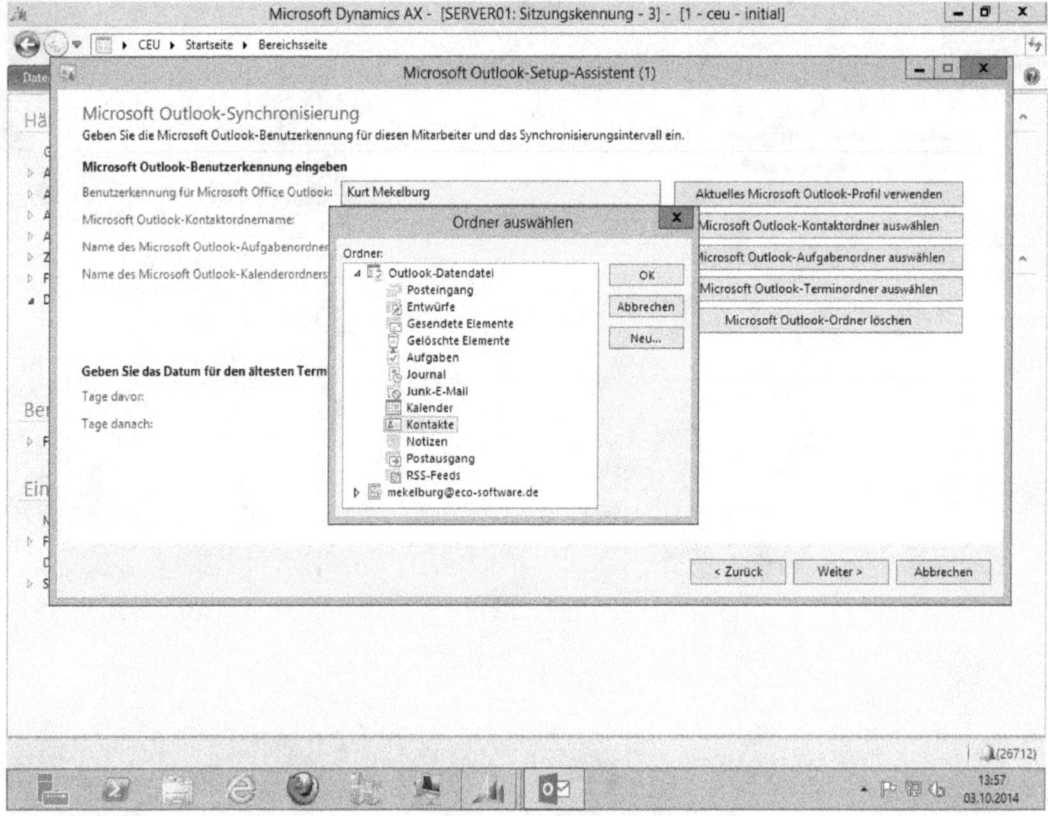

Danach klicken Sie auf Microsoft Outlook Kontakt-Ordner auswählen, und wählen den Ordner in Outlook, mit dem die Kontakte synchronisiert werden sollen.

Synchronisiere Dynamics AX mit Microsoft Outlook

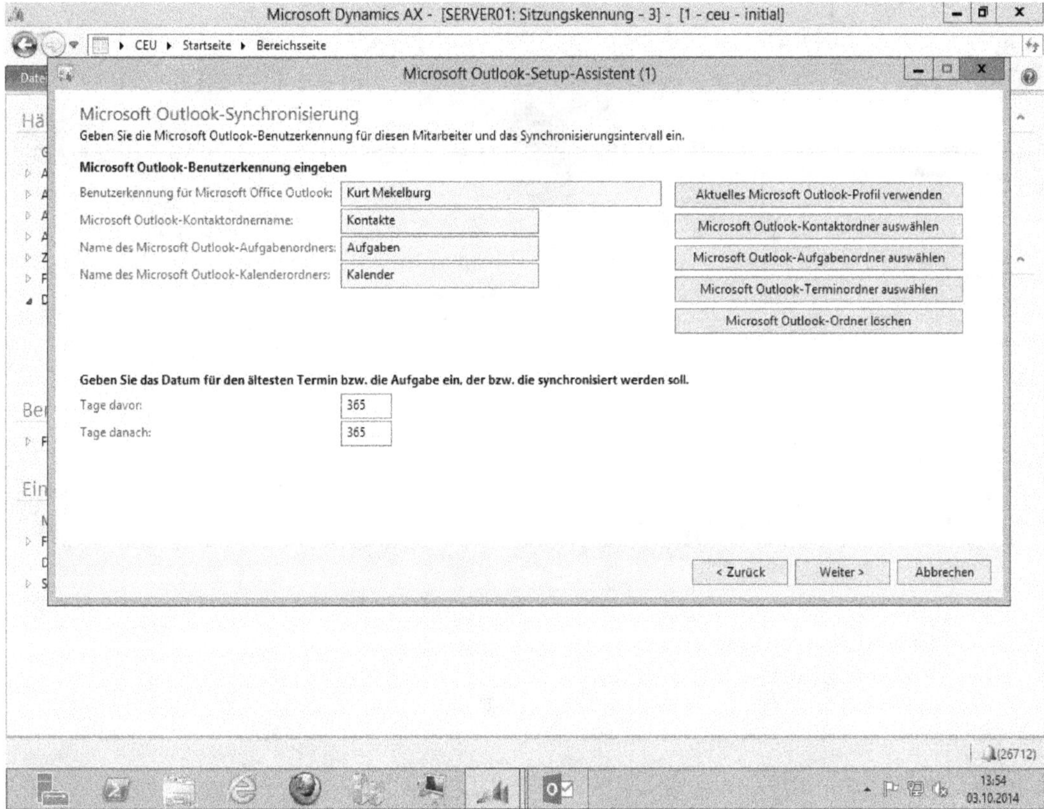

Wiederholen Sie diese Schritte für die Aufgaben und Termine, und setzen Sie eine Anzahl von Tagen in der Vergangenheit und Zukunft, die Sie synchronsieren möchten.

Anschließend fahren Sie im Assistenten fort und beenden die Einrichtung.

Synchronisiere Dynamics AX mit Microsoft Outlook

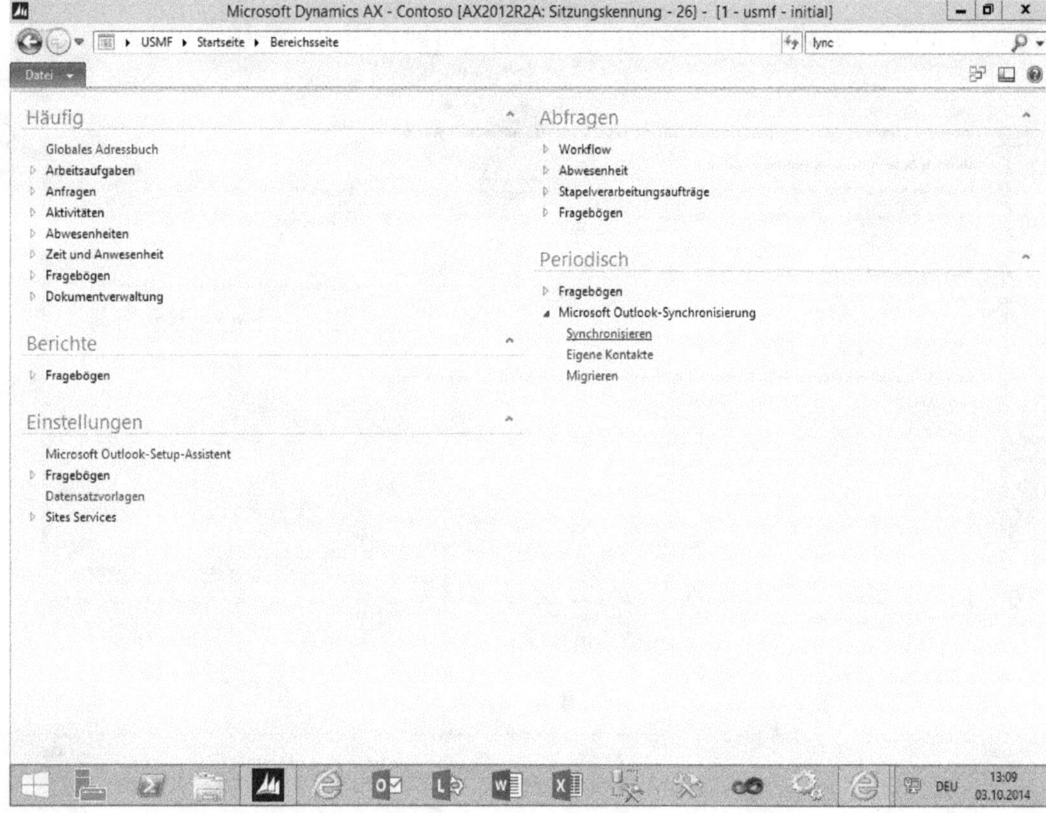

Um Dynamics AX mit Outlook zu synchronisieren, klicken Sie auf den Menüpunkt Synchronisieren unter Periodisch innerhalb der Startbereichsseite.

Synchronisiere Dynamics AX mit Microsoft Outlook

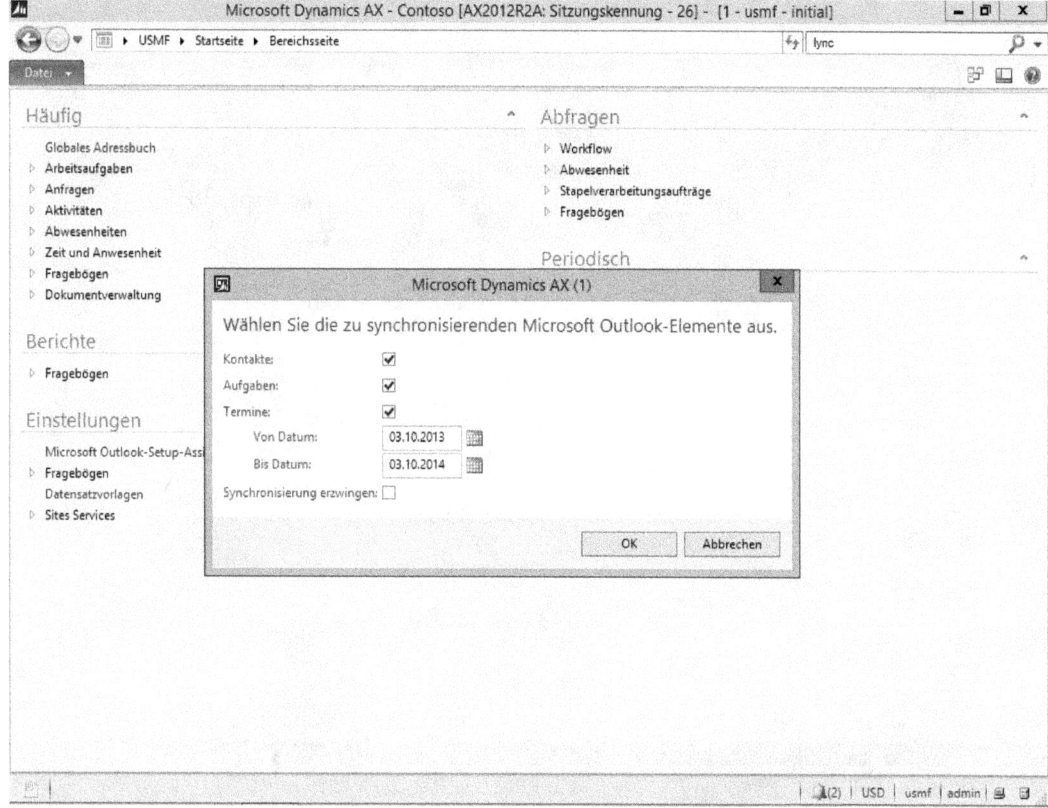

Wählen Sie die Elemente aus, die Sie synchronisieren möchten, und klicken dann OK.

Synchronisiere Dynamics AX mit Microsoft Outlook

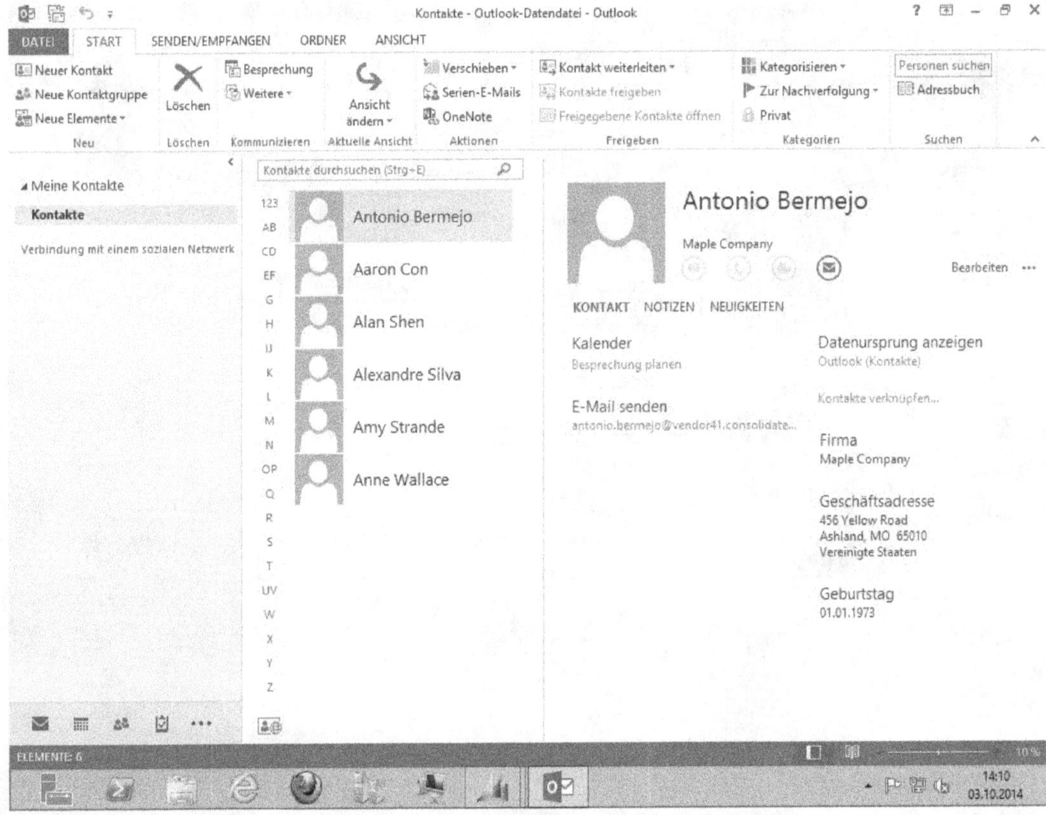

Sämtliche Termine, Aufgaben und Kontakte werden nun an Outlook übergeben.

Synchronisiere Kontakte zwischen Dynamics AX und Outlook und wieder zurück

Wenn Sie Dynamics AX mit Ihrer lokalen Version von Outlook verknüpft haben, dann haben Sie vermutlich schon die Synchronisation laufen lassen, die alle Termine, Aufgaben und auch die Kontakte in Outlook hinzufügt. Aber es gibt eine weitere machtvolle Option, die es Ihnen gestattet, nicht nur von Dynamics AX nach Outlook zu synchronisieren, sondern auch von Outlook zurück nach Dynamics AX.

Das ist eine gute Möglichkeit, um die Kontakte aktuell zu halten, und auch um Dynamics AX mit all Ihren Kontaktdaten zu versorgen, ohne die Daten manuell erfassen zu müssen, und um sie aktuell zu halten, da in beide Richtungen synchronisiert wird.

Ein Kontakt wird nicht weniger Wert, wenn er mit anderen Personen geteilt wird.

Synchronisiere Kontakte zwischen Dynamics AX und Outlook und wieder zurück

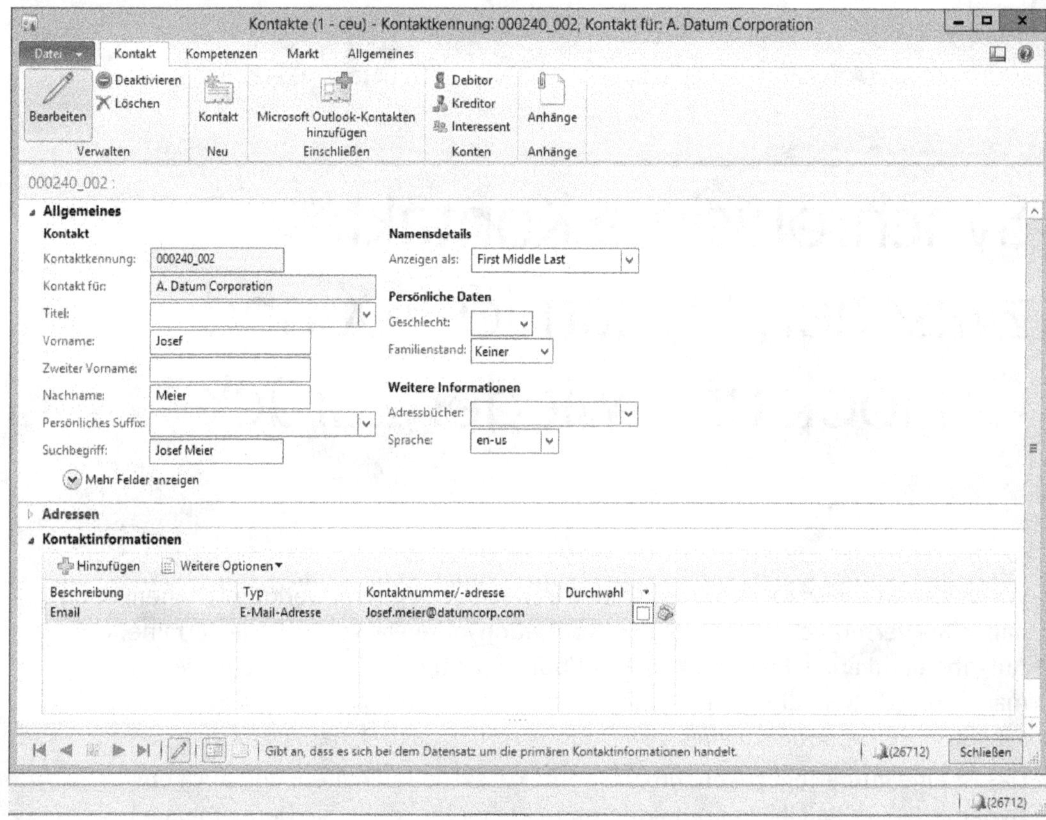

Beginnen Sie mit dem Hinzufügen eines Kontakts in Dynamics AX.

Synchronisiere Kontakte zwischen Dynamics AX und Outlook und wieder zurück

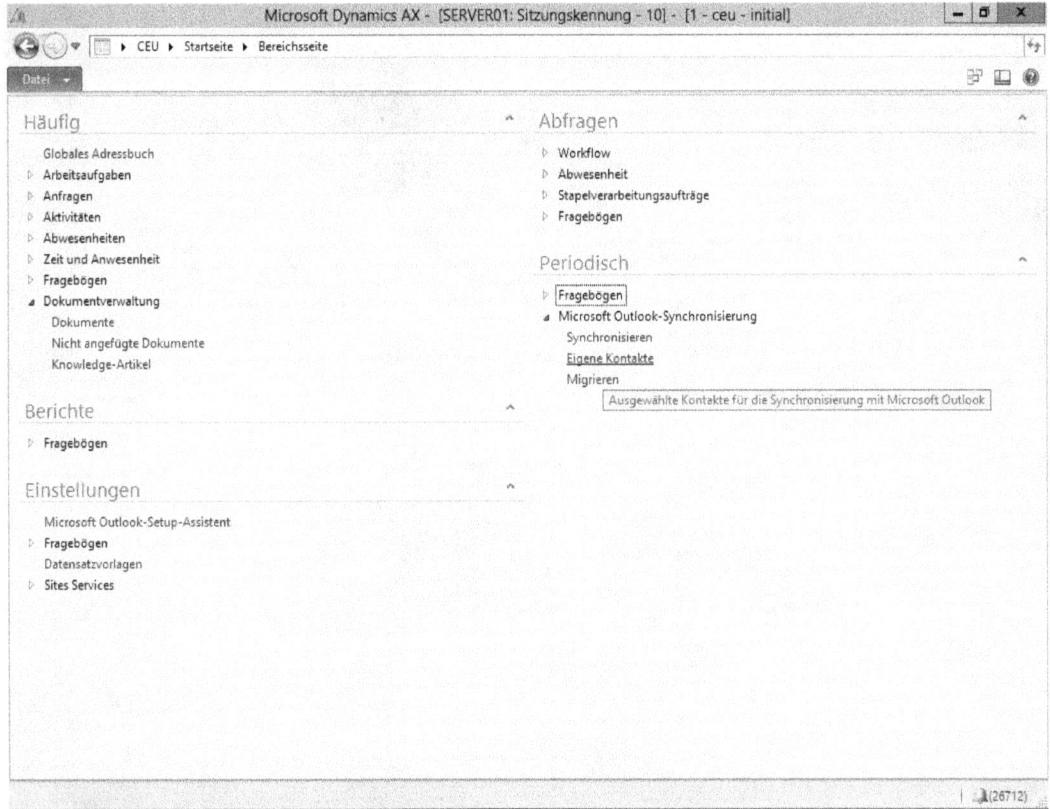

Anschließend klicken Sie auf den Menüpunkt Eigene Kontakte unter Periodisch innerhalb der Startbereichsseite.

Synchronisiere Kontakte zwischen Dynamics AX und Outlook und wieder zurück

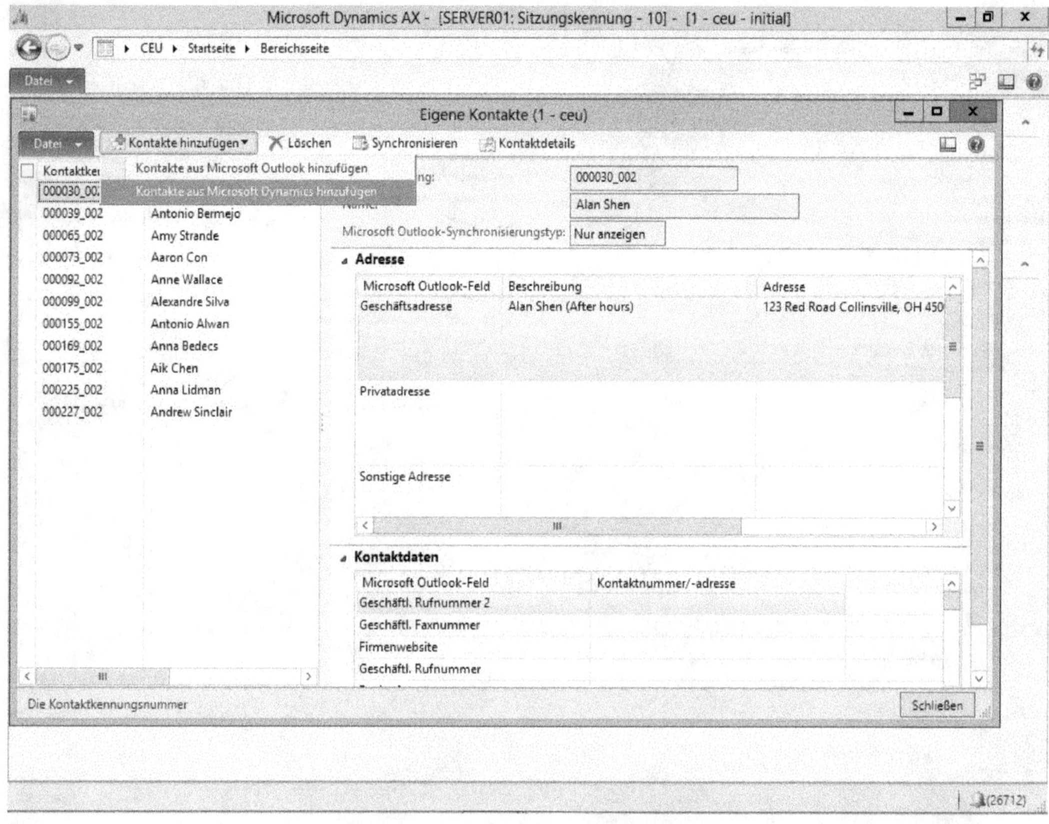

Wenn das Detailformular Eigene Kontakte angezeigt wird, um die Kontakte von Dynamics AX nach Outlook zu synchronisieren, klicken Sie auf den Menüpunkt Kontakte aus Microsoft Dynamics hinzufügen unter den Menü Kontakte hinzufügen.

Synchronisiere Kontakte zwischen Dynamics AX und Outlook und wieder zurück

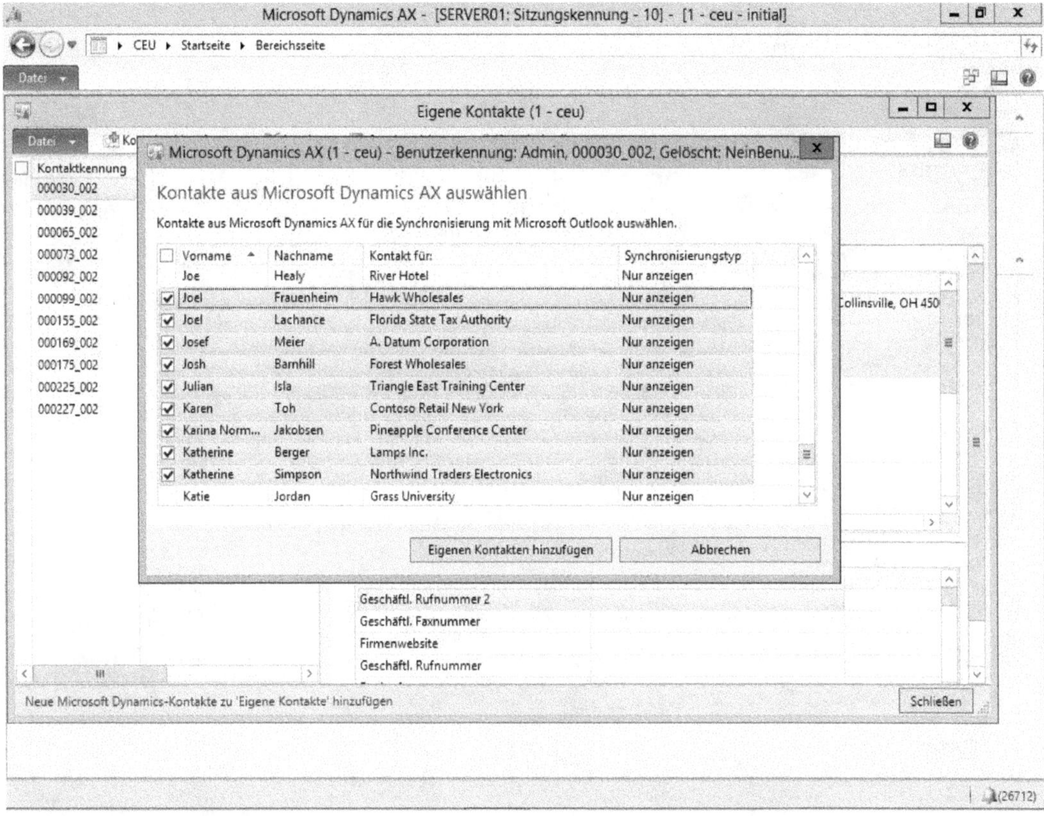

Wenn die Dialogbox Kontakte aus Dynamics AX auswählen erscheint, werden sämtliche Kontakte angezeigt, die noch nicht mit Outlook synchronisiert wurden. Markieren Sie alle Kontakte, die Sie synchronisieren möchten, und klicken dann auf Eigenen Kontakten hinzufügen.

Synchronisiere Kontakte zwischen Dynamics AX und Outlook und wieder zurück

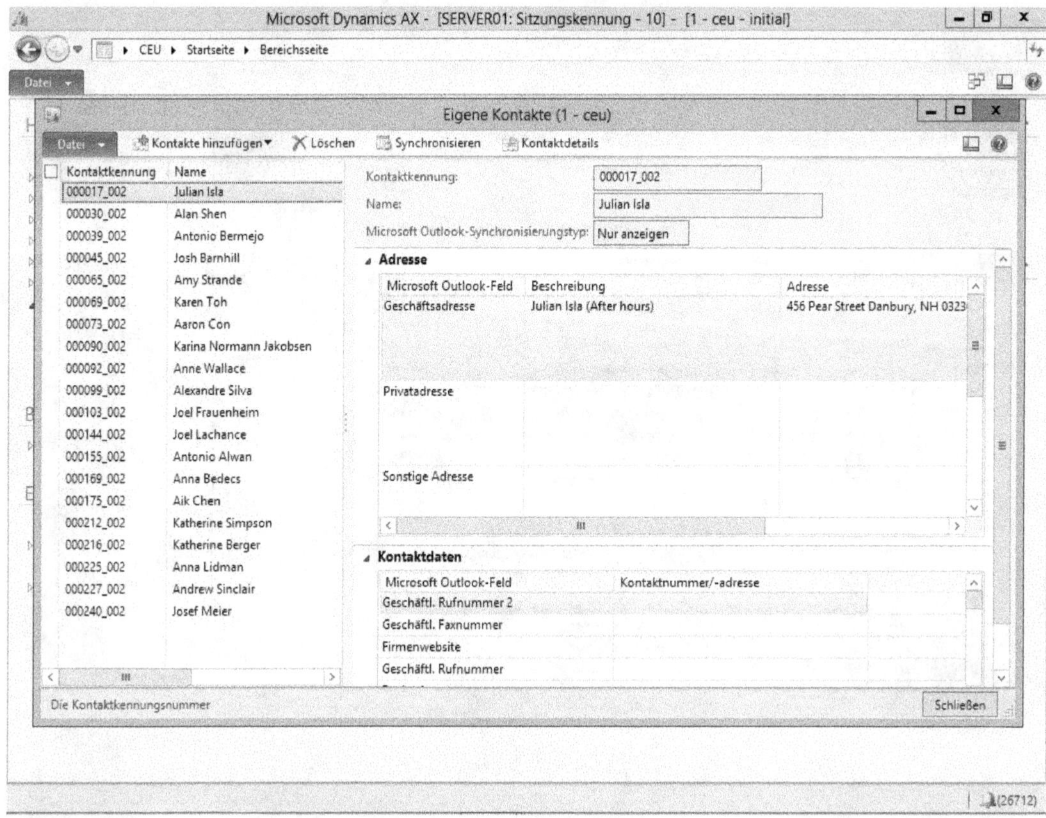

Wenn Sie in die Maske Eigene Kontakte zurückkehren und Synchronisieren anklicken, werden die Kontakte mit Outlook verlinkt.

Synchronisiere Kontakte zwischen Dynamics AX und Outlook und wieder zurück

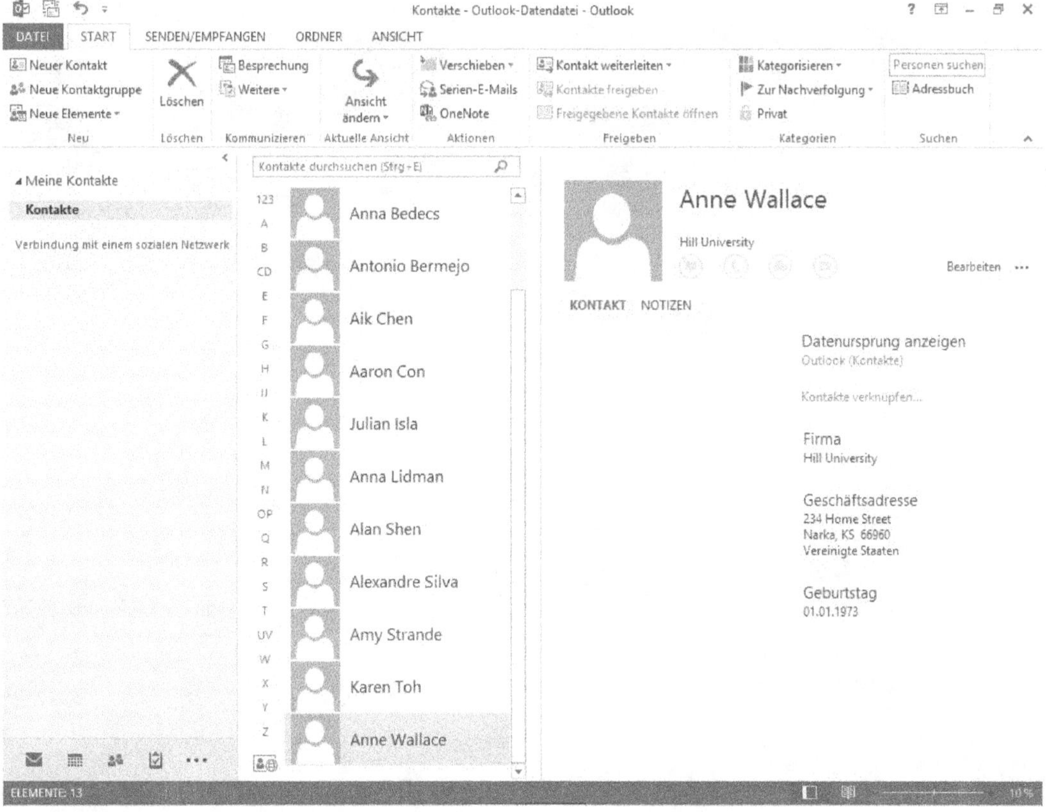

Wenn Sie Outlook öffnen, sehen Sie, dass alle Kontakte synchronisiert wurden.

Synchronisiere Kontakte zwischen Dynamics AX und Outlook und wieder zurück

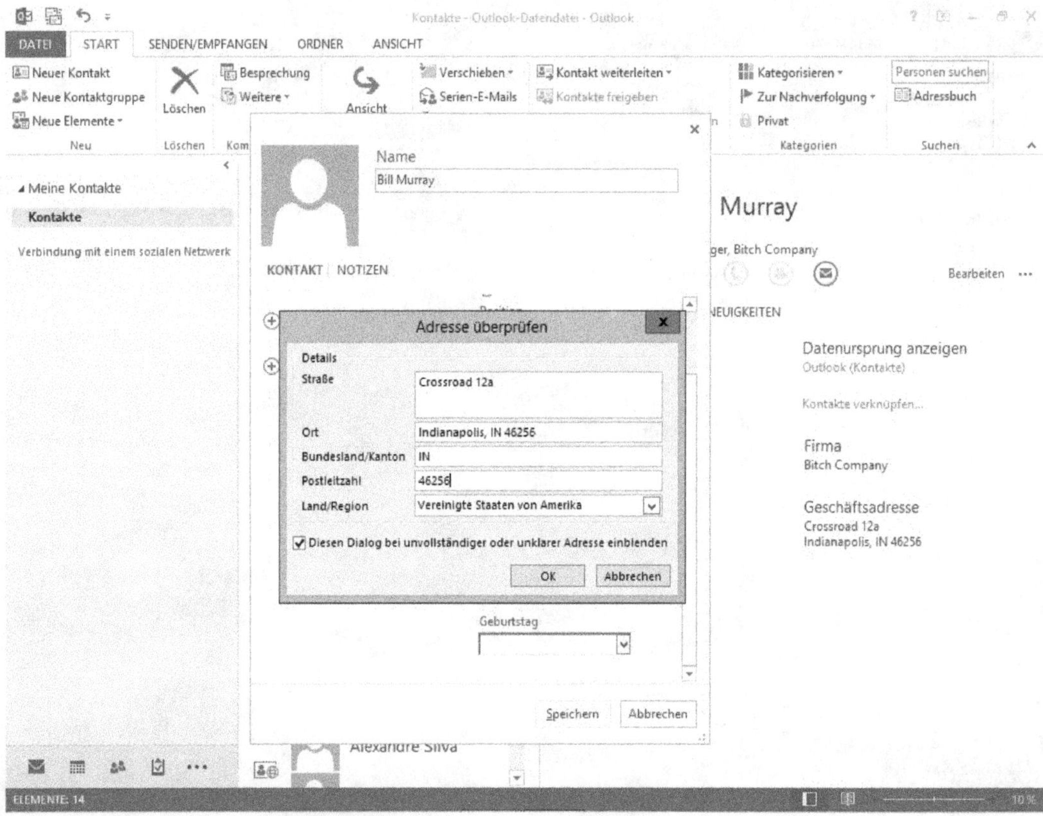

Als nächstes ergänzen Sie in Outlook einen Kontakt, der in Dynamics AX nicht vorhanden ist.

Bitte beachten Sie, dass das Land bzw. die Region USA sind.

Synchronisiere Kontakte zwischen Dynamics AX und Outlook und wieder zurück

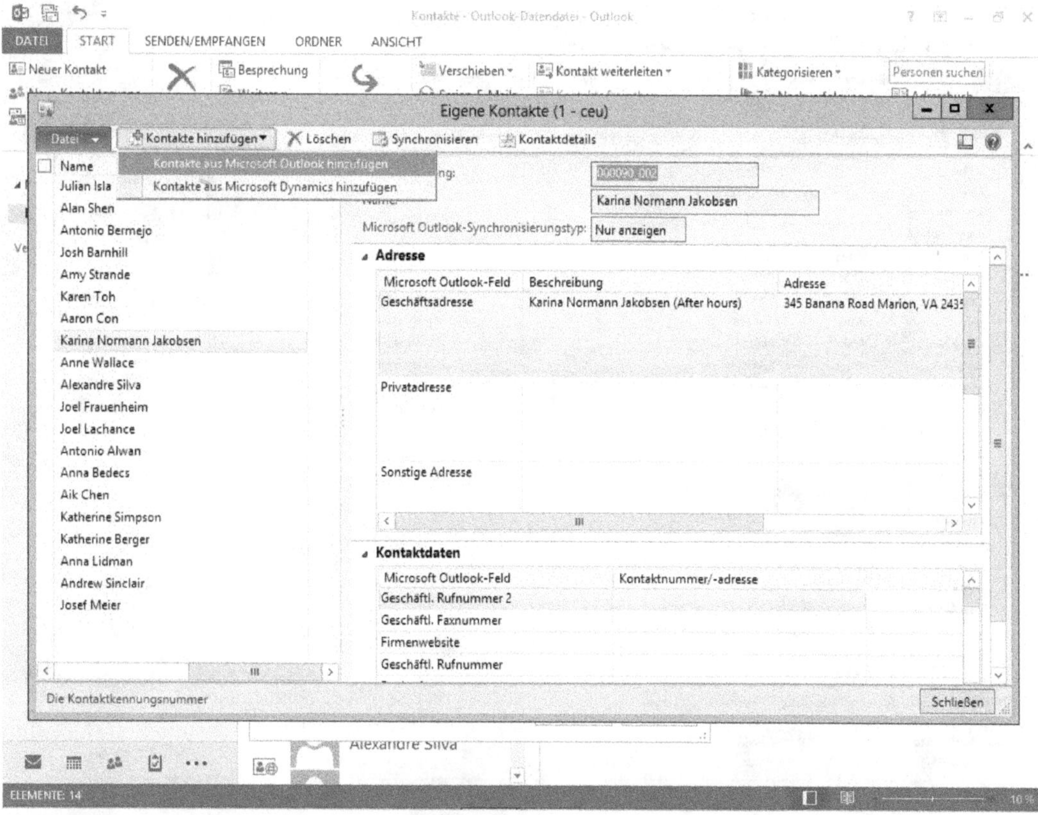

Kehren Sie in das Formular Eigene Kontakte zurück. Um die Kontakte von Outlook nach Dynamics AX zu synchronisieren, klicken Sie auf den Menüpunkt Kontakte aus Microsoft Outlook hinzufügen.

Synchronisiere Kontakte zwischen Dynamics AX und Outlook und wieder zurück

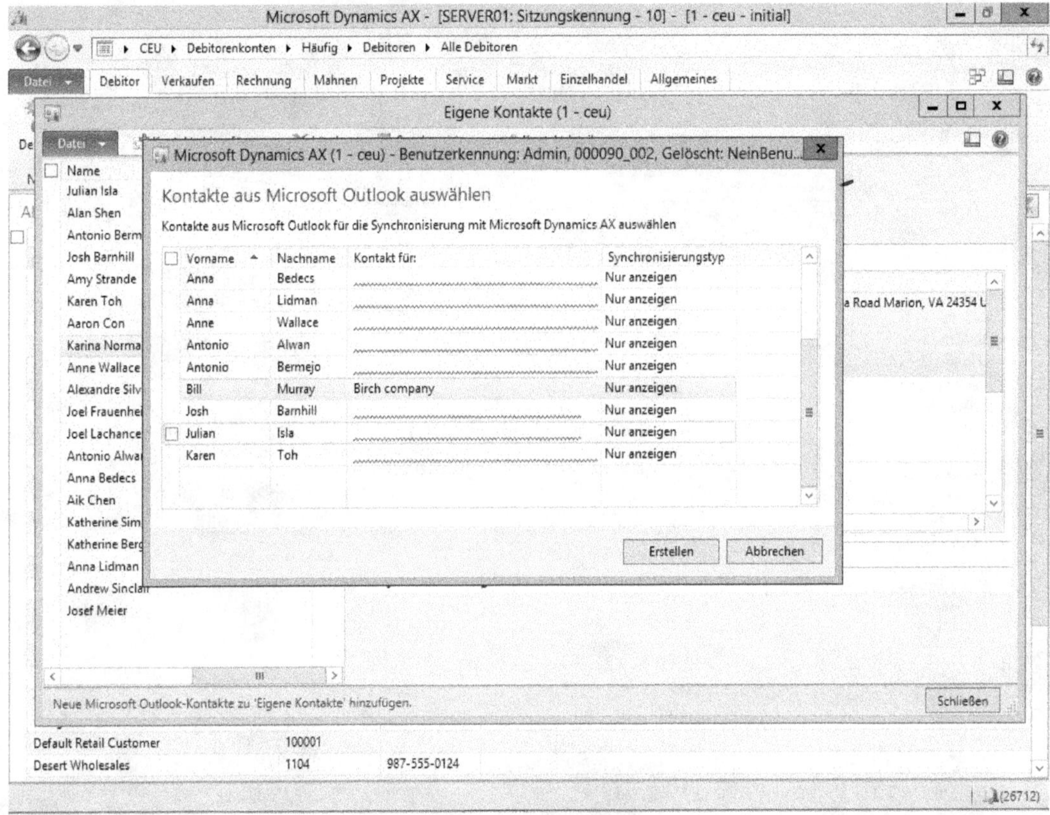

Wenn die Dialogbox Kontakte aus Microsoft Outlook auswählen angezeigt wird, können Sie sämtliche Kontakte sehen, die noch nicht von Outlook nach Dynamics AX synchronsiert wurden.

Synchronisiere Kontakte zwischen Dynamics AX und Outlook und wieder zurück

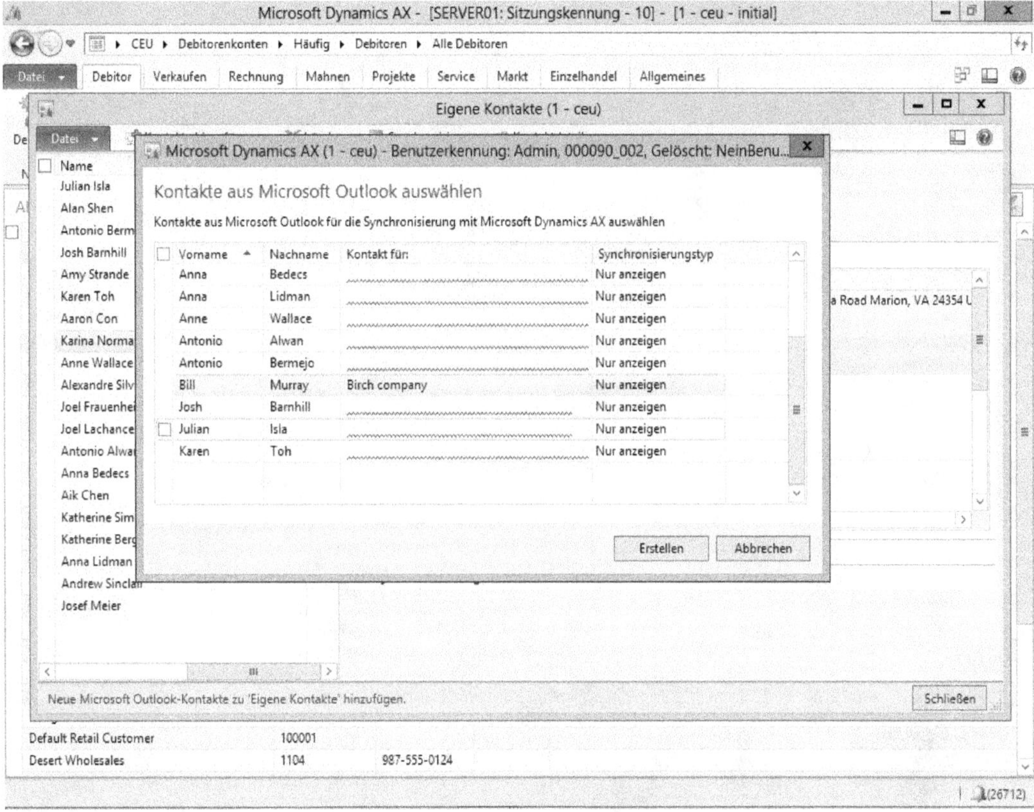

Überprüfen Sie alle Kontakte, die Sie synchronisieren möchten, und ergänzen Sie ebenfalls für den betreffenden Kontakt die Organisation, die Sie dem Kontakt zuweisen wollen.

Danach klicken Sie auf Erstellen.

Synchronisiere Kontakte zwischen Dynamics AX und Outlook und wieder zurück

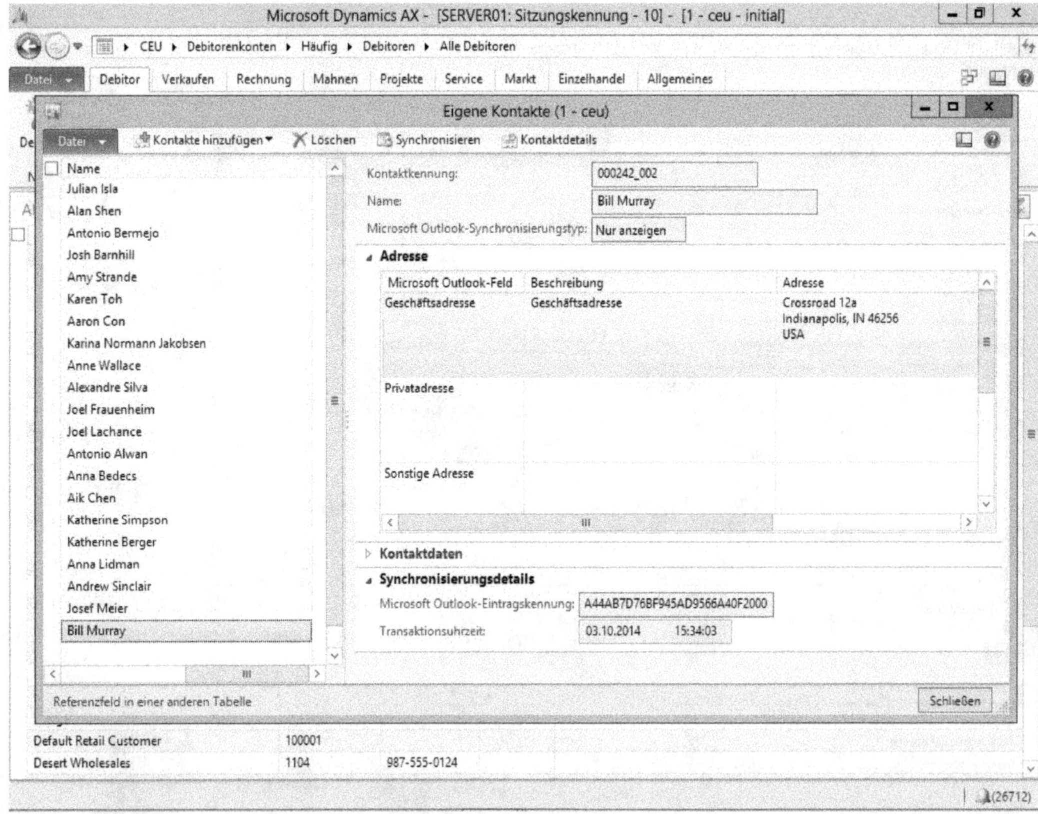

In der Maske Eigene Kontakte sehen Sie, dass der Kontakt aus Outlook jetzt den synchronisierten Kontakten hinzugefügt wurde.

Synchronisiere Kontakte zwischen Dynamics AX und Outlook und wieder zurück

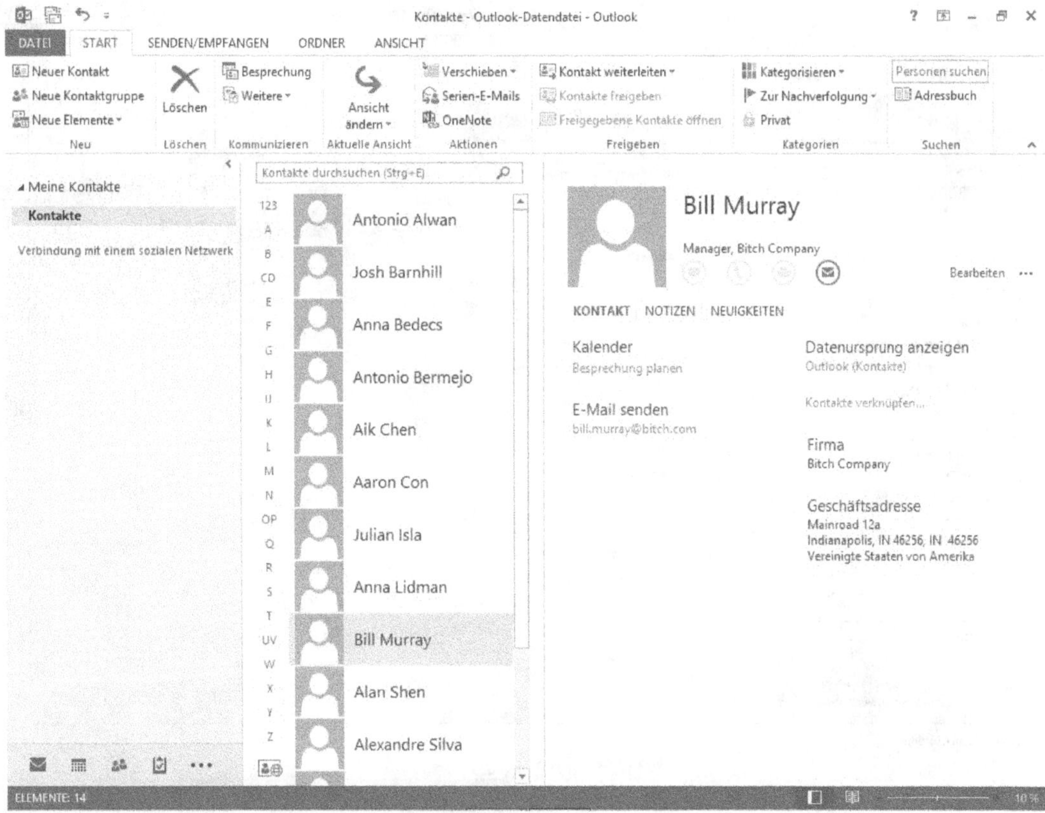

Für jeden Datensatz, der seinen Ursprung in Outlook hat, können Sie die Datensatzinformationen aktualisieren – wie z.B. die Adresse, Telefonnummer oder Email.

Synchronisiere Kontakte zwischen Dynamics AX und Outlook und wieder zurück

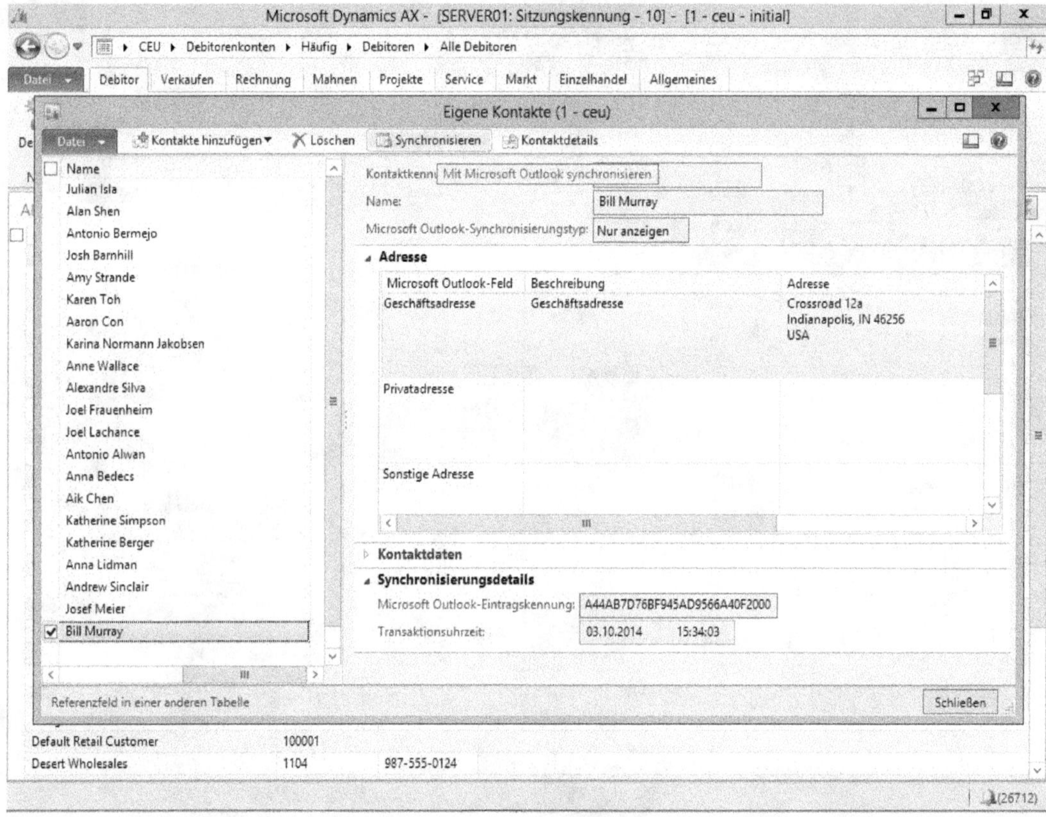

Um Dynamics AX zu aktualisieren, müssen Sie nur auf die Menüpunkt Synchronisieren klicken in der Menüleiste der Maske Eigene Kontakte.

Synchronisiere Kontakte zwischen Dynamics AX und Outlook und wieder zurück

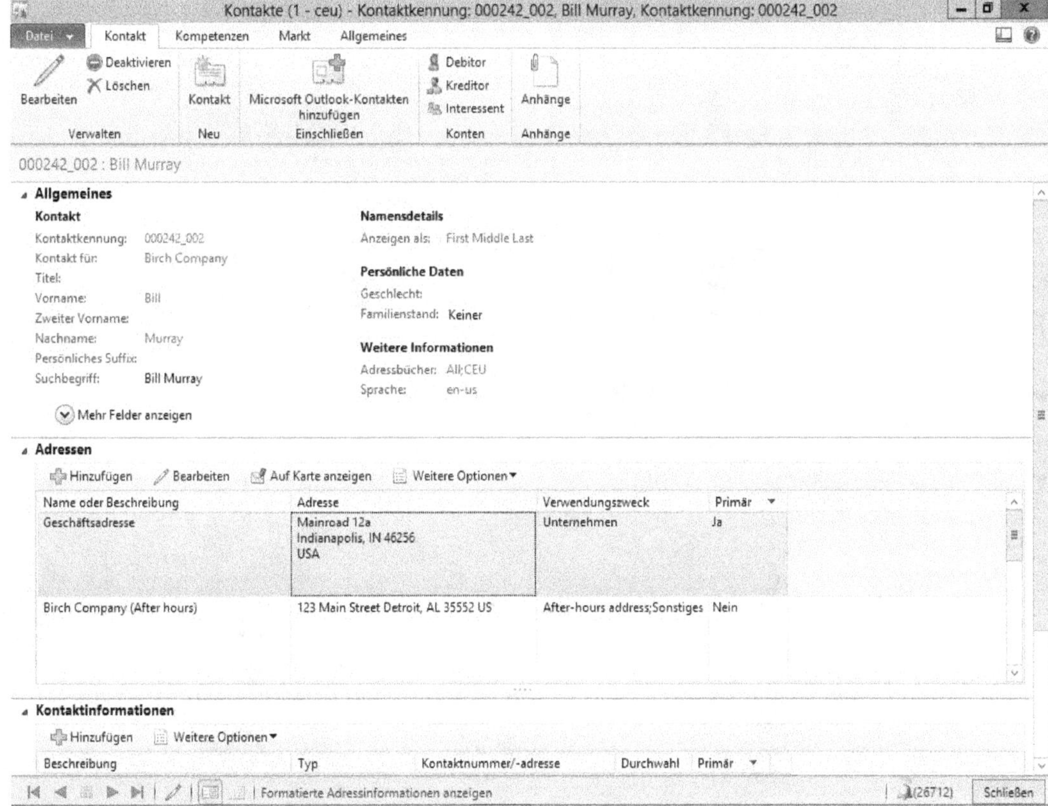

Wenn Sie den Kontakt in Dynamics AX betrachten, können Sie die Änderungen erkennen.

How slick is that!

Synchronisiere Kontakte zwischen Dynamics AX und [illegible] Outlook und wieder zurück

Wenn Sie [illegible] Dynamics AX betrachten, können Sie die Änderungen erkennen.

How slick is that!

REPORTING TIPS

Obgleich die Standard Reports, die mit Dynamics AX geliefert werden, gut sind, können Sie persönliche Reports kreieren, indem Sie sich einige nicht sofort erkennbare Reporting Werkzeuge zu Nutze machen. Sie können die Datenwürfel (Cubes), die von Dynamics AX bereitgestellt werden, inanspruchnehmen, Sie können mit Hilfe von Excel und PowerView Dashboards erstellen, und Sie können auch Daten direkt von Dynamics AX in Office 365 veröffentlichen, um Abfragen und Reports mit anderen zu teilen.

Sie können mit Dynamics AX aber auch Reports im Handumdrehen erstellen und Was-Wäre-Analysen in Excel mit PowerBI druchführen.

In diesem Kapitel zeigen wir Ihnen Wege auf, die Ihnen wahrscheinlich nicht vertraut sind, um Reports zu erstellen und Daten zu analysieren.

Erstelle Reports im Hand-umdrehen mit Autoreports

Manchmal kann es notwendig sein, eine Kopie der Daten, die Sie gerade auf dem Bildschirm haben, einer anderen Person als Referenz zu senden. Wenngleich Sie ein Hardcopy senden könnten, so gibt es doch mit Autoreport eine wesentlich elegantere Option für Sie. Sie müssen nur CTRL+P drücken und Dynamics AX erledigt den Rest für Sie.

Die Funktion Autoreports ist hervorragend, da sie Reports von allen Daten erstellen können, die Sie in der Abfrage haben – ungeachtet der Anzahl der Seiten. Autoreports haben Hyperlinks zurück zu den Hauptdaten, und sie sind wesentlich sicherer, da sie als PDF Dokument geliefert werden können.

Vergessen Sie die ALT-PRINTSCREEN Tastenkombination, und erinnern Sie sich CTRL-P.

Erstelle Reports im Handumdrehen mit Autoreports

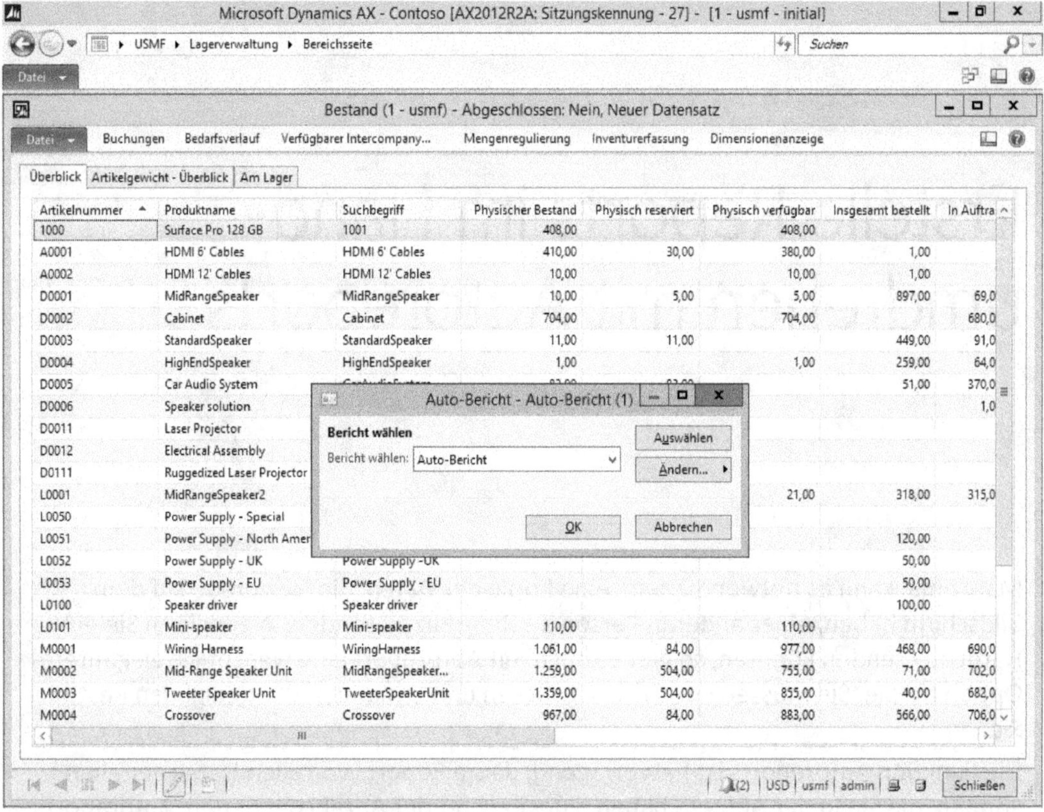

Innerhalb des Formulars, das Sie als Report exportieren möchten, drücken Sie die Tastenkombination CTRL+P. Wenn die Dialogbox Autoreport angezeigt wird, klicken Sie OK, um den Report zu erstellen.

Erstelle Reports im Handumdrehen mit Autoreports

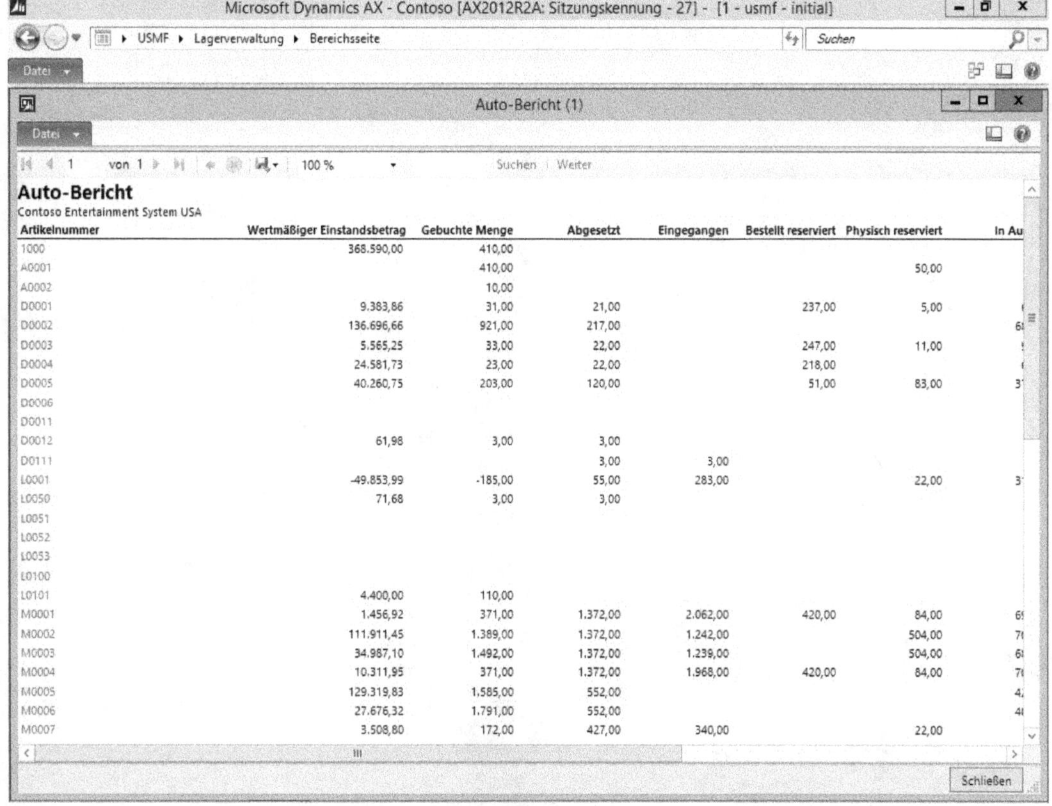

Artikelnummer	Wertmäßiger Einstandsbetrag	Gebuchte Menge	Abgesetzt	Eingegangen	Bestellt reserviert	Physisch reserviert	In Au
1000	368.590,00	410,00					
A0001		410,00				50,00	
A0002		10,00					
D0001	9.383,86	31,00	21,00		237,00	5,00	
D0002	136.696,66	921,00	217,00				6
D0003	5.565,25	33,00	22,00		247,00	11,00	
D0004	24.581,73	23,00	22,00		218,00		
D0005	40.260,75	203,00	120,00		51,00	83,00	3
D0006							
D0011							
D0012	61,98	3,00	3,00				
D0111			3,00	3,00			
L0001	-49.853,99	-185,00	55,00	283,00		22,00	3
L0050	71,68	3,00	3,00				
L0051							
L0052							
L0053							
L0100							
L0101	4.400,00	110,00					
M0001	1.456,92	371,00	1.372,00	2.062,00	420,00	84,00	6
M0002	111.911,45	1.389,00	1.372,00	1.242,00		504,00	7
M0003	34.987,10	1.492,00	1.372,00	1.239,00		504,00	6
M0004	10.311,95	371,00	1.372,00	1.968,00	420,00	84,00	7
M0005	129.319,83	1.585,00	552,00				4
M0006	27.676,32	1.791,00	552,00				4
M0007	3.508,80	172,00	427,00	340,00		22,00	

Daraufhin wird für Sie ein Report erstellt, der exakt die auf dem Bildschirm dargestellten Informationen anzeigt, gefiltert mit denselben Daten, die Sie abgefragt haben.

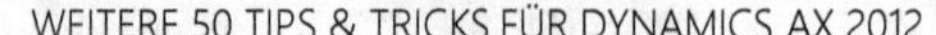

Export nach Excel ohne Vorhandensein des Symbols in der Funktionsleiste

Nicht alle Eingabemasken innerhalb Dynamics AX verfügen über das nützliche Export nach Excel Symbol in der Funktionsleiste, um Daten zu kopieren. Das soll aber nicht heißen, dass es keine Möglichkeit gibt, Ihre Daten schnell an ein Excel Arbeitsblatt zu übergeben.

Sie müssen nur den Menüpunkt Export to Microsoft Excel im Menübefehl Datei auswählen, oder für all diejenigen, die Tastenkombinationen bevorzugen, drücken Sie CTRL+T, und es wird eine Excel Arbeitsmappe erstellt und mit den entsprechenden Daten befüllt.

Export nach Excel ohne Vorhandensein des Symbols in der Funktionsleiste

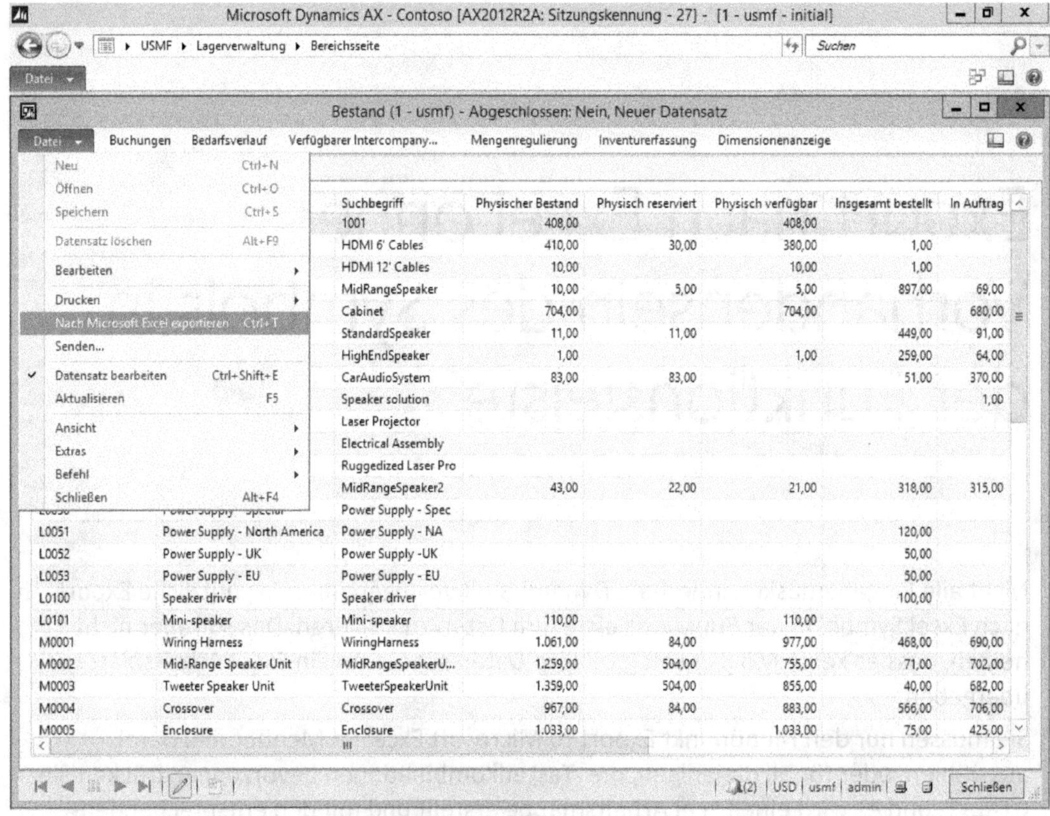

Innerhalb des Dateimenüs wählen Sie den Menüpunkt Nach Microsoft Excel exportieren.

Beachte: Sie können auch CTRL+T drücken, falls Sie lieber mit Tastaturkürzeln arbeiten.

Export nach Excel ohne Vorhandensein des Symbols in der Funktionsleiste

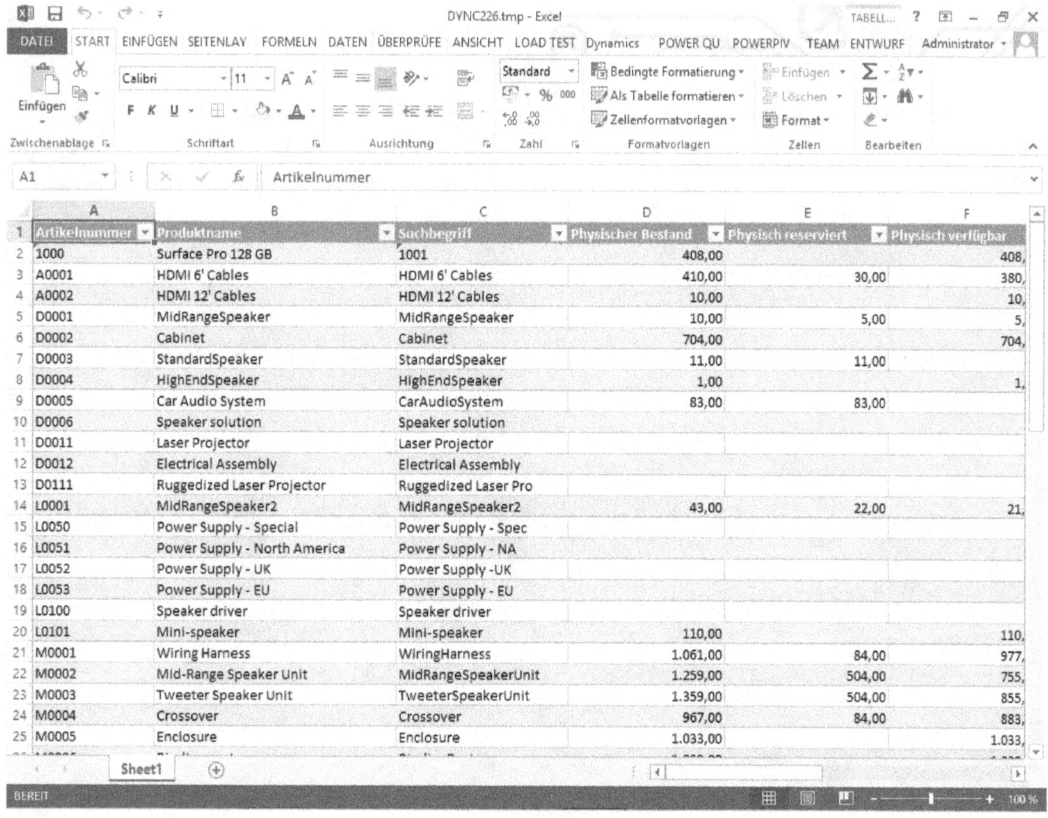

	A	B	C	D	E	F
1	Artikelnummer	Produktname	Suchbegriff	Physischer Bestand	Physisch reserviert	Physisch verfügbar
2	1000	Surface Pro 128 GB	1001	408,00		408,
3	A0001	HDMI 6' Cables	HDMI 6' Cables	410,00	30,00	380,
4	A0002	HDMI 12' Cables	HDMI 12' Cables	10,00		10,
5	D0001	MidRangeSpeaker	MidRangeSpeaker	10,00	5,00	5,
6	D0002	Cabinet	Cabinet	704,00		704,
7	D0003	StandardSpeaker	StandardSpeaker	11,00	11,00	
8	D0004	HighEndSpeaker	HighEndSpeaker	1,00		1,
9	D0005	Car Audio System	CarAudioSystem	83,00	83,00	
10	D0006	Speaker solution	Speaker solution			
11	D0011	Laser Projector	Laser Projector			
12	D0012	Electrical Assembly	Electrical Assembly			
13	D0111	Ruggedized Laser Projector	Ruggedized Laser Pro			
14	L0001	MidRangeSpeaker2	MidRangeSpeaker2	43,00	22,00	21,
15	L0050	Power Supply - Special	Power Supply - Spec			
16	L0051	Power Supply - North America	Power Supply - NA			
17	L0052	Power Supply - UK	Power Supply -UK			
18	L0053	Power Supply - EU	Power Supply - EU			
19	L0100	Speaker driver	Speaker driver			
20	L0101	Mini-speaker	Mini-speaker	110,00		110,
21	M0001	Wiring Harness	WiringHarness	1.061,00	84,00	977,
22	M0002	Mid-Range Speaker Unit	MidRangeSpeakerUnit	1.259,00	504,00	755,
23	M0003	Tweeter Speaker Unit	TweeterSpeakerUnit	1.359,00	504,00	855,
24	M0004	Crossover	Crossover	967,00	84,00	883,
25	M0005	Enclosure	Enclosure	1.033,00		1.033,

Alle Daten des aktuellen Listenformulars werden nach Excel exportiert.

Vollbringe Was-Wäre (What-If)-Analysen innerhalb Excel mit Hilfe von PowerBI

Manchmal werden Sie nach einer Möglichkeit suchen, etwas mit Zahlen zu jonglieren, um schnelle Was-Wäre-Analysen durchzuführen. Sie wollen sehen, welchen Effekt eine Änderung einiger Daten in Dynamics AX mit sich bringen würde, aber Sie möchten dafür augenblicklich keine Daten im System manipulieren.

In diesem Beispiel werden wir Ihnen zeigen, wie ein Off-Line Worksheet verwendet wird, das alle Anpassungen beinhaltet, die Sie zusammen mit PowerPivot und PowerView erzeugen wollen, um ein einfaches Dashboard zu erstellen, das den Einfluß Ihrer Anpassungen auf Ihre Daten aufzeigt.

Vollbringe Was-Wäre (What-If)-Analysen innerhalb Excel mit Hilfe von PowerBI

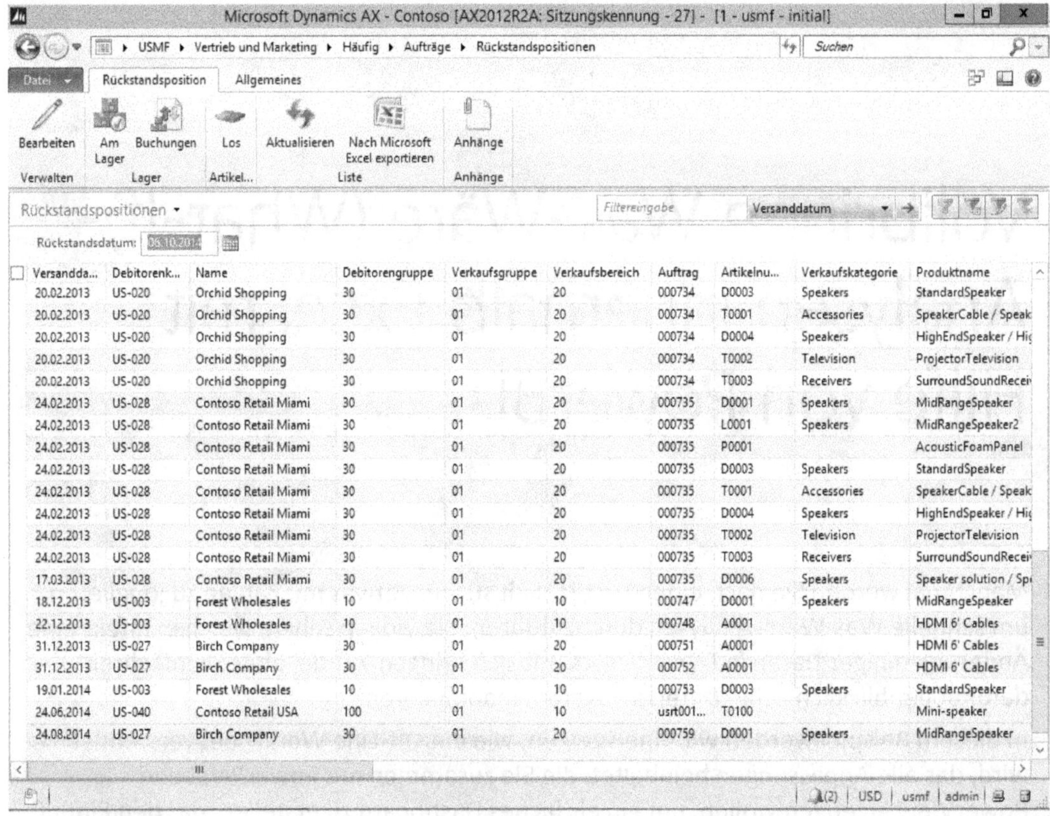

Versandda...	Debitorenk...	Name	Debitorengruppe	Verkaufsgruppe	Verkaufsbereich	Auftrag	Artikelnu...	Verkaufskategorie	Produktname
20.02.2013	US-020	Orchid Shopping	30	01	20	000734	D0003	Speakers	StandardSpeaker
20.02.2013	US-020	Orchid Shopping	30	01	20	000734	T0001	Accessories	SpeakerCable / Speak
20.02.2013	US-020	Orchid Shopping	30	01	20	000734	D0004	Speakers	HighEndSpeaker / Hi
20.02.2013	US-020	Orchid Shopping	30	01	20	000734	T0002	Television	ProjectorTelevision
20.02.2013	US-020	Orchid Shopping	30	01	20	000734	T0003	Receivers	SurroundSoundRecei
24.02.2013	US-028	Contoso Retail Miami	30	01	20	000735	D0001	Speakers	MidRangeSpeaker
24.02.2013	US-028	Contoso Retail Miami	30	01	20	000735	L0001	Speakers	MidRangeSpeaker2
24.02.2013	US-028	Contoso Retail Miami	30	01	20	000735	P0001		AcousticFoamPanel
24.02.2013	US-028	Contoso Retail Miami	30	01	20	000735	D0003	Speakers	StandardSpeaker
24.02.2013	US-028	Contoso Retail Miami	30	01	20	000735	T0001	Accessories	SpeakerCable / Speak
24.02.2013	US-028	Contoso Retail Miami	30	01	20	000735	D0004	Speakers	HighEndSpeaker / Hi
24.02.2013	US-028	Contoso Retail Miami	30	01	20	000735	T0002	Television	ProjectorTelevision
24.02.2013	US-028	Contoso Retail Miami	30	01	20	000735	T0003	Receivers	SurroundSoundRecei
17.03.2013	US-028	Contoso Retail Miami	30	01	20	000735	D0006	Speakers	Speaker solution / Sp
18.12.2013	US-003	Forest Wholesales	10	01	10	000747	D0001	Speakers	MidRangeSpeaker
22.12.2013	US-003	Forest Wholesales	10	01	10	000748	A0001		HDMI 6' Cables
31.12.2013	US-027	Birch Company	30	01	20	000751	A0001		HDMI 6' Cables
31.12.2013	US-027	Birch Company	30	01	20	000752	A0001		HDMI 6' Cables
19.01.2014	US-003	Forest Wholesales	10	01	10	000753	D0003	Speakers	StandardSpeaker
24.06.2014	US-040	Contoso Retail USA	100	01	10	usrt001...	T0100		Mini-speaker
24.08.2014	US-027	Birch Company	30	01	20	000759	D0001	Speakers	MidRangeSpeaker

Bevor wir starten können, benötigen wir für die Analyse einige Daten. In diesem Beispiel nehmen wir die Rückstandspositionen. Am Standardformular nehmen wir eine kleine Personalisierung vor, indem wir die Debitorengruppe, die Verkaufsgruppe und den Verkaufsbereich für die Analyse ergänzen.

Anschließend exportieren wir diese Informationen nach Excel.

Vollbringe Was-Wäre (What-If)-Analysen innerhalb Excel mit Hilfe von PowerBI

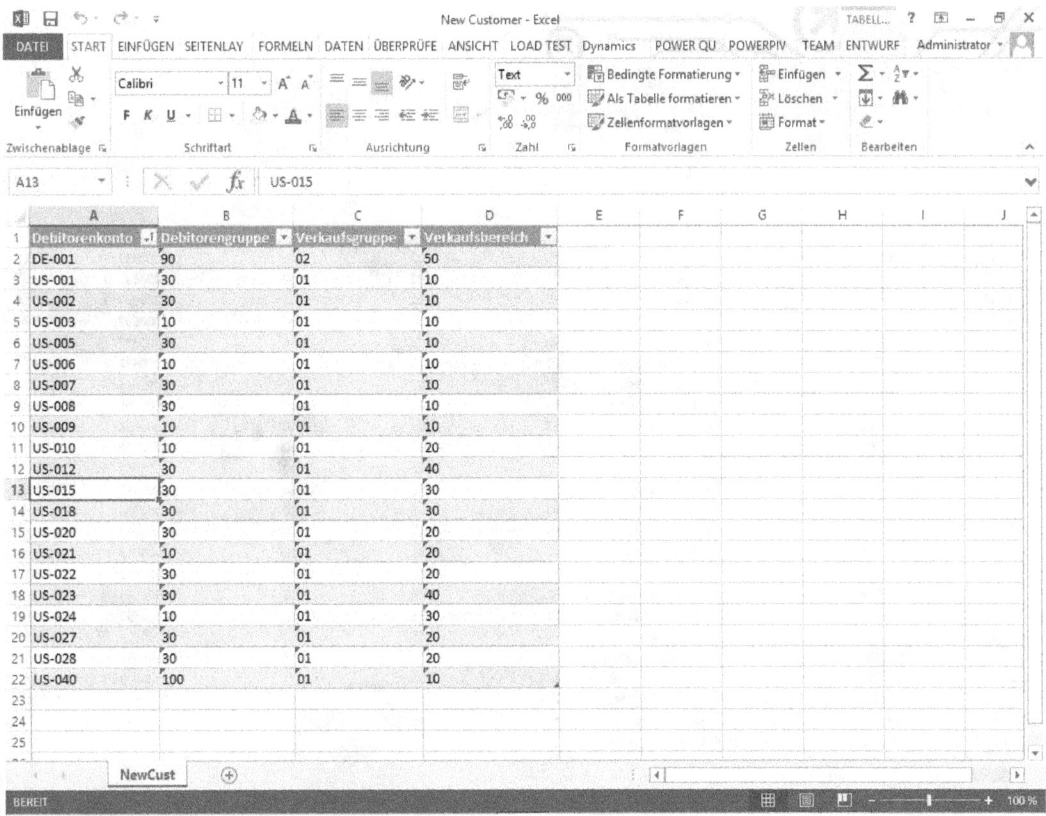

Debitorenkonto	Debitorengruppe	Verkaufsgruppe	Verkaufsbereich
DE-001	90	02	50
US-001	30	01	10
US-002	30	01	10
US-003	10	01	10
US-005	30	01	10
US-006	10	01	10
US-007	30	01	10
US-008	30	01	10
US-009	10	01	10
US-010	10	01	20
US-012	30	01	40
US-015	30	01	30
US-018	30	01	30
US-020	30	01	20
US-021	10	01	20
US-022	30	01	20
US-023	30	01	40
US-024	10	01	30
US-027	30	01	20
US-028	30	01	20
US-040	100	01	10

Wir benötigen zudem ein Arbeitsblatt, das alle unsere abwechselnden Kodierungsschlüssel beinhaltet, die wir für unser Was-Wäre-Szenario brauchen. Wir erstellen eine Tabelle, die sämtliche Debitoren und die entsprechenden Gruppen auflistet.

Vollbringe Was-Wäre (What-If)-Analysen innerhalb Excel mit Hilfe von PowerBI

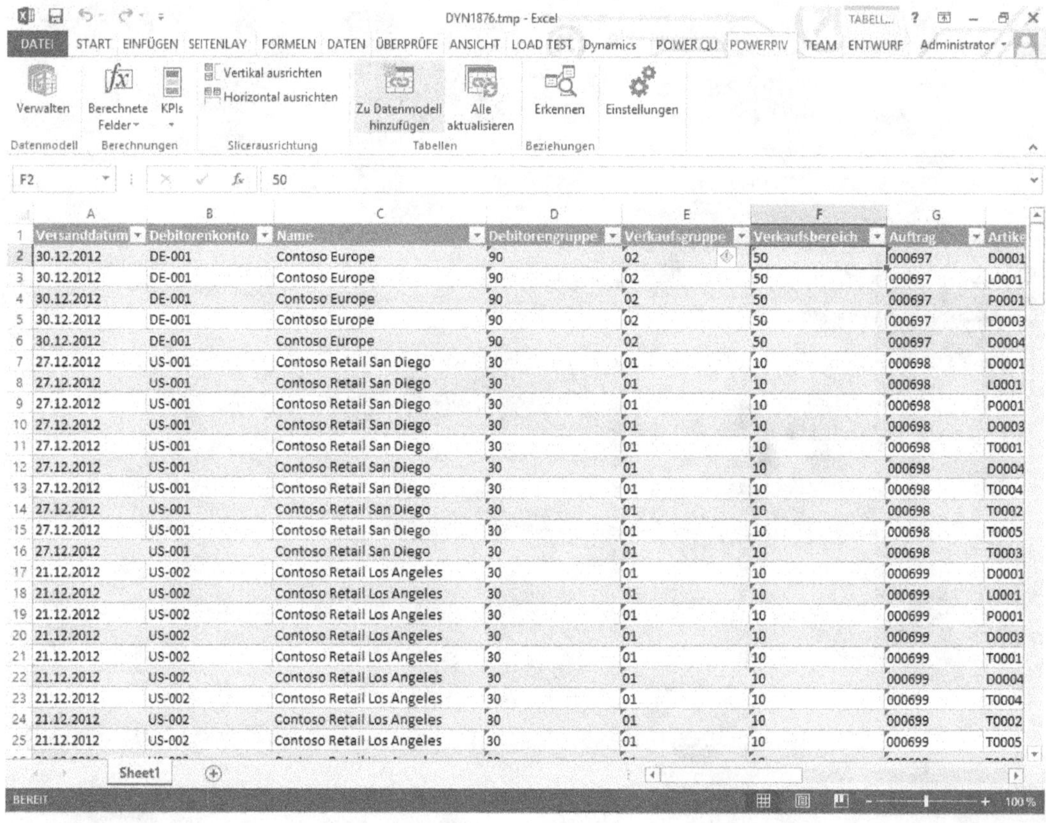

Sobald wir unser Excel Arbeitsblatt mit den verknüpften Daten, die wir analysieren wollen, haben, werden wir sie den PowerPivot Modell hinzufügen, indem wir auf den Schaltknopf Zu Datenmodell hinzufügen in der POWERPIVOT Funktionsleiste klicken.

Vollbringe Was-Wäre (What-If)-Analysen innerhalb Excel mit Hilfe von PowerBI

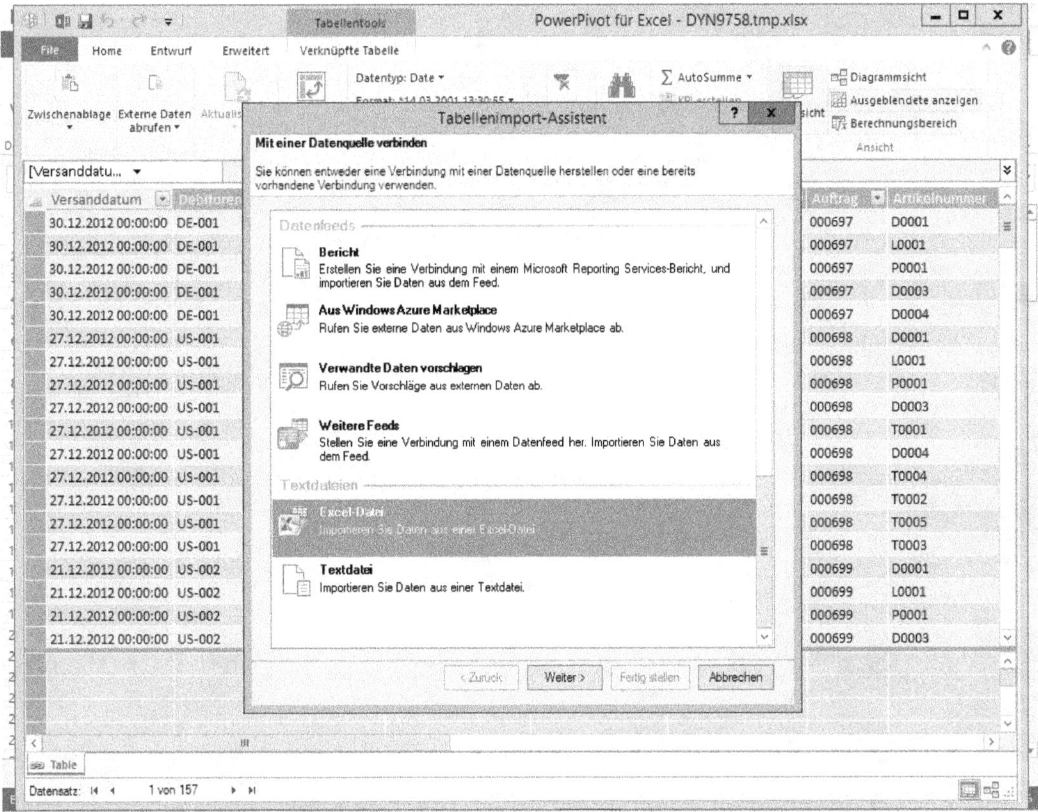

Wenn das PowerPivot Fenster angezeigt wird, klicken Sie auf Externe Daten abrufen innerhalb der Home Funktionsleiste, und wählen Sie die Excel-Datei Option, damit wir unsere Was-Wäre-Mappings damit in Verbindung bringen können.

Vollbringe Was-Wäre (What-If)-Analysen innerhalb Excel mit Hilfe von PowerBI

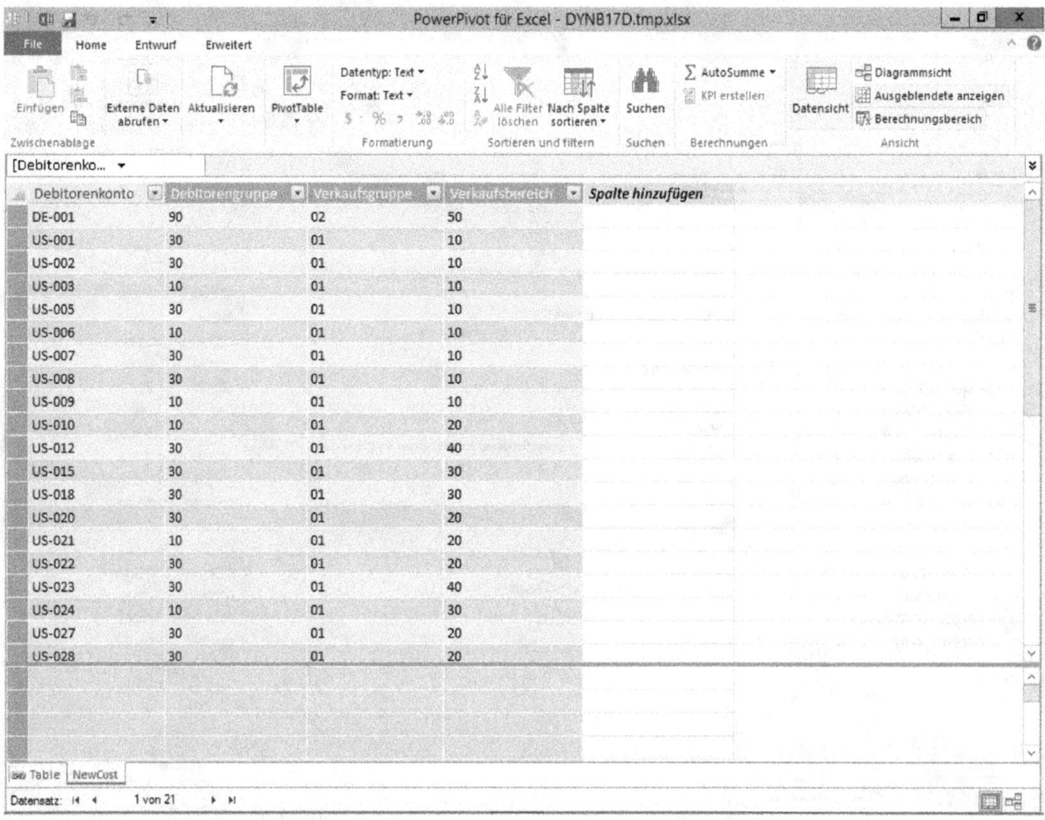

Debitorenkonto	Debitorengruppe	Verkaufsgruppe	Verkaufsbereich
DE-001	90	02	50
US-001	30	01	10
US-002	30	01	10
US-003	10	01	10
US-005	30	01	10
US-006	10	01	10
US-007	30	01	10
US-008	30	01	10
US-009	10	01	10
US-010	10	01	20
US-012	30	01	40
US-015	30	01	30
US-018	30	01	30
US-020	30	01	20
US-021	10	01	20
US-022	30	01	20
US-023	30	01	40
US-024	10	01	30
US-027	30	01	20
US-028	30	01	20

Nach Auswahl des Arbeitsblattes, das wir mit dem neuen Mapping erstellt haben, werden die Daten des Arbeitsblattes mit den PowerPivot Modell in Verbindung gebracht.

Vollbringe Was-Wäre (What-If)-Analysen innerhalb Excel mit Hilfe von PowerBI

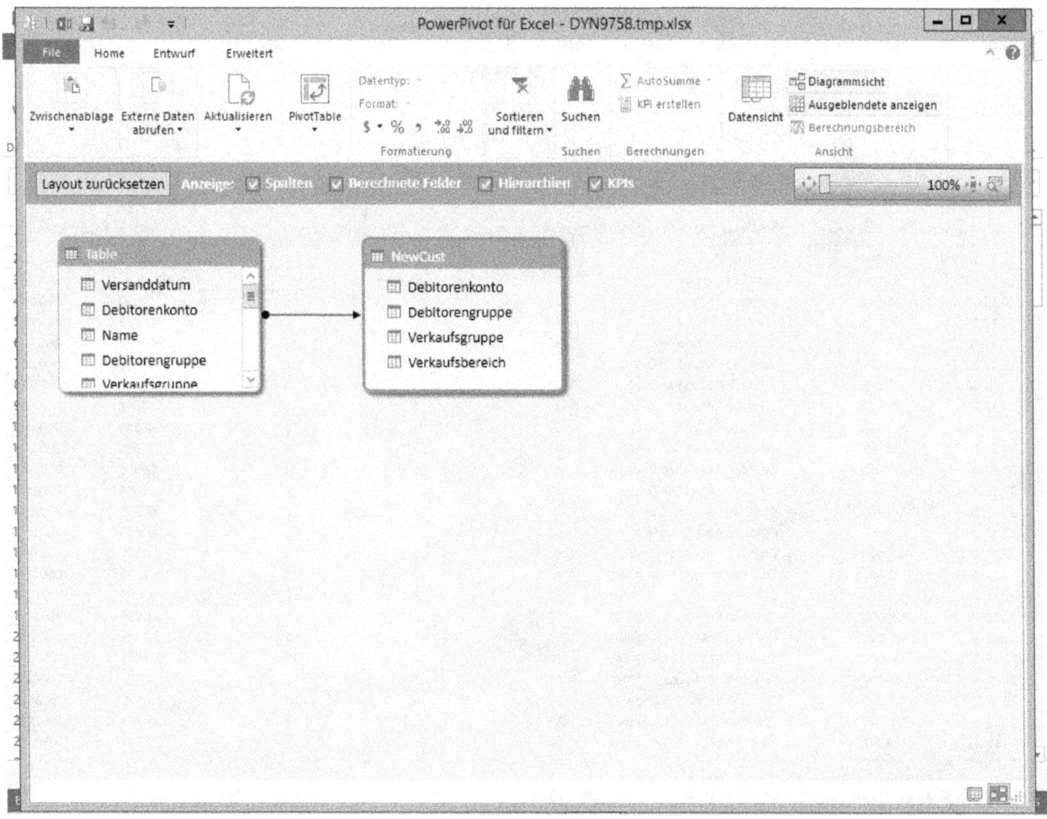

Ein letzter Arbeitsschritt ist noch auszuführen, nämlich die Tabellen zu verknüpfen. Dazu klicken Sie auf die Option Diagrammsicht innerhalb der Home Funktionsleiste, und wenn beide Tabellen angezeigt werden, verknüpfe sie anhand des Debitorenkontos. Danach können Sie den PowerPivot Manager schließen.

Vollbringe Was-Wäre (What-If)-Analysen innerhalb Excel mit Hilfe von PowerBI

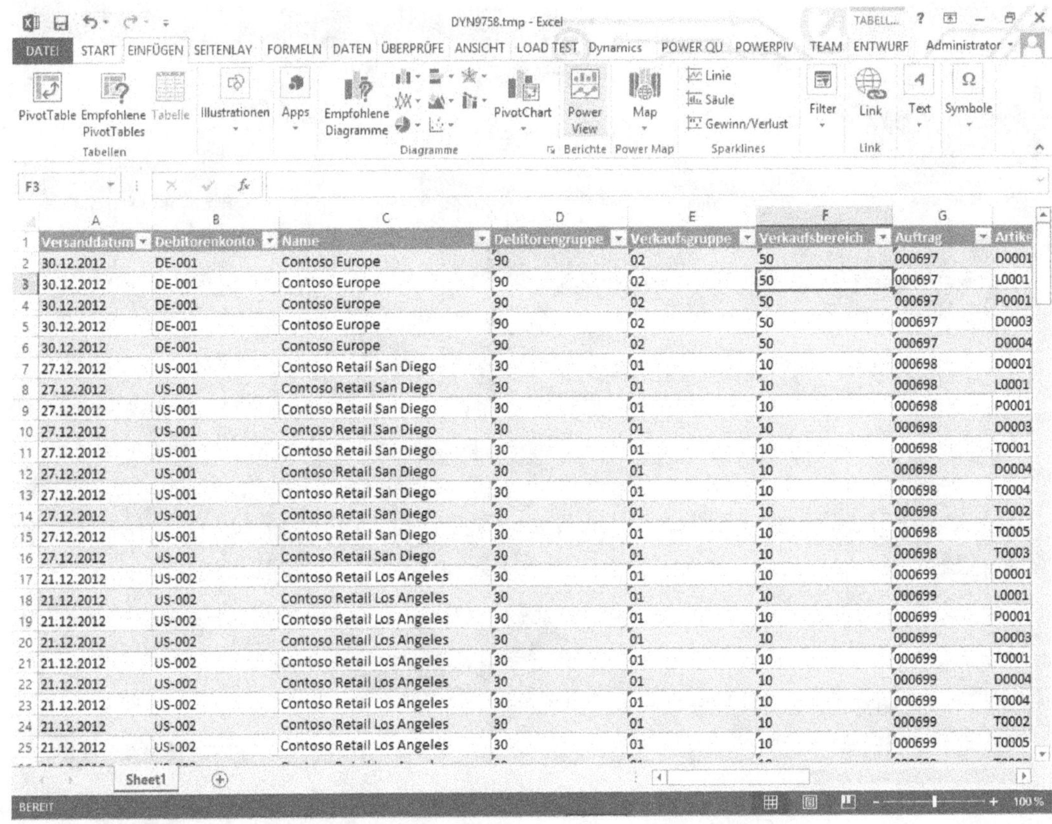

	Versanddatum	Debitorenkonto	Name	Debitorengruppe	Verkaufsgruppe	Verkaufsbereich	Auftrag	Artike
2	30.12.2012	DE-001	Contoso Europe	90	02	50	000697	D0001
3	30.12.2012	DE-001	Contoso Europe	90	02	50	000697	L0001
4	30.12.2012	DE-001	Contoso Europe	90	02	50	000697	P0001
5	30.12.2012	DE-001	Contoso Europe	90	02	50	000697	D0003
6	30.12.2012	DE-001	Contoso Europe	90	02	50	000697	D0004
7	27.12.2012	US-001	Contoso Retail San Diego	30	01	10	000698	D0001
8	27.12.2012	US-001	Contoso Retail San Diego	30	01	10	000698	L0001
9	27.12.2012	US-001	Contoso Retail San Diego	30	01	10	000698	P0001
10	27.12.2012	US-001	Contoso Retail San Diego	30	01	10	000698	D0003
11	27.12.2012	US-001	Contoso Retail San Diego	30	01	10	000698	T0001
12	27.12.2012	US-001	Contoso Retail San Diego	30	01	10	000698	D0004
13	27.12.2012	US-001	Contoso Retail San Diego	30	01	10	000698	T0004
14	27.12.2012	US-001	Contoso Retail San Diego	30	01	10	000698	T0002
15	27.12.2012	US-001	Contoso Retail San Diego	30	01	10	000698	T0005
16	27.12.2012	US-001	Contoso Retail San Diego	30	01	10	000698	T0003
17	21.12.2012	US-002	Contoso Retail Los Angeles	30	01	10	000699	D0001
18	21.12.2012	US-002	Contoso Retail Los Angeles	30	01	10	000699	L0001
19	21.12.2012	US-002	Contoso Retail Los Angeles	30	01	10	000699	P0001
20	21.12.2012	US-002	Contoso Retail Los Angeles	30	01	10	000699	D0003
21	21.12.2012	US-002	Contoso Retail Los Angeles	30	01	10	000699	T0001
22	21.12.2012	US-002	Contoso Retail Los Angeles	30	01	10	000699	D0004
23	21.12.2012	US-002	Contoso Retail Los Angeles	30	01	10	000699	T0004
24	21.12.2012	US-002	Contoso Retail Los Angeles	30	01	10	000699	T0002
25	21.12.2012	US-002	Contoso Retail Los Angeles	30	01	10	000699	T0005

Wir kehren jetzt zum Excel Arbeitsblatt zurück und erstellen einen neuen PowerView Report basierend auf diesen Daten, indem wir den Menüpunkt PowerView innerhalb der Funktionsleiste Einfügen klicken.

Vollbringe Was-Wäre (What-If)-Analysen innerhalb Excel mit Hilfe von PowerBI

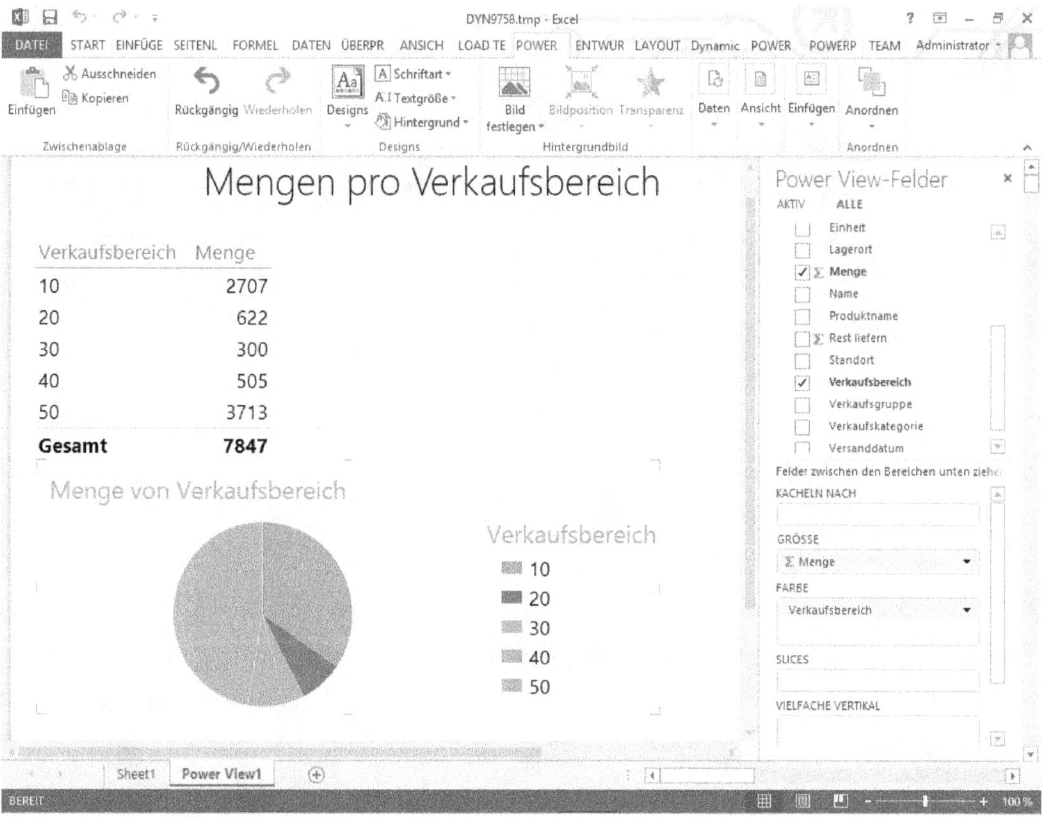

Wenn die Reporting Leinwand angezeigt wird, sind Sie in der Lage, einfache Analysen zu erstellen – basierend auf den (realen) Daten Ihrer Arbeitsblatt-Tabelle.

Vollbringe Was-Wäre (What-If)-Analysen innerhalb Excel mit Hilfe von PowerBI

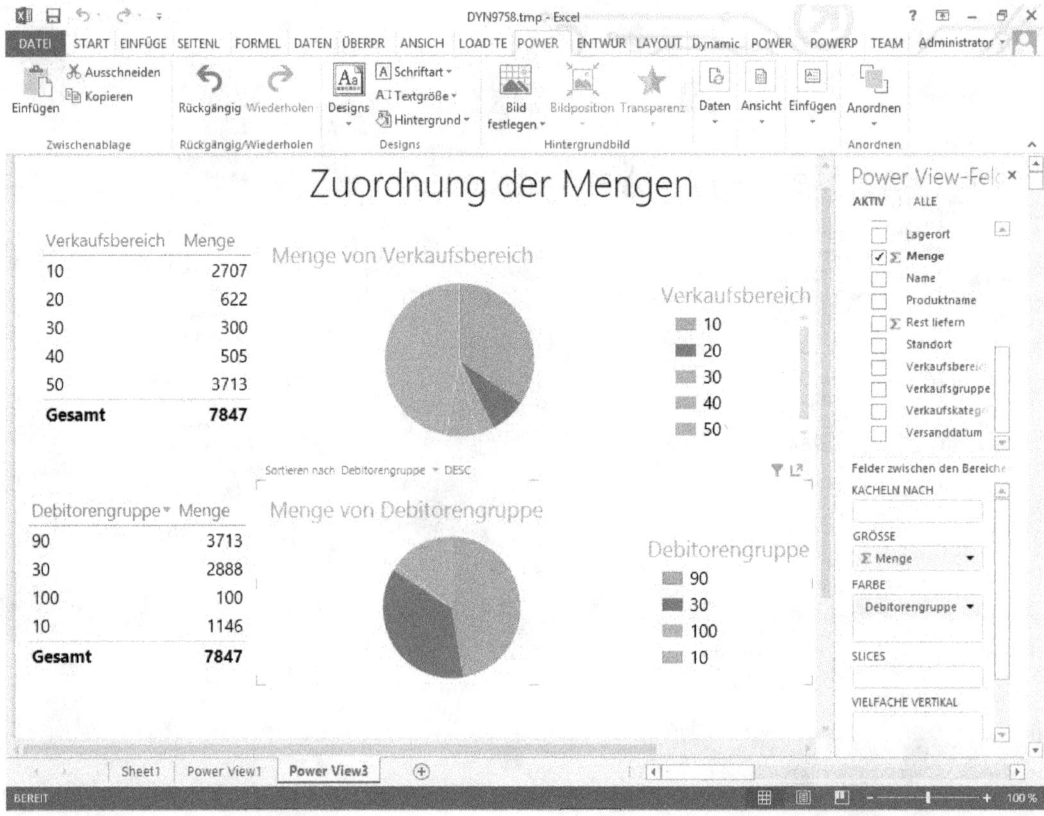

Sie können ein zweites Set von Dashboard Elementen erstellen, um Daten anzuzeigen; oder Sie verwenden die Klassifikation, die Sie im verknüpften Arbeitsblatt definiert haben.

Vollbringe Was-Wäre (What-If)-Analysen innerhalb Excel mit Hilfe von PowerBI

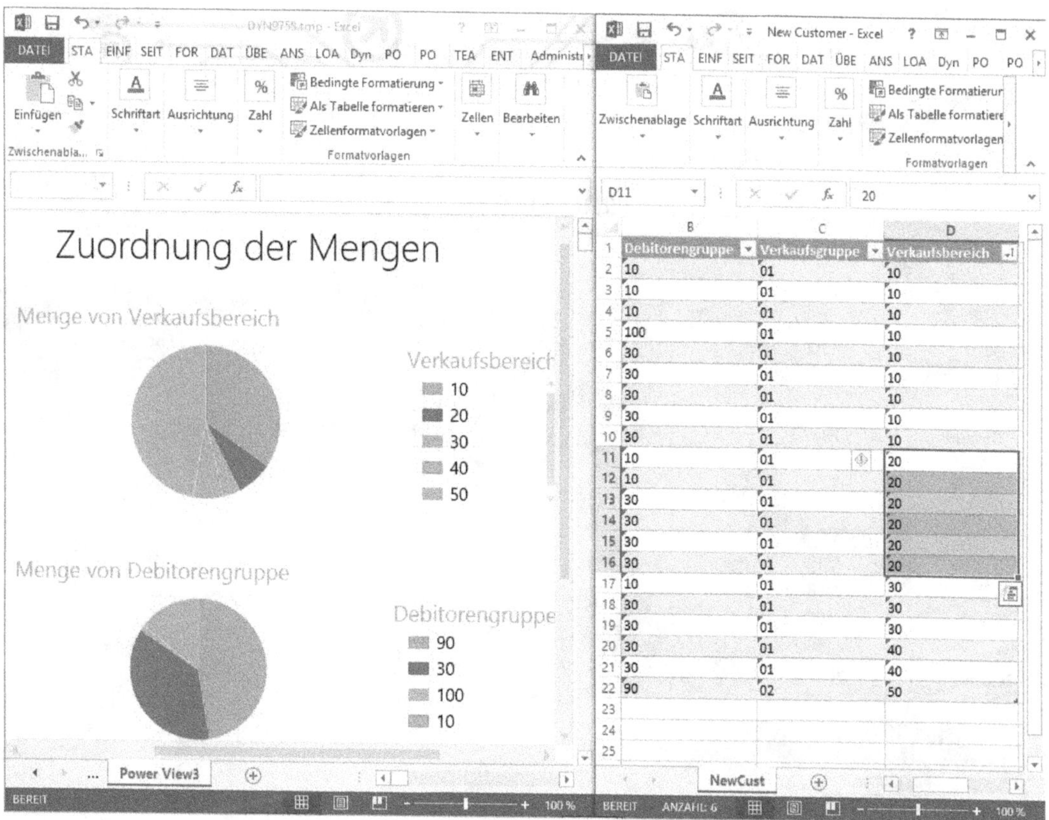

	B	C	D
1	Debitorengruppe	Verkaufsgruppe	Verkaufsbereich
2	10	01	10
3	10	01	10
4	10	01	10
5	100	01	10
6	30	01	10
7	30	01	10
8	30	01	10
9	30	01	10
10	30	01	10
11	10	01	20
12	10	01	20
13	30	01	20
14	30	01	20
15	30	01	20
16	30	01	20
17	10	01	30
18	30	01	30
19	30	01	30
20	30	01	40
21	30	01	40
22	90	02	50

Eine prima Sache ist es, dass Sie die Was-Wäre-Klassifikation innerhalb des Off-Line Arbeitsblattes ändern können.

Vollbringe Was-Wäre (What-If)-Analysen innerhalb Excel mit Hilfe von PowerBI

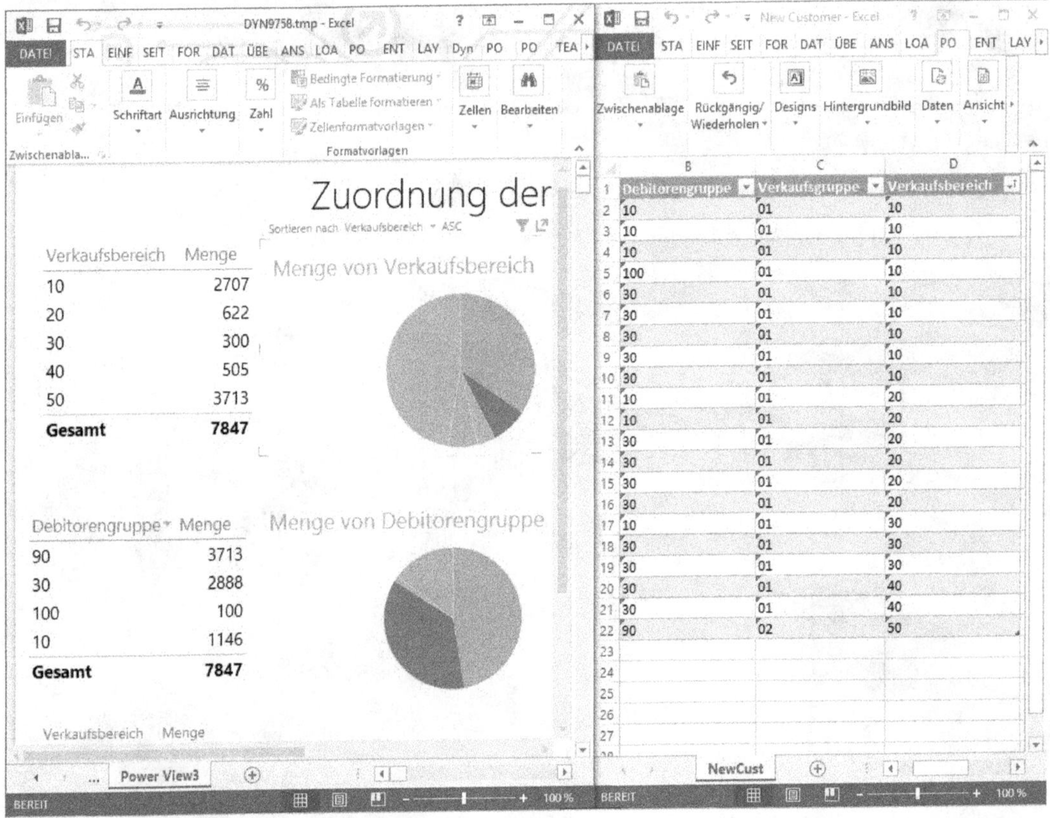

Wenn Sie die Schaltfläche Aktualisieren klicken innerhalb der PowerView Funktionsleiste, werden die Daten im PowerView Dashboard unmittelbar angepaßt.

WORKFLOW TRICKS

Workflow ist einer der am meisten mißverstandenen Bereiche in Dynamics AX, hauptsächlich, weil viele Personen denken, dass es kompliziert ist und einen Entwickler erfordert, um den Workflow aufzusetzen und zum Laufen zu bringen. Das ist nicht korrekt. Viele Dinge, die man mit einem Workflow machen kann, erfordern keine Code-Anpassungen. Aber es wird Verantwortlichkeit an die Benutzer und die Prozesse im System ergänzt.

In diesem Kapitel werden wir einige Wege aufzeigen, wie Sie den Workflow nutzen können, um Ihre Geschäftsprozesse zu straffen.

Aufsetzen einer Workflow Delegierung, falls Sie nicht erreichbar sind

Workflow ist eine hervorragende Möglichkeit, um Personen mit Aufgaben zu betrauen und den Fortschritt der Erledigung aufzuzeichnen, weil er immer sichtbar ist und niemals verlegt oder verloren gehen kann wie es bei manuellen Abläufen immer wieder vorkommt. Aber gelegentlich müssen Sie eine Arbeitspause einlegen, und anstatt Ihre Workflow-Aufgaben bis zu Ihrer Rückkehr verkümmern zu lassen, oder

- noch schlechter - dass sie Ihnen in den Urlaub folgen, nutzen Sie die Delegierungsfunktion innerhalb Dynamics AX, um die Aufgaben an eine Vertrauensperson weiterzuleiten.

Jetzt können Sie Nachts beruhigt schlafen, da jemand anderes Ihre Arbeit macht.

Aufsetzen einer Workflow Delegierung, falls Sie nicht erreichbar sind

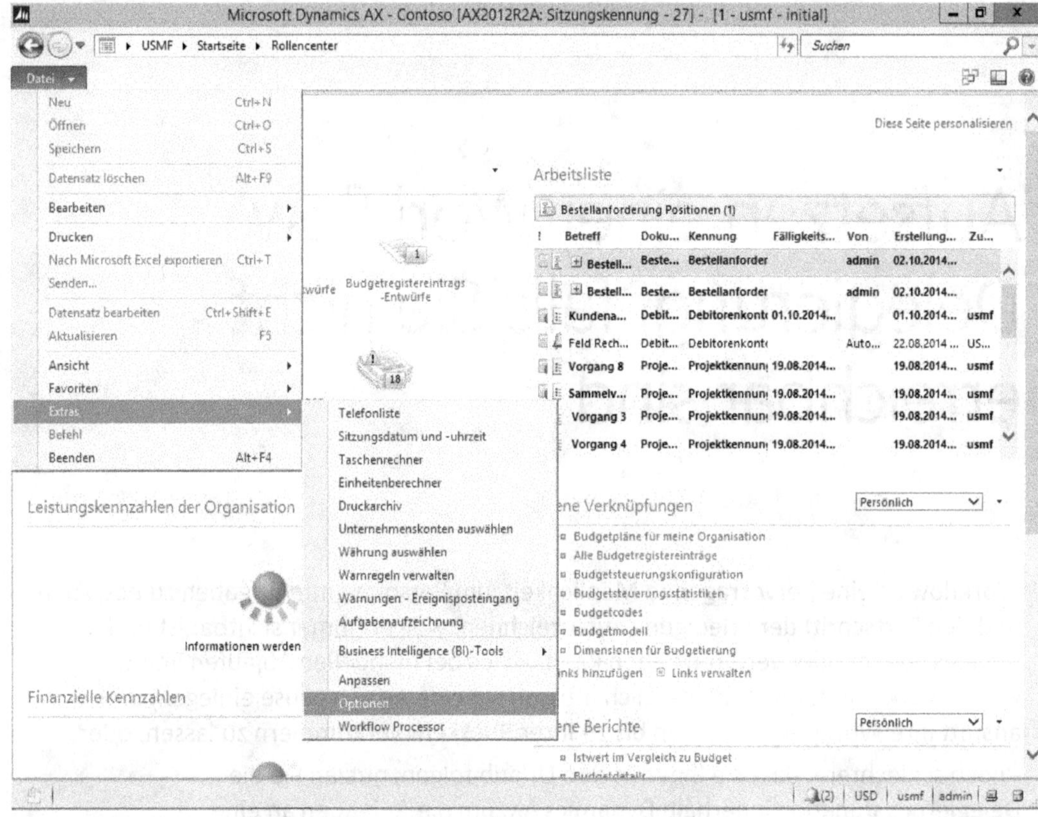

Im Dateimenü wählen Sie das Untermenü Extras und klicken dann auf den Menüpunkt Optionen.

Aufsetzen einer Workflow Delegierung, falls Sie nicht erreichbar sind

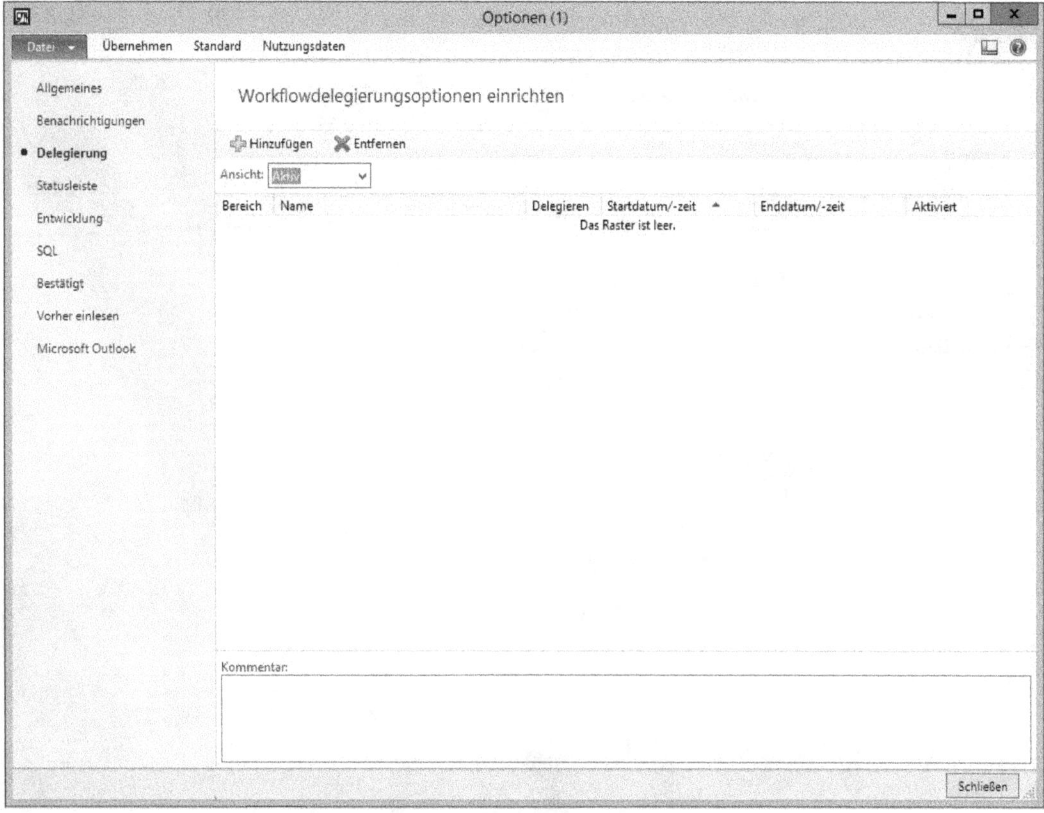

Wenn die Dialogbox Optionen angezeigt wird, klicken Sie die Kartei Delegierung an, und anschließend klicken Sie in der Menüleiste auf Hinzufügen.

Aufsetzen einer Workflow Delegierung, falls Sie nicht erreichbar sind

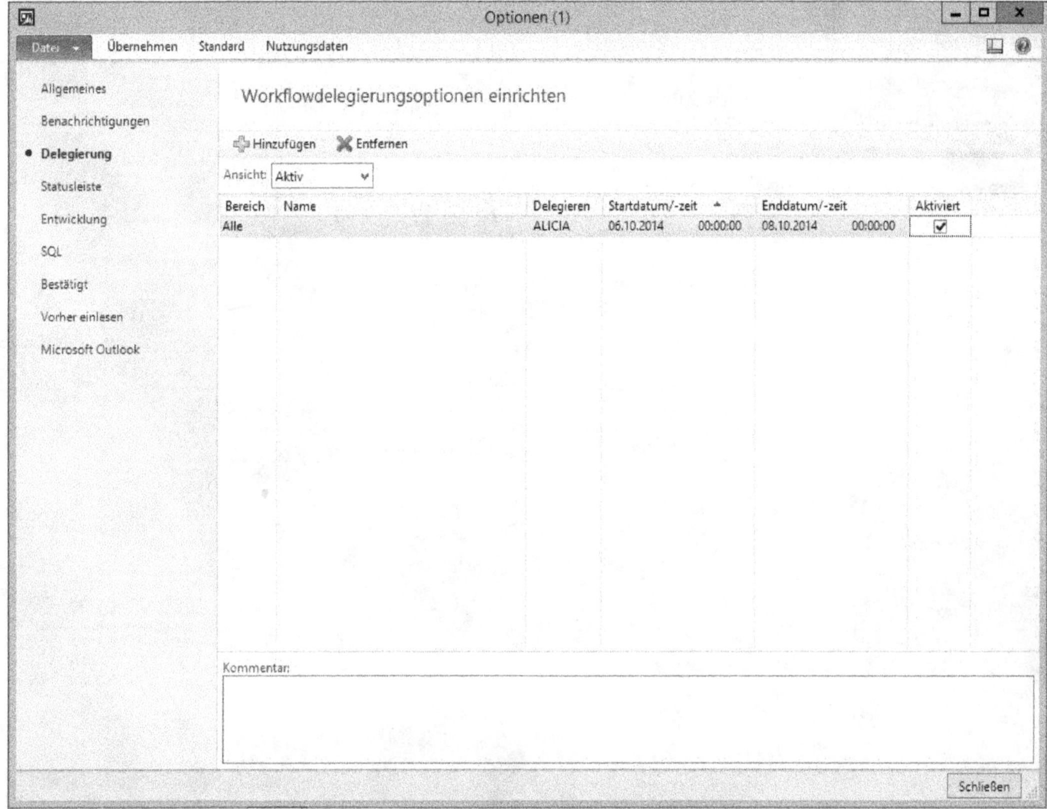

Jetzt müssen Sie AX mitteilen, an wen Sie Ihre Workflows delegieren möchten, setzen ein Start- und Enddatum und aktivieren die Delegierung.

Dynamics AX wird nun alle Ihre Workflows der betreffenden Person zuleiten.

Nutze Workflow Eskalation, um die Ausführung von Aufgaben sicherzustellen

Workflows sind ein großartiges Werkzeug, weil sie es erlauben, Ihre Geschäftsprozesse in einer effizienteren Art und Weise als mit dem traditionellen Papier zu kontrollieren, und weil sicher gestellt wird, dass Aufgaben nicht verloren gehen oder vergessen werden. Wenn Sie den Vorgang noch effizienter gestalten wollen, dann können Sie Eskalationsregeln implementieren, die Aufgaben der Berichterstattungslinie zuordnet, falls sie nicht in angemessener Zeit erledigt wurden.

Workflow-Aufgaben können im Ernstfall bis ganz nach oben vordringen ...

Nutze Workflow Eskalation, um die Ausführung von Aufgaben sicherzustellen

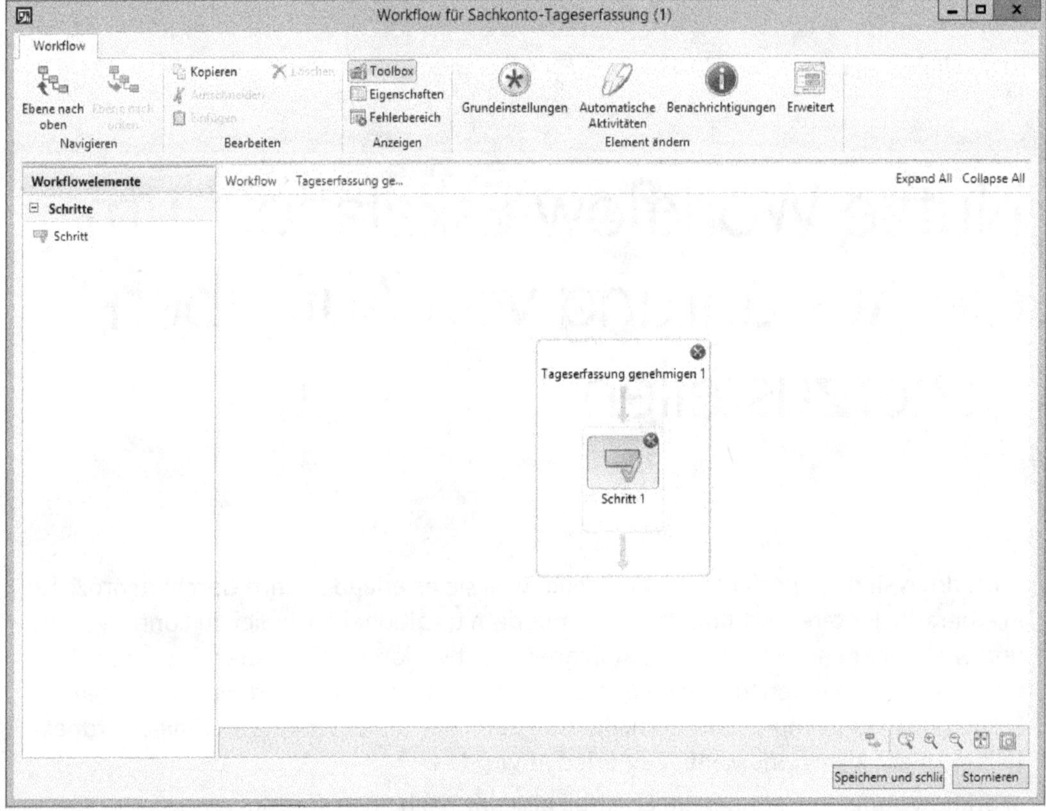

Öffnen Sie im Hauptbuch Workflow-Design, und navigieren Sie zu dem Element, das Sie der Eskalationsregel hinzufügen möchten, und dann klicken Sie auf Zuweisung in der Workflow Funktionsleiste.

Nutze Workflow Eskalation, um die Ausführung von Aufgaben sicherzustellen

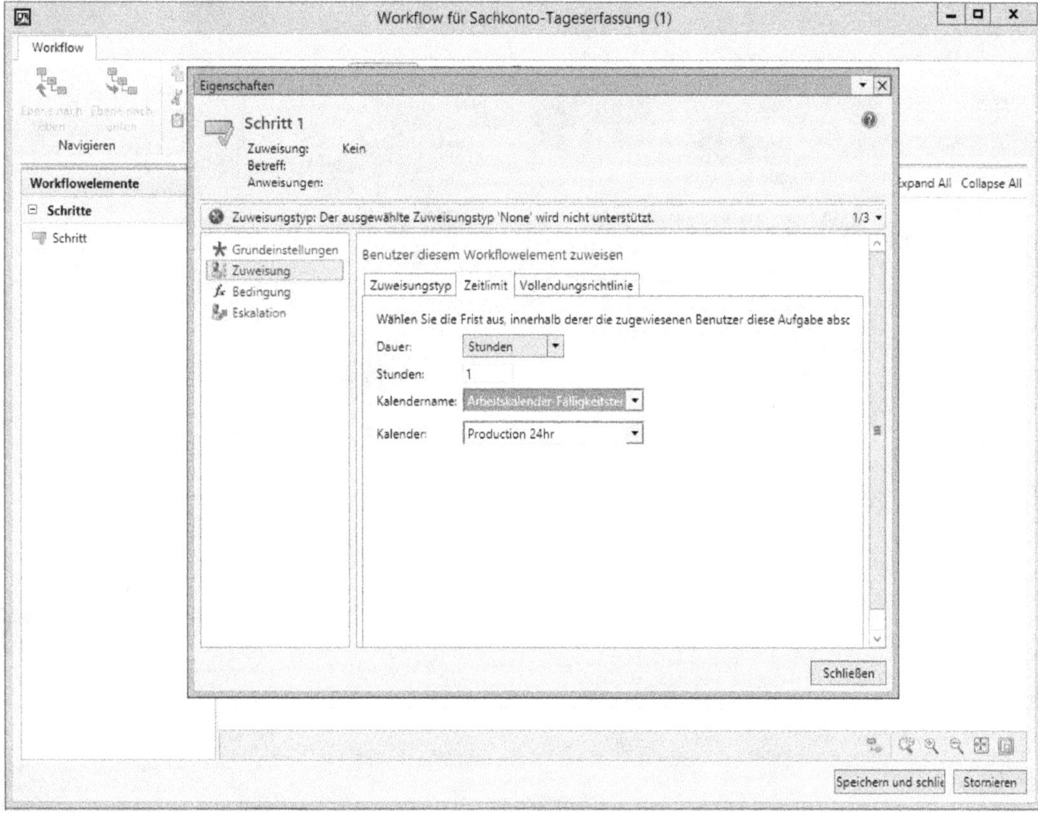

Wenn die Eigenschaften-Dialogbox des Workflowschrittes angezeigt wird, wählen Sie in der Gruppe Zuweisung den Karteireiter Zeitlimit, und setzen Sie hier den Zeitrahmen, innerhalb den die Aufgabe abgearbeitet werden sollte.

Nutze Workflow Eskalation, um die Ausführung von Aufgaben sicherzustellen

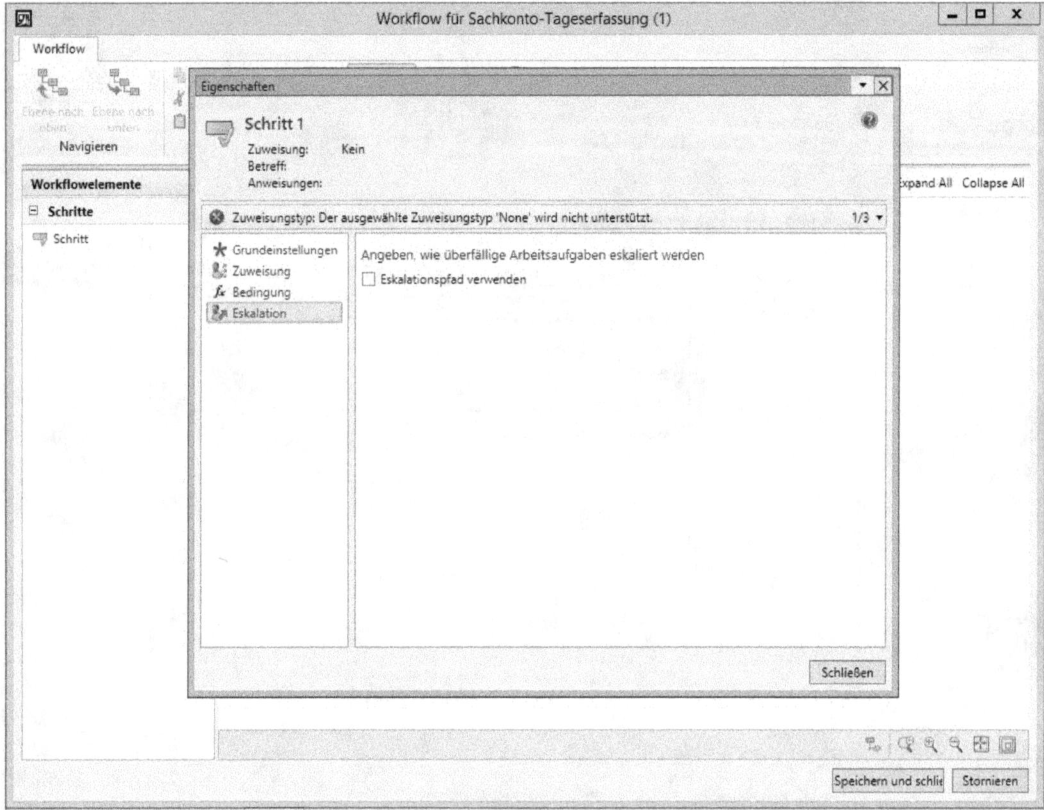

Nun wechseln Sie zur Gruppe Eskalation und aktivieren die Checkbox Eskalationspfad verwenden.

Nutze Workflow Eskalation, um die Ausführung von Aufgaben sicherzustellen

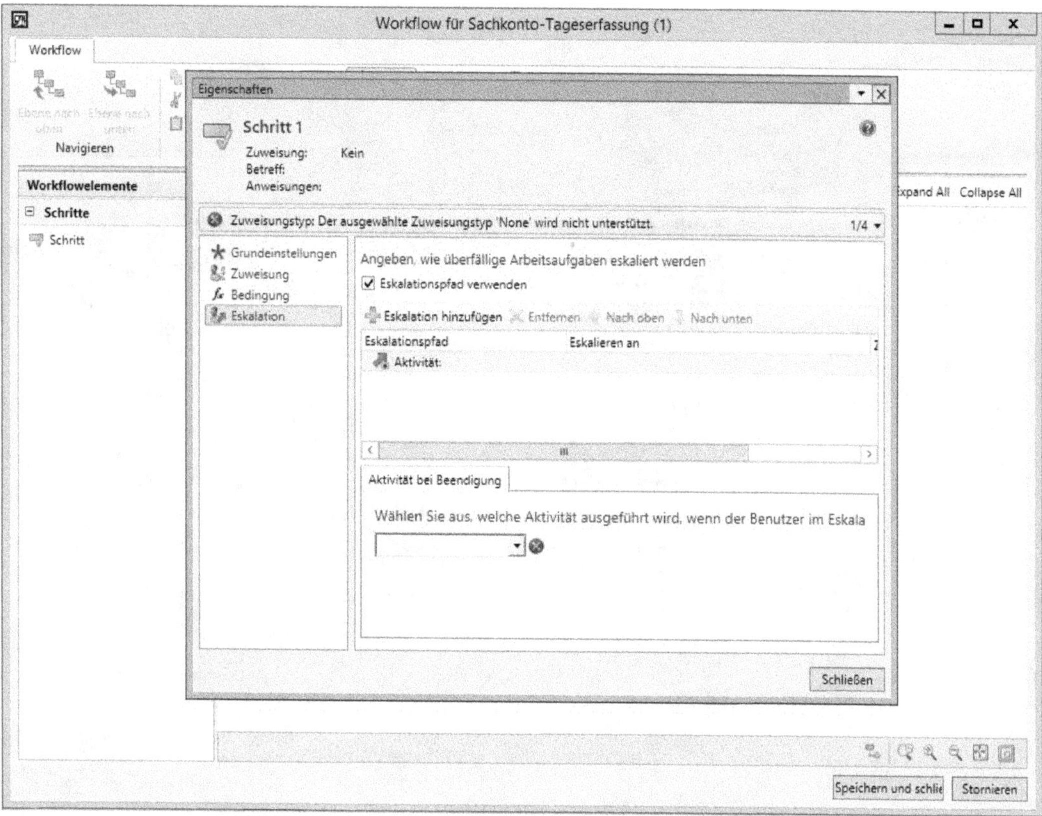

Die Eskalationskartei öffnet sich und zeigt Ihnen eine Anzahl neuer Optionen, die zur Definition Ihres Eskalationspfades verwendet werden können.

Nutze Workflow Eskalation, um die Ausführung von Aufgaben sicherzustellen

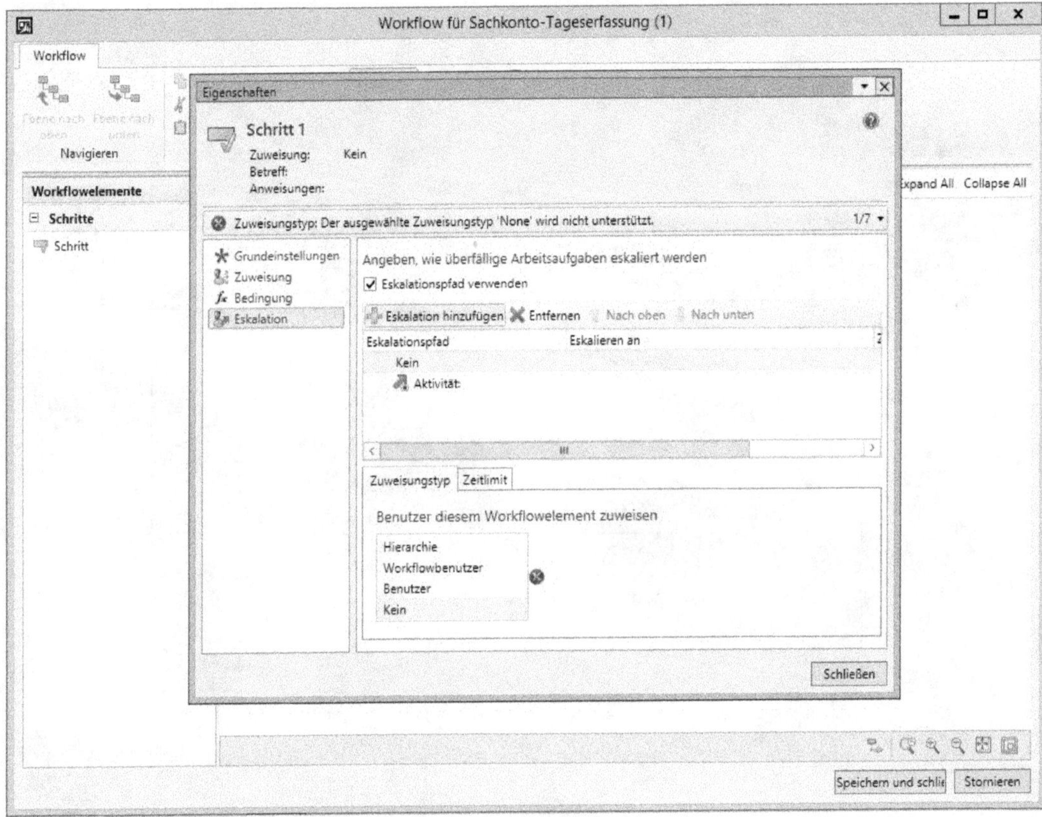

Klicken Sie auf den Schaltknopf Eskalation hinzufügen, um die erste Person im Eskalationsprozeß zu ergänzen.

Nutze Workflow Eskalation, um die Ausführung von Aufgaben sicherzustellen

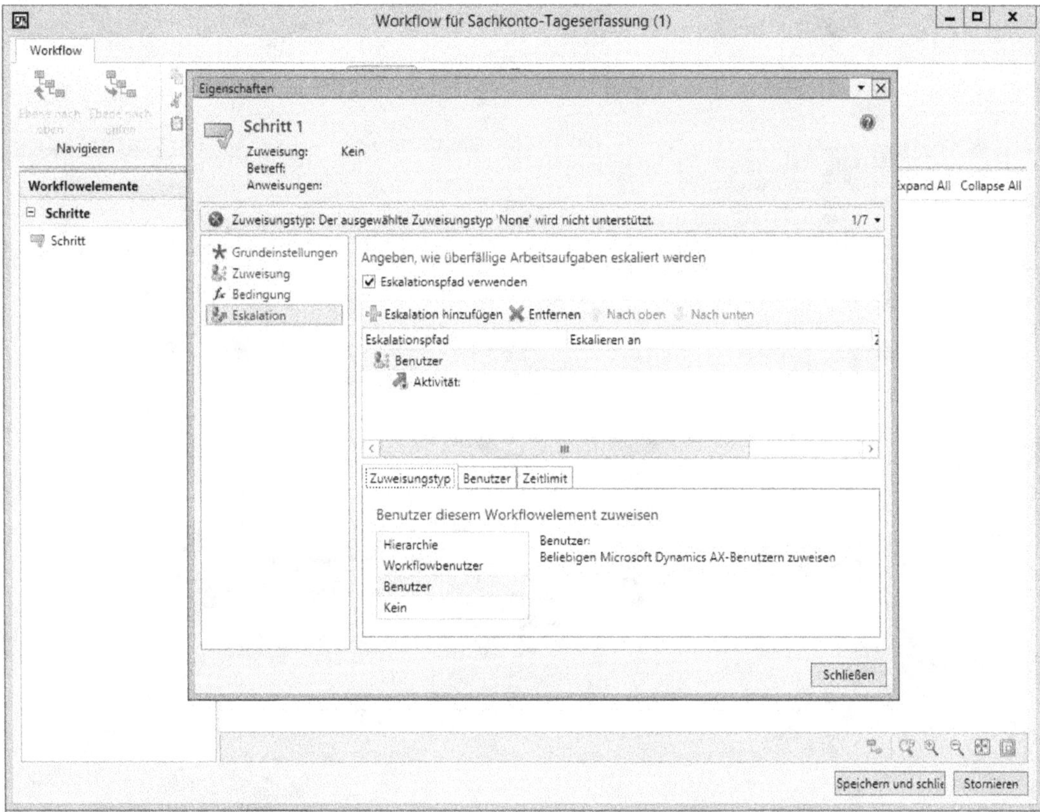

Um zu einen anderen Benutzer zu eskalieren, wähle die Option Benutzer im Karteireiter Zuweisungstyp.

Nutze Workflow Eskalation, um die Ausführung von Aufgaben sicherzustellen

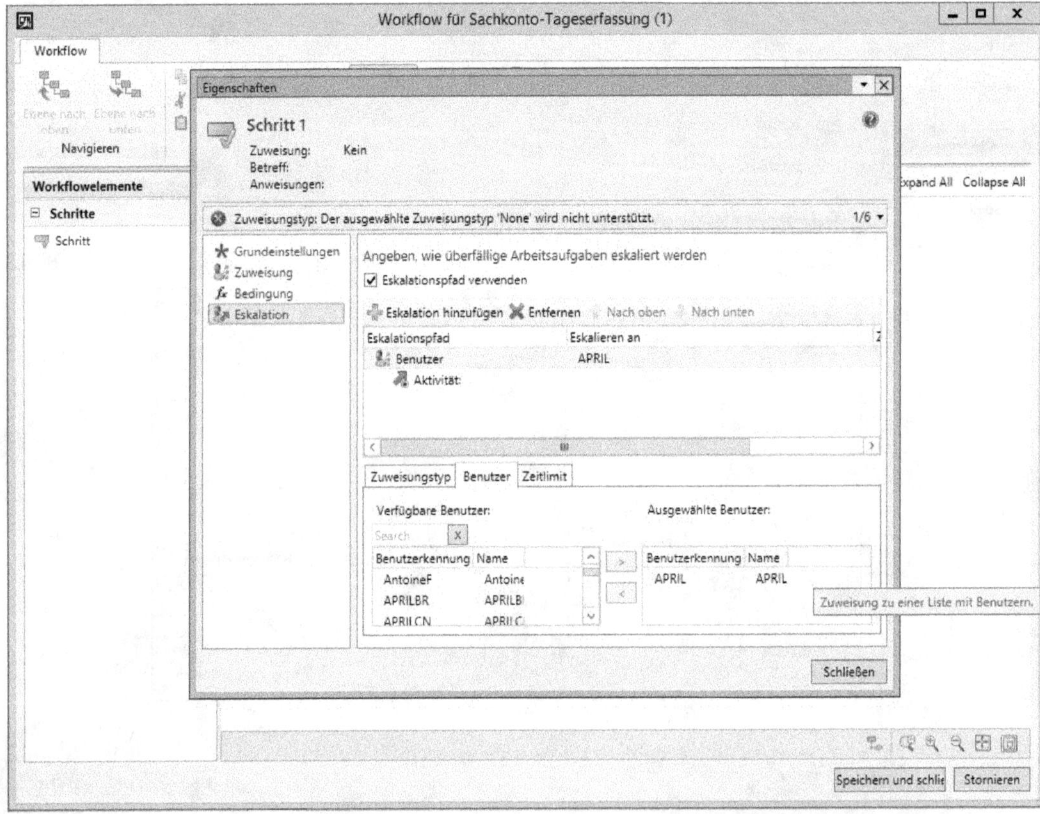

Wechseln Sie in den Karteireiter Benutzer und wählen den Benutzer, der benachrichtigt werden soll, falls die Aufgabe nicht fertiggestellt wurde.

Im Reiter Zeitlimit können Sie die Zeit anpassen, die dem Benutzer als Reaktionszeit für die Aufgabe zugeteilt wird.

Nutze Workflow Eskalation, um die Ausführung von Aufgaben sicherzustellen

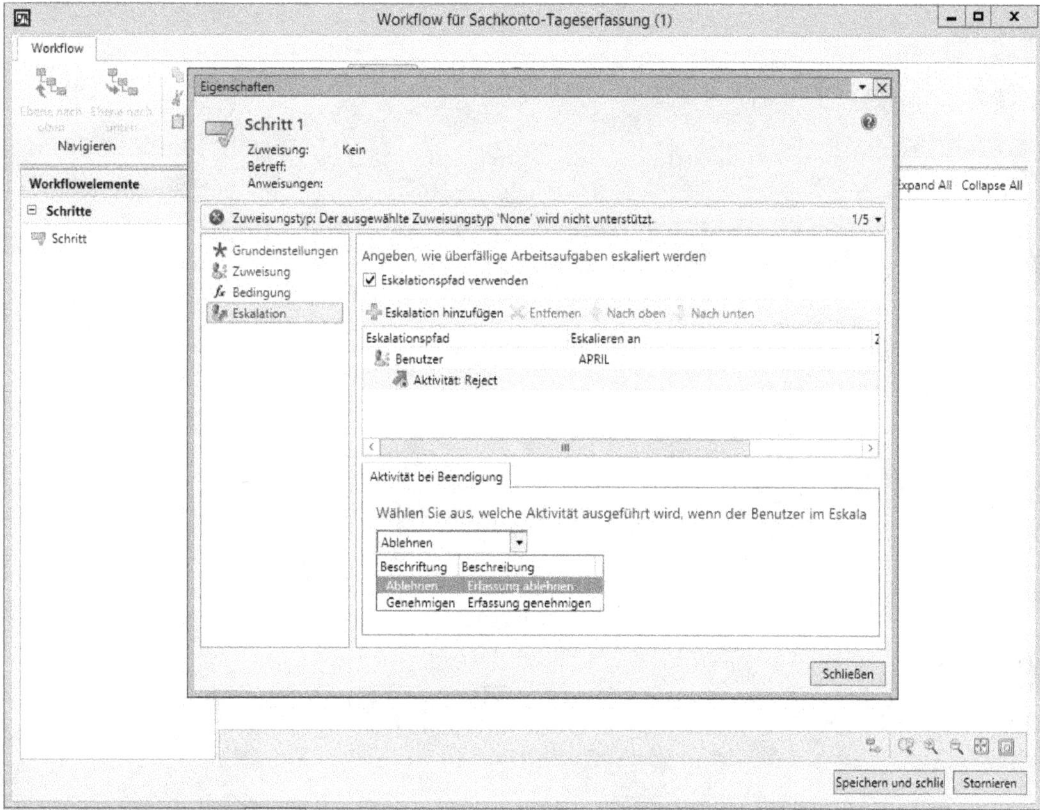

Um die Einrichtung zu vervollständigen, klicken Sie auf die Zeile Aktivität, die standardmäßig jeden Eskalationspfad angefügt wird, und von der Auswahlliste wählen Sie die Aktion, die ausgeführt werden soll, falls die Eskalation fehlschlägt. In den meisten Fällen ist es die beste Wahl, die Option Ablehnen auszuwählen.

Zum Schluß klicken Sie auf Schließen und aktivieren den Workflow.

Wenn der Workflow jetzt abläuft, sind die Mitarbeiter viel motivierter, ihre Aufgaben ASAP abzuarbeiten.

Verwende Workflow Eskalation für automatische Genehmigung von stichpunktartigen Reviews

Sie denken vielleicht, dass die Eskalationsregeln nur verwendet werden können, um eine Aufgabe in der Unternehmenshierarchie nach oben zu bewegen, falls irgendjemand deren Wertigkeit nicht erkannte. Sie können die Regeln aber auch so konfigurieren, dass Aufgaben automatisch genehmigt werden, falls sie nicht bearbeitet wurden. Das ist eine gute Möglichkeit, Aufgaben zur Prüfung Benutzern zuzuweisen, aber falls sie keine Zeit haben darauf zu reagieren oder falls sie Transaktionen nur periodisch nachprüfen wollen, werden die Aufgaben Ihren Weg durch den Workflow fortsetzen.

Es ist wie das Werfen eines D20, um zu sehen, ob Ihr Workflow überprüft wurde.

Verwende Workflow Eskalation für automatische Genehmigung von stichpunktartigen Reviews

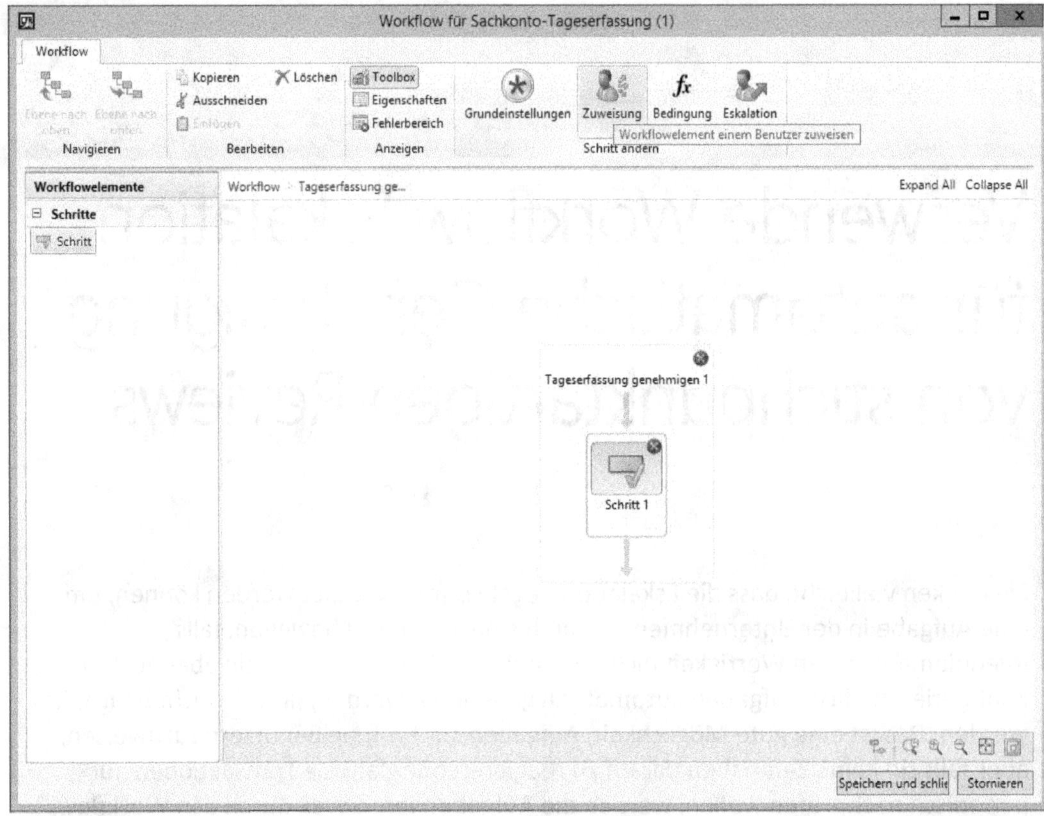

Öffnen Sie den Workflow-Designer, und navigieren Sie zu dem Element, dem Sie eine Eskalationsregel hinzufügen möchten, und klicken dann auf die Schaltfläche Zuweisung in der Funktionsleiste.

Verwende Workflow Eskalation für automatische Genehmigung von stichpunktartigen Reviews

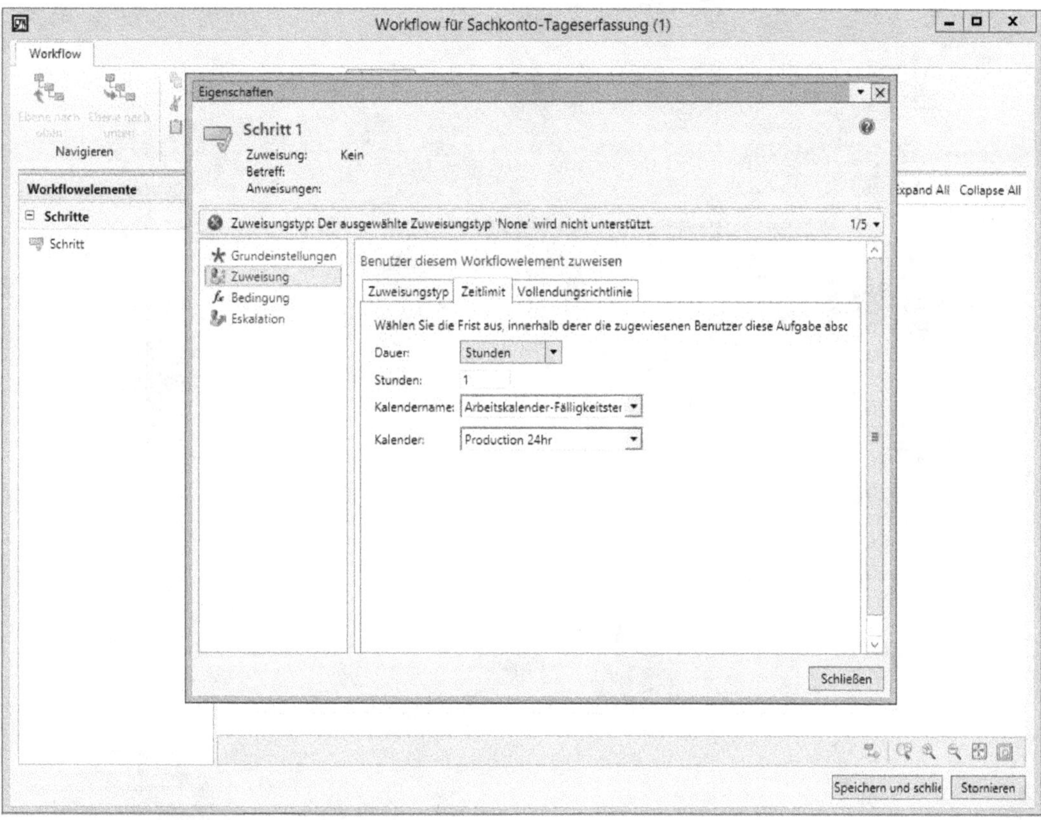

Wenn für den Workflowschritt die Eigenschaften-Dialogbox angezeigt wird, wählen Sie Zeitlimit und setzen die Zeit, die für die Genehmigung der Aufgabe zur Verfügung steht.

Verwende Workflow Eskalation für automatische Genehmigung von stichpunktartigen Reviews

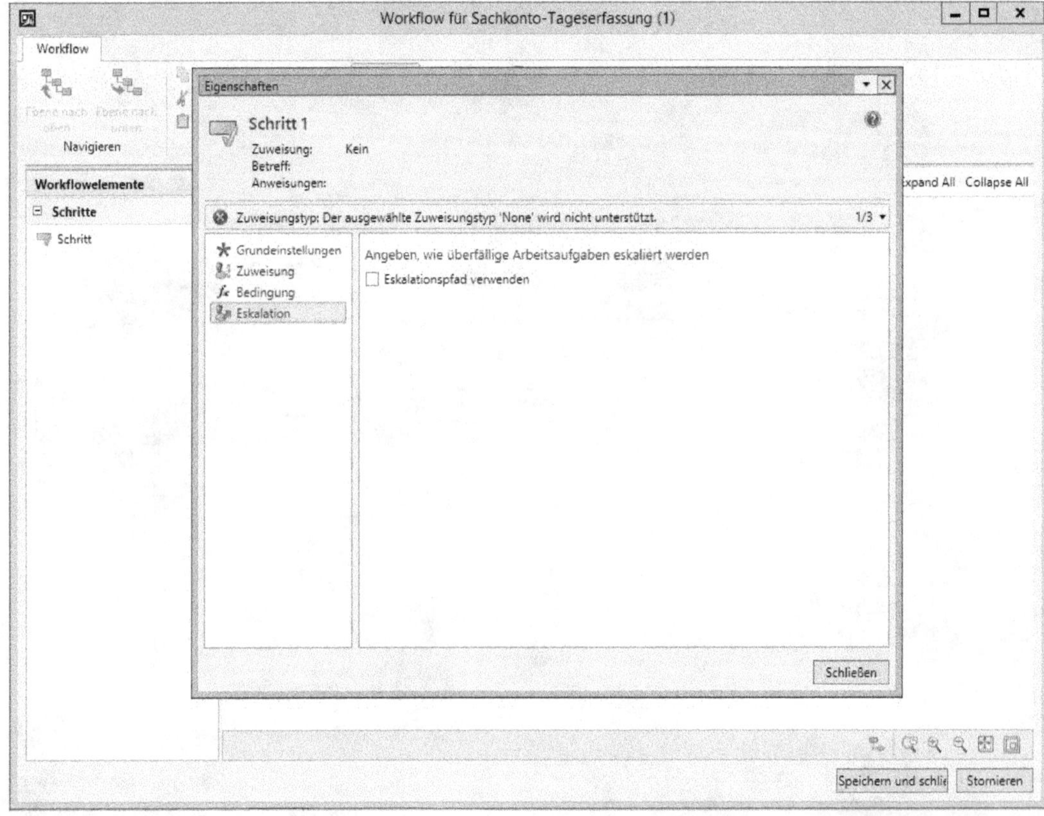

Anschließend wechseln Sie zur Gruppe Eskalation und aktivieren die Checkbox Eskalationspfad verwenden.

Verwende Workflow Eskalation für automatische Genehmigung von stichpunktartigen Reviews

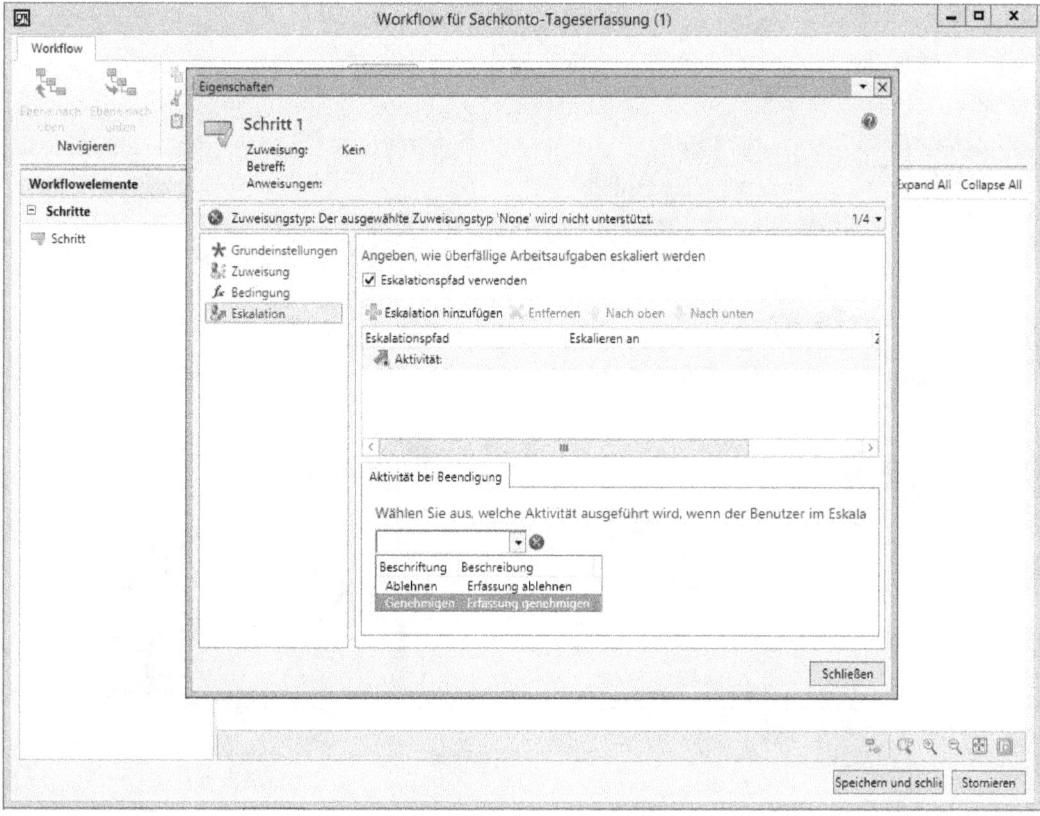

In diesem Fall weisen Sie keine Personen dem Eskalationspfad zu, sondern wählen die Aktivitätszeile und setzen sie auf Genehmigen.

Verwende Workflow Eskalation für automatische Genehmigung von stichpunktartigen Reviews

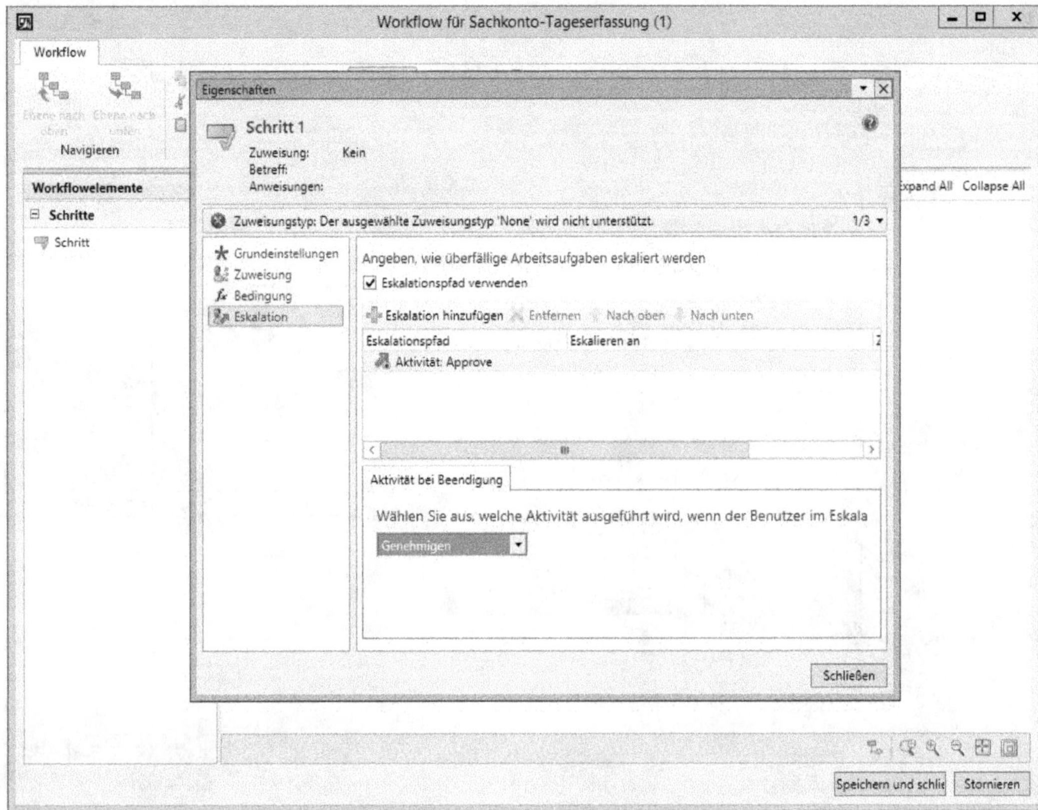

Am Ende klicken Sie auf Schließen und aktivieren den Workflow.

Wenn der Workflow ausgeführt wird, hat der Benutzer, dem die Aufgabe zugewiesen wurde, eine bestimmte Zeit zur Überprüfung der Aufgabe zur Verfügung. Falls er innerhalb dieser Zeit die Aufgabe nicht bearbeitet, wird der Workflowprozeß mit dem nächsten Schritt fortgesetzt.

SYSTEM ADMINISTRATION TIPS

Es gibt mehrere Wege, wie man Dynamics AX als Systemadministrator konfigurieren kann, um die Arbeit mit der Applikation nochmals zu erleichtern. Diese Konfigurationen beinhalten die Archivierung von Dokumenten, Verknüpfungen zu SharePoint und auch die Vereinfachung von Bildschirmen und Portalen für die Benutzer.

In diesem Kapitel werden wir einige Beispiele aufzeigen, wie man diese Administrationswerkzeuge nutzen kann, um Zeit zu sparen und Ihr Leben etwas einfacher zu gestalten.

Archiviere Excel Exports automatisch in SharePoint Dokument Bibliotheken

Wenn Sie Daten nach Excel exportieren, wird standardardmäßig eine temporäre Exportdatei auf Ihrer Arbeitsstation erstellt, wenngleich eine Option zur Verfügung steht, die es Ihnen erlaubt, den Export automatisch in einem Standardverzeichnis zu archivieren. Das hat den Zusatznutzen, dass Sie ebenfalls in der Lage sind, die Dateien in SharePoint abzulegen. Falls Sie Ihre Dateiexporte auch für andere zugänglich machen möchten, oder vielleicht nur über einen Ort verfügen wollen, um alle in der Vergangenheit durchgeführten Exporte zu sehen, dann ist dies eine großartige Konfigurationsmöglichkeit.

Sie sind kein Sammelwütiger, falls Sie so vorgehen ...

Archiviere Excel Exports automatisch in SharePoint Dokument Bibliotheken

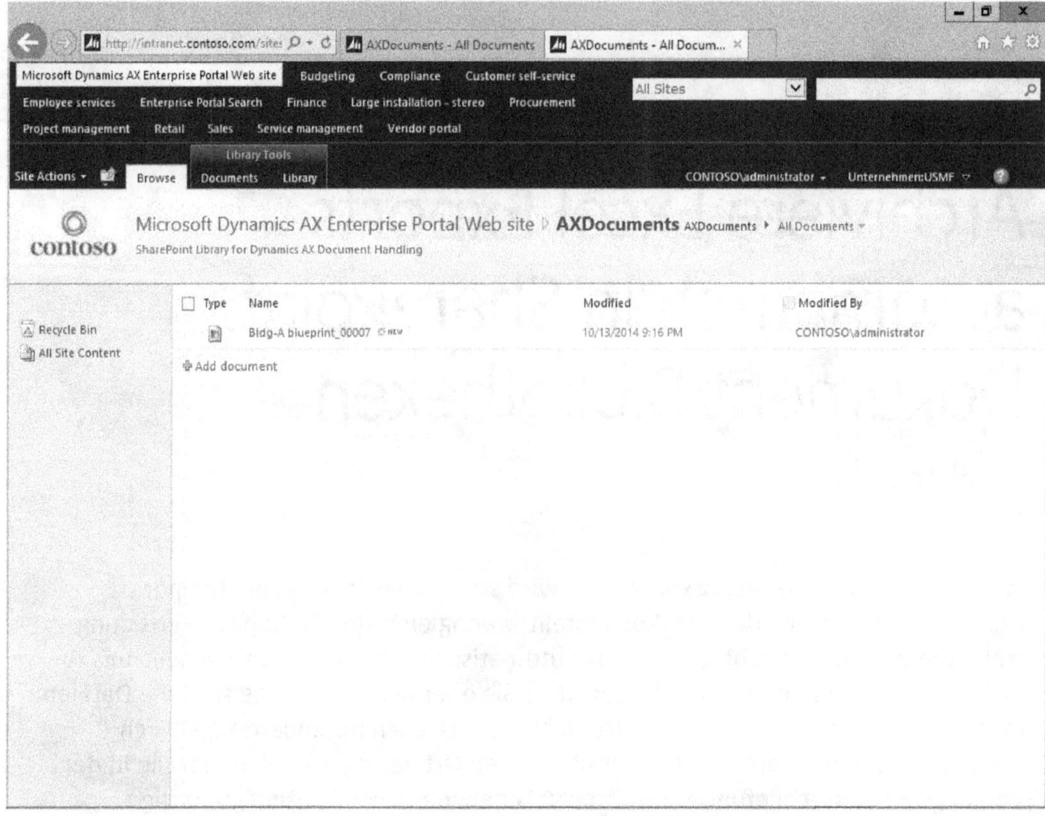

Zuerst erstellen Sie innerhalb SharePoint eine Dokumentbibliothek, in der Sie sämtliche Exportdateien archivieren möchten.

Archiviere Excel Exports automatisch in SharePoint Dokument Bibliotheken

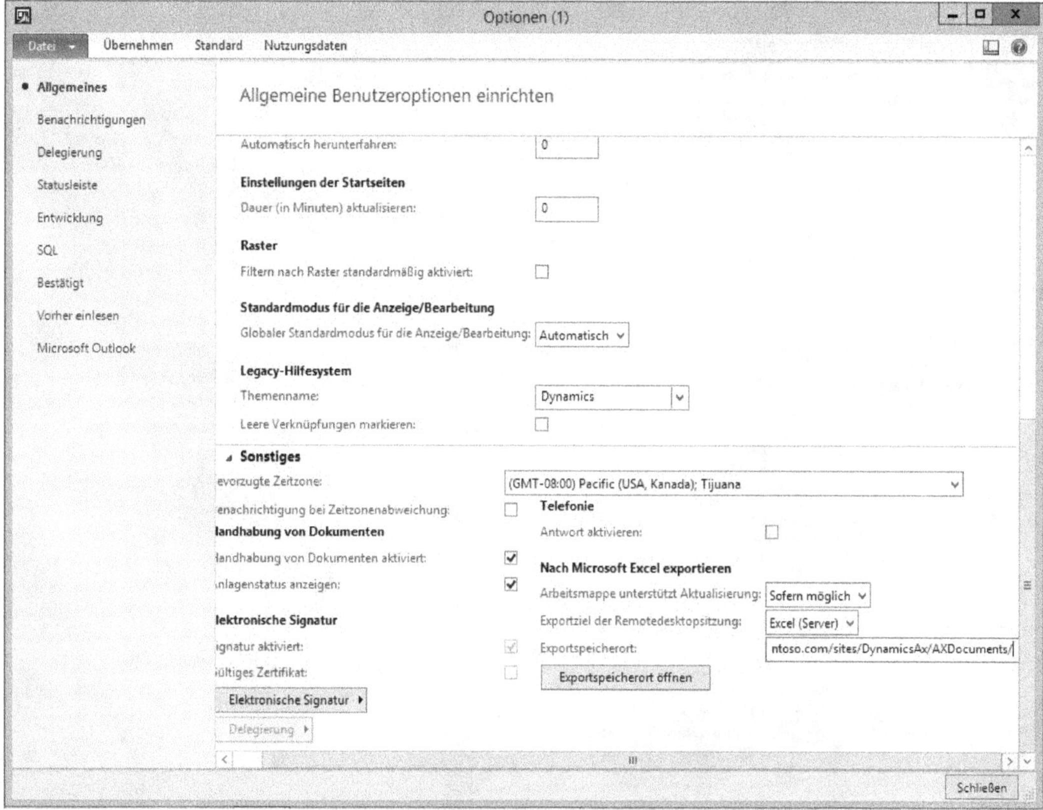

Im Dateimenü wählen Sie das Untermenü Extras und dann den Menüpunkt Optionen.

Unter Sonstiges tragen Sie im Feld Exportspeicherort die URL für Ihre Dokumentbibliothek ein. Stellen Sie sicher, dass das Zeichen "/" am Ende des Dateipfades vorhanden ist; ansonsten wird Dynamics AX etwas lamentieren.

Archiviere Excel Exports automatisch in SharePoint Dokument Bibliotheken

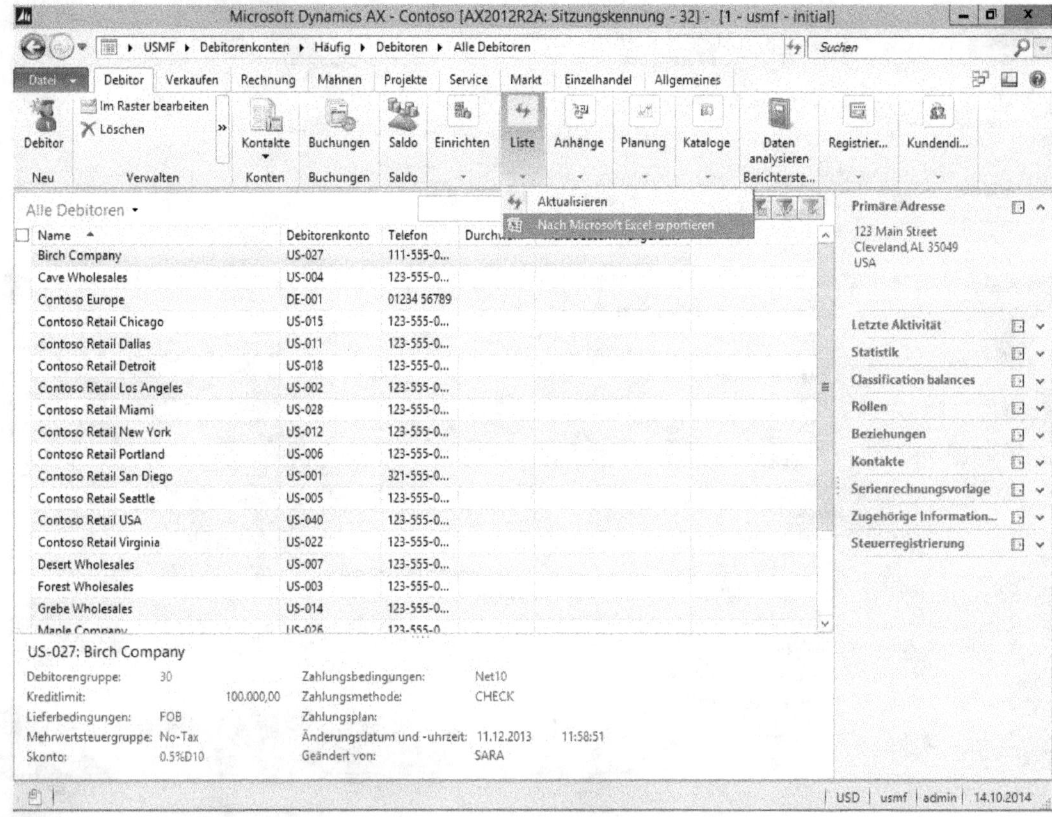

Um das Ganze in Aktion zu sehen, exportieren Sie irgendwelche Daten nach Excel.

Archiviere Excel Exports automatisch in SharePoint Dokument Bibliotheken

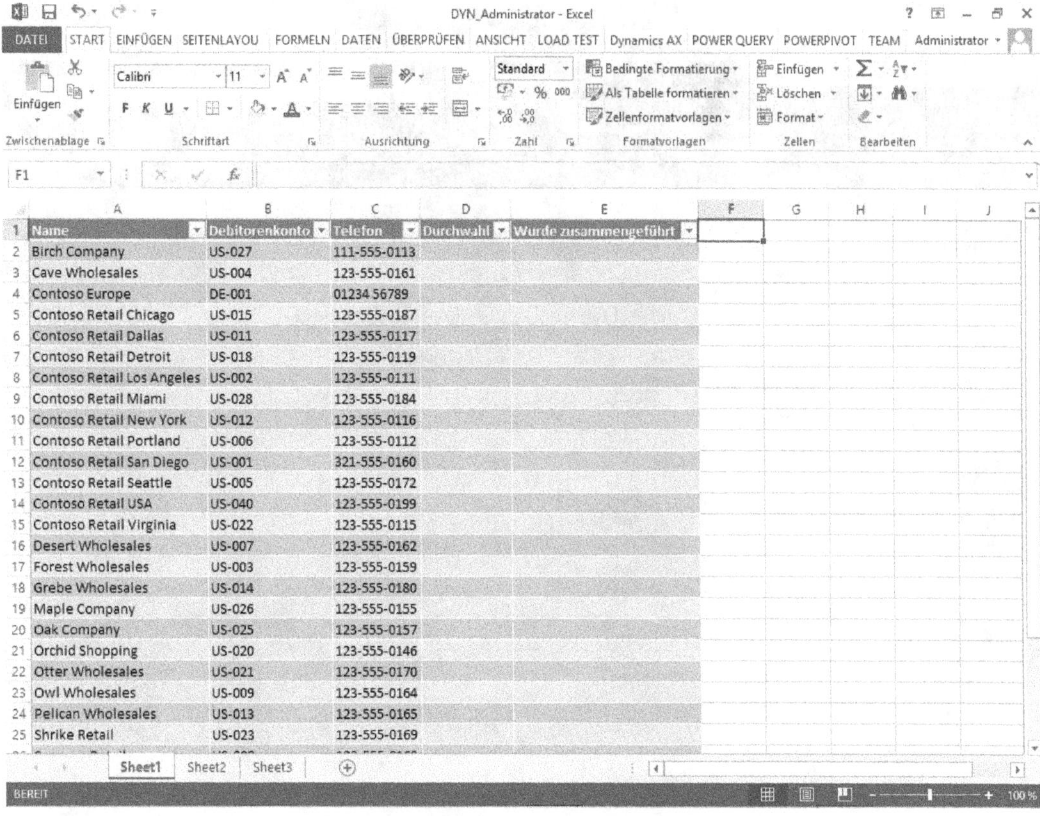

Name	Debitorenkonto	Telefon	Durchwahl	Wurde zusammengeführt
Birch Company	US-027	111-555-0113		
Cave Wholesales	US-004	123-555-0161		
Contoso Europe	DE-001	01234 56789		
Contoso Retail Chicago	US-015	123-555-0187		
Contoso Retail Dallas	US-011	123-555-0117		
Contoso Retail Detroit	US-018	123-555-0119		
Contoso Retail Los Angeles	US-002	123-555-0111		
Contoso Retail Miami	US-028	123-555-0184		
Contoso Retail New York	US-012	123-555-0116		
Contoso Retail Portland	US-006	123-555-0112		
Contoso Retail San Diego	US-001	321-555-0160		
Contoso Retail Seattle	US-005	123-555-0172		
Contoso Retail USA	US-040	123-555-0199		
Contoso Retail Virginia	US-022	123-555-0115		
Desert Wholesales	US-007	123-555-0162		
Forest Wholesales	US-003	123-555-0159		
Grebe Wholesales	US-014	123-555-0180		
Maple Company	US-026	123-555-0155		
Oak Company	US-025	123-555-0157		
Orchid Shopping	US-020	123-555-0146		
Otter Wholesales	US-021	123-555-0170		
Owl Wholesales	US-009	123-555-0164		
Pelican Wholesales	US-013	123-555-0165		
Shrike Retail	US-023	123-555-0169		

Ihr Export arbeitet exakt wie zuvor ...

Archiviere Excel Exports automatisch in SharePoint Dokument Bibliotheken

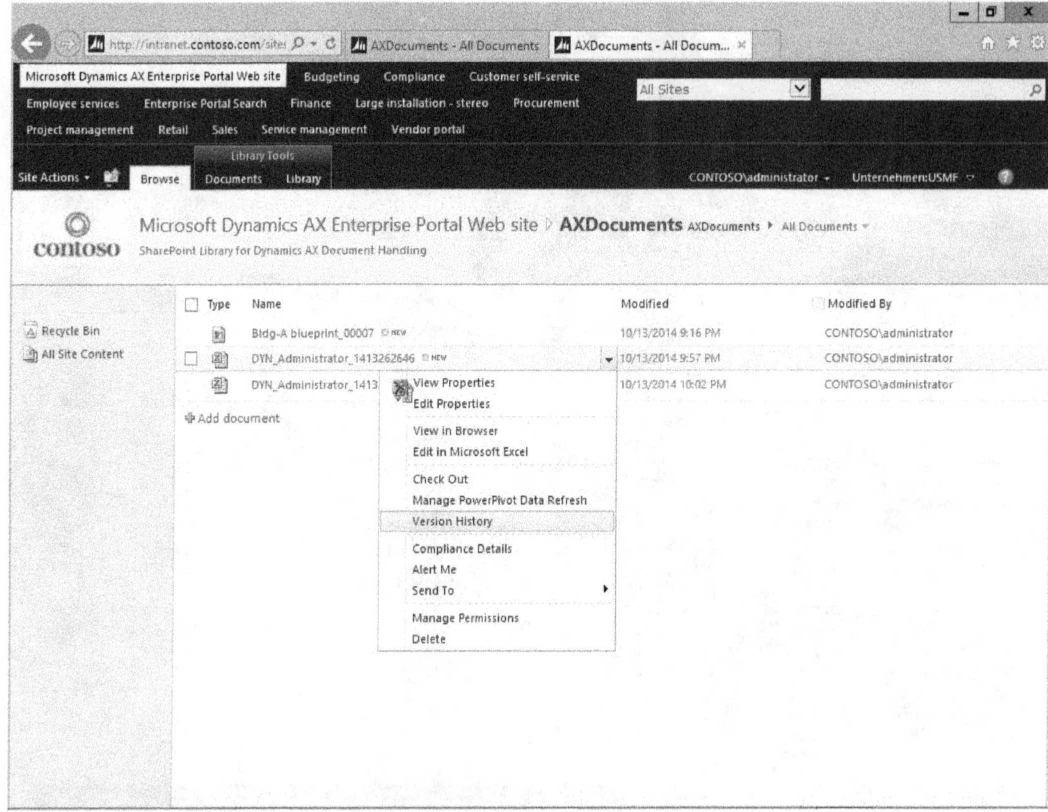

Wenngleich ab jetzt SharePoint als Archiv für all Ihre Dokumente verwendet wird.

Archiviere Excel Exports automatisch in SharePoint Dokument Bibliotheken

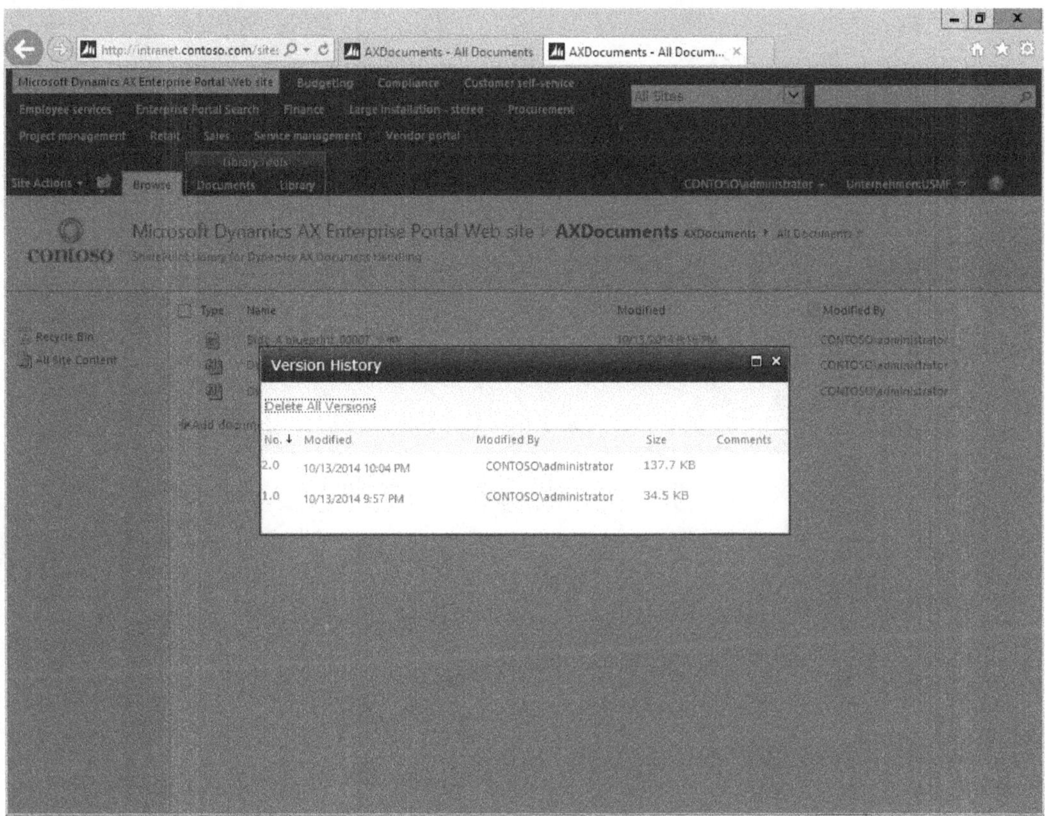

Außerdem besteht nun die Möglichkeit, eine komplette Versionshistorie des Dokuments einzusehen – einschließlich sämtlicher Änderungen, die der Benutzer vorgenommen hat, als er die Daten manipulierte … Selbstverständlich sollten Sie die Versionskontrolle eingeschaltet haben.

Teile die Bildschirm-Personalisierung mit anderen Benutzern

Sind Sie jemals in eine Situation gekommen, wo ein Benutzer ein perfektes Bildschirmlayout generiert hat, und Sie würden gerne dasselbe Layout nutzen, haben aber nicht die Zeit, Ihre Maske zu personalisieren. Machen Sie sich keine Gedanken ! Fragen Sie den Benutzer freundlich, ob er nicht das Layout für Sie abspeichern könnte, so dass Sie im Handumdrehen mit Hilfe der Personalisierungs-Optionen die Anpassungen für Ihrem Bildschirm übernehmen können.

Nachahmung ist die aufrichtigste Form der Schmeichelei.

Teile die Bildschirm-Personalisierung mit anderen Benutzern

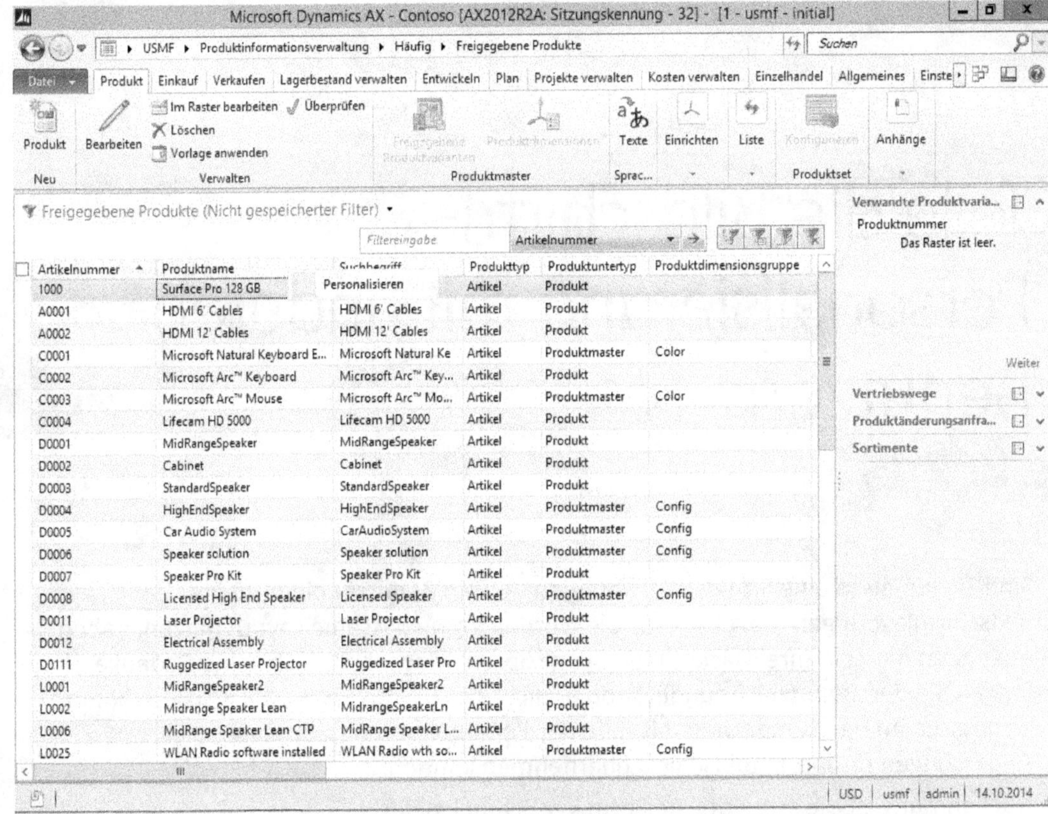

In der Listenseite, die Sie teilen möchten, klicken Sie die rechte Maustaste und wählen die Option Personalisieren.

Teile die Bildschirm-Personalisierung mit anderen Benutzern

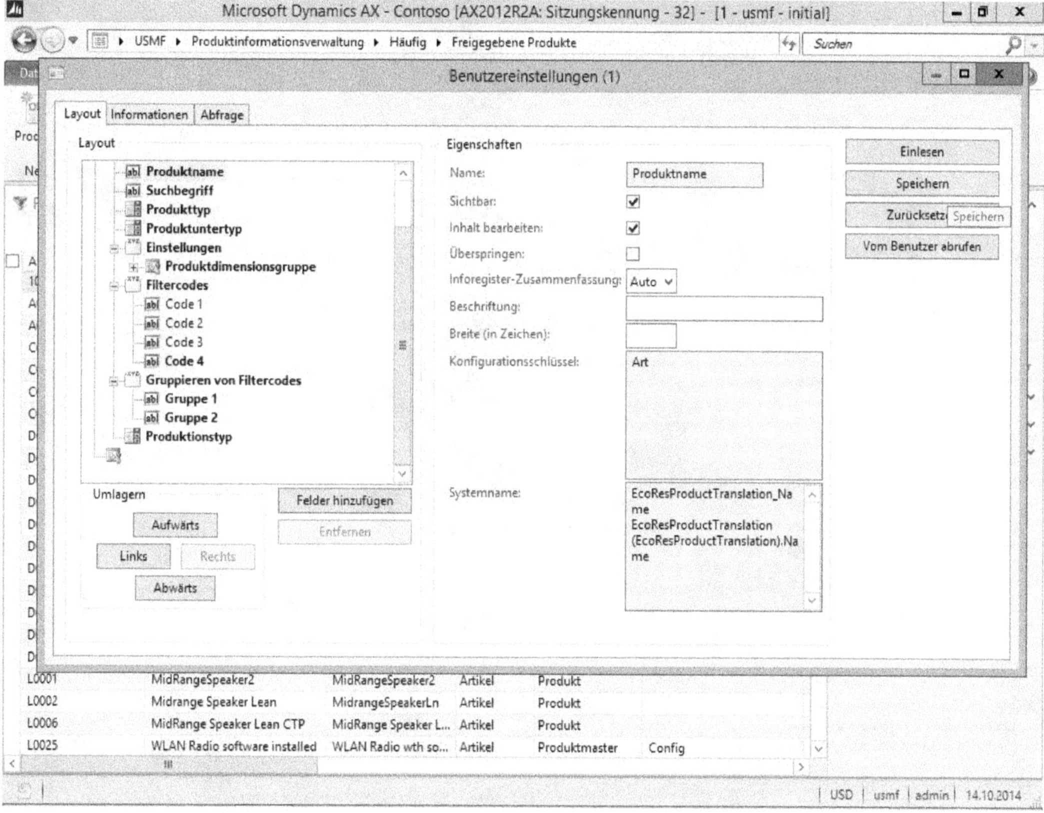

Wenn die Dialogbox Personalisieren angezeigt wird, klicken Sie auf Speichern rechts oben in der Maske.

Teile die Bildschirm-Personalisierung mit anderen Benutzern

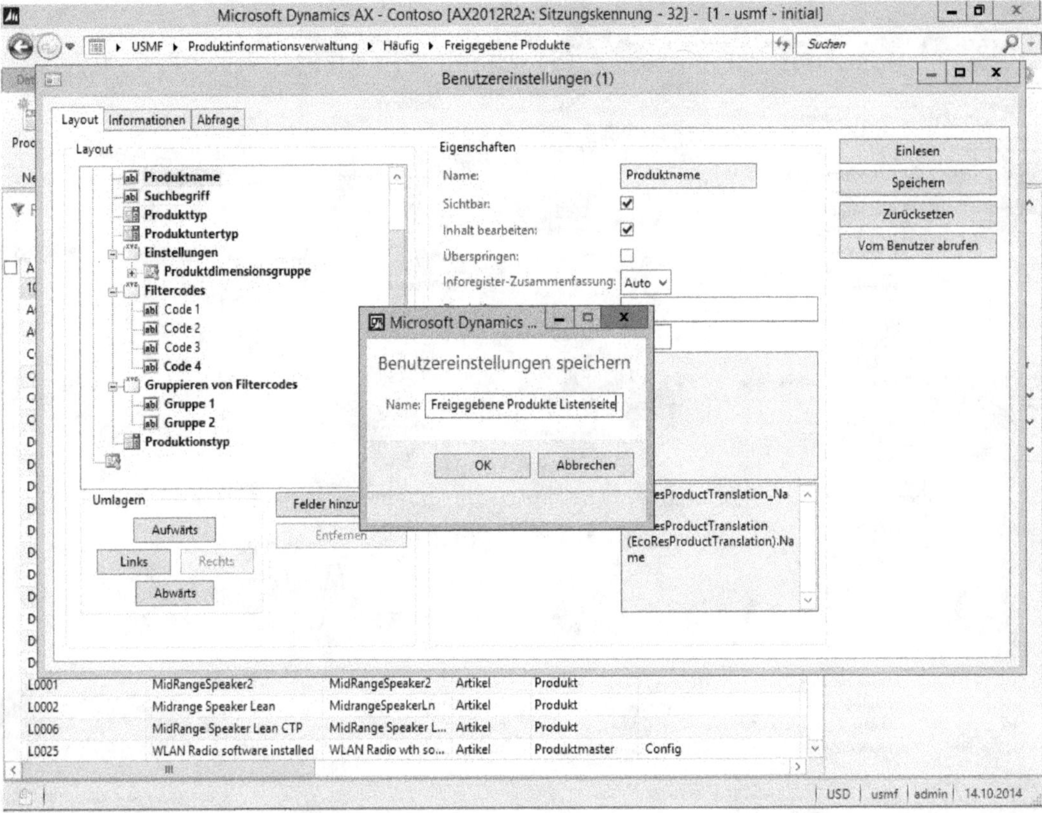

Daraufhin wird Dialogbox Benutzereinstellungen speichern geöffnet, wo Sie Ihrem Bildschirmlayout einen Namen geben können. Dann klicken Sie auf OK und schließen die Personalisierungsmaske.

Teile die Bildschirm-Personalisierung mit anderen Benutzern

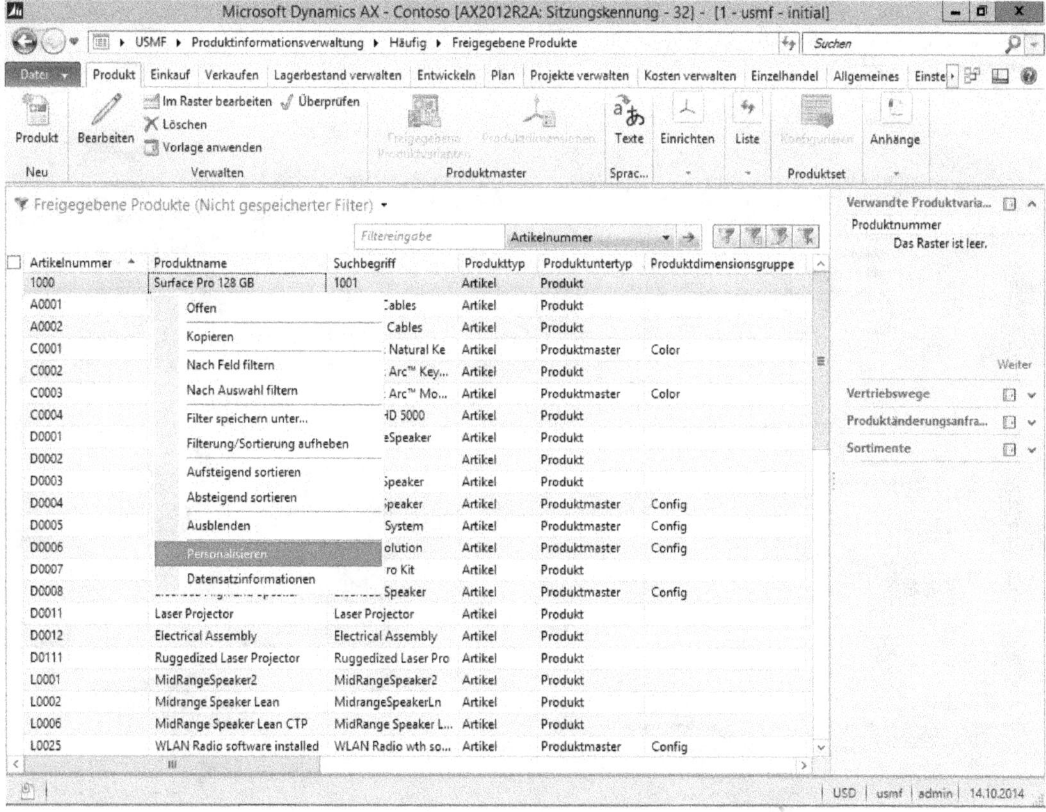

Falls ein Benutzer Ihr Bildschirmlayout gut findet und dieselbe Konfiguration übernehmen möchte, müssen sie nur dasselbe Listenformular öffnen und in der Liste die rechte Maustaste klicken, damit das Kontextmenü eingeblendet wird. Anschließend wählen sie den Menüpunkt Personalisieren.

Teile die Bildschirm-Personalisierung mit anderen Benutzern

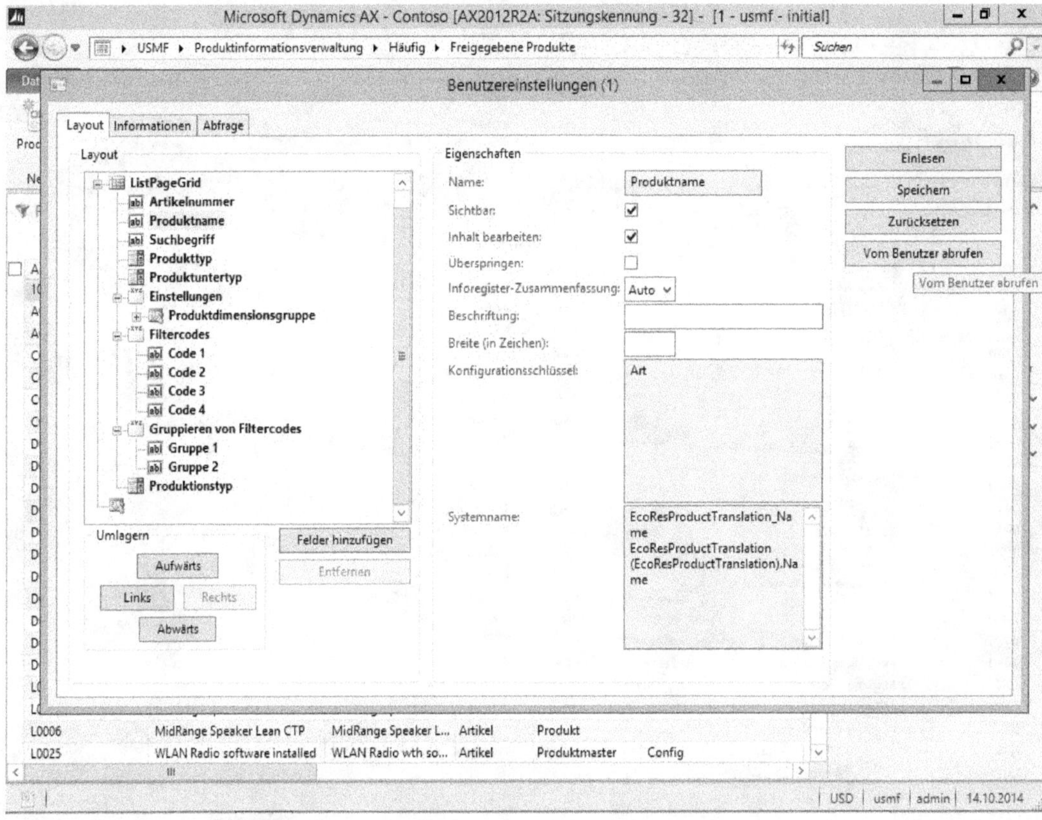

Wenn die Dialogbox Benutzereinstellungen angezeigt wird, sollten sie auf die Schaltfläche Vom Benutzer abrufen rechts oben klicken.

Teile die Bildschirm-Personalisierung mit anderen Benutzern

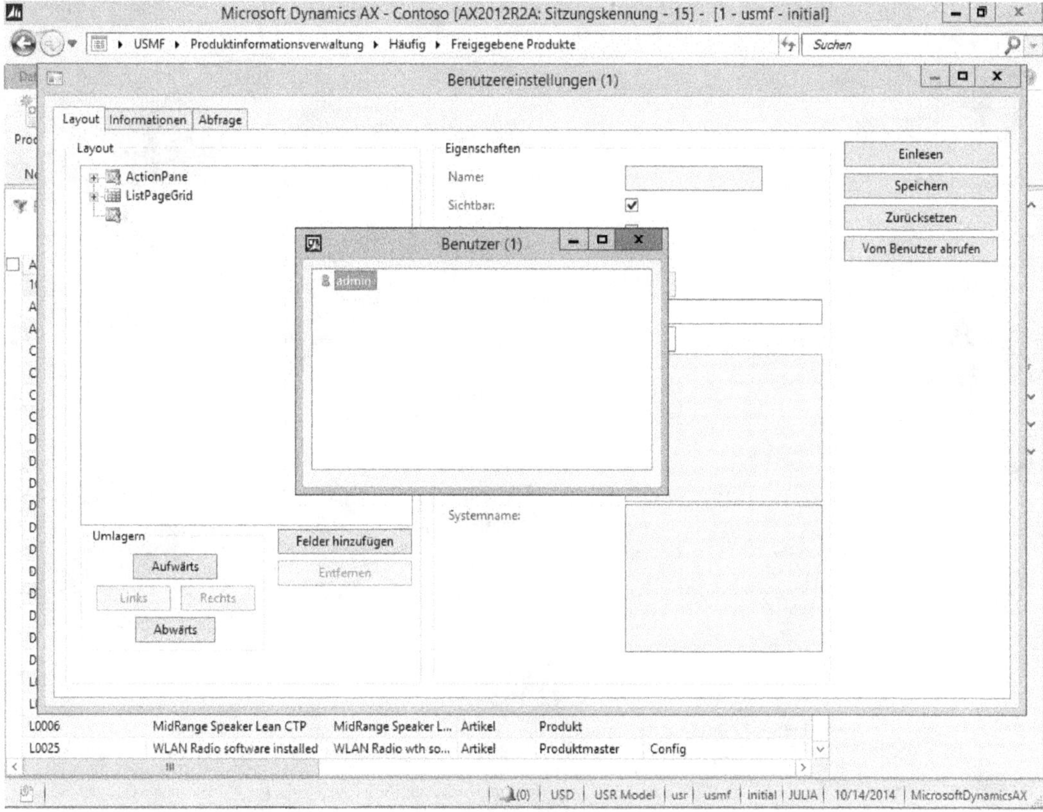

Daraufhin wird eine Liste von Benutzern angezeigt, die ihre Konfiguration abgespeichert haben. Doppelklicken Sie auf den jeweiligen Benutzer.

Teile die Bildschirm-Personalisierung mit anderen Benutzern

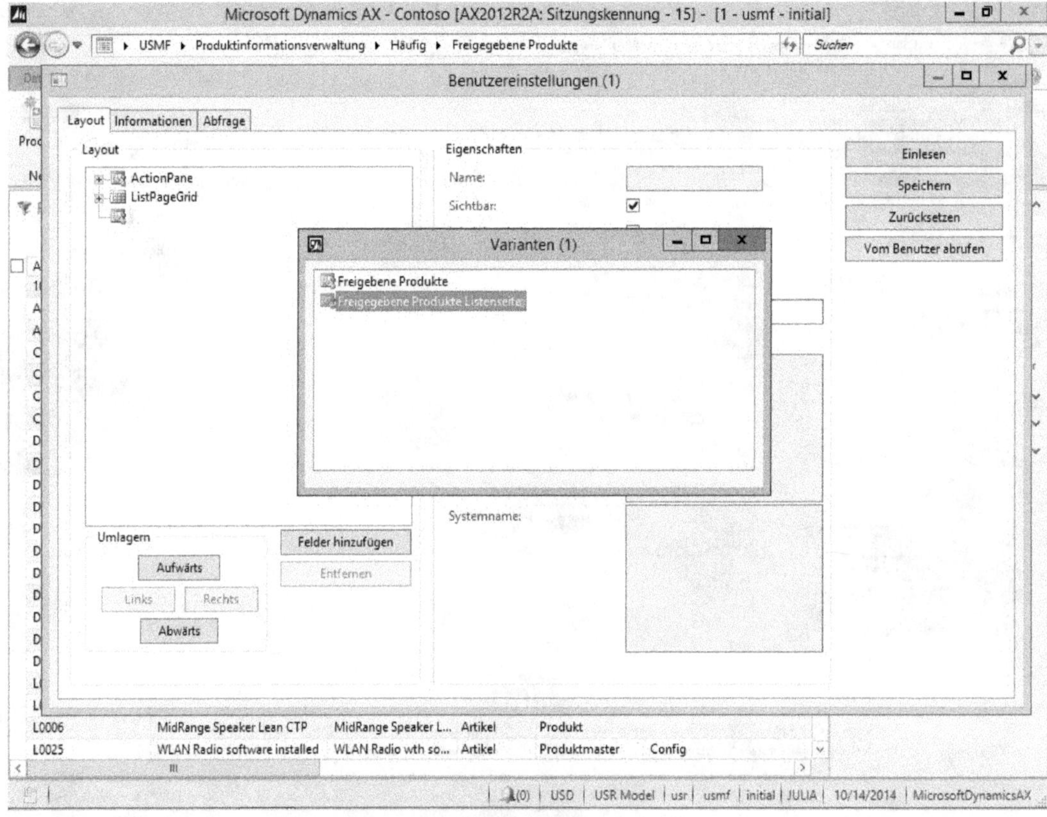

Anschließend werden sie gefragt, welche Konfiguration sie kopieren möchten (Sie können mehrere Varianten abgespeichert haben).

Teile die Bildschirm-Personalisierung mit anderen Benutzern

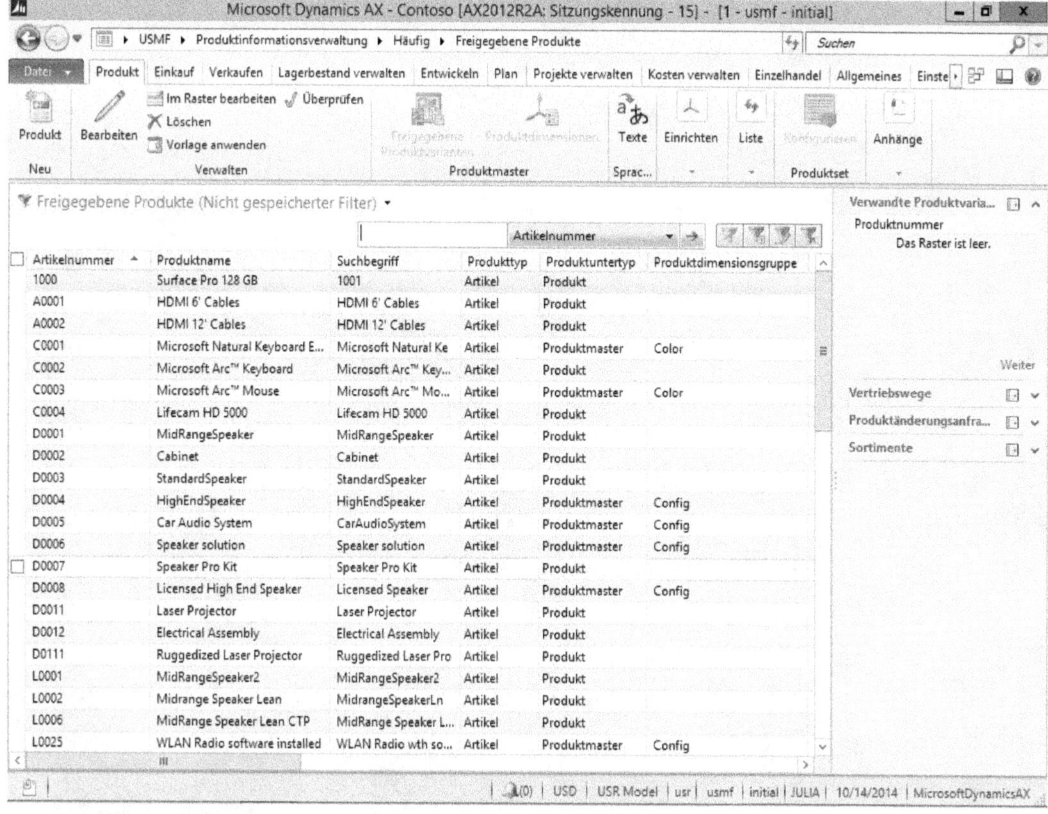

Wenn das nächste Mal die Listenseite geöffnet wird, haben sie dasselbe Format wie der Benutzer, von dem sie die Konfiguration übernommen haben.

Archiviere Reports, um auf sie später erneut zugreifen zu können

Wenn Sie einen Report erneut erstellen, ist die Wahrscheinlichkeit groß, dass sich die Reports geringfügig unterscheiden, weil sich zum einen die Bedingungen änderten, zum anderen der Report eventuell geändert wurde. Falls Sie Ihren Report im Originalzustand konservieren wollen, dann können Sie das machen, indem Sie ihn im Report-Archiv speichern. Sobald der Report archiviert ist, können Sie ihn (ohne Wiederholungslauf) immer und immer wieder aufrufen.

Jetzt besitzen Sie Ihr eigenes Mikrofilm-System – ohne das klobige Lesegerät.

Archiviere Reports, um auf sie später erneut zugreifen zu können

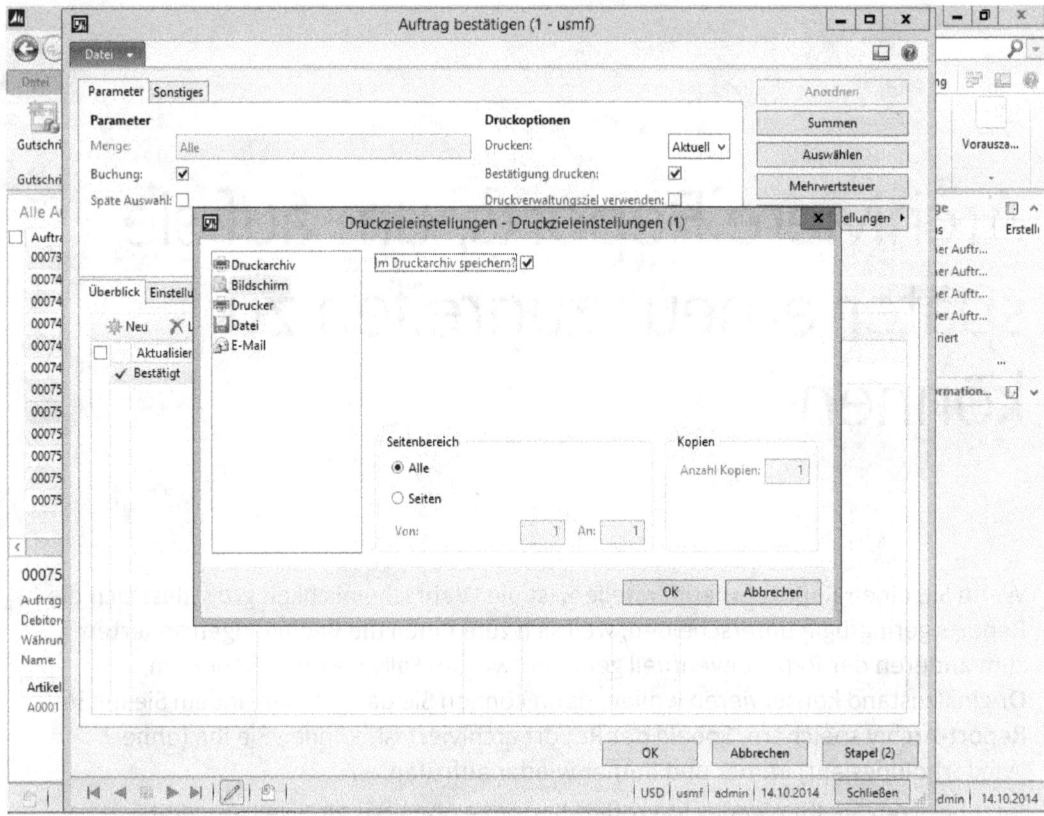

Wenn Sie irgendein Dokument drucken, werden Sie schon die Checkbox Im Druckarchiv speichern ? bemerkt haben. Um den Report für einen späteren Zugriff zu speichern, aktivieren Sie diese Checkbox.

Falls Sie Ihre Dokumente immer archivieren möchten, können Sie diese Option als Standardvorgabe innerhalb der Druckverwaltung hinterlegen.

Archiviere Reports, um auf sie später erneut zugreifen zu können

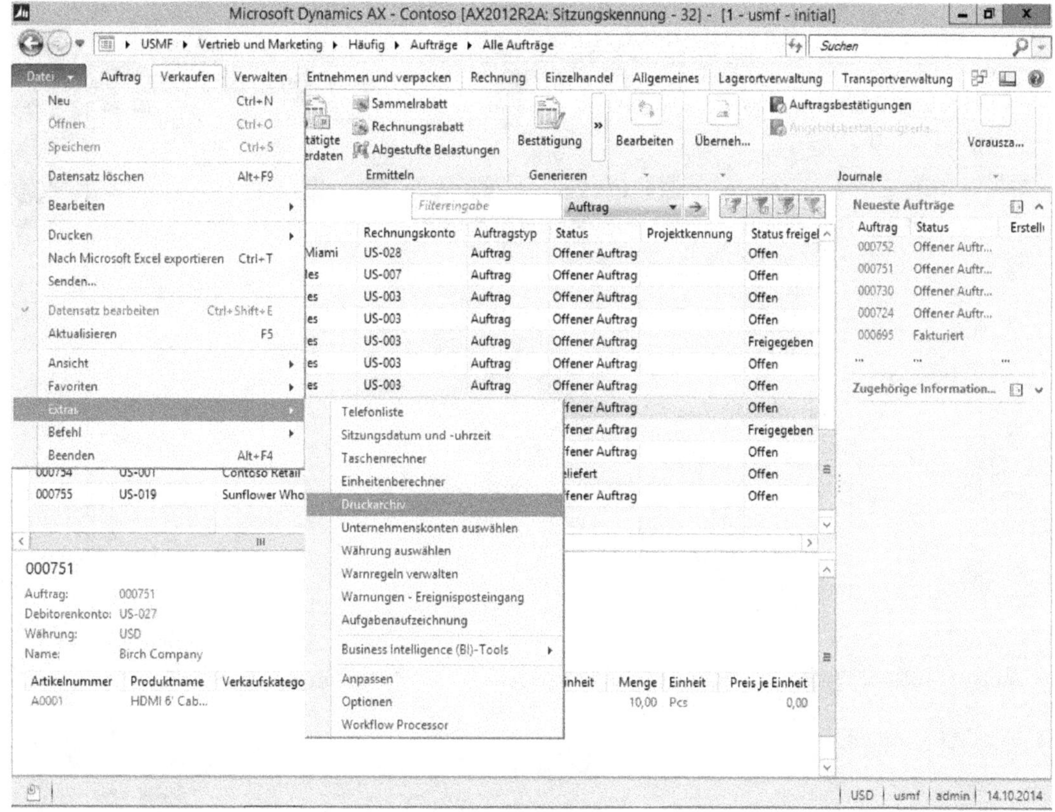

Um alle archivierten Dokumente einzusehen, klicken Sie das Dateimenü, wählen das Untermenü Extras, und klicken auf den Menüpunkt Druckarchiv.

Archiviere Reports, um auf sie später erneut zugreifen zu können

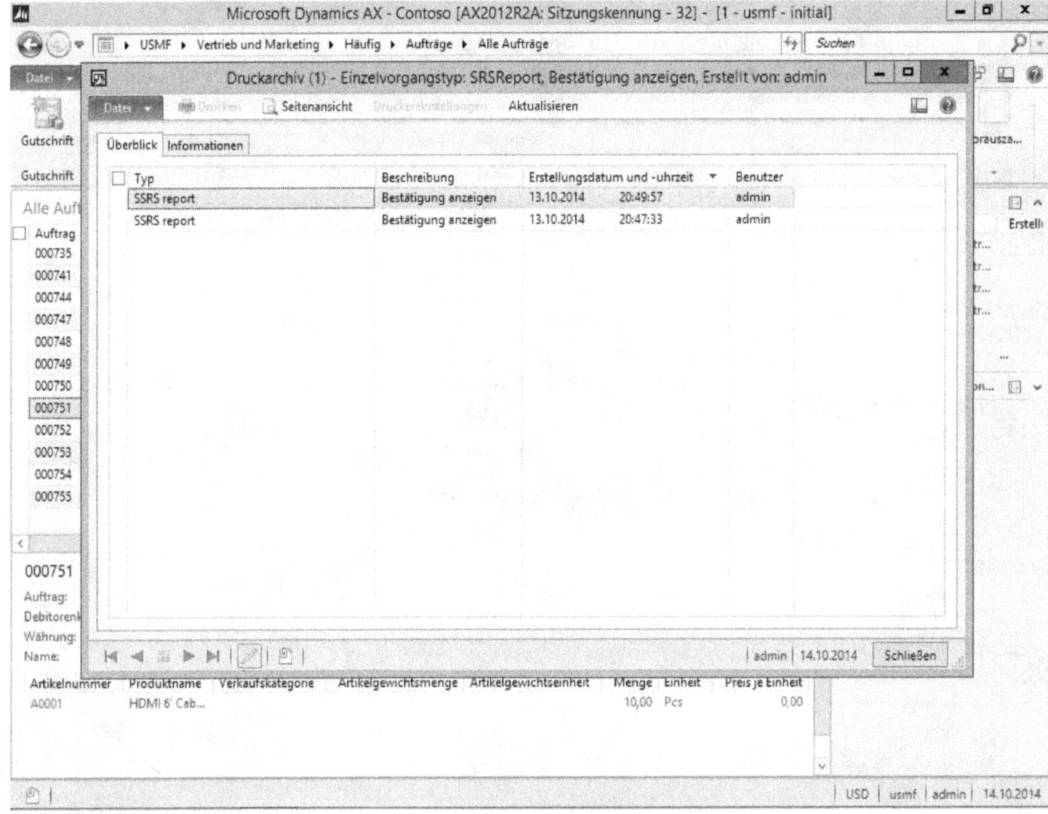

Es wird Ihnen eine Liste sämtlicher archivierter Reports aufgelistet. Wenn Sie in der Menüleiste auf Seitenansicht klicken, können Sie sich den Report anzeigen lassen.

Archiviere Reports, um auf sie später erneut zugreifen zu können

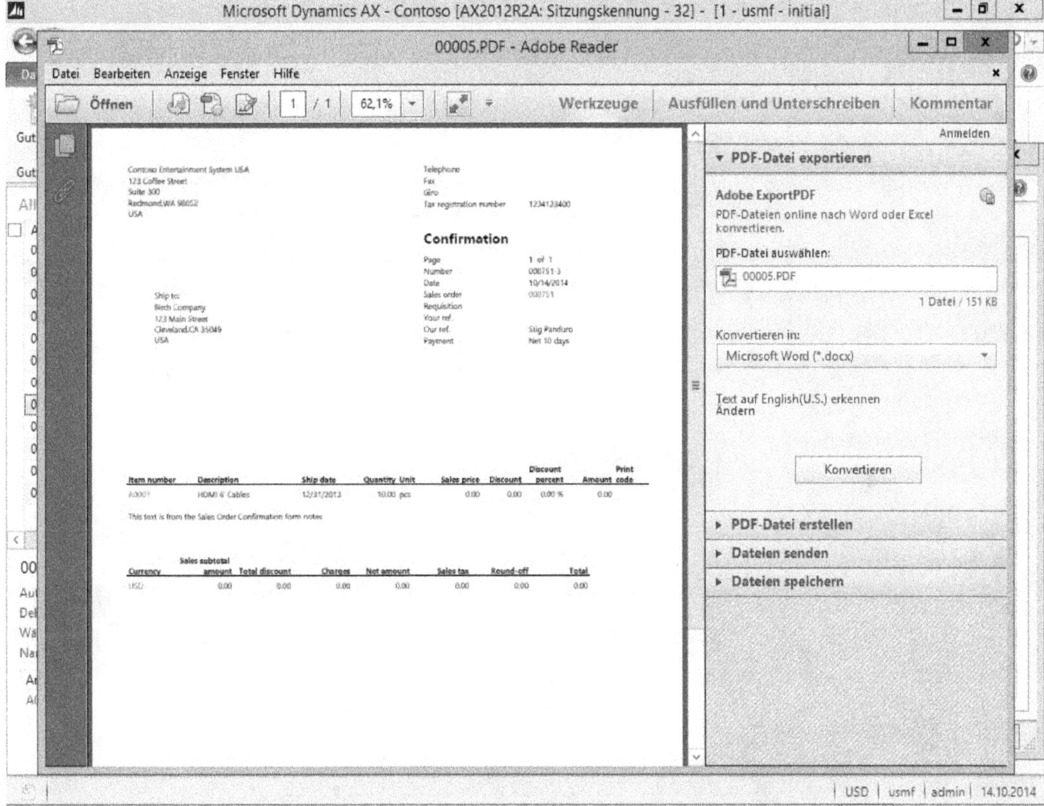

Sie sehen daraufhin den Original-Report im PDF-Format.

Speichere Dokumentanhänge in SharePoint

Die Dokumentanhang-Funktion innerhalb Dynamics AX ist super nützlich, aber wenn Sie nicht möchten, dass alle angehängten Dateien Ihre Datenbank aufblähen oder in einem lokalen Verzeichnis abgespeichert werden, steht eine zusätzliche Option zur Verfügung. Sie können die Anhänge auch in SharePoint ablegen. Dies hat den positive Nebeneffekt, dass Sie die Vorteile von SharePoint Features nutzen können wie Dokumentkontrolle, Versionierung und Workflow, um die Verarbeitung der angehängten Dokumente zu managen.

Speichere Dokumentanhänge in SharePoint

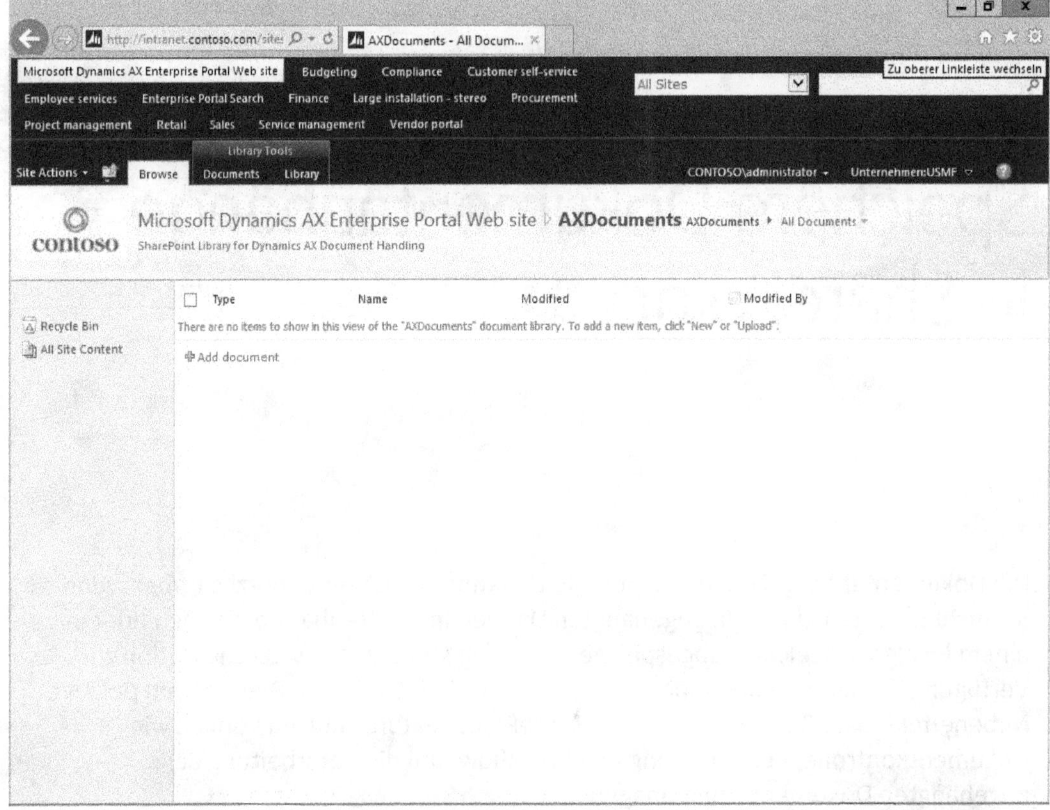

Bevor Sie starten, stellen Sie sicher, dass Sie eine Dokumentbibliothek in SharePoint besitzen, wo Sie Ihre Dokumente abspeichern können.

Speichere Dokumentanhänge in SharePoint

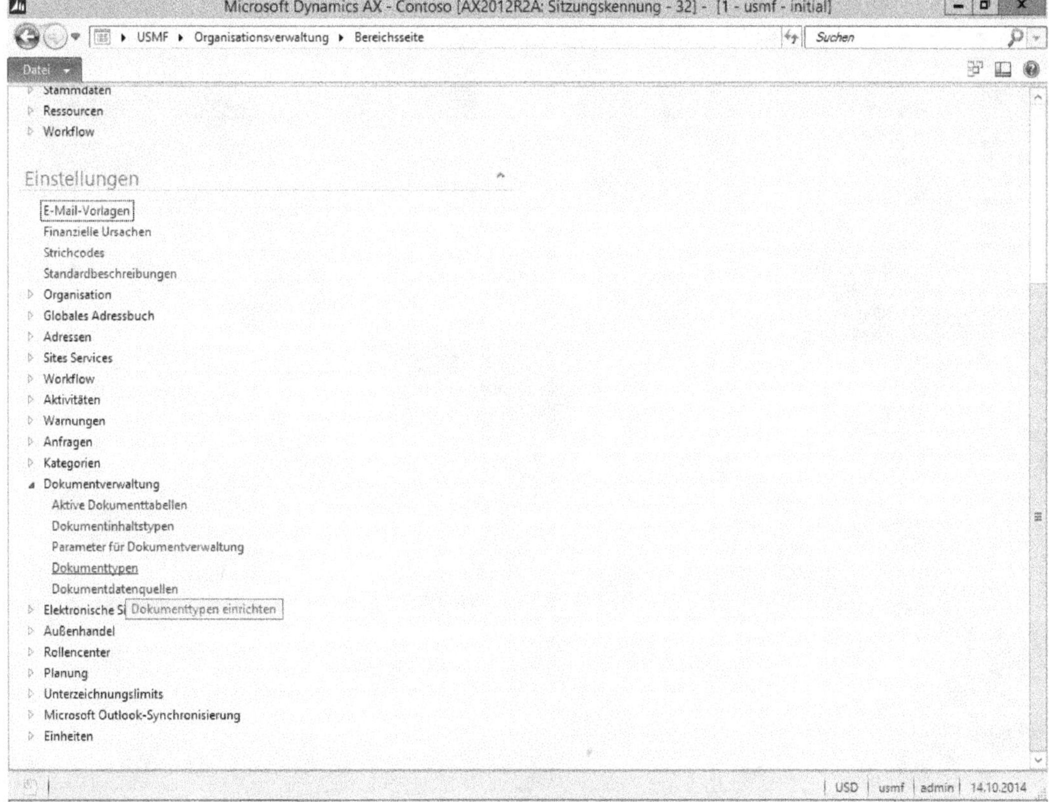

Der nächste Schritt ist, die Dokumenttypen zu konfigurieren, damit sie auf die SharePoint Dokumentbibliothek verweisen. Dazu klicken Sie auf den Menüpunkt Dokumenttypen im Ordner Dokumentverwaltung unter Einstellungen innerhalb der Bereichsseite Organisationsverwaltung.

Speichere Dokumentanhänge in SharePoint

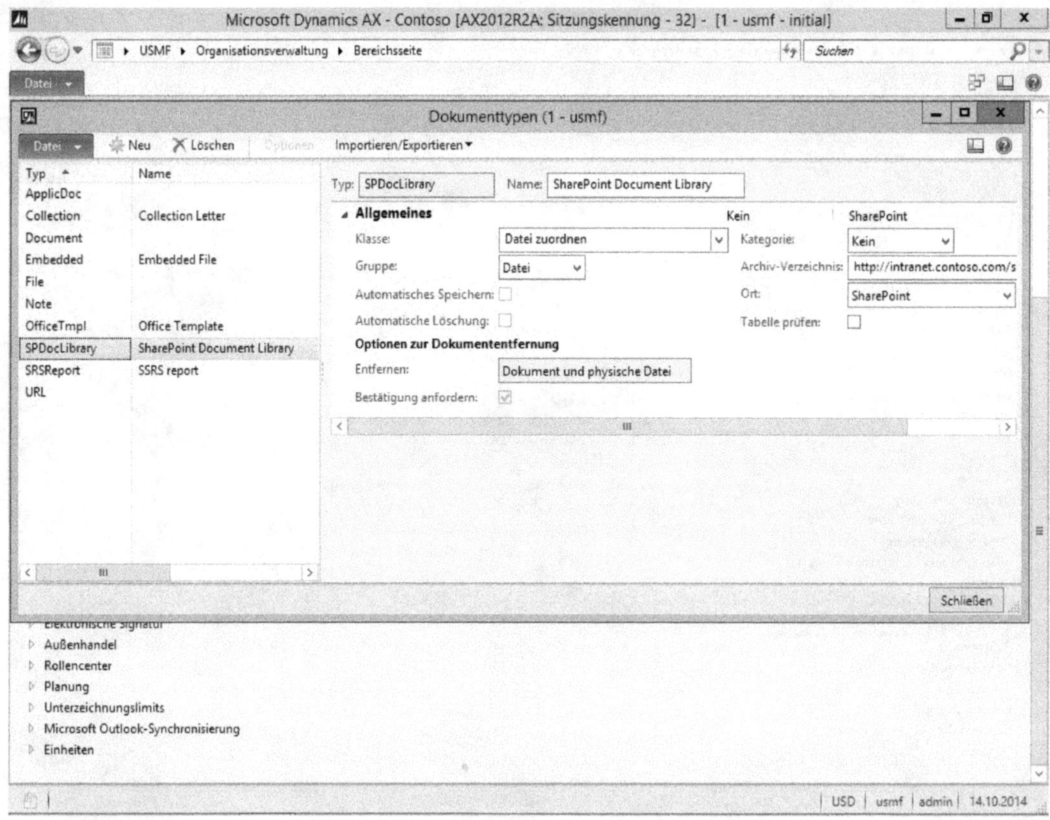

Wenn die Bearbeitungsmaske Documenttypen angezeigt wird, finde den Dokumenttyp, der in SharePoint gespeichert werden soll, besetze das Feld Ort mit SharePoint und füge im Feld Archiv-Verzeichnis die URL für die SharePoint Bibliothek ein.

Speichere Dokumentanhänge in SharePoint

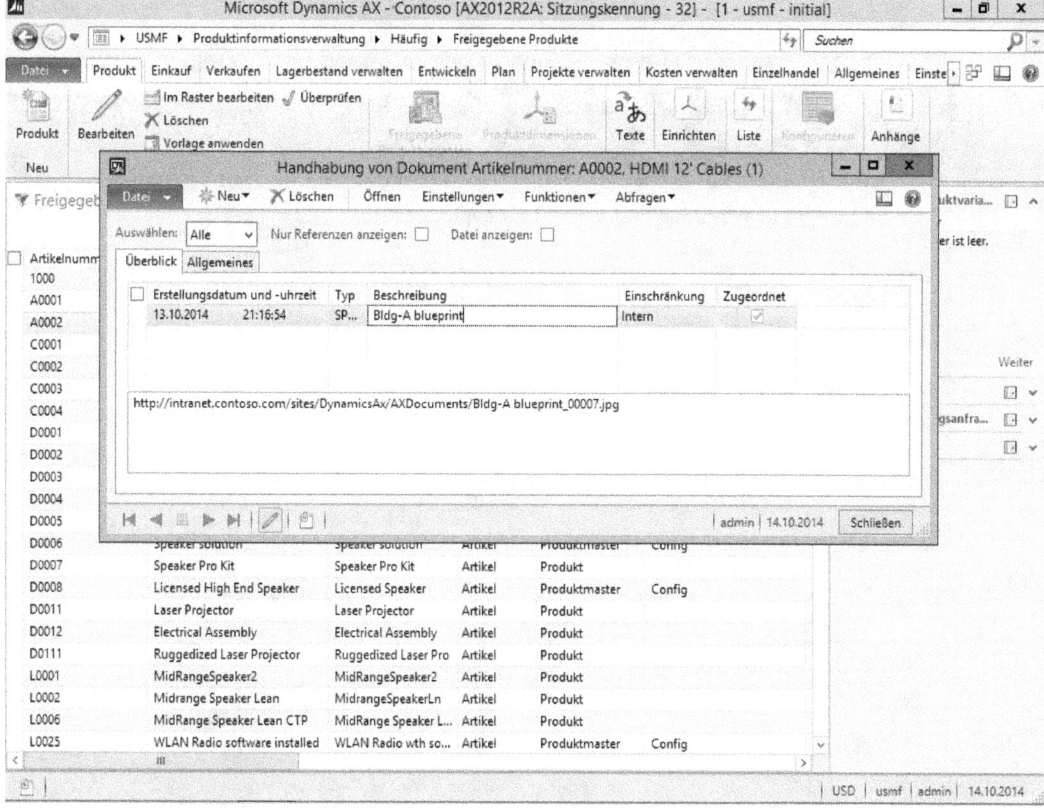

Wenn Sie nun mit diesem Dokumenttyp eine Datei als Anhang ergänzen, wird sie in SharePoint gespeichert - mit einer Referenzadresse in den Notizen.

Speichere Dokumentanhänge in SharePoint

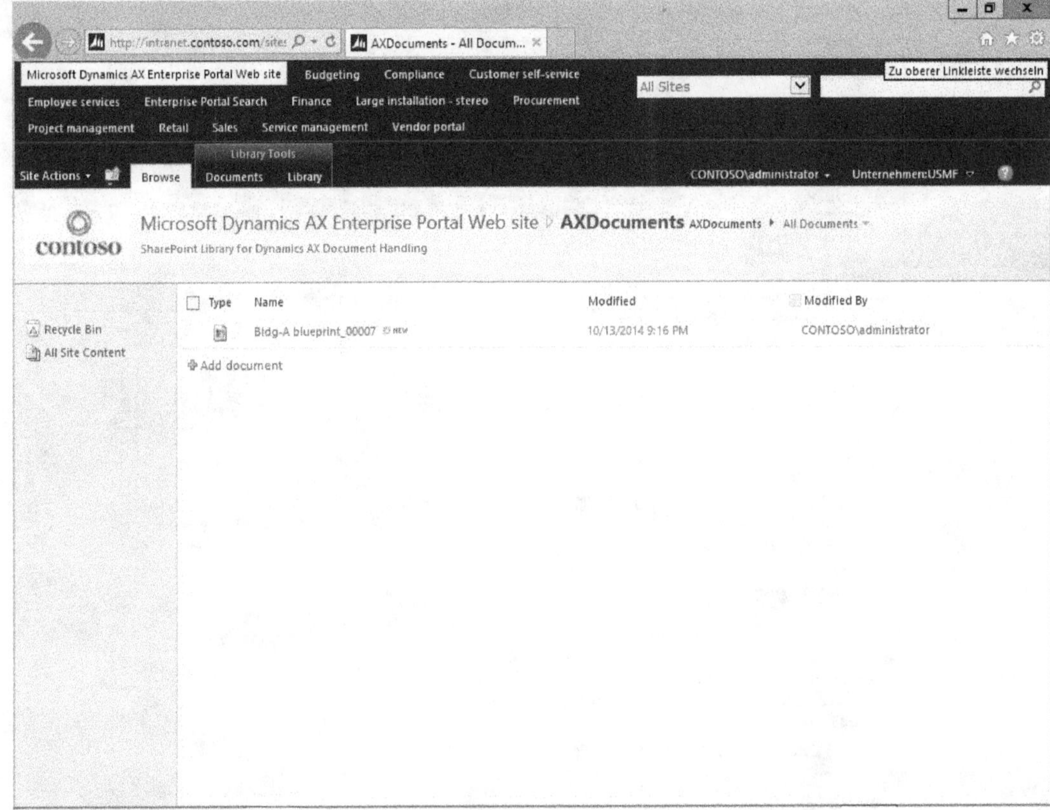

Wenn Sie die SharePoint Dokumentbibliothek öffnen, sehen Sie, dass die Datei sicher archiviert wurde.

Erstelle Aufgabentrennungs-regeln, um mögliche Sicherheitsprobleme zu vermeiden

Es gibt hinsichtlich Sicherheit zwei Denkansätze, an denen viele Leute festhalten: den ´Herr der Fliegen´-Ansatz oder die ´1984´ Methode. Beim ersten Ansatz gibt es keine Sicherheit und die Benutzer kontrollieren sich selbst, und bei der zweiten Methode wird alles überwacht und genau beobachtet, da man den Benutzer nicht trauen kann.

Falls Sie sich bei Sicherheitsfragen zur letzten Gruppe zählen, dann können Sie sogar den Sicherheitsmanager bei der Implementierung von Sicherheitsregeln Regeln auferlegen, die den Sicherheitsmanager selbst binden mit Hilfe der Aufgabentrennungsregel-Funktion innerhalb Dynamics AX.

Erstelle Aufgabentrennungsregeln, um mögliche Sicherheitsprobleme zu vermeiden

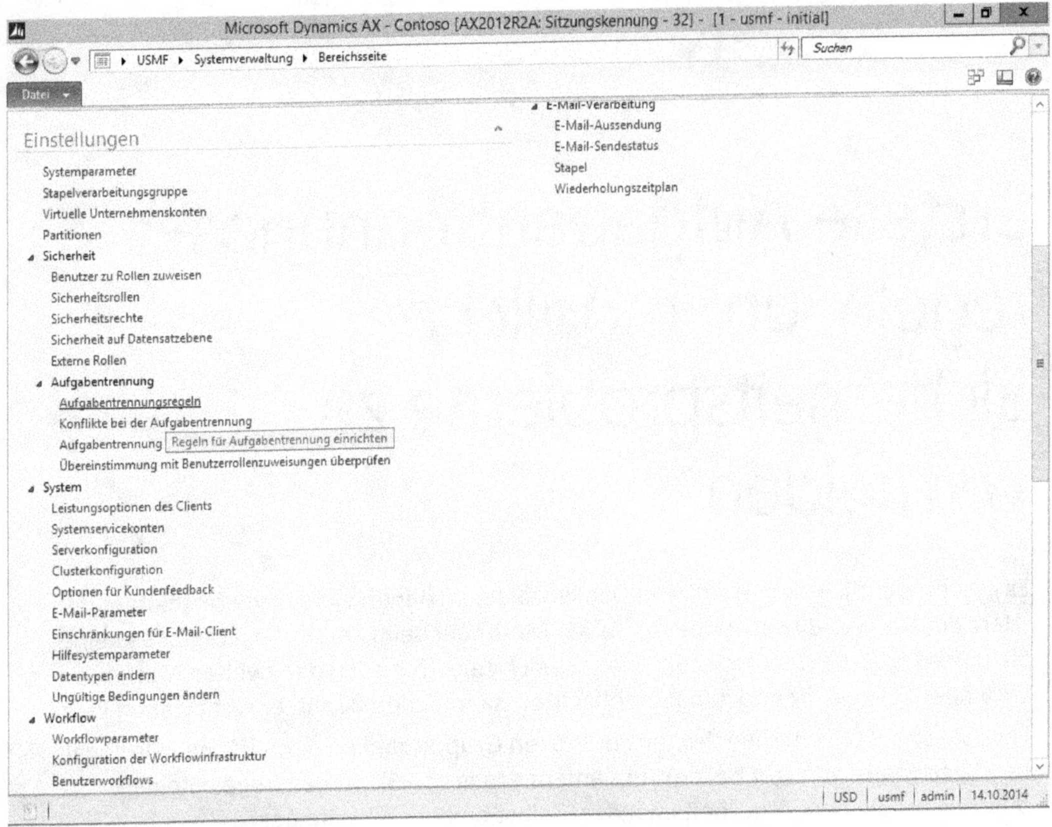

In der Bereichsseite Systemverwaltung klicken Sie auf den Menüpunkt Aufgabentrennungsregeln im Ordner Aufgabentrennung unter Einstellungen.

Erstelle Aufgabentrennungsregeln, um mögliche Sicherheitsprobleme zu vermeiden

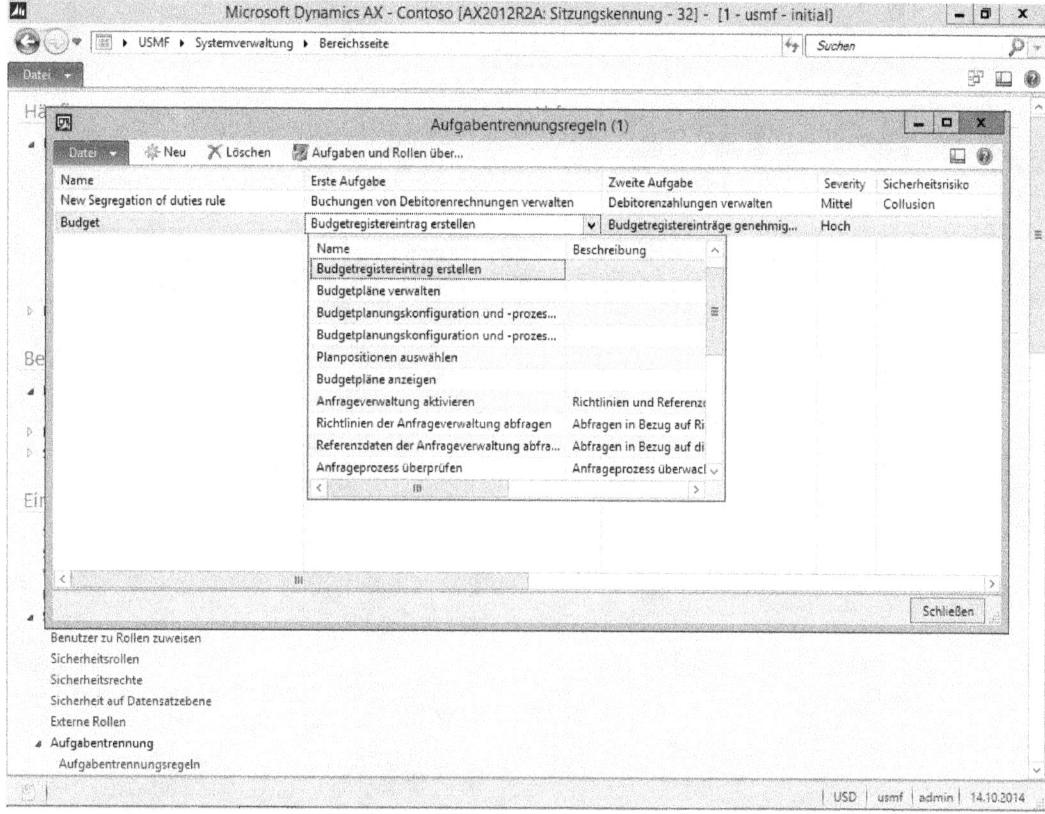

Wenn die Bearbeitungsmaske Aufgabentrennungsregeln angezeigt wird, klicken Sie in der Menüleiste auf Neu, um eine neue Regel zu erstellen.

Geben Sie Ihrer Regel einen Namen und wählen dann die erste Aufgabe für die Regel.

Erstelle Aufgabentrennungsregeln, um mögliche Sicherheitsprobleme zu vermeiden

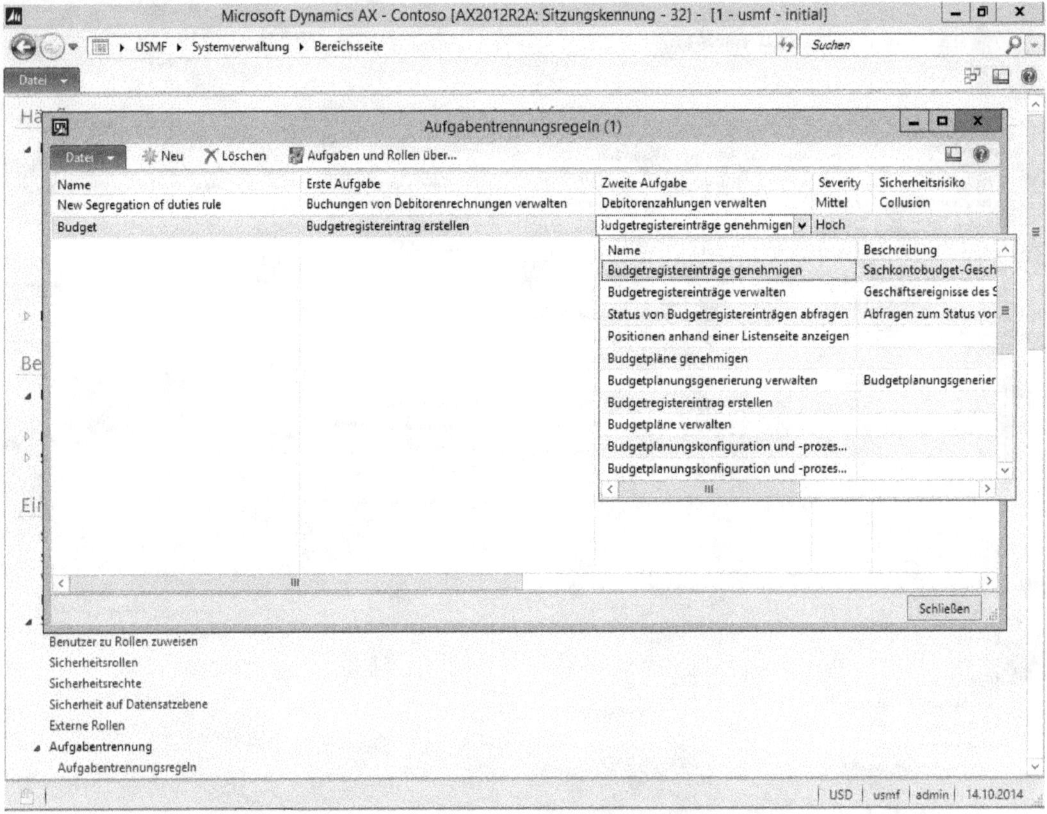

Anschließend wählen Sie die zweite Aufgabe, die die Benutzer nicht besitzen sollten, wenn sie über die erste verfügen sollten.

Erstelle Aufgabentrennungsregeln, um mögliche Sicherheitsprobleme zu vermeiden

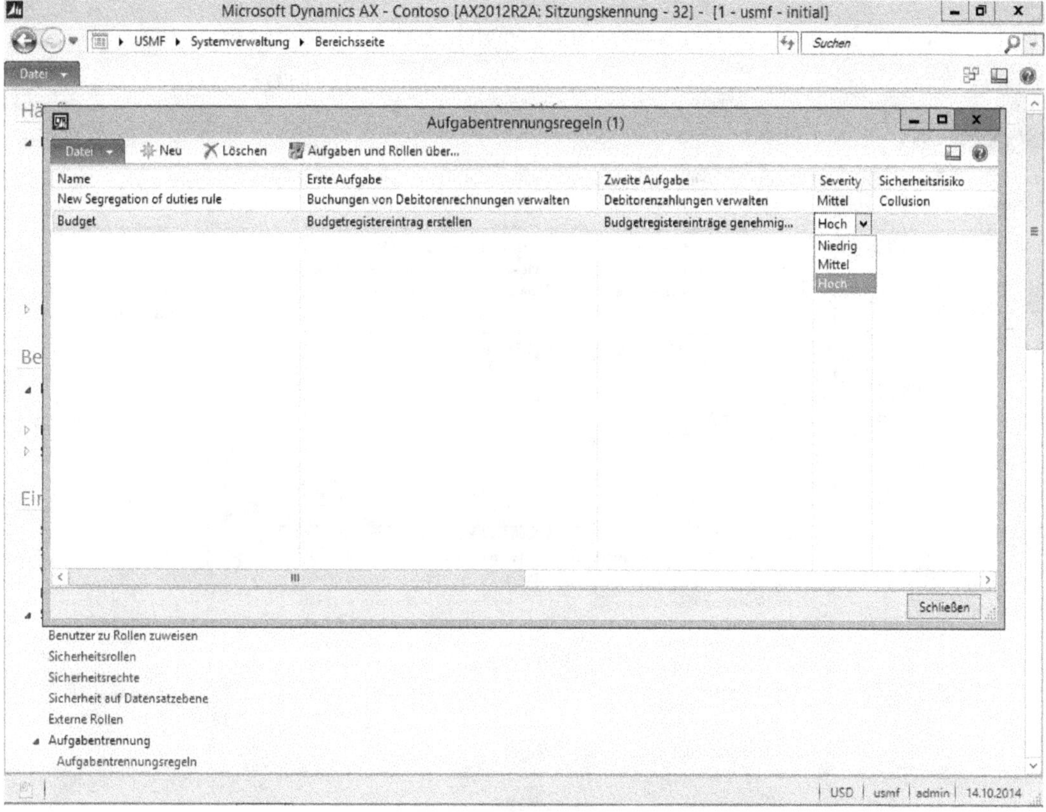

Wenn Sie möchten, können Sie auch eine Severity-Ebene der Regel hinzufügen, da einige Verstöße nicht so schwerwiegend sind wie andere.

Danach klicken Sie auf Schließen und verlassen die Maske.

Erstelle Aufgabentrennungsregeln, um mögliche Sicherheitsprobleme zu vermeiden

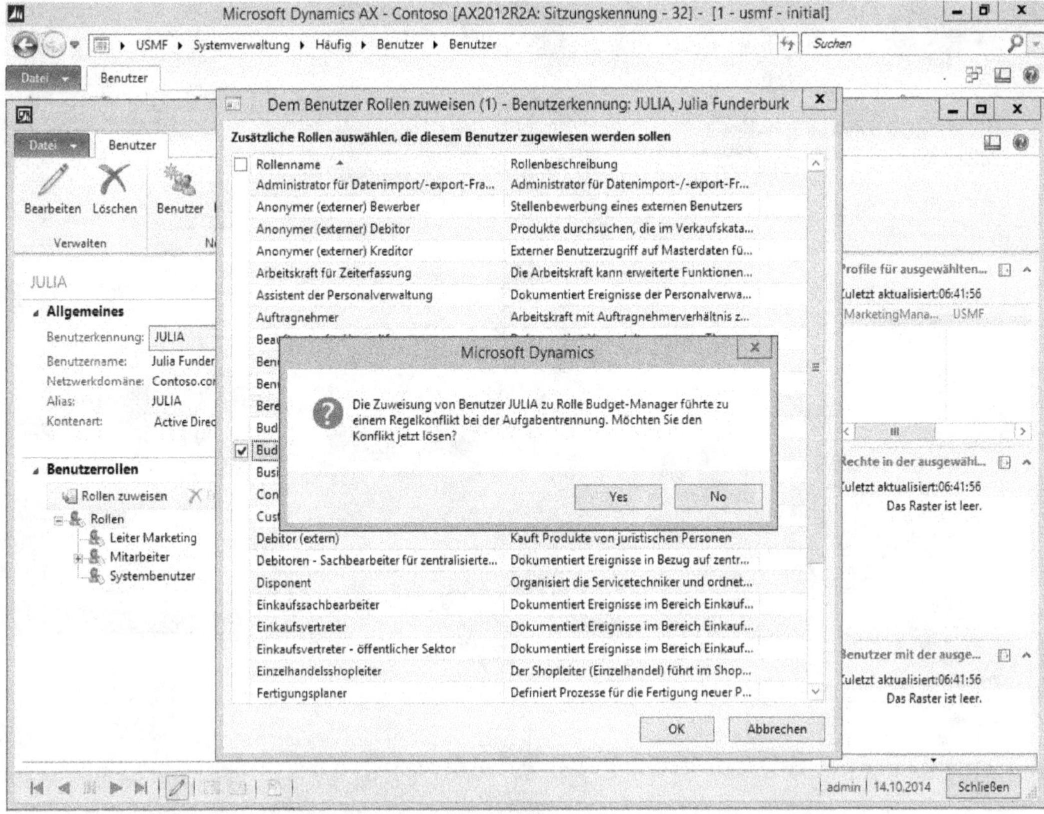

Wenn jetzt irgendjemand versucht, an den Sicherheitseinstellungen herumzubasteln und Rollen zuweist, die der betreffenden Person fragwürdige Rechte verleihen, werden sie auf den Konflikt hingewiesen.

Die Beobachter werden jetzt ebenfalls beobachtet.

Verdecke die Original-Navigationsregister, um die Enterprise Portal Navigationsleiste aufzuräumen

Wenn Sie das Enterprise Portal installieren, werden standardmäßig in der Navigationsleiste alle Seiten angezeigt. Das ist Ok, falls nur einige installiert wurden, aber wenn alle implementiert wurden, und Sie einen Kollaborations-Arbeitsbereich erstellen möchten, wird Ihre Navigationsleiste sehr schnell unübersichtlich und – noch wichtiger – das Aussehen des Bildschirms wirkt unordentlich.

Glücklicherweise wurde das Portal auf SharePoint aufgesetzt, so dass Sie die Grundeinstellungen leicht ändern können und nur noch den aktuellen Portalnamen in der Navigationsleiste sehen. Das Ganze sieht dadurch sehr viel sauberer aus.

Verdecke die Original-Navigationsregister, um die Enterprise Portal Navigationsleiste aufzuräumen

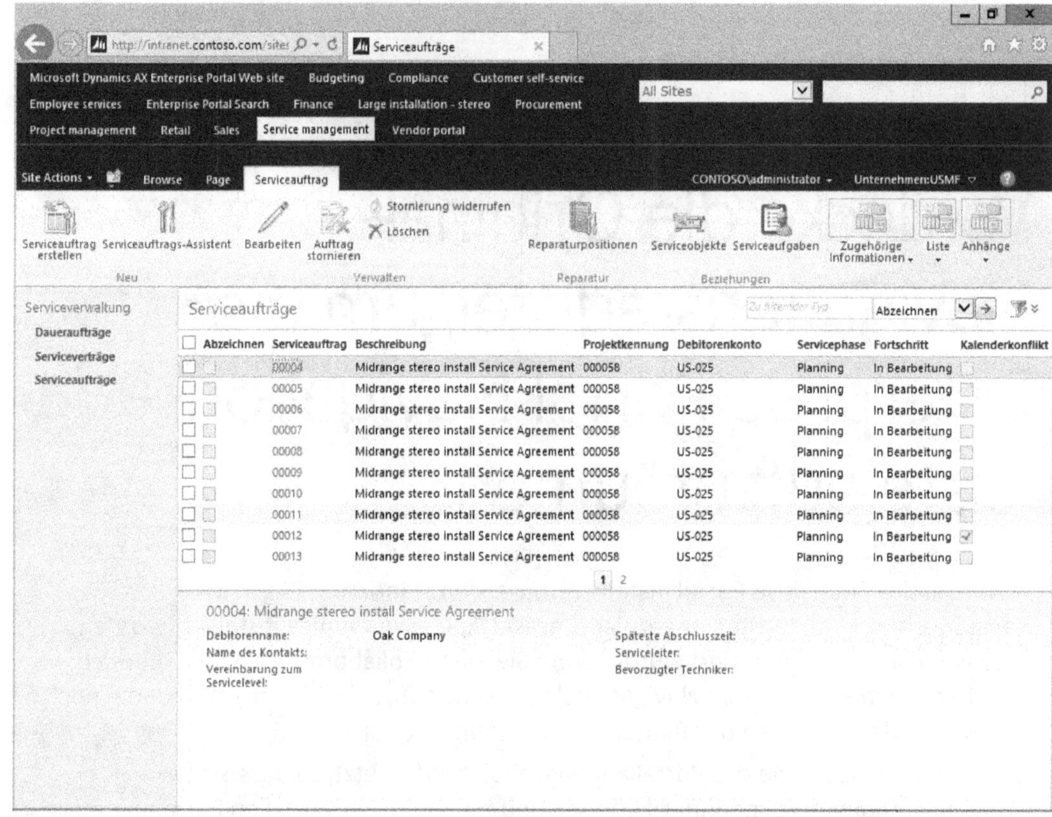

Philip K. Dicks Law of Kipple in Aktion…

Verdecke die Original-Navigationsregister, um die Enterprise Portal Navigationsleiste aufzuräumen

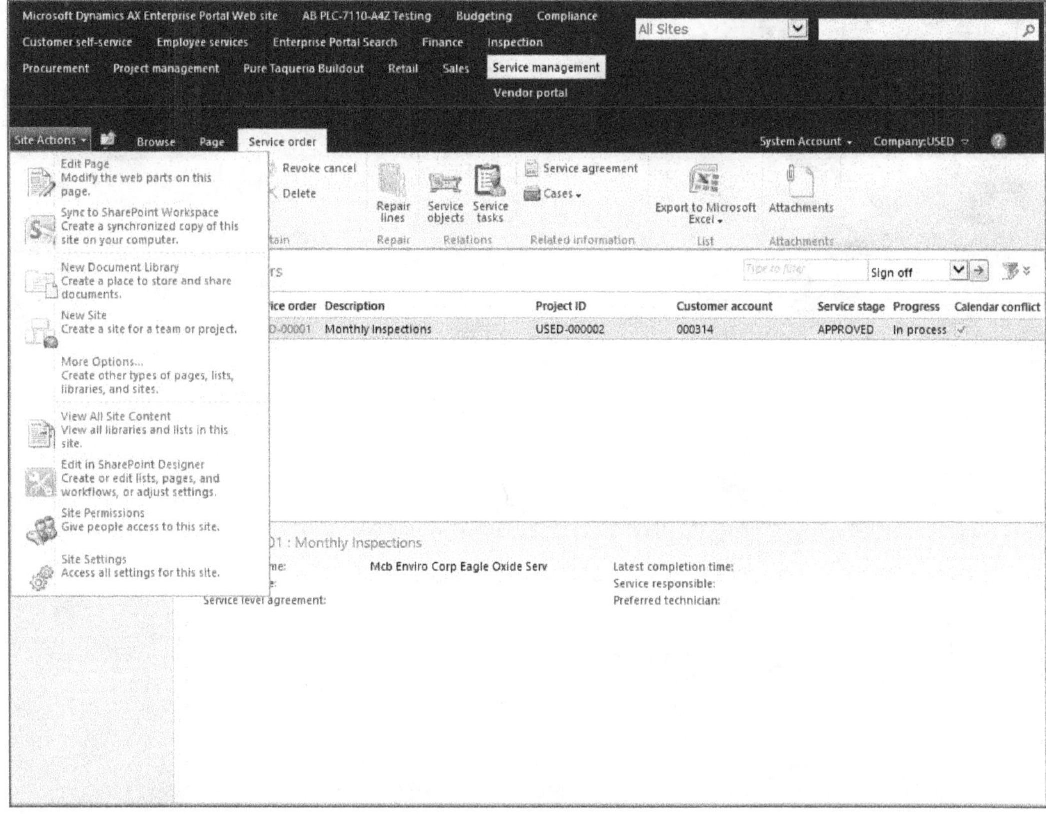

Klicken Sie auf das Menü Websiteaktionen (Site Actions) und wählen den Menüpunkt Websiteeinstellungen (Site Settings).

Verdecke die Original-Navigationsregister, um die Enterprise Portal Navigationsleiste aufzuräumen

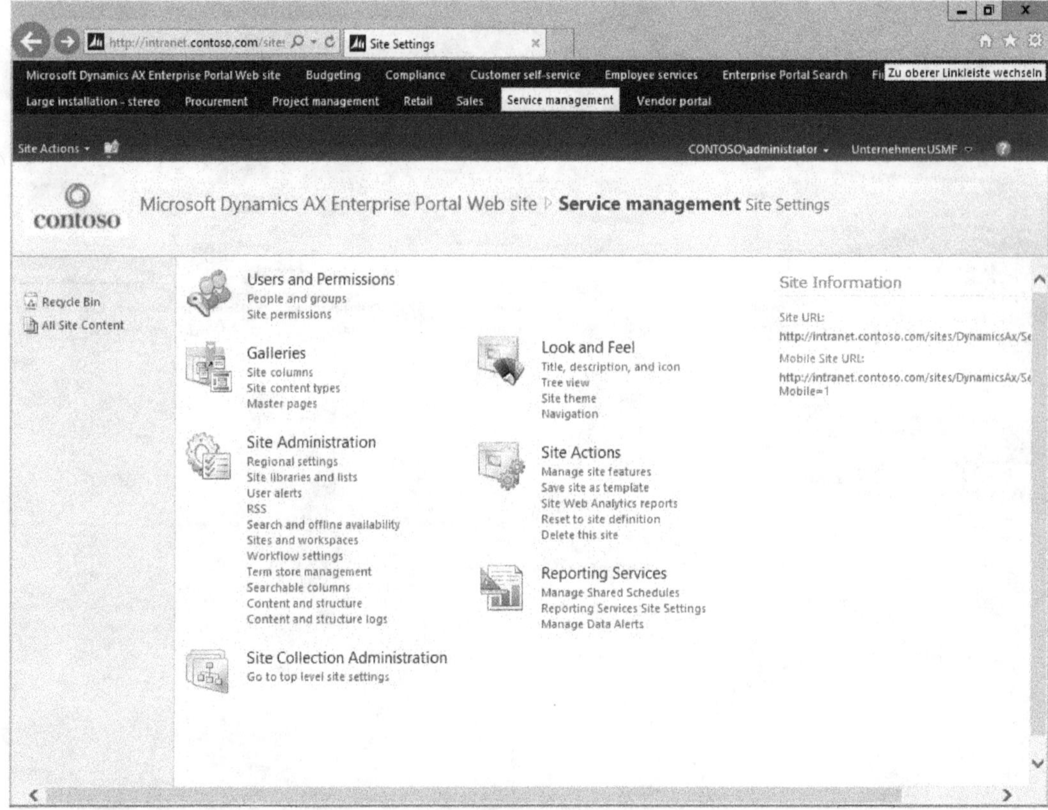

Wenn das Websiteeinstellungsmenü angezeigt wird, klicken Sie auf den Menüpunkt Navigation innerhalb der Look and Feel Gruppe.

Verdecke die Original-Navigationsregister, um die Enterprise Portal Navigationsleiste aufzuräumen

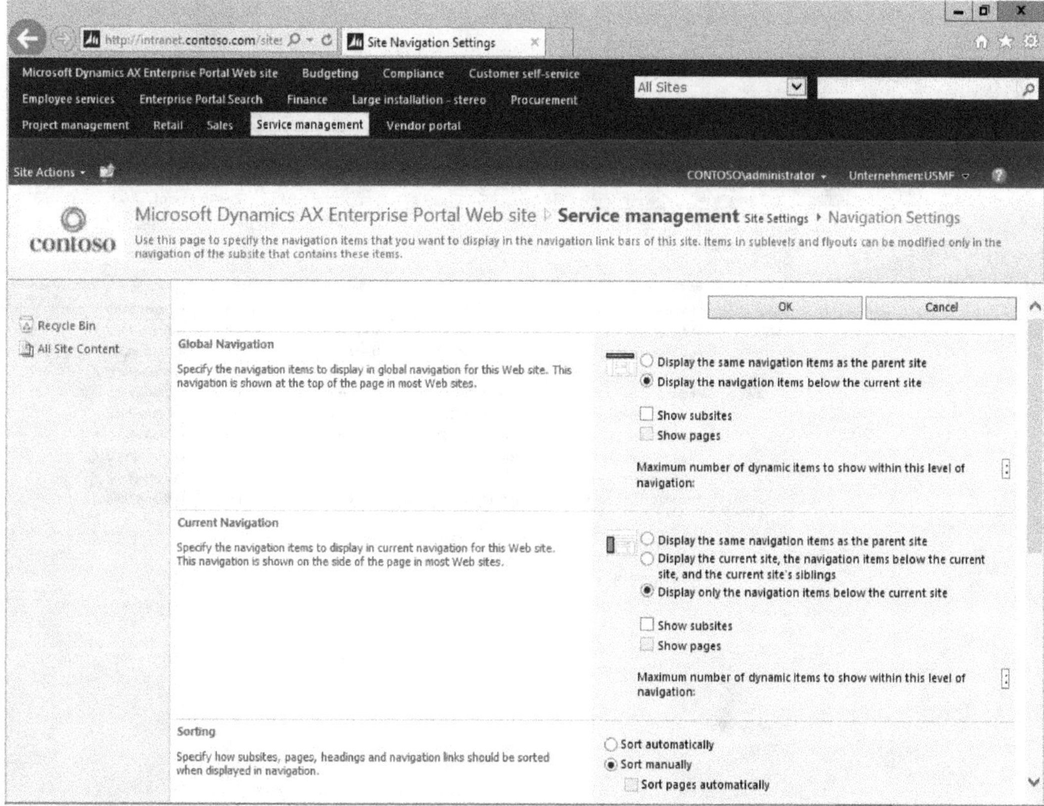

Wenn die Seite mit den Navigationseinstellungsoptionen angezeigt wird, markieren Sie den Radiobutton Display the navigation items below the current site innerhalb der Global Navigation Group. Anschließend klicken Sie OK, um die Präferenzen zu speichern.

Verdecke die Original-Navigationsregister, um die Enterprise Portal Navigationsleiste aufzuräumen

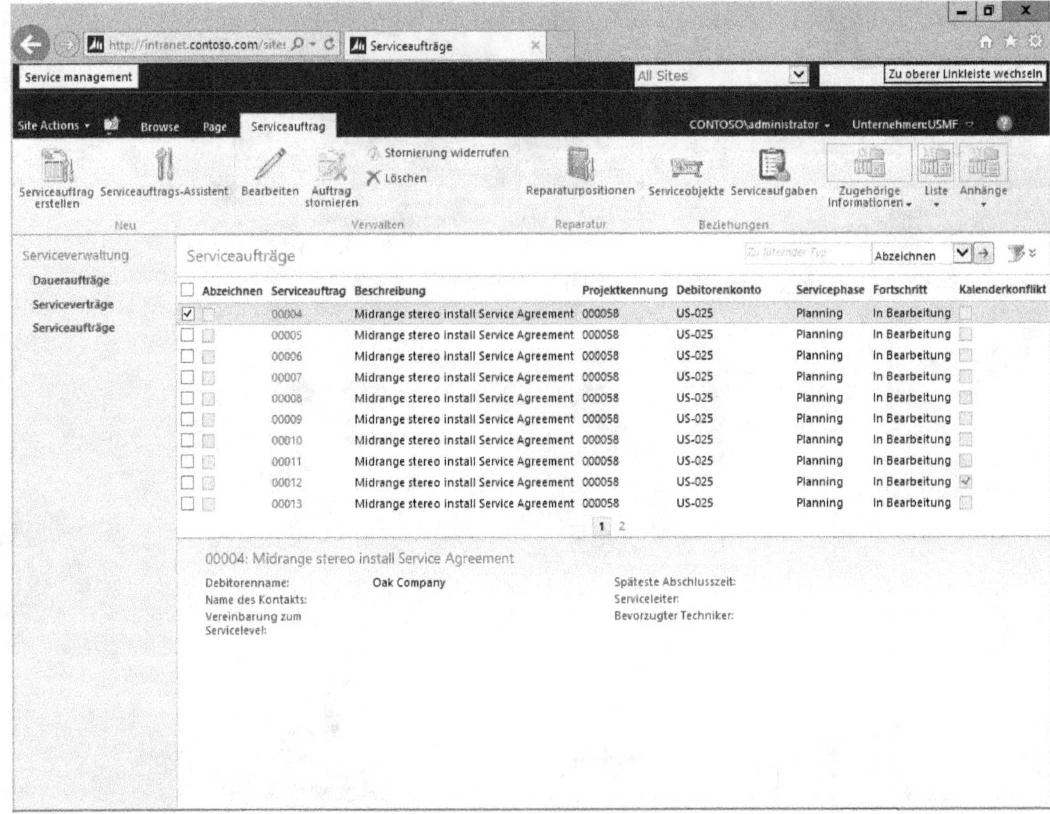

Wenn Sie jetzt zum Portal zurückkehren, werden Sie die anderen Seiten, die Ihre Navigationsleiste überladen haben, nicht mehr sehen.

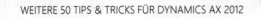

ZUSAMMENFASSUNG

Es gibt soviele Tricks & Tipps, aus denen Sie innerhalb Dynamics AX Ihren persönlichen Vorteil ziehen können, aber diejenigen, die wir mit Hilfe dieses Buchs aufgezeigt haben, sind schon ein guter Anfang.

Noch mehr Tips & Tricks Für Dynamics AX?

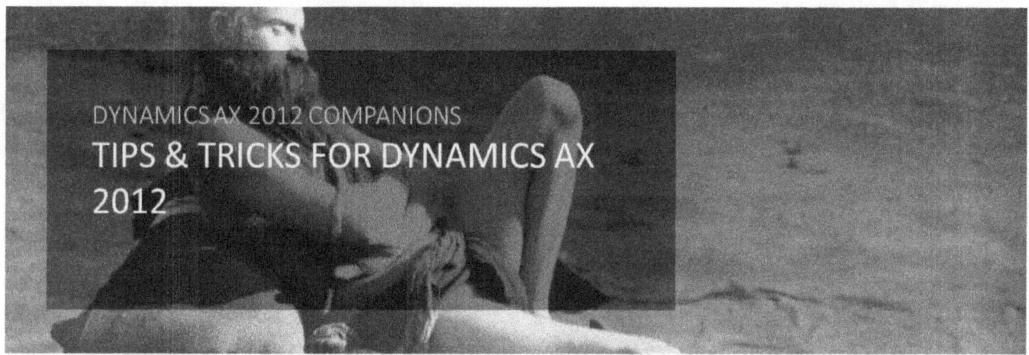

Die Tips & Tricks Serie ist eine Zusammenstellung all der coolen Dinge, die Sie innerhalb Dynamics AX nutzen können, und sie ist auch die Basis für meine Tips & Tricks Präsentationen, die ich für die AX Usergroup und Online zur Verfügung gestellt habe. Unglücklicherweise ist der Buchumfang auf maximal 50 Tips & Tricks begrenzt, aber ich werde jedesmal neue Bände auflegen, sobald die fünfziger Marke erreicht ist.

Das 1. Buch der Tips & Tricks Serie ist seit August 2014 als deutsche Ausgabe verfügbar.

Hier ist der Link, um weitere Details zu dieser Serie zu bekommen:

http://dynamicsaxcompanions.com/tipsandtricks

Mehr Hilfe für Dynamics AX?

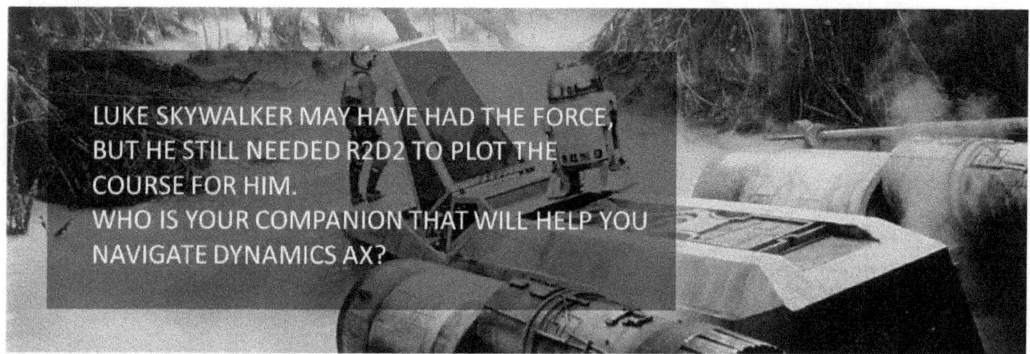

LUKE SKYWALKER MAY HAVE HAD THE FORCE,
BUT HE STILL NEEDED R2D2 TO PLOT THE
COURSE FOR HIM.
WHO IS YOUR COMPANION THAT WILL HELP YOU
NAVIGATE DYNAMICS AX?

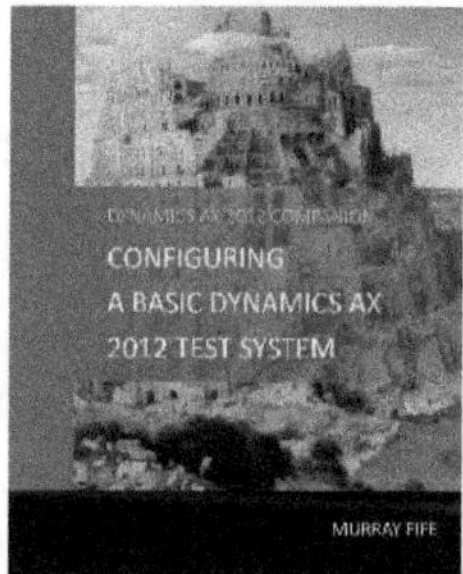

Nach der Erstellung mehrerer Anweisungen auf SlideShare, wo ich aufgezeigt habe, wie die verschiedenen Bereiche innerhalb Dynamics AX konfiguriert werden, habe ich eine Menge Anfragen nach den Originaldokumenten bekommen, so dass die Leser einen besseren Blick auf viele meiner Bildschirmausdrucke bekommen und einen einfachen Verweis, wenn Sie denselben Vorgang in Ihrem eigenen System nachvollziehen möchten. Um den Zugriff zu erleichtern, werde ich Schritt für Schritt die Inhalte zur Dynamics AX Ratgeber-Webseite transferieren. Wenn Sie nach Details für die Konfiguration und Nutzung von Dynamics AX suchen, ist diese Webseite ein guter Ausgangspunkt für Sie.

Hier ist der Link für die Seite:

http://dynamicsaxcompanions.com/

Über den Autor

Ich bin ein Autor – Ich bin kein Dan Brown, aber meine Bücher beinhalten eine Menge geheimer Zeichen und Symbole, die Sie durch die Mysterien von Dynamics AX führen werden.

Ich bin ein Kurator – ich sammle alle Informationen, die ich über Dynamics AX bekommen kann, und lege sie in meinem Dynamics AX Ratgeber-Archiv ab.

Ich bin ein Marktschreier – ich werde ewig die Vorzüge von Dynamics AX anpreisen, um die ungläubigen Massen zu überzeugen, dass Dynamics AX eines der besten ERP-Systeme auf der Welt ist.

Ich bin ein Microsoft MVP – das ist eine große Sache, denn es gibt weniger als 10 Dynamics AX MVP´s in den USA und weniger als 30 weltweit.

Ich bin ein Programmierer – ich weiß genug, um mich in einem Programmcode zurecht zu finden; dennoch überlasse ich diese Dinge den wirklichen Experten, und ich werde Sie nicht mit unnötigen Kommentaren dazu belästigen.

WEB www.dynamicsaxcompanions.com

EMAIL murray@dynamicsaxcompanions.com

TWITTER @murrayfife

SKYPE murrayfife

AMAZON www.amazon.com/author/murrayfife

Über den Übersetzer

Kurt Mekelburg verfügt ebenfalls über 20 Jahre Erfahrung in der Softwareindustrie. Seit einigen Jahren beschäftigt er sich vorrangig als technischer Consultant und Trainer mit Dynamics AX.

www.ingramcontent.com/pod-product-compliance
Lightning Source LLC
Chambersburg PA
CBHW082108070326
40689CB00052B/3832

* 9 7 8 1 5 0 2 9 3 4 2 6 0 *